"战争与和平"视阈下的美国对德战争索赔政策

American War Reparations Policy for German from the Perspective of "War and Peace"

苑爽 ◎ 著

国家社科基金后期资助项目
出版说明

　　后期资助项目是国家社科基金设立的一类重要项目，旨在鼓励广大社科研究者潜心治学，支持基础研究多出优秀成果。它是经过严格评审，从接近完成的科研成果中遴选立项的。为扩大后期资助项目的影响，更好地推动学术发展，促进成果转化，全国哲学社会科学规划办公室按照"统一设计、统一标识、统一版式、形成系列"的总体要求，组织出版国家社科基金后期资助项目成果。

全国哲学社会科学规划办公室

中文摘要

"战争与和平"是一个关涉国家和民族生存、人类命运和文明发展的重大问题，历来都受到世人的高度重视。在20世纪国际关系史中，战争赔偿是一个影响战后世界和平与发展的重大战略问题和现实问题，因为它关系到国际社会如何惩罚战败国、恢复经济秩序、引导战败国重新融入国际社会、维护战后和平等一系列问题；战争赔偿问题还是一个与各国利益都密切相关的现实问题。就美国而言，一战后、二战后如何主导国际社会处理德国战争赔偿问题对于美国充当世界领袖的梦想能否顺利实现、国家利益能否得到有效保证等问题都至关重要。

由于美国超强的经济实力、举足轻重的国际地位使得美国对德战争索赔政策对一战后、二战后的德国、欧洲乃至世界的和平与发展都产生了重大影响。然而到目前为止，国内外学术界尚未出现全面系统地研究两次世界大战后美国如何处理德国战争赔偿问题的专著。因此，如何以档案资料为依据，在"战争与和平"视阈下审视美国对德战争索赔政策，系统梳理美国索赔理念、索赔政策、索赔机制的演变，探究美国索赔政策对20世纪的德国、欧洲乃至世界和平与发展的影响；不仅可以丰富"战争与和平"理论的内涵，深化国际社会对"战争与和平"的认知与实践，扩展国际关系史的研究，而且可以更清醒地认识美国外交政策的本质与特征，对于今天如何维护世界和平与发展的理论意义和现实意义都不容忽视。

本书除绪论外，分为六个章节。每章主要内容包括：

第一章：首先阐释"战争与和平"理论，探究战争与和平彼此交替、相互转化的内在逻辑及驱动力，总结战争与和平相互转化的规律、特点、诸多影响因素，寻求消除战争、维护和平的手段等。其次，在"战争与和平"理论的视阈下审视战争赔偿问题，分析美国索赔政策的政策目标。最后，分析影响美国索赔政策的诸种国内因素，包括商业立国的思想、多元的政治体制、实用主义的外交哲学等，试图揭示美国特殊的国情、政情、社情对美国赔偿政策产生的影响。

第二章：首先，论述分析一战期间，伴随着美国外交政策的调整，美国社会，特别是决策者的战争观、和平观的形成与发展。论述巴黎和会前美国索赔政策的形成、其主要内容及基本原则。接着比较详细地论述了巴黎和会上美国索赔政策在英、法等战胜国压力下被挫败的过程，阐述美、英、法各自不同的战后外交战略以及对德索赔政策，分析美国索赔政策失败的深层次原因。其次，论述20世纪20年代美国为解决困扰德、欧、美三方的赔偿困境，相继制定实施的《道威斯计划》和《杨格计划》，论述分析两个计划出台的内容、实施过程及其失败的原因。最后，论述分析一战前后美国社会兴起的和平主义运动在战争期间以及战后发生的一系列嬗变，从中窥见一战对美国社会发展、民众心理产生的作用，以及和平主义运动对即将爆发的下一场战争的影响。

第三章是承上启下的一章。首先，分析美国索赔政策与德国战争策源地形成之间的关系。其次，阐述美国各主要社会集团（普通民众、学术界、决策层等）对一战后美国索赔政策进行的反思。他们由反思而总结得出的经验和教训成为二战后美国政府再次制定、实施索赔政策的前车之鉴，从而论证20世纪美国出台的两次对德赔偿政策前后相继、一脉相承的内在联系。最后，分析美国决策者的索赔设想。美国决策层内部形成了以摩根索为代表的对德严厉派和以史汀生为代表的温和派两种索赔理念，说明二战末期美国内部对德索赔政策分歧的缘起，及其对政府制定索赔政策的影响。

第四章：二战末期美国政府关于赔偿政策的讨论在国内、国际两个层面上同时进行。首先，叙述二战末期，美国政府各主要行政部门，包括国务院、财政部、陆军部等相继提出了各自的对德政策和索赔政策，以及罗斯福总统的索赔主张及其对各种索赔政策的态度。其次，论述分析美、英、苏三大国各自主张的赔偿政策，对历次国际会议上美国与盟国，特别是对美国与苏联之间围绕德国赔偿的争论焦点进行了逐一分析。

第五章：本章是全文的重点内容。将详细论述二战结束后，美国赔偿政策的修改与执行情况，包括占领初期，占领军政府与国务院就赔偿问题产生的矛盾与冲突，并分析其原因；论述国务卿贝尔纳斯在斯图加特讲话的背景及其影响;然后,对美国"智力赔偿"计划进行个案分析,论述计划的内容、实施的过程,分析该计划探索出的并行之有效的新式索赔方式;最后,论述分析德国赔偿问题与《马歇尔计划》出台的关系,进而分析美国对德战争索赔政策与冷战起源的内在关系等。

第六章:"战争与和平"视阈下的反思。首先,分析美国决策者通过纵向反思、横向对比,其赔偿理念不断深化与丰富的演变过程,从而总结美国赔偿理念的变化规律,以及索赔政策运行机制从国会到国务院转移的演变过程;其次,分析影响战胜国处理德国战争赔偿问题成败的因素,包括战胜国对索赔程度的把握、德国对赔偿义务的态度、盟国内部的合作与纷争等;通过对比分析一战后、二战后国际社会处理德国赔偿问题的成败得失,说明这些因素都直接影响了战后世界的和平与发展;最后,在"战争与和平"视阈下,将审视的目光转向——两次世界大战的主要发动者、战争赔偿的支付者——德国,探究"德国问题"的缘起、症结以及"新德国问题"的出现及发展等。

关键词:"战争与和平"　美国　德国　战争赔偿政策

Abstract

"War andpeace" is an important problem, It concerns the states and nations' survival, the human destiny, and the development of civilization. So it has been taken seriously by the people. In the 20th century's international relations, The war reparations is a strategic and realistic problem that affects postwar world peace and development. Since it would affect the disposition for vanquished countries, restoration of economic order, guiding German to merge into the international system and the peace and development of postwar world. The war reparations is also a realistic problem. It is crucial to American after two World Wars, if American's strategic aims could be realized, and whether American's interests could be safeguarded.

American reparations policy has hada great impact on German, Europe, the peace and development of whole world after two World Wars because of American's powerful economy and important international status. However, up to now, there are not any comprehensive and systematic monographs about "American war reparations policy for German" in the academic field. Therefore, under the perspective of "war and peace", It combes the development of American reparations policy, reparations idea and reparations mechanism on the basis of archives comprehensively and systematically, It explores the influence on German, Europe, and the world peace and development. These not only riches the connotation of "war and peace", deepens the understanding about the "war and peace" in the international community, extends the research of the international relations, but also recognizes the nature of American policy. Its theoretical and realistic significance is important to the world peace and development.

There are six chapters in the dissertation except the preface.

Chapter one: It firstly explains the theory of "war and peace", explores the inter logic of alternation and transformable power between war and paece. It summes up their law of reciprocal transformation, trail and influence factor. It seeks the means of eliminating war and maintianing peace. Then, under the perspective of "war and peace", it examines the war reparations problem and analyses the aim of American reparations policy. At last, it analyses various domestic influential elements including the idea of mercantilism, the political system of diversification, the pragmatism diplomacy philosophy. American national, political and social situation has great impact on its reparations policy.

Chapter two: It firstly explains the development of American policymakers' view about war and peace along with the policys' adjust during the first World War. It discusses the formulation and connect of American reparations policy before the Paris Peace Conference. It focuses on how American reparations policy and principle were defeated by Britain and France in the conference. It discusses the strategy after the war and the policy of Britain and France to Germany, analyses the profound causes of American reparations policy's failure. Then, it discusses American makes and implements the Dawes Plan and the Young Plan in order to solve the reparations problem perplexing Germany, Europe and American in the 1920s. It analyses the contents of two plans and the causes of the failure. At last, it discusses American Peace Movement during the First World War, and its changes after the war. The First World War impacted American social and mass psychology. And the Peace Movement impacted the next war.

Chapter three is a bind. Firstly, it analyses the relations between American reparations policy and the war formation in Germany. Then, it describes the introspections of American people, the academic field, and policymakers about the failure of American reparations policy after the First World War. Their introspections and experiences became a lesson form which American would make reparations policy after the Second World War. It proves that the two reparations policies are closely linked and coming out from one strain. At last, it analyses American policymakers' idea about reparations. There are Morgenthau's stern plan and Stimson's moderate plan. It explains the different ideas about reparations policy, and their effect on the American reparations policy.

Chapter four: In the end of the Second World War, American discussed the reparations policy at home and abroad. Firstly, it discusses the reparations policy of various departments including the Department of State, the Finance Ministry, the War Ministry, and President Roosevelt's attitude on reparations. Then, it respectively describes the reparations policies of the USA, Britain and the Soviet Union in the International Conferences. It especially analyses the USA and Soviet Union's major controversies over the Germany reparations issue.

Chapter five is a major one of the whole dissertation. It mainly discusses the revising and the executing of American reparations policy after the Second World War. It analyses the conflicts and causes aboutGermany reparations between OMGUS and the Department of State. It explores the background and the influence of Byrnes's Stuttgart Speech. Then, it analyses American "Intellectual Reparations" plan whose content, implementtation process, and new reparation means of "Intellectual Reparations" plan. Finally, it discusses the relationship between the Marshall Plan and Germany reparations. Furthermore, it analyses the inter relationship between American reparations policy and the the origin of the Cold War.

Chapter six: The introspections under the perspective of "war and peace". Firstly, it discusses the deepening and the enriching of American reparations idea through introspecting and comparing. It summarizes the regularity of American reparations idea's development. It analyses the mechanism's revising process. Then, it analyses various influential elements including the reparations degree of the victorious nations, Germany attitute to reparations, the coopration and conflict inter allied powers. It analyses contrastively the success and failure of reparations policy after the two World Wars. These elements have an effect on the world peace and development after two World Wars. At last, under the perspective of "war and peace", it will turn to——the primary trigger of the two World Wars and the bearer of war reparations——Germany. It inquiries the reason and crux of the "Germany Problem", its origin and development of the "New Germany Problem".

Key words: "war and peace"　American　Germany　war reparations policy

序　言

　　在一场较大规模的战争决出胜负后，由战败方向战胜方交纳赔偿，这是18世纪以来人类社会的惯常做法。然而人类历史进入20世纪以后，战争赔偿问题变得既微妙又复杂。

　　第一次世界大战结束以后的德国赔偿问题，搞得国际社会和德国国内长期不得安宁。在法国的坚持下，战胜国集团向德国开出了"天价"的赔偿数额，德国在无奈之下只得"躺倒不干"，并在有意无意中导致了一场人类历史上罕见的恶性通货膨胀。在这场通货膨胀危机中，马克的贬值速度之快，使得不少消费者在进入咖啡馆后，往往会在落座点咖啡后要求提前付款，以免因细心品味美食而耽误了时间，多支付数倍的账单。在通货膨胀的高峰时刻，以"亿马克"为面值的货币竟然成捆出现，成为孩童们搭积木造房子的材料。于是，整个德国社会都痛恨战争赔偿，按A. J. P. 泰勒在《第二次世界大战起源》一书中的讲法，"陷于困境的商人、工薪菲薄的学校教师、失业的工人全都把自己的不幸归于战争赔款；一个挨饿儿童的哭叫就是对赔款的大声抗争；老人们蹒跚进了坟墓也是由于赔款"。全社会的不满成了纳粹运动生长发育的沃土，终于将德国推上了纳粹专政的不归路。与此同时，战胜国对此也并不满意。尤其是美国，感到自己向德国输出了大量的资金，得到的回报却很少，成了这场国际性资金大运转过程中的实际大输家。

　　第二次世界大战结束后，战败国的战争赔偿问题呈现出另一种表现形式。苏联由于在战争中损失巨大，又自恃在打败法西斯强盗的过程中功劳巨大，因此对战争索赔采取了较为强硬的态度。美国作为苏方态度的对立面，在不久后爆发的冷战的推动下，在向德国和日本的战争索赔中都采取了较为温和的态度。从实际结果来看，联邦德国由于种种原因，非但没有因为再次复兴而走上战争道路，反而在认罪和赔偿方面都比较积极主动，赢得了国际社会的好评。而日本却因为种种原因，其中包括由于没有支付大量的战争赔偿而未能产生切肤之痛，在战责反思方面严重不到位，部分领导人还时不时发出一些令人心寒的言论，做出一些不当举动。

在20世纪各国经济高度关联的背景下，战败国战争赔偿的支付形式也是令人烦心的。支付贵金属？很可能会快速推高国际金价。支付货币？极有可能引发通货膨胀。支付制成品？这无疑在推动战败国的工业发展，使之具备"复仇"的实力，同时又会挤占接收国的市场，压制其生产能力。拆迁战败国的机器设备？不少精密仪器经过拆迁，变得不再精密，如果运输环节出了问题，还会变成废铁一堆。如果这样，赔偿拆迁就成了一桩"双输"的买卖。在第二次世界大战结束以后的对德索赔中，美国创造了"智力索赔"的形式，取得了不错的成效。安排德国重要领域的科技人才进入美国，比起大规模拆迁机器设备来，显得既"高雅"又"低调"。然而它对推动美国综合实力的发展，却能起到不小的作用。

从德国的角度来看，第一次世界大战末期爆发了十一月革命，全体国民通过民主程度颇高的比例代表制选举，产生了制宪国民会议。由德国社会民主党人占据优势地位的制宪会议，通过《魏玛宪法》，缔造了民主程度超高的魏玛共和国，在德国政治发展史上翻开了崭新的一页。然而，战胜国们对德国的这一变化似乎视而不见，非但没有给予新生的民主共和国以必要的扶持，反而把一个充满血腥复仇味的《凡尔赛条约》套在德国身上，使新生的魏玛政府不但失去了健康生存所需要的实力，还背上了沉重的道德十字架。其实，从两次世界大战的战争责任来说，是有很大差别的。第二次世界大战是一场反法西斯战争，德、日、意三个法西斯国家一直在扮演"挑战者"的角色，不断地毁约扩军、侵略他国，终于引爆了全球性的反法西斯世界大战。而战争的另一方，基本上处于守势，不断地妥协退让，甚至不惜对侵略者实行绥靖政策。而第一次世界大战爆发前，尽管德国处于实力上升的势头上，有着抢占殖民地和海上霸权的野心，但对方决不是仅仅处于守势。翻开中国的历史教科书，很容易发现下列字样：在战争爆发时，法国企图粉碎德国的大陆霸权，收复阿尔萨斯和洛林，夺取德国盛产煤铁的萨尔区；俄国企图占领君士坦丁堡和黑海海峡，夺取加里西亚，进而削弱德、奥的实力；英国企图击溃经济上和军事上最危险的竞争对手德国，夺取德国的殖民地以及土耳其的美索不达米亚和巴勒斯坦。既然如此，这场战争就是一场帝国主义战争，双方都是非正义的。然而在凡尔赛体系中，德国不仅需要支付赔偿，而且要承担"发动战争"的罪责。战胜国的话语权是如此强势，以至于国人在不知不觉中已经受到影响，经常会写出"德国发动了两次世界大战"的语句。在20世纪20年代，不少德国人对这种既要"坏钞"又要单方面担责的处境极为不满，很快陷入民族复仇主义的泥潭，要求通过新的战争来改变德国的处境。

两次世界大战结束后的战争赔偿问题给世人留下了这么多的疑问，而我国学术界对这些问题的研究是相当薄弱的。本书作者苑爽同志在攻读博士学位期间，将美国在德国战争赔偿问题上的思考、决策和行动作为研究对象，取得了很好的成效。毕业后她回校任教，在紧张的工作之余，继续从事研究工作，使得研究成果得到进一步完善。作者不仅通过解读英文资料，厘清了事情发展的过程和内幕，还对不少重点环节作了分析，提出自己的看法。

希望这本专著的出版，能够对我国学术界研究两次世界大战结束后的战争赔偿问题，起到一定的推动作用。

郑寅达
2014年5月于上海

目 录

前言 1

第一章 "战争与和平"理论与美国对德战争索赔政策 1
  第一节 "战争与和平"视阈下美国对德索赔政策简析 1
    一、"战争与和平"理论概述 1
    二、战争赔偿问题与美国对德索赔政策 8
  第二节 影响美国对德索赔政策的诸种国内因素分析 13
    一、商业立国的思想 14
    二、多元化的政治体制 15
    三、实用主义的外交哲学 18

第二章 一战前后美国的对德战争索赔政策 23
  第一节 巴黎和会期间美国的对德索赔政策 23
    一、20世纪初美国外交政策的转变 23
    二、一战期间美国决策者的战争观、和平观 25
    三、巴黎和会前美国对德索赔政策的形成 32
    四、巴黎和会上美国对德索赔政策的挫败 37
  第二节 20世纪20年代美国的对德索赔政策 60
    一、共和党政府的战债政策和对德索赔政策 60
    二、《道威斯计划》的制定与执行 73
    三、《杨格计划》的出台 83
  第三节 一战与美国和平主义运动 96
    一、一战前后美国和平主义运动的发展 96
    二、美国和平主义运动的影响 103

第三章 一战后美国对德战争索赔政策的影响 ………… 109
第一节 美国索赔政策与德国战争策源地的形成 ………… 109
第二节 美国社会关于一战后索赔政策的反思 ………… 115
一、学术界的反思 ………… 116
二、决策层的反思 ………… 119
第三节 美国决策者的索赔设想 ………… 126
一、《摩根索计划》的索赔设想 ………… 127
二、温和派的索赔主张 ………… 131

第四章 二战末期美国关于德国战争赔偿问题的讨论 ………… 139
第一节 美国政府内关于对德索赔政策的讨论 ………… 139
一、各行政部门不同的索赔政策 ………… 139
二、各行政部门对索赔政策的争论 ………… 147
第二节 美国与盟国围绕德国赔偿问题进行的争论 ………… 159
一、美、英、苏三大国各自主张的对德索赔政策 ………… 159
二、东、西方关于对德索赔政策的争论焦点 ………… 165

第五章 二战后美国对德索赔政策的修改与执行 ………… 175
第一节 赔偿政策执行者与制定者的矛盾 ………… 175
一、占领初期美国占领军政府面临的难题 ………… 175
二、赔偿政策执行者与制定者的矛盾分析 ………… 181
第二节 美国对德索赔政策的转变 ………… 187
一、美占区停止赔偿拆迁以及双占区合并 ………… 187
二、美国对德索赔政策的转变 ………… 195
第三节 美国特殊的战争索赔——"智力赔偿"计划 ………… 199
一、"智力赔偿"计划的起源 ………… 199
二、"智力赔偿"计划的内容与实施 ………… 205
三、"智力赔偿"计划探索的索赔新方式 ………… 212
第四节 美国索赔政策与冷战的爆发 ………… 218
一、莫斯科外长会议期间的德国赔偿问题 ………… 218
二、《马歇尔计划》的出台与冷战的爆发 ………… 222

第六章 "战争与和平"视阈下的反思 ………… 233
第一节 美国索赔理念及索赔机制的演变 ………… 233
一、在反思与对比中深化：美国索赔理念的演变 ………… 233

二、从国会到国务院的转移：美国索赔政策运行
　　机制的演变 …………………………………… 240
第二节　影响处理德国赔偿问题成败的诸种因素 ……… 246
一、战胜国索赔的程度 ……………………………… 247
二、德国对赔偿义务的态度 ………………………… 251
三、盟国内部的合作与纷争 ………………………… 254
第三节　"战争与和平"视阈下的"德国问题" …………… 262
一、"德国问题"的缘起 ……………………………… 262
二、"德国问题"的症结 ……………………………… 264
三、"新德国问题"的出现及其发展 ………………… 273
附录：论文中使用的缩写 ……………………………… 276
参考文献 ………………………………………………… 277

前　言

"战争与和平"历来是一个关涉国家和民族生存、人类命运和文明发展的重大问题。20世纪,人类社会曾爆发了两次世界大战。世界大战首次突破地域限制,而且由于世界大战最主要的特点之一是总体战争,其延续时间长和战斗的残酷性,都使得世界大战造成的损失与伤害远远超出了以往历次战争。① 两次世界大战中,德国都是主要的发动者,曾经给许多国家的人民带来巨大损失与伤害,每次大战后国际社会如何处置最主要的战败国,即德国就显得特别引人关注。在诸多战后德国问题中,战争赔偿②是一个影响战后世界和平与发展的重大战略问题和现实问题,因为它不仅关系到国际社会如何惩罚战败国、恢复经济秩序、引导战败国重新融入国际社会、维护战后和平等一系列问题,而且,还与20世纪美国充当世界领袖的梦想能否顺利实现,美国的国家利益能否得到有效保证等问题密切相关。

---

① 据统计,一战中至少有860万军人阵亡,伤、病致死1000多万人,另有2122万多人受伤。就损失而言,这场战争大约耗费了3380亿美元。长达6年的第二次世界大战更为惨烈,战场遍及80多个国家和地区,20多亿人口卷入了战争,战争中累计死亡6500万人,物质损失4万多亿美元,占参战国国民收入60%—70%,仅军费就高达9000多亿美元。参见吴友法、黄正柏:《德国资本主义发展史》,武汉:武汉大学出版社,2000年版,第272页;王卫星:《20世纪:人类在战争中企盼和平》,载《国防》,2001年第2期。

② 战争赔偿作为战胜方对战败方战后处置方式的一种,几乎与战争一样古老。它通常是指"战争之后,在未消除战败者与战胜者间分歧的情况下,由战败者单方面向战胜者交付的国民经济性强制赔偿"。参见 Jörg Fisch, *Reparation nach dem Zweiten Weltkrieg?* München: Beck, 1992, p.4. 从战争赔偿的内容和性质来看,它有一个历史演变的过程。在古代,战胜者通常要对战败者进行惩罚与勒索,如杀戮战俘、毁坏城市村庄、掠夺人口和财物、割地等。到了近代,战争赔偿出现了金钱赔偿,即要求战败国用金、银、货币、外汇等清偿方式。古代和近代的战争赔偿大多具有惩罚战败国的性质,战争赔偿的数额取决于战胜国的自由意志,多少带有任意性的倾向,因为在战胜者看来,战争赔偿的法理基础就是胜利者的权利,该权利基本无需论证。因而在许多战后签署的和约中,战胜者索要的赔偿数额往往多于战争实际造成的损失。

为此，美国积极介入德国战争赔偿问题，制定、实施了两次对德战争索赔政策。20世纪20年代，美国相继出台了《道威斯计划》和《杨格计划》试图解决困扰欧、美、德三方的战争赔偿问题。二战爆发后，美国与苏联围绕德国战争赔偿问题的争斗则是《马歇尔计划》出台乃至冷战爆发的重要因素之一。因此或许可以说，美国对德战争索赔政策对20世纪的德国、欧洲、大战后的世界和平与发展都产生了重大影响，丰富了"战争与和平"理论的内涵，深化并影响了国际社会对"战争与和平"的认知与实践。在"战争与和平"理论视阈下，通过分析20世纪美国对德战争索赔政策的成败得失、经验教训，不仅可以深化认识美国外交政策的本质与特征，更重要的是，对于如何更好地维护世界和平与发展，以及如何正确处理中日之间最主要的战争遗留问题，即民间索赔问题都有着一定的借鉴意义和现实意义。

关于20世纪美国对德战争索赔政策的研究，是国内外学术界关注较少的课题。究其原因主要有二：一是该问题涵盖的时间段限比较长（1914—1950年），相关原始资料分布零散，又比较难获取，影响了该问题的研究；二是战争赔偿虽是一战后、二战后初期国际社会的一个焦点问题，但随着战争创伤的平复、和平局势的持续，战争赔偿问题慢慢淡出了人们的视野，逐渐成为学术研究的冷门。

国内学术界有关20世纪美国对德战争索赔政策方面的专著还没有出现，只有几篇相关的学术论文，如，《一战后美国在德国赔偿问题上的政策演变》、《评巴黎和会上的美国对德政策》、《二战结束前后美国对德国政策探析》、《雅尔塔会议与德国赔偿政策的确立》、《简析战后德国分区赔偿政策的执行》、《犹太人社团与以色列对德国的战争索赔》、《二战后德国赔偿问题研究》等。有少数几部专著的相关章节曾简略地涉及该问题，如，《国际关系史》第四卷、第五卷，《冷战的起源与战后欧洲》、《美国的冷战战略与巴黎统筹委员会、中国委员会（1945—1994）》、《美国因素与魏玛共和国的兴衰》、《第一次世界大战后美国对德国的政策（1918—1929）》等。总的来说，这些论文和专著或者只研究美国对德索赔某一阶段的政策，或者只是在研究德国战争赔偿问题时涉及了美国的索赔政策，都没有对20世纪美国制定、实施的两次对德战争索赔政策进行比较系统、深入地研究，更没有将美国索赔政策置于20世纪"战争与和平"的视阈之下进行比较深入的学理分析和现实意义的探究。

一战结束后不久,国外学术界就出现了研究德国战争赔偿问题的专著,其中最有名的是英国经济学家约翰·凯恩斯的《和会的经济后果》。① 在巴黎和会上,凯恩斯作为英国代表团的成员曾经极力反对协约国对德国的巨额索赔。该书主要论述德国的战争赔偿将对世界经济发展产生不利影响,结论是整个欧洲将随同《凡尔赛和约》一起走向破产。总的来说,大多数学者没有将一战后美国对德索赔政策视为一项独立的外交政策进行专门、系统的研究。只是在研究下述问题时,把美国索赔政策作为一项重要内容进行了比较充分的阐述与分析:一是一战前后美国外交政策以及威尔逊总统外交政策的研究,代表性著作有:亚瑟·沃尔沃思的《巴黎和会上威尔逊和美国外交政策制定者,1919》②、托马斯·贝利的《美国人民外交史》③ 等;二是关于德国战争赔偿问题的研究,代表性著作如,菲利普·巴兰特的《巴黎和会上的赔偿:美国代表团的观点》④,该书包括了战争时期、停战谈判期间、和会阶段各交战国对战争赔偿问题的态度和索赔计划。该书的优点是它不仅论述了和会上美国对于战争损失、德国赔偿的范围、数额、期限、德国赔偿能力、德国战争责任等一系列问题的政策,还涉及英、法两国以及其他国家关于德国赔偿问题的态度、政策,为了解德国赔偿问题的起源以及和会期间协约国内部关于赔偿问题的争论都提供了比较丰富的资料,但该书主要是描述性的叙述,作者没有提出自己的观点。美国学者布鲁斯·肯特的《战争的赃物:有关战争赔偿的政治、经济和外交政策,1918—1932》⑤ 一书,阐述了一战后围绕德国战争赔偿问题,英、法、美、德之间进行的政治、经济和外交上的争斗,并对《道威斯计划》和《杨格计划》进行了比较充分的论述;三是20世纪20年代美欧关系史、美国"经济外交"政策的研究,代表性成果如两位美国后修正派学者,弗兰克·科斯

---

① John M. Keynes, *The Economic Consequences of the Peace*, London: Macmlllan, 1919.
② ArthurWalworth, *Wilson and his Peacemakers: American Diplomacy at the Paris Peace Conference, 1919*, NewYork: W. W. Norton & Company, 1986.
③ [美] 托马斯·帕特森:《美国外交史》,李庆余等译,北京:中国社会科学出版社,1989年版。
④ Philip Burnentt, *Reparations at the Paris Peace Conference: From the Standpoint of the American Delegation*, New York: Columbia University Press, 1940.
⑤ Bruce Kent, *The Spoils of War: The Politics, Economics and Diplomacy of Reparations 1918—1932*, Oxford: larendon Press, 1989.

蒂利的《笨拙的支配：1919—1933 年美国与欧洲政治、经济和文化关系》①、梅尔文·莱费尔的《难以捉摸的追求：1919—1933 年美国对欧洲的稳定和法国安全的追求》②。研究 20 年代美国"经济外交"政策的代表性著作是威廉·麦克尼尔的《美国金钱与魏玛共和国：大危机前的经济与政治》，③该书虽然不是以美国赔偿政策为研究对象，但它对 20 年代后半期美国的对德政策进行了比较详细的研究，作者认为美国正是以德国赔偿问题为契机，实现了对德国经济输出与扩张的目的。总的来说，国外学术界对一战后美国对德战争索赔政策虽有所涉及，但大多作为美国外交政策的一个组成部分，而没有进行专门、系统的研究。

二战末期，美国一些政府机构、政治家们以及一些学者已经开始考虑战后德国赔偿问题了。如 1944 年，美国外交委员会出版了《德国应该支付什么？新的战争赔偿问题》（Council on Foreign Relations, *What should Germany Pay? The New Reparations Problems.*）。美国财政部长小亨利·摩根索的回忆录性著作《德国是我们的问题》④一书详细分析了一战后美国赔偿政策失败的原因，提出了如何才能避免德国再次发动战争的政策和措施。陆军部长亨利·史汀生的日记《供职于和平与战争年代》⑤则从另一个角度分析了一战后美国赔偿政策失败的原因，提出了温和的对德政策和赔偿主张。这两本书为我们研究二战末期美国决策层有关德国战争赔偿的历史记忆、对一战赔偿失败进行的反思，由反思而得出的历史经验和教训，以及这些反思和经验、教训对决策层制定对德索赔政策产生的影响等提供了很好的借鉴作用。

国外学术界关于二战后美国对德战争索赔政策的研究比一战后的研究要全面、深入一些。从研究内容和角度来看可分为两类：一类是从一国的角度，即从美国对德索赔政策制定、实施的角度入手研究对德战争索赔政策。美国学者约翰·金贝尔是研究美国占领德国时期外交政策比

---

① Frank Costigliola, *Awkward Dominion*: *American Political Economic, and Cultural Relation with Europe, 1919—1933*, Ithaca: Cornell University Press, 1984.

② Melvyn P. Leffler, *The Elusive Quest*: *America's Pursuit of European Stability and French Security, 1919—1933*, Chapel Hill: North Carolina University Press, 1979.

③ William C. Mcneil, *American Money and the Weimar Republic*: *Economics and Polities on the Eve of the Great Depression*, NewYork: Columbia University Press, 1986.

④ Henry Morgenthau, *Germany is Our Problem*, London: Harper, 1945.

⑤ Henry L. Stimson, *On Active Service in Peace and War*, NewYork: Harper & Brothers, 1947.

较突出的学者,在占领德国期间,金贝尔曾作为美国的翻译人员在德国工作过。因此,他的专著大多以这一时期美国对德政策为研究对象,包括美国在德国的政治、军事、经济、外交等各个方面的政策。他的《马歇尔计划的起源》① 一书详细论述了战后美国赔偿政策的演变过程,分析了《马歇尔计划》的出台与德国赔偿问题的内在关联。该书论述翔实、资料丰富,为研究该计划与美国赔偿政策的内在关系提供了很好的借鉴。他的《科学、技术和赔偿:对战后德国的剥削和掠夺》② 一书则专门论述了美国在德国实施的"智力赔偿"计划,指出通过该计划,美国掠夺了德国大量的科学、技术、专利和人才,该书为研究美国对德索赔政策提供了个案分析的资料与观点。

另一类是从多国角度,即盟国内部,特别是美、苏之间围绕对德索赔进行的外交争斗入手研究美国的索赔政策。例如,约翰·斯内尔的《东西方战时起源:在德国的困境》,③ 该书详细论述了二战末期美国国内关于德国赔偿政策的争论以及历次三大国会议上美国和同盟国关于该问题的冲突,论述了美、英、苏三大国各自的索赔计划,指出正是三大国各自的索赔计划使得德国赔偿问题陷入困境。修正学派学者布鲁斯·库克里克的《美国政策与德国的分裂:美国和苏联关于赔偿问题的冲突》,④ 该书对二战末期美国决策层内部关于德国赔偿政策的争论、政策的形成过程进行了叙述,重点论述了美、苏两国在赔偿问题上的冲突,提出了正是两国不同的赔偿政策导致了德国最终分裂的观点,该书的优点是观点明确,使用了大量的一手资料,但结论略显武断。

研究美国占领德国政策的一些专著,如约翰·巴克尔的《分裂德国的决定:转型时期的美国外交政策》⑤ 论述了美国的赔偿政策,提出正是美国战后的经济扩张、美国的赔偿政策奠定了德国分裂的经济基础。

---

① John Gimbel, *The Origins of the Marshall Plan*, California: Stanford University Press, 1976.
② John Gimbel, *Science, Technology, and Reparations: Exploitation and Plunder in Postwar Germany*, Calif: Stanford University Press, 1980.
③ John L. Snell, *Wartime Origins of the East West: Dilemma over Germany*, New Orleans: Phauser Press, 1959.
④ Bruce Kuklick, *American Policy and the Division of Germany: The Clash with Russia over Reparations*, Tthace: Cornell University Press, 1972.
⑤ John H. Backer, *The Decision to Divide Germany: American Foreign Policy in Transition*, Durham: Duke University Press, 1978.

爱德华·彼得森的《美国对德国的占领：放弃的胜利》① 一书论述了美国国务院、战争部、占领军之间对德政策特别是有关德国赔偿政策的冲突，分析了美国占领德国期间一些政策的不足，描述了美国从拆迁到支持德国经济复兴政策的转变。此外，国务卿贝尔纳斯的回忆录《坦率地说》②、克莱将军的回忆录《在德国的决定》③ 等都为研究美国占领期间的赔偿政策提供了很好的资料和借鉴作用。

研究《马歇尔计划》的几本专著也涉及了二战后美国赔偿政策，如查尔斯·米的《马歇尔计划——美国霸权的开始》④、查尔斯·迈尔的《马歇尔计划与德国：在欧洲复兴框架下西德的发展》⑤ 以及赫伯特·迈尔的《德国复兴与马歇尔计划，1948—1952》⑥。此外，J.内特尔的《东占区与苏联在德国的政策，1945—1950》⑦、伊恩·特纳的《英国占领政策与西占区，1945—1955》⑧ 等书分别阐述了苏联、英国的占领政策、赔偿政策，为研究美国赔偿政策提供了更广阔的背景和参照，同时也提供了可资借鉴的多国资料。

目前，国外学术界研究存在的缺陷与不足：一是大多将美国索赔政策裹挟在美国对德、对欧政策之中，或者作为美国占领德国政策的一部分进行研究，很少将美国对德索赔政策作为一项独立的外交政策进行专门、系统的研究；二是大多没有分析说明美国对德索赔政策产生的重大影响，如，一战后美国索赔政策对德国二战策源地形成的影响、二战后美国索赔政策与《马歇尔计划》出台，乃至冷战爆发的关系等问题基本处于叙述状态；三是没有探究两次战争索赔政策的内在联系，没有梳理、总结20世纪美国对德战争索赔政策、索赔理念、决策机制的演变过程及

---

① Edward Peterson, *The American Occupation of Germany*: *Retreat to Victory*, Detroit: Wayne States University Press, 1977.

② James F. Byrnes, *Speaking Frankly*, NewYork: Harper & Brothers Publishers, 1947.

③ Lucius D. Clay, *Decision in Germany*, NewYork: Doubleday & Company Inc, 1950.

④ Charles L. Mee, *The Marshall Plan*: *The Launching of Pax American*, NewYork: 1984.

⑤ Charles S. Maier, *The Marshall Plan and Germany*: *West German Development within the Framework of the European Recovery Program*, New York: Berg Publishers limited, 1991.

⑥ Herber C. Mayer, *Germany Recovery and the Marshall Plan 1948—1952*, NewYork: Edition Atlantic Forum, 1969.

⑦ J. P. Nettl, *The East Zone and Soviet Policy in Germany 1945—50*, London: Oxford University Press, 1951.

⑧ Ian Turner, *British Occupation Policy and the West Zones*, *1945—55*, NewYork: St. Martin's Press, 1984.

其发展规律等。

本书从文本解读入手，利用美国国务院已经公布的 375 卷 FRUS (*Foreign Relations of U. S.*)，其中 1917—1950 年，每年欧洲卷的德国部分特别是补充卷以及一战、二战结束前后的历次国际会议卷中都包括了大量美国赔偿政策的第一手资料。贝亚特·欧本编辑的《占领德国的文件，1945—1954》①、杰·史密斯主编的两卷本《卢修斯·克莱将军文件：德国 1945—1949》②、卢修斯·克莱将军的回忆录《在德国的决定》③，以及一些当事者如伍德罗·威尔逊、爱德华·豪斯、赫伯特·胡佛、盖茨·道威斯、富兰克林·罗斯福、哈里·杜鲁门、亨利·摩根索、卢修斯·克莱、科德尔·赫尔、亨利·史汀生、詹姆斯·贝尔纳斯、乔治·马歇尔将军等人的私人文件，如演讲、备忘录、回忆录、日记、信件等资料。

本书采用文献分析法作为主要研究手段，力求准确解读档案材料，在相对零散的史料之间建立逻辑联系，系统考察 20 世纪美国对德战争索赔政策制定、实施、演变的全过程。同时，将历史学和国际政治学的研究结合起来，运用"战争与和平"理论来论证和分析具体的美国索赔政策。本书还使用了归纳、总结、对比分析等方法，对美国赔偿政策的特点、赔偿理念演变的规律、索赔政策的运行机制等进行了归纳、总结。对美国索赔政策与其他战胜国的索赔政策，对美国两次处理德国赔偿问题的成败得失、经验教训进行了对比分析。总之，本书既有经验性研究，如一战失败的反证，又包括批判性研究，分析原因、辩证关系，还有建设性研究，即国际社会应该如何处理战争赔偿问题；除了抽象的理论论证外，如"战争与和平"理论，还有依据历史实践进行的具体分析。

本书的创新之处主要体现在如下几点：在研究视角上，把裹挟在一战后、二战后美国对德政策、对欧政策之中的美国索赔政策剥离、分立出来，将其还原为一项独立、完整的外交政策，对其进行全面、系统的研究；在研究内容上，运用"战争与和平"理论指导战争索赔政策的研

---

① Beate von Oppen, *Documents on Germany under Occupation 1945—1954*, London: Oxford University Press, 1955.

② Jean Edward Smith, *The Papers of General Lucius D. Clay: Germany 1945—1949*, Bloomington: Indiana University Press, 1974.

③ Lucius D. Clay, *Decision in Germany*, NewYork: Doubleday & Company Inc, 1950.

究,并结合美国特殊的国情,以及一战后、二战后的国际秩序比较深入地研究美国对德索赔政策,并对战争赔偿问题和"战争与和平"的关系进行理论分析和反思,从而深化对国际关系史的研究;在思维方式上,立足于当今世界"战争与和平"反思国际关系史,从历史的经验教训中寻求对人类的启迪;在资料方面,除美国外交档案之外,力图利用苏联、英国、德国方面的资料,形成一个连贯、系统的多方资料体系。

在结构上,除前言外,全书共分三部分。第一部分包括第一章、第二章。首先,运用"战争与和平"理论分析美国对德战争索赔政策在20世纪国际关系史中的特殊地位、影响及其意义;然后,分析影响美国对德索赔政策的诸种国内因素;接着,论述从巴黎和会一直到20世纪20年代共和党政府执政期间,美国对德战争索赔政策的形成、挫败,以及制定、实施《道威斯计划》和《杨格计划》的发展过程;最后,分析一战后美国和平主义运动的兴起及其影响。

第二部分是承上启下的第三章。首先,论述分析一战后美国索赔政策与二战前德国策源地形成的关系。然后,分析二战爆发后美国各主要社会集团(普通民众、学术界、决策层等)都对一战后美国索赔政策进行了反思。他们总结得出的经验和教训不仅成为二战后美国政府再次制定、实施索赔政策的前车之鉴,而且还分别形成了对德严厉派和温和派两种索赔理念,从而论证20世纪美国出台的两次对德索赔政策是前后相继、逐步深化发展的内在关系,以及二战后美国决策层内部对德索赔政策分歧的缘起。

第三部分包括第四章、第五章、第六章。论述、分析从二战末期美国政府内部围绕对德索赔问题而进行的争论,直至占领德国初期,美国索赔政策进行的调整、实施的过程。对美国在占领区内秘密实施的"智力赔偿"计划进行了个案分析。最后,在"战争与和平"视阈下,对20世纪美国的索赔政策、战争赔偿问题以及"德国问题"进行全面总结与反思。

第一章 "战争与和平"理论与美国对德战争索赔政策

本章试图回答的主要问题有:"战争与和平"理论包括哪些内容,作为国际秩序两种状态的"战争"与"和平"是如何相互转化的,其驱动力是什么,在"战争与和平"视阈下,对战争赔偿问题以及20世纪美国对德战争索赔政策进行理论分析;最后,分析影响美国索赔政策的诸种国内因素,从而揭示美国特殊的国情、政情及社情对索赔政策产生的影响。

第一节 "战争与和平"视阈下美国对德索赔政策简析

一、"战争与和平"理论概述

人类社会自产生以来,大大小小各种类型的战争一直连绵不断,据统计,在人类文明史中,发生的有记载的战争达14500多次。因此,千百年来人们通过对战争及和平问题的观察、研究及实践的经验教训,写出了大量理论著作。据笔者掌握的材料所知,目前国内学术界对于"战争"的理论研究很充分,而对于"和平"的理论研究相对不足,关于"战争与和平"的理论研究则比较薄弱。① 形成最后者的原因是

---

① 国内学术界,包括历史学、政治学、军事学、社会学、哲学等学科对战争的定义,对战争产生、发展、消亡的过程,对战争目的、性质,对战争与政治、经济、军事、科学技术、自然条件等因素相互关系,以及对战略、战役、战术的理论原则等都进行了比较充分的研究。相关著作和论文数量极大,这里不一一罗列。国外学术界对于"和平"的研究比较充分,"和平学"是一门跨学科的新兴学科,相关著作和论文很多;国内学术界对于"和平"的研究相对来说不是很充分,代表性研究成果有刘成教授的《和平学》等著作。据笔者掌握的材料,目前国内学术界对于"战争与和平"理论还没有进行过比较全面、系统、明确的论述与分析。

学术界将"战争"、"和平"视为性质完全相反的两种状态,其研究往往各执一端,或者专门研究"战争",或者专门研究"和平",将"战争与和平"作为一个整体,探究两者内在的辩证统一关系的理论研究并不多见。

一些西方的思想家、军事理论家、历史学家早已认识到"战争"与"和平"的内在关联。例如,罗马帝国时期的哲学家奥里利厄斯·奥古斯丁、德国近代哲学家伊曼努尔·康德都认识到"和平"与"战争"的悖论。19世纪普鲁士著名的军事理论家卡尔·冯·克劳塞维茨认为,战争与和平难以分割,指出:"战争与和平在根本上是两个不能彻底划分阶段的概念。"① 美国学者凯格利和雷蒙在他们的著作《从战争到和平:国际政治中的重大决策》对"战争与和平"的整体性、内在的辩证关系做了一些有益的探索。② 马克思主义的经典理论也认为,战争与和平是既对立又统一的两种社会运动状态,它们的彼此交替支配着人类社会的变迁与未来。

为了更好地说明问题,首先,应该明确"战争"这个核心概念。人类社会虽说是身经百战,但关于战争的定义及其爆发的根源却一直没有达成共识。其原因是在不同的历史发展阶段,战争的表现形态不同,人们对于战争的认识水平也不同;更主要的是,不同阶级、学术流派以及分析视角的不同都对战争的定义、爆发的根源做出了千差万别的解释。③ 大致可以划分为三个类别:一是微观角度,从人类好斗、自保的本能、

---

① [德]卡尔·冯·克劳塞维茨:《战争论》(第3卷),中国人民解放军军事科学院译,北京:商务印书馆,2003年版,第892页。

② 两位学者对历史上的一系列战争进行了案例分析,认为战后单一的仁慈措施和报复措施都难以收效,那么何种战后安排最有利于和平?他们将战后安排按照报复与安抚两种类型细分为12种。参见[美]凯格利(Charles W. Kegley)、雷蒙(Gregory A. Raymond, Jr.):《从战争到和平:国际政治中的重大决策》(英文影印版),北京:北京大学出版社,2003年版,第15页。

③ 阶级立场不同对于战争的认识也不同。卡尔·冯·克劳塞维茨的《战争论》和A. H. 若米尼的《战争艺术概论》等著作是资产阶级的战争理论代表。马克思、恩格斯的军事著作,运用辩证唯物主义和历史唯物主义的观点分析战争,揭示战争的普遍规律,则为无产阶级革命战争理论奠定了基础。随后的列宁、斯大林、毛泽东等人的军事理论又进一步丰富了无产阶级的战争理论。关于战争,西方思想史上有三大传统,即现实主义、和平主义和正义战争理论。近些年来,欧美国家学术界出现的新现实主义、新自由主义、建构主义等学术流派都对战争进行了不同层次的分析与论述。参见彭少昌、朱鸣、夏少权:《多维视野中的国际战争观》,载《欧洲》,1998年第6期。

自私的本性出发认识战争及其爆发的根源。例如，柏拉图认为，"战争的原因是出于灵魂的腐化"；尼采则认为，"战争的根源就在人性之中"。二是宏观层次，力图从社会结构、经济矛盾、权力关系、国际体系等方面寻找战争的原因。克劳塞维茨将战争上升到国家政治层面，其观点具有代表性，如"战争就是一种以迫使对方实现我方意志为意图的暴力行为"、"战争不仅是一种政治行为，更是一种真正的政治工具，是政治交易的延续，是用其他手段来执行的同样的工作"。① 三是马克思主义关于战争的阐释。马克思、恩格斯基本赞同克劳塞维茨关于"战争是政治工具、是政治的继续"的基本论断，又进一步运用辩证唯物主义和历史唯物主义的观点分析战争、分析战争爆发的根源，指出战争是阶级社会的产物，根源于私有制与剥削阶级；只有消灭私有制和一切剥削阶级，才能最后消灭战争。进入现代社会，列宁对战争的起源、战争的性质以及战后和平等问题的研究更进一步深入。列宁认为："战争是人类社会不同社会集团之间为了一定的政治经济目的而进行的武装斗争，是用以解决民族和民族、国家和国家、阶级和阶级、政治集团和政治集团之间矛盾的最高斗争形式。"② 总之，无论从哪个层次分析，战争爆发的根源很少是单一的，大多是诸种因素共同作用的结果。正如美国学者肯尼思·华尔兹在其著作《人、国家与战争：一种理论分析》中所论述的那样：人本身、国家内部的组织结构和形式以及国际体系都对战争的发生产生影响。

其次，探究"和平"的涵义，以及人们追求、维护和平的手段。在传统的"战争"、"和平"两分法中，"和平"大多被视为"战争"的对立物，是与"战争"相反的一种状态："相对于战争而言，和平是指社会环境处于不发生战争的稳定安宁、平静祥和的生活状态或发展阶段"、"和平是以不存在大的战争和国际事务的普遍稳定为其特征的国际历史时期"、"和平是政府之间互相友好，没有战争的状态"、"和平是政治实体之间敌对行动或长或短的一种持续性中止"，是"战争的不在场"等各

---

① ［德］卡尔·冯·克劳塞维茨：《战争论》，钮先钟译，南宁：广西师范大学出版社，2003年版，第1页、第14页。
② 《列宁全集》第27卷，北京：人民出版社，1986年版，第294页。

种解释不一而足。① 但对于如何保障战后和平，无论是曾经遭受战争苦难的民众，还是秉持各种思想、各种学术观点的政治家、学者们却都认识到战后构建国际秩序对于维护战后和平与发展的重要性。② 即和平并不是战争结束后自动出现的自然结果，而是必须采取一系列措施、手段加以维护和巩固之。

最后，分析"战争"与"和平"的关系，从而阐述"战争与和平"理论。人类社会的历史经验常常是进行理论分析的基础，人们通过战争与和平的实践，以及对各种类型战争进行分析后发现，近代以降，特别是民族国家相继出现之后，民族国家开始成为国际社会的独立行为体。国家的战略选择，包括战争、和平问题的处理大多会受到国内、国际形势的双重影响。从国内层次来看，实现国家利益最大化是民族国家的决策者们进行战略选择时最主要的追求目标；从国际层次来看，国际秩序则成为影响国家战略选择时最主要的外在因素。因此，一个国家是战是和的战略选择要从国内、国际两个层次来综合考量。③

这里，"国际秩序"是一个关键词。国际关系理论中有关"国际秩序"的定义不少，其中，笔者比较认同门洪华博士对"国际秩序"的解

---

① 和平是一个具有感情色彩而又抽象的概念。概念过于模糊，不同的文化对和平有不同的理解，和平甚至与"绥靖主义"、和平主义联系起来。和平概念的最基本内涵即是战争的消除，比较狭窄的定义，和平就是战争的不在场。二战后，西方学者进一步扩展"和平"的内涵，和平不仅仅是一个与反战、非战争类似的概念，甚至包括了暴力冲突的融释。被称为"和平学之父"的挪威学者约翰·加尔通教授认为，和平是创造性的冲突化解或以非暴力的方式实现冲突转化，并将和平区分为积极和平与消极和平：没有由军事力量进行战争（直接暴力）的状态，称为消极和平；没有结构暴力的状态称为积极性和平。积极和平则不仅仅只是战争或国家间暴力的缺失，它涉及的是一种社会状况，在这种社会里，剥削被最小化或者被消除，既没有明显暴力，也没有潜伏在结构暴力之下的更多难以察觉的现象。在更为深刻的社会文化基础上，结构性暴力的消除。参见［挪威］约翰·加尔通：《和平论》，陈祖洲等译，南京：南京出版社，2006年版，第13页。

② 例如，美国学者约翰·伊肯伯里提出："当领导国或霸权国面对如何使用其新获得实力的机遇——这些选择最终塑造了战后国际秩序的特征——之时，战后的重要关头就成为少有的战略时刻。……尤其是在1919年和1945年之后，领导国越来越诉诸制度战略，将之作为确定对随意、任意运用国家实力的约束并将其锁定在有力且持久的战后秩序中的机制。"参见［美］约翰·伊肯伯里：《大战胜利之后：制度、战略约束与战后秩序重建》，门洪华译，北京：北京大学出版社，2008年版，第2页。

③ 肯尼思·华尔兹对于国际形势与国内情况双方的相互作用、相互影响曾有过分析："外交在19世纪的欧洲是如此重要，接受过外交训练的政治家是如此之多，以至于实施国家内部治理的方式方法有时会与处理国家间事务的技巧不谋而合。"参见［美］肯尼思·华尔兹：《人、国家与战争》，信强译，上海：上海人民出版社，2012年版，第178页。

释：国际秩序是国际社会中主要行为体，尤其是主导大国权力分配、利益分配、观念分配的结果，而其主要表现形式就是全球性国际制度的创立与运行。① 从中可以发现，国际秩序是否稳定、是否平衡主要取决于权力、利益以及观念的分配。其中，权力和利益的分配状况主要反映了国际社会主要行为体之间的实力对比，属于客观性变量；而观念分配则指"主要大国在核心观念上能否达成和保持一致、默契或必要的妥协。换言之，国际体系内的观念分配将是决定国际秩序能否建立、可否保持稳定的关键性变量"②。

自国际秩序出现后，战争、和平往往被视为国际秩序的两种表现形式，和平是国际秩序的稳定、平衡状态，战争则大多是因为国际秩序的失衡、崩溃而发生。和平是人类的理性追求，主导大国在"创建战后秩序的绝大部分努力都用于如何避免此前的战争再次发生，也避免其他可能形式的战争"③。因为在大多数情况下，战后构建起和平可能更有利于维护主导大国的权力、利益以及观念。从国际关系的实践来看，国际秩序一旦形成确定下来，大多数国际社会行为体，即民族国家对于权力、利益以及观念的分配结果持大体认同的态度，基本能够遵守既有的国际秩序。国际秩序相对稳定、平衡，呈现一种和平状态。"当没有国家认为改变体系的努力将会获益，则国际体系是稳定的（即处于平衡状态）。"④ 此时，如果一个国家的决策者经过对国内、国际两个层次的利弊权衡、考量后认为，遵守国际秩序、追随主导大国可能更好地实现其国家利益，那么大多会选择风险比较低的和平战略。当然，历史上也曾出现过列强国家普遍希望通过战争来追求或保持自身优势地位的情况，但在进行战略选择时大多会考虑到国际秩序的规制，并有意识地约束其战争行为。国际秩序遭到局部战争的冲击，但如果能够进行调节与修复，和平局面还能维持一时，一战前爆发的几场局部冲突大多属于这一类型。⑤

---

① 门洪华：《大国崛起于国际秩序》，载《国际政治研究》，2004年第2期。
② 门洪华：《大国崛起于国际秩序》，载《国际政治研究》，2004年第2期。
③ [美] 卡列维·霍尔斯蒂：《和平与战争：1648—1989年的武装冲突与国际秩序》，王浦劬等译，北京：北京大学出版社，2005年版，序言第5页。
④ [美] 约翰·伊肯伯里：《大战胜利之后：制度、战略约束与战后秩序重建》，第42页。
⑤ 入江昭认为，一战前巴尔干各国由于没有被充分地编入当时欧洲的国际秩序中而经常存在局部战争的可能性。正是巴尔干地区的纷争把大国也卷入其中，成为一战的导火索。这显示出五大国之间的秩序终究不能限定边境的不稳定性。参见 [美] 入江昭：《20世纪的战争与和平》，李静阁等译，北京：世界知识出版社，2005年版，第24页。

但在国际关系现实中，行为体之间权力、利益、观念的分配不可能一成不变，常常会出现挑战、冲击原有国际秩序的新兴力量。当新兴力量即新兴民族国家在挑战收益小于代价之前，可能会选择适应国际秩序、在观念上与大国保持一致的战略。但有些时候也会选择挑战国际秩序的战略，从而成为国际秩序从和平转化为战争的主要驱动力。其原因应从国内、国际两个层次分析。从国内看，新兴国家大多是利用后源国家的优势在经济上取得了迅猛发展，但国内的政治、经济、社会等方面的协调发展出现了失衡；迅速崛起的国力又激发了民族主义情绪，各种矛盾交织、激化。此时决策者以及大多数民众往往会转移视线，对外诉求、对外扩张很可能成为一种社会共识，比较容易做出战争的选择；从国际层面看，新兴力量大多是原有国际秩序的后来者、非受益者甚至是受害者，原有的权力分配、利益分配对其不利，而改变国际秩序最迅速有效的手段当然非战争莫属。

此外，选择战争虽然带有战略上的冒险性，但因胜利而来的利益却极具诱惑力。因此，不排除一些战争狂人、军国主义者经过计算，甚至是怀着赌国运的心理不惜一战。近代以来，这类战争也比较常见。① 国际社会的和平秩序就此不复存在，直至打出胜负，分出高低，待硝烟落定再通过停战、谈判、签订条约，最终由战胜国主导重新构建一个国际秩序。战败国家此时需要依据国内、国际形势，重新进行利益的权衡及战略的选择，寻找国家利益与国际新秩序的契合点，从而被纳入到新的国际秩序之中，国际和平局面随之出现。

总之，或许可以说，"战争"与"和平"相互转化的逻辑就是国际秩序从稳定平衡（和平状态）到不稳定失衡（战争状态）之间的变迁；其驱动力主要是大国之间权力、利益、观念分配、对比出现了兴衰，崛起了新兴力量。而战争是一种政治工具的性质决定了战争、和平在很多情况下都是一种带有目的性的战略选择，因此新兴力量选择是战是和，在很大程度上就决定了国际秩序是稳定还是失衡，即是和平还是战争。当然，在国际关系现实中，"战争"与"和平"并不是非此即彼的两个端点，其相互转化大多经历一个渐进的过程。有的学者将其描绘成一个

---

① 近代以来，德、日、意等国的决策者所策划发动的普法战争、甲午战争、一战、二战等战争在很大程度上都具有战略上的冒险性。

从和平到战争带有诸多关键节点的循环往复的圆环;① 有的学者将其细化为五个程度上依次递进的过程：热战、冷战、冷和平、常规和平与高层次和平。② 可见，战争与和平的转化既复杂又曲折。"战争"与"和平"既是截然对立的两种状态，分别是国际秩序一正一反的表现形式，同时又都统一于国际秩序这一矛盾统一体之中。正如阴阳共存的太极图，在一定情况下是你中有我，我中有你。有时战争的目的就是为了和平，"以战止战"、"战争是和平的前提"；而有时和平本身又孕育着战争，"和平是战争的中场休息"。③ "战争"与"和平"就像一双如影相随的孪生兄弟，给探究它们的人们设置了重重迷雾，难辨雌雄。这或许进一步说明了，两者不可分离，应该进行"1+1>2"研究的必要性。

综上所述，笔者不揣简陋地认为，"战争与和平"理论并不是"战争"理论与"和平"理论的简单叠加，而是在各自理论研究的基础上，着重强调两者的辩证统一关系，探究战争与和平彼此交替、相互转化的内在逻辑、内在驱动力，总结战争与和平相互转化的规律、特点、诸多影响因素，寻求消除战争、维护和平的手段，揭示战争与和平对人类社会的政治、经济、军事、科技特别是国际关系产生的影响，梳理人类社会对于战争、对于和平的态度、认知和价值判断，总结人类社会对战争、对和平的实践经验教训，以及如何构建战后国际新秩序等。可以说，"战争与和平"理论的内涵十分丰富，外延也比较宽泛。随着人类社会对于"战争与和平"的实践以及认知水平的提升，"战争与和平"理论的内涵也不断清晰、丰富与发展，成为历史学、政治学、军事学、社会学等学科的主要研究课题之一，特别是进入20世纪，战争与和平几乎成为影响

---

① ［加拿大］卡列维·霍尔斯蒂：《和平与战争：1648—1989年的武装冲突与国际秩序》，第21页。

② 热战是指旨在运用武力消除对方军事实力的情形，也包括有其他国家介入的内战。冷战则是指一种消极和平的情势，双方处于敌对状态，往往谋求宣示武力，并有可能演化为战争。冷和平则是各方达成正式协议，并保持着外交关系，这种情景的主要特点是各国之间不通过武力解决争端。常规和平则是一种战争可能性比冷和平更低的状态。高层次和平则体现为国家之间高度稳定与和平，不诉诸武力解决问题。参见 Benjanin Miller, *States, Nations and the Great Powers: The Sources of Regional War and Peace*, Cambridge University Press, 2007。转引自左希迎：《国家、体系与地区秩序——评〈国家、民族与大国：地区战争与和平的来源〉》，载《国际政治科学》，2008年第4期。

③ 霍尔斯蒂认为："在某些情况下，那些重要的和约为未来的冲突和战争奠定了基础。这样，和平成了战争的导火索。"参见［加拿大］卡列维·霍尔斯蒂：《和平与战争：1648—1989年的武装冲突与国际秩序》，第22页。

人类自身生存与发展的决定性因素。

众所周知，人类社会到了20世纪，出现了世界规模的全面战争。早在1887年，恩格斯在分析资本主义的发展规律时就预测到，资本主义的发展，在其争霸世界的斗争中，必然会导致"空前规模和空前激烈的世界战争"，首次提出了世界性战争的概念，以引起世界人民的警惕和防备。学术界关于"世界大战"的定义很多，笔者比较赞同李巨廉教授的观点："只有那种产生于世界经济政治整体性发展，涉及世界全局，解决世界性的矛盾，牵动到整个人类社会生活的全面战争，才能称之为世界大战。"① 20世纪正是西方资本主义国家发展到垄断资本主义阶段，即帝国主义阶段，人类社会的整体性越来越强化。两次世界大战的爆发可以说都是产生于世界经济政治整体性发展，涉及世界全局，解决世界性的矛盾（两次世界大战都是解决列强之间重新瓜分殖民地、争夺世界霸权的矛盾）；而且，为了达到各自的战争目的，交战双方都倾注国力，在军事、政治、经济、文化、科技、外交等战线上展开了激烈的大搏斗，牵动了整个人类社会生活。由此，世界大战造成的消耗与危害也史无前例，战后如何重新构建新的国际格局、如何处置战败国才能消除战争、维护和平成为国际社会共同面对的主要问题。

二、战争赔偿问题与美国对德索赔政策

在国际关系理论中，关于战后国际社会应该如何处置战败国，自由主义者和现实主义者争论不休。自由主义者主张安抚，"为了尽量延长和平时间，自由主义者认为严厉惩罚会招致战败国的反抗，而仁慈和帮助会促进合作与互助"。与此相反，现实主义者往往倾向于采取严厉的报复措施，"现实主义者认识到愤怒的战败国将报复战场上受到的侮辱，因此认为严厉措施是维持战后和平的最可靠手段"②。一战后，国际社会中无论是自由主义者（以美国总统威尔逊为代表），还是现实主义者（以法国总理克里孟梭为代表）都认识到德国战争赔偿是处理德国问题的关键环节。从学理分析角度来说，战争赔偿问题涉及了战争的伦理道德，属于战后正义问题。西方学术界对于战争与道德关系的探讨经久不衰，形

---

① 李巨廉：《战争与和平——时代主旋律的变动》，上海：学林出版社，1999年版，第106页。

② [美] 凯格利、雷蒙：《从战争到和平：国际政治中的重大决策》，第11页。

成了现实主义、和平主义和正义战争论三种观念。下面，笔者将着重讨论正义战争论以及战争赔偿与它的关系。

正义战争理论最早源于自然法和基督教伦理传统，即战争的进行必须符合神的意志。从学理上阐释并理论化的是圣·奥古斯丁，他提出战争的正当理由即"当一个民族或一个国家由于不能赔偿所造成的损害或不能归还非法占有的东西而应当受到惩罚时，那些为某种损害复仇的战争一般叫作正义的战争"；合法权威即"要求加以和平处理的人们的自然秩序，要求把宣战的权力和决定交由统治者掌握"。经院派哲学家托马斯·阿奎那提出正义战争应具有三个前提条件：战争发动者和执行者是具有主权性质的权威；战争具有充分而又正当的理由；战争具有正当目的和意图，如出于惩恶扬善的和平愿望。①

后继学者在此基础上根据战争的目的、过程和结果进一步将正义战争论的内容细化为开战正义、战时正义、战后正义三个方面。开战正义，即战争权利的伦理，主要是指诉诸战争的权利，其核心是战争的性质问题。认为正义的战争应该包括：正当理由、合法权威、正当目的、成功的可能性、相称性和最后手段六个方面；战时正义，即战争行为伦理，也称为交战正义，是指战争进行中的限制性规则，包括相称性原则与区别性原则；战后正义，即战争责任伦理。② 战后正义的提出源于学者意识到战后阶段的特殊性，之后对传统正义战争理论，即强调开战正义与战时正义所作的修正。其实早在18世纪就有学者认识到战后阶段的存在，但直到20世纪末才有人陆续提出战后正义问题。③ 美国学者约翰·

---

① 胡晓雪：《国际关系学中的正义战争论》，载《福建论坛》，2011年第2期。

② Brian Orend, *War and International Justice: A Kantian Perspective*. Waterlloo: Wilfrid Laurier University, 2000, p. 49. 转引自李若瀚：《武装冲突法的新发展："战后法"法律问题研究》，载《时代法学》，2012年第5期。

③ 例如，麦克·舒克认为，"战后正义"的标准是：悔悟、体面的投降、恢复原状。悔悟要求胜利者对战争，即使是正义战争，带来的苦难和死亡具有谦卑和悔意；体面的投降要求保护投降者基本人权以及禁止惩罚性条款和羞辱其尊严；恢复原状要求胜利者回到战场清除战争残骸。布雷恩·奥兰德提出"战后正义"的标准包括：正当理由，指合理的惩罚；正当意图，指审判战争犯罪；合法受权并公开宣告，指和平必须由合法者公开宣告；区分原则，指区分侵略国的政治精英与普通公民；相称性，指对侵略者的惩罚应适当。参见 Michael, J. Schuck, *When the Shooting Stops: Missing Elements in Just War Theory*, 3 Christian Century, Oct. 26, 1994, pp. 982 – 983; Brian Orend, *War and International Justice: A Kantian Perspective*. Waterlloo: Wilfrid Laurier University, 2000, p. 232. 转引自李若瀚：《武装冲突法的新发展："战后法"法律问题研究》，载《时代法学》，2012年第5期。

罗尔斯对战后正义进行了比较系统的阐述，认为战后正义讨论的是战争结束阶段行为的正当性，包括"审判战犯、惩罚侵略、区分无辜者和罪人；对侵略行为进行补偿和道歉、非军事化和裁军、政治重建和侵略者政权的恢复、恢复前交战国的地位，使其成为国际共同体的参与者"[①]。我国学者熊伟民教授认为：关于战后正义问题，泛而言之，它属于从战争向和平转变的范畴。[②]

从以上论述可知，罗尔斯把战争赔偿列为战后正义的内容。但笔者认为，除了抽象的论证之外，还应该依据历史实践进行具体分析，从战争赔偿实践来看，它其实关涉到了正义战争论的每一个方面。首先，战胜国在索取战争赔偿时大都强调己方拥有开战正义，谴责战败国是侵略者，从而使战争赔偿获得了道义上、法律上的理由。其次，战胜国在计算、提出战争赔偿数额时除了战争造成的损失之外，还要依据战时正义原则，即战争中战败国是否遵守了相称性原则和区别性原则，是否努力使损失和伤亡最小化、是否区分攻击目标、避免非战斗人员和无辜者处于战争之外。例如，巴黎和会上协约国曾严厉谴责德国在战时对中立国比利时犯下的罪行，如毁灭卢万城，屠杀妇女和儿童等。这成为和会上英国等国提出赔偿应包括抚恤金和分居补偿，即将赔偿的范围从战争损失扩大为战争费用的重要心理和舆论基础。最后，战后正义包括审判战犯、惩罚侵略、区分无辜者和罪人，对侵略行为进行补偿和道歉等。战争赔偿不仅是补偿措施，更是惩罚侵略的主要手段。

此外，从战后重新构建国际秩序的角度来说，战争赔偿问题还关系到如何消除战败国再次发动战争的潜力、恢复战后经济、将战败国融入战后国际体系、维护战后的世界和平与发展等一系列问题。在"战争与和平"理论的视阈下审视战争赔偿问题可以发现，战争赔偿与战争、与和平都密切相关，是战争与和平相互转化通道中一个重要的关节点。它一方面是因战争而产生的问题，涉及战争罪责的认定、战败国赔偿义务的确立、赔偿数额、赔偿范围、赔偿期限、赔偿方式等一系列问题，同时又是关乎战后"和平"的遗留问题，包括如何消除战败国战争潜力、恢复战后经济、维护战后和平与发展等。因此，如何处置赔偿问题，其

---

① 刘贺青：《论罗尔斯的正义战争观》，载《伦理学研究》，2009年第1期。
② 熊伟民：《战争之后的正义与和平——对于〈凡尔赛条约〉相关的几个问题的思考》，载《北大史学》第16期。

成败得失直接影响到战后的和平与稳定。其反面例证，一战后对德战争赔偿问题的处理最为典型。凡尔赛体系虽然只维持了短短 20 年的时间，但世人对其评价（大多数是批评和攻击）自它诞生之日一直延续至今。①其中，围绕对德战争索赔是否过于苛刻、协约国应该索赔多少、德国到底能够支付多少赔偿的争论在和会召开之际就已开始，各国政要、经济学家、学者以及各国民众都各抒己见。② 这都进一步说明战争赔偿问题的重要性，而美国决策者如何处理德国战争赔偿问题则对 20 世纪的国际关系产生了重要影响。

20 世纪美国外交政策的目标正如世纪之初的西奥多·罗斯福总统所说："国际政治关系与经济关系正在增长的相互依赖与复杂性，越来越使得坚持恰当地整顿世界秩序成为所有文明的、有秩序的国家应尽的义务。"德国战争赔偿是关系到世界秩序的重要问题，作为"文明的、有秩序的"美国正可以通过处理、解决该问题，实现其整顿战后世界秩序的战略目标。为此，一战后、二战后美国分别制定、实施了处理德国战争赔偿问题的政策。

总的说来，美国索赔政策包含了三个层次的战略目标：1. 满足盟国惩罚德国，抚平受害国战争创伤的要求；2. 通过索取赔偿消除德国再次发动战争的潜力，进而维护世界和平；3. 通过解决德国赔偿问题，有助于实现美国战后政治、经济、外交等多重战略目标，并在此基础上构建起美国所设想的战后国际新格局。为此，如何制定、实施符合美国上述

---

① 《凡尔赛条约》出台至今快百年了，研究它的论著也可谓汗牛充栋。但很多人赞同西奥多·格林（Theodore P. Greene）的论断：20 世纪没有其他的文献比《凡尔赛条约》引起更多和更持久的争论了。参见熊伟民：《战争之后的正义与和平——对于〈凡尔赛条约〉相关的几个问题的思考》，载《北大史学》第 16 期。

② 关于一战后协约国对德索赔是否苛刻、数额过高的争论从和会之初就已开始。传统观点认为过于严苛，以英国和会代表、著名经济学家凯恩斯为代表，其在和会结束后即出版的《和会的经济后果》一书广为流传，影响深远。后来一些西方学者提出反对意见认为：其实，一战、二战后对德国的安排区别并不大（参见凯格利、雷蒙：《从战争到和平：国际政治中的重大决策》，第 27 页）。我国史学界关于对德索赔是否过于严苛大多认同传统观点，但也有学者提出不同见解（参见熊伟民：《战争之后的正义与和平——对于〈凡尔赛条约〉相关的几个问题的思考》，载《北大史学》第 16 期）。笔者认为，赔偿的宽严程度至今没有统一公认的标准。一战后处理德国战争赔偿问题失败的主要原因是不仅德国政府及民众认为赔偿过于严苛，而且一战后的国际舆论也大都同情德国，认为索赔过于严苛。由于协约国处置不当，战争赔偿不仅成为德国民众反抗凡尔赛秩序的借口，而且使得条约过于严苛的观念广为流传，削弱了凡尔赛秩序的权威性与合法性。最终，德国赔偿问题成为一个可能引发国际秩序失衡的不稳定因素。这里，笔者借用传统的"严苛"的观点。

战略要求的赔偿政策对于美国决策者来说，其重要性不言而喻。美国决策者在处理德国战争赔偿问题的过程中，逐步形成了独特的赔偿理念。赔偿理念应该属于外交思想范畴，它落实到外交上就表现为具体的赔偿政策，当然两者并不完全相同。美国的赔偿理念有一个随着赔偿实践以及决策者自我反思、与盟国赔偿政策相对比而不断深化、丰富、演变的过程。20世纪美国赔偿理念、赔偿政策的形成、发展、演变是本书探讨的主要问题，也是贯穿全文的主线。

另外，德国战争赔偿问题还是一个与各战胜国利益都密切相关的现实问题，各战胜国都有自己的索赔要求、赔偿目的，并都制定、提出了各自的赔偿政策。因而，一战后、二战后，美国与盟国之间为了各自的国家利益，为了争夺解决德国赔偿问题的主导权而展开了激烈的竞争。巴黎和会上，美国虽然在英、法等协约国的压力下被迫放弃了自己的索赔政策，但20世纪20年代美国基本主导了德国战争赔偿问题的解决，主持制定、实施了《道威斯计划》和《杨格计划》。总的来说，一战后战胜国的赔偿纠纷是美国与英、法、德等资本主义国家之间对战后欧洲政治、经济主导权的争夺。二战结束后，社会主义苏联的加入，为盟国关系增添了东西方对抗因素，使得德国战争赔偿问题更加复杂化。二战爆发后，美国虽然再次主导解决了德国战争赔偿问题，但美国制定、实施的赔偿政策是促进东西方冷战的因素之一，美、苏之间就德国战争赔偿问题产生的分歧、矛盾加深了彼此不信任感，促进了东、西方对抗的态势；同时其赔偿政策也深受美国全球战略调整的制约，德国战争赔偿问题最终受冷战大格局的影响被分裂成两部分分别得以解决。

战争赔偿作为战后国际社会处理战败国的主要手段之一，其宽严程度直接影响战后国际秩序的稳定。然而，一战后战胜国并没有全面认识德国战争赔偿问题的重要性。在巴黎和会上，因受地缘政治、争夺欧洲霸权等原因所驱使，英、法等国坚持苛刻的对德索赔政策，急于利用德国的战争赔偿补偿本国的物质损失，恢复经济，并将德国排斥在新建立的战后国际秩序——凡尔赛体系之外。协约国对德国实施的严厉的惩罚性政策、高额的战争索赔不仅出现了战后困扰德、欧、美三方的战债与赔偿相捆绑的难题，而且引发了战后德国民族复仇主义泛滥，一定程度上为二战爆发埋下了祸根。正如卢梭曾悲观地认为："所有战争的恐怖都来自人们用来防范它的所作所为。"① 即战后国际社会，主要是战胜国安排和平的方式往往为下一次战争埋下了种子。

20世纪20年代，美国共和党政府对欧洲、对德国实施的是不妥协的战债政策和赔偿与战债相分离的原则。鲁尔危机后，在英、法、德等国的一致恳请下，美国主持制定、实施了《道威斯计划》和《杨格计划》，这两个计划虽然促进了德国经济恢复与发展，欧洲出现了短暂稳定与和平，但美国不承担政府责任的"经济外交"政策却进一步加深了德国经济对美国的依赖。1929年经济危机爆发后，美国政府继续坚持其僵硬的索赔政策，进一步加剧了世界经济大萧条的程度。美国所预期的通过其对外经济输出，给战后欧洲带来永久和平与发展的梦想破灭了，战争策源地在德国正逐步形成。

二战爆发前，美国社会各个阶层、各个集团就已经开始反思一战后美国对德索赔政策失败的原因，并提出各自的观点与主张。通过吸取一战后赔偿政策失败的教训，二战后盟国比较成功地解决了德国战争赔偿问题，其中，美国实施的《马歇尔计划》功不可没。该计划既避免了一战后曾经出现过的赔偿困境，同时又通过该计划将德国纳入西方阵营，从而消除了德国的战争根源，保证了战后的和平与发展。但《马歇尔计划》是在东西方对抗逐步强化，冷战愈演愈烈的国际背景下制定、实施的，它加快了冷战的步伐，是德国分裂乃至欧洲分裂成两大阵营的经济基础。总之，美国对德索赔政策对20世纪的德国、欧洲，乃至世界的和平与发展都产生了重要与深远的影响。运用"战争与和平"理论审视、分析美国的对德战争索赔政策不仅可以深化国际社会对"战争与和平"的认知与实践，而且对如何维护当今世界和平与发展提供了有益的历史启示。

第二节　影响美国对德索赔政策的诸种国内因素分析

一国外交政策的制定基本上都要受到其国内外政治、经济和思想意识等各种因素的制约，所以一项外交政策的出台是各种因素综合作用的结果。总的说来，这些因素有国内因素和国外因素两方面，美国赔偿政

---

① ［加拿大］卡列维·霍尔斯蒂:《和平与战争——1648—1989年的武装冲突与国际秩序》，序言第5页。

策自然也不例外。这里暂且分析影响美国赔偿政策的诸种国内因素，试图揭示美国特殊的国情、政情、社情对美国赔偿政策产生的影响。

一、商业立国的思想

中世纪末期，资本主义的萌芽开始在当时西欧的一些先进国家，如伊比利亚国家、英国、法国等最先出现，这些国家都把重商主义作为资本原始积累时期的国策。重商主义是一种经济思想和政策体系，它主要是运用强大的国家力量，实行关税保护和垄断专营制度，发展顺差贸易，同时建立和掠夺殖民地来增长国家财富。16世纪末英国开始涉足美洲，英国向北美殖民地派出了一系列公司、商人和生意开拓者，所以北美殖民地本身就是英国重商主义对外扩张的产物。由商业资本的发展而带来的商业精神从一开始就成为美利坚民族最主要的先天基因之一，并渗透到美利坚民族的思想意识、行为方式之中。

由于封建因素薄弱和商品经济发展，美利坚民族比世界其他民族更富有商业精神。其商业精神的支柱是所谓的"清教"，清教信奉工作勤奋、生活节俭、个人奋斗。勤勉乃是"蒙上帝悦纳的工具"、节俭可以证明自己不在弃民之列、只有事业成功才能成为上帝选民的思想是他们的信条。当清教徒踏上北美大陆后，立即陷入孤立无援、自生自灭的险恶环境之中。他们最迫切解决的问题就是如何才能生存下去，他们发现发展商业是维系基本生存的关键。新大陆有着丰富的可以输往欧洲换回财富的自然资源，因而殖民地时期，进出口贸易成为各殖民地经济的主要支柱。高度发展的殖民地贸易一开始就使殖民地卷入了国际市场，商业贸易使得殖民地对外部环境有着强烈的依赖性。建国后，美国政府奉行避免卷入欧洲战乱和外交纠纷的"中立"政策，但与此同时继续保持和发展与外界的商业贸易，商业立国成为各届美国政府奉为圭臬的国策。

20世纪爆发的两次世界大战为美国对外经济扩张提供了天赐良机。两次大战之初美国都打着"中立"的旗号大发战争财，等钱"胀破上衣"后美国才投身于武力的角逐场。战后的世界经济一片凋敝，百废待兴，无论是战胜国还是战败国都元气大伤急需外部的经济援助。此时，德国战争赔偿问题就成为战后恢复世界经济的关键性问题，因为通过战争赔偿一方面可以削弱德国发动战争的经济潜力。另一方面通过索取战争赔偿可以使受害国家的经济尽快恢复，并缩小欧洲各国的经济差距，从而稳定世界经济秩序。

美国对德国赔偿问题格外关注,并积极介入该问题,其原因是通过解决德国赔偿问题有助于构建战后由美国主导的国际新体系。该体系不仅能为美国战争期间飞速发展起来的经济寻找出路,继续保持战时的经济繁荣。而且还能重建战后世界经济秩序,从而有利于美国经济的对外输出与扩张,而主导解决德国战争赔偿问题是美国试图达到上述目标的有效途径。两次大战后美国制定、实施的赔偿政策虽然有很大区别,但它们主要的经济目的基本相同:最大限度地实现经济和贸易自由化、消除贸易壁垒、全世界市场开放、为美国的对外经济扩张提供便利条件等。为此,美国在一战后制定、实施了《道威斯计划》和《杨格计划》;在二战后制定、实施了《马歇尔计划》。这些计划都力图达到既解决德国赔偿问题,又实现美国经济对外扩张的双重目的。

二、多元化的政治体制

众所周知,美国是一个实行三权分立的国家,其独特的分权与制衡的政治结构决定了它的外交是一种多元外交。美国宪法规定美国政府在处理对外关系方面的权力由总统和国会共同行使,但由于宪法关于外交决策权的内容较少,且语义含糊、抽象笼统,为国会与总统的权限划分留下了许多模糊不确定的地方。① 从条文上看,宪法分别赋予总统和国会很大的对外政策的权力,而没有把所有的外交权力单独赋予一个部门。但宪法用三倍于阐述总统权力的字数来详尽规定国会的权力,可见当时的制定者更希望国会在对外政策方面发挥更大的作用。从外交实践来看,从建国到19世纪的大部分时间里,美国外交决策的主导权基本掌握在国会手中。对此,伍德罗·威尔逊总统评价道:"国会是联邦制中主导的,不,是不可抗拒的力量。"②

---

① 如宪法第一条列举了总统在对外政策方面享有的权力:总统为合众国三军总司令;经参议院建议的同意,总统有缔结条约之权;总统应提出人选,经参议院建议和同意而任命大使、公使、领事,总统应接见各国大使和公使等。宪法第二条列举了比第一条长三倍的赋予国会的外交权力:对外宣战权;国会应计划合众国的国际和公共福利;规定合众国与他国之间的贸易;招募陆军、装备海军并供给二者军需;国会有权制定为执行各种宪法授权所必需的和适当的法律等。如果总统与国会在外交决策上发生争议,争而不决时,由法院执行裁决权。

② [美]加里·沃塞曼:《美国政治基础》,陆震纶等译,北京:中国社会科学出版社,1994年版,第69页。

然而，即便是在国会占外交主导地位的日子里，当发生各种紧急状态特别是战争引起的国家紧急状态时，总统在特定时期拥有行使外交特权的权力。危机过后的和平时期，权力又回归国会手中。正如美国历史学家小亚瑟·施莱辛格在《帝王般的总统》一书中所描述的："纵观美国历史，宪法—行政在对外政策领域里的政治关系是以'摆动或周期效应'为特征的。"① 当然，在总统与国会争夺外交主导权的斗争中，总统个人的性格和行政能力起到很大作用，因为宪法设计的总统权力很大，界限不明确，② 使得强势总统在危机时刻可以利用这一点。

20 世纪之后的西奥多·罗斯福、伍德罗·威尔逊都属于强势总统，威尔逊在出任总统之前就已经是美国著名的政治学家。出任总统后，威尔逊对美国总统在国际事务中的角色有了更加明确的定位："总统再也不能像我国如此之长的历史中那样仅仅是个国内人物了。我国在力量和资源上已上升到头等地位，从今以后，我们的总统必须永远是世界列强领袖之一……你们不能把美国总统只看作是国家的首席顾问，只是在很短时期内当选任职。"③ 但巴黎和会后，国会拒绝批准威尔逊总统已经签订的巴黎和约，说明这一时期国会还掌握着很大的外交决策权。

整个 20 年代的三位总统都属于弱势总统，"这也许代表了国内的一种情绪，即偏爱不活跃的行政首脑"④。三位总统主要关注于国内经济发展，对外交事务很少插手。国会则利用战胜威尔逊总统的余威，掌握了相当大的外交决策权，它为国务院的外交决策规定了三点限制性原则。当国会的外交权力达到顶峰之时也是它衰落的开始，"自从它在 1920 年拒绝批准美国加入国际联盟以来，参议院已很少拒绝批准条约"⑤ 特别

---

① 另外，小亚瑟·施莱辛格还认为："当国会在战争结束后企图重新确立自己的宪政权威和权力时，总统在战时权力的上升已达到相当大的程度，以致其很少能降到战前的水平。这样，经过一个较长的时期，对外政策方面立法——行政关系的周期性消长使得总统方面积累了比以往更大的权力。"参见 [美] 杰里尔·A. 罗赛蒂：《美国对外政策的政治学》，周启朋、付耀祖等译，北京：世界知识出版社，1997 年版，第 273 页。
② 如宪法第二条第一句话就是"行政权属于美利坚合众国总统"。以及其他一些如"应监督一切法律的切实执行"等笼统的措辞，一直被总统引为扩大他们权力的合法依据。
③ [美] 布鲁斯特·丹尼：《从整体考察美国对外政策》，范守义、秦亚青译，北京：世界知识出版社，1988 年版，第 88 页。
④ [美] 加里·沃塞曼：《美国政治基础》，第 39 页。
⑤ [美] 加里·沃塞曼：《美国政治基础》，第 47 页。

是连任四届总统、执政时间长达 12 年的富兰克林·罗斯福，由于他推行"新政"使美国度过了经济大危机，以及在二战中的卓越贡献，使得他变成"民众以最强烈、最持久的情感所关注的焦点"。而国会与此同时却反映了"保守、落后和效率底下，不能托付重任"。① 美国政府的权力开始永久地从国会转移到总统。

二战末期，以总统为代表的行政部门开始策划制定战后的赔偿政策。战争结束后，赔偿政策基本由国务院、占领军政府主导制定、实施，国会对此很少表示异议。1947 年春，当政府最高决策层决定从根本上改变美国的全球战略时，国会议员特别是共和党议员中的孤立主义情绪还比较强烈。但杜鲁门总统和国务院官员很快就说服了国会领导人，使国会批准了美国历史上最大规模的对外援助计划——《欧洲复兴计划》。这说明二战后，"立法部门对行政部门形成了一种迁就关系"，② 国会逐渐放弃了宪法赋予它的外交决策方面的权力。正如小阿瑟·施莱辛格所说："战争已使那些负责制定外交政策的人习惯了满足于相信行政部门智慧超人而且公正无私。"③

美国政治体制及外交决策多元化的表现除了传统的三权分立之外，各个社会阶层、社会团体甚至美国民众都可以通过一定的方式对政府的外交决策发挥各自的作用。其中，利益集团作为决策机制的外围组织在美国索赔决策、执行过程中曾产生过一定的影响。美国宪法"对利益集团和新闻媒介未作考虑。……倒是两者的发展填补了在政治进程中宪法留下的空白。利益集团和新闻媒介都为人们提供接触政治过程的途径。利益集团为具有共同利益的人们提供使政府官员了解他们观点的手段"。因为"美国的政党政治不太适合于表达特殊利益或特殊立场。利益集团在一定程度上填补了这个空白"。④ 关于什么是利益集团的定义有很多，笔者认为加里·沃塞曼对它的定义"也就是一群人组织起来为追求共同

---

① [美] 托马斯·戴伊：《民主的嘲讽》，孙占平等译，北京：世界知识出版社，1991 年版，第 270 页。
② [美] 杰里尔·A. 罗赛蒂：《美国对外政策的政治学》，第 276 页。另外，按照美国政治学教授弗兰克·巴克斯的观点，二战后初期，大多数美国的冷战遏制政策的关键性决定都是在总统和国会议员共同参与下做出的。立法—行政部门间形成了一种伙伴关系。
③ [美] 托马斯·帕特森等：《美国外交政策》，第 586 页。
④ [美] 加里·沃塞曼：《美国政治基础》，第 181—182 页。

利益而对政治过程施加压力"① 比较符合美国利益集团在参与制定、实施对德战争索赔政策时的表现。

一战结束后的20年代，共和党政府虽然官方宣称"恢复常态"，对旧大陆战争遗留问题的争执坚持不政治卷入的态度，但美国资本需要海外市场，需要对外输出。为此，美国利益集团，特别是金融利益集团出面，与美国官方合作对欧洲、德国实施了以《道威斯计划》和《杨格计划》为主要内容的"经济外交"，实现了资本对外输出的目的。二战结束后，美国在德国占领区内发现了一种特殊的"战争赔偿"——"智力赔偿"。所有对德国科学、技术、科技人员感兴趣的利益集团，包括工业、商业、大学、研究机构、协会等多种行业和多个社会团体积极与美国政府合作，利益集团再次发挥作用，参与了政府的外交决策及实施。

此外，美国民众对外交决策也发挥着自己的些许作用。一战结束了，美国民众狂热的战时热情也冷却下来，开始反思战争、和平以及战后的《凡尔赛和约》，质疑美国参加一战是否正确。民众表现出了比较复杂的社会心理，一是"和平主义"兴起。各种和平团体通过集会、出版报刊和书籍、请愿、游说政府等行动促使政府支持和采纳他们提出的各种和平计划，成为20—30年代美国具有影响外交决策的压力集团之一。二是孤立主义重新抬头。美国人民要求回归传统、恢复常态，结果就是他们拒绝加入国联、国际法院等国际性组织。威尔逊总统在去世前不得不承认，不是国会参议员，而是美国民众拒绝批准和约。到了30年代，战火已经在亚欧两地再度燃起之际，美国民众仍然顽固地坚持"中立法案"，拒绝任何集体安全构想。罗斯福总统很清楚美国最终将难以独善其身，为了劝导民众放弃"孤立主义"煞费苦心，但收效甚微。直至日本人的炸弹在珍珠港上空爆响，美国民众的"孤立主义"情绪才灰飞烟灭，罗斯福总统才获得了束缚相对少一些的战时外交决策权力。

三、实用主义的外交哲学

任何一个国家的外交都有自己的哲学指导思想，即这个国家的外交

---

① [美]加里·沃塞曼：《美国政治基础》，第182页。

哲学。实用主义作为唯一美国本土哲学不仅是美国的大众哲学,也是美国的官方哲学,实用主义对美国的内政、外交都产生了全面而持久的影响。实用主义哲学强调人的创造性,要求一切从实际出发,而不是从理论和逻辑出发;把实际效果看作是检验一切理论和学说的标准。可以说,实用主义渗透到美国社会的各个方面,美国人在处理和解决所面临的问题时无不表现出这一特征。实用主义也塑造了美国外交决策者的文化价值观,受其影响美国决策者通常以务实的态度来解决所面临的各种问题,由此为美国外交涂上了一层鲜明的实用主义色彩。

美国的历史虽然不算长久,但从独立战争时期即开始了外交实践,并逐步形成了自己独特的外交传统。美国外交传统是根深蒂固于美国社会中的文化价值观念在外交领域的反映,这些反映美国某一时期或长期国家利益的价值观念经过历史的涤荡逐渐沉淀成美国的外交传统,长期影响着美国人对外部世界的态度与行为,也影响着美国外交决策者的思想意识。凡是论及美国外交的专著大多认为其外交的传统思想主要包括扩张主义、孤立主义、理想主义①、现实主义等思想,因为这些思想曾长期交替左右着美国的外交活动。但美国无论是奉行孤立主义,还是采取扩张主义,无论是信奉理想主义方式,还是推崇现实主义方式,美国完全是根据国家利益而定,根据实现其国家利益的实用性、有效性而定。正如亨利·基辛格所说:"在道德追求上,没有任何一个国家比美国更理想化。在日常外交活动中,没有任何一个国家比美国更务实。"实用主义外交哲学发挥着无形的指导作用,孤立主义与扩张主义、理想主义与现

---

① 现代国际关系学上的理想主义又称法理主义或规范主义,产生于第一次世界大战以后,是对格劳秀斯和康德等理想主义外事哲学传统的直接继承和发展。美国的理想主义外交的基本含义是,美国受上帝的委托对人类发展和命运承担一种特殊的责任,它视美国为世界上独一无二的道义之邦,用美国的是非标准衡量其他国家的行为与文化传统,并认为美国有义务将美国式的民主推广到全球。(参见王晓德的《理想与现实:威尔逊"理想主义"外交研究》,中国社会科学出版社,1995年版,第16页。)国外学术界研究美国理想主义外交以及威尔逊总统的理想主义外交的成果很多,在此不一一罗列。国内研究威尔逊总统以及理想主义外交的学术著作主要有:邓蜀生的《伍德罗·威尔逊》,韩莉的《新外交·旧世界:伍德罗·威尔逊与国联》等。论文有:王立新的《威尔逊、一战与美国国家身份的塑造》、段庚成的《试析威尔逊理想主义中的国家利益因素——以巴黎和会为例》、宋志艳的《美国外交政策中的理想主义及其意识形态渊源》、吴艳君的《美国理想主义外交政策演变剖析》、杨春龙的《国内威尔逊理想主义外交研究》、许嘉的《理想主义与美国外交政策》、何新胜的《论美国外交政策中的理想主义与现实主义》、贺宝玉的《美国理想主义外交的本质》,等等。

实主义这两对表面上看似矛盾的外交传统在美国特殊的社会文化及思想意识中竟奇妙地彼此相容、相互补充、相得益彰，成为最重要的美国外交传统。

到了 19 世纪末，美国基本完成了工业革命，成为当时最先进的工业化国家。进入 20 世纪，美国国内进步主义运动风起云涌；国际上维系近百年的维也纳体系已经分崩离析，欧洲大陆两大对立军事集团——协约国和同盟国彼此磨刀霍霍。美国外交政策处于重大转折时期，恰逢其时，被后人视为"理想主义"外交标志性人物的伍德罗·威尔逊在一战期间出任美国第 28 任总统（任期为 1913—1921 年）。这位哲学博士出身的学者总统著作等身，对政治学、历史学有着自己的学理思想，其思想、主张有些已经成为美国国内进步主义运动的指导思想。面对战争阴云笼罩下的欧洲，威尔逊总统踌躇满志地要将其"理想主义"外交付诸实践。

一战期间，威尔逊总统在实施"战时中立"、"调停外交"的同时，高擎着理想主义旗帜，向交战双方宣讲其"道德理想"、"公开外交"、"航海自由"、"民族自决"、"集体安全"、"永久和平"等理想主义思想主张，直至美国参战的理由是"要在世界生活中捍卫和平与正义的原则，……必须使民主在世界上得到安全"。[①] 无一不体现出美国理想主义外交"崇高"与"超然"的特点。最能体现美国"理想主义"外交理念的是战争末期威尔逊总统在国会发表的"十四点"计划，该计划提出了恢复并保证世界永久和平的具体内容，是威尔逊总统为世界，特别是为旧欧洲绘制的确保战后和平与发展的宏伟蓝图。据此，巴黎和会期间，威尔逊总统以世界政治家的姿态，以"和平天使"的身份出席会议。美国理想主义外交随之达到历史上的第一个高峰。当然，美国的理想主义外交是以实力为基础，正如威尔逊对豪斯上校所说的："当战争结束时，我们可以迫使它们按照我们的方式思考问题，因为它们（盟国）的财政——像其他方面那样——控制在我们手里。"[②]

[①] 周一良：《世界通史资料选辑（近代史部分下册）》，北京：商务印书馆，1972 年，第 347—348 页。另参见 FRUS, 1917, Sup. 1, pp. 195 - 202. Address of the President to the United States Delivered at a Joint Session of the Two Houses of Congress.

[②] [美] 约翰·伊肯伯里：《大战胜利之后：制度、战略约束与战后秩序重建》，第 111 页。

美国的理想主义体现在处理战争赔偿问题上，最早的不是德国战争赔偿，而是在处理中国的庚子赔款问题。① 当然，庚子赔款与一战后协约国及美国等战胜国处理德国等战败国的战争赔偿问题的性质有本质区别，但从中也可以窥见美国的索赔理念，及其理想主义特点。美国决策者在处理德国战争赔偿问题时，刚开始也坚持理想主义原则，反对过分惩罚德国，反对协约国高额的战争索赔，主张战后将德国重新融入国际社会，从而有利于恢复经济，有利于战后的和平与稳定。但英法的压力、为了国联的建立、美国战债的权益等一系列因素，威尔逊总统很快放弃了理想主义原则，采取了现实主义态度，在德国赔偿问题上做出了最实

---

① 一战之前，美国政府在处理中国庚子赔款问题时，其理想主义色彩曾有所体现。近代以来，西方殖民者对中国进行政治控制、经济掠夺的一个主要手段就是强迫清政府签署不平等条约，而战争赔偿是不平等条约的主要内容之一。义和团运动失败后，帝国主义列强对华索赔的庚子赔款是《辛丑条约》的最主要内容。我国史学界对于"美国与庚子赔款"的研究主要包括：美国退还部分赔款的提出、决策过程、退还的目的、性质、影响等一系列问题。参见论文：郭宗礼、毛锐的《近十年来我国有关"美国退还庚子赔款"研究》、李守郡的《试论美国第一次退还庚子赔款》、王海军的《试论美国庚子赔款的"退还"》、张乐天的《美国退还庚子赔款余额的决策过程》等。关于美国对于清政府战争索赔的态度和政策，最早从1900年底，各帝国主义列强与清政府开始谈判赔款问题时已经有所表现。与各列强要趁机从中国索取一大笔巨额赔款不同，美国一开始就力图限定各国向中国索要赔款的数额。1900年11月16日，美国国务卿海约翰首次就赔款问题训令美国谈判代表、驻华公使康格："要尽力促成一次总付的赔偿方式，然后在各国中间安排赔款的分配。"参见 FRUS, 1901, Affairs in China (1901), p. 349. Mr. Hay to Mr. Conger. 12月29日，海约翰再次指示康格："总的赔款数额须保持在尽可能适度的范围内，以保证中国有能力偿付。"参见 FRUS, 1901, Affairs in China (1901), p356. Mr. Hay to Mr. Conger. 当时，美国反对对华巨额索赔的主要目的是不使清政府被巨额赔款所压垮，"否则会因此造成中国严重的经济困境，有损于该国政权，行政改革以及各国在华之利益。并还将迫使它采取财政上的权宜之计，从而危及帝国的独立与完整。……结果，我们必定失去比我们现在正极力想弄到手的那几百万更多的东西"。参见 FRUS, 1901, Affairs in China (1901), pp. 141 – 142, Mr. Rockhill to Mr. Hay. 美国退还部分庚子赔款的目的是其理想主义外交最突出的体现。在伊利诺大学校长埃德蒙·詹姆士致西奥多·罗斯福总统的"备忘录"中，詹姆士谈道："中国正临近一次革命……哪一个国家能够做到教育这一代的青年中国人，哪一个国家就将由于这方面所支付的努力，而在精神的和商业的影响上，取回最大可能的收获。如果美国在三十年前已经做到把中国学生的潮流引向这一个国家来，并能使这个潮流继续扩大，那么，我们现在定能够使用最圆满和最巧妙的方式，控制中国的发展。这就是说，使用那从知识上与精神上支配中国领袖的方式。"最后，他的结论是："为了扩张精神上的影响而花一些钱"，"教育这一代的青年中国人"，"即使从物质意义上说，也能够比用别的方法收获得更多。商业追随精神上的支配，是比追随军旗更为可靠的"。转引自李守郡：《试论美国第一次退还庚子赔款》。从美国一开始即反对各帝国主义列强对华巨额索赔的主张，及随后的退款兴学的政策都可以看出，美国在处理战争赔偿问题时，受其理想主义思想的影响。其索赔理念也初现端倪：反对对战败国巨额索赔、战争赔偿应在战败国支付能力范围之内、防止因巨额索赔影响战后战败国的稳定与发展等。

用主义的让步。到了20年代，当美国决策者认识到协约国战债与德国赔偿密不可分，并事关美国的切身利益时，再一次采取了实用主义态度，抛去赔偿问题的政治因素，把赔偿问题转化为单纯的经济问题，由半官方的经济专家出面主导了德国赔偿问题的解决。

二战期间，美国理想主义外交备受指责，偃旗息鼓转向了现实主义，但富兰克林·罗斯福总统一直是威尔逊主义的信徒。[①] 二战结束后，特别是罗斯福总统去世后，美国决策者根据不断变化的国际形势，很快就抛弃了罗斯福时期大国合作的外交原则，转而实行遏制的冷战政策。其赔偿政策也随之做出相应的调整，从严厉的《摩根索计划》到停止赔偿拆迁，再到大规模援助欧洲的《马歇尔计划》，其转变速度之快、幅度之大无一不体现出美国决策者鲜明的实用主义风格。由此可见，美国决策者或在现实的国家利益面前，或为了现实的国家利益，其理想主义常常要让步于现实主义；反过来，为了更好地实现国家利益，美国决策者往往也给其"现实主义"外交披上理想主义的外衣，而主导其不断变化的思想基础却是持久不变的实用主义外交哲学。

总而言之，由于美国独特的政治体制、多元的外交决策机制以及它特殊的思想文化、社会等各种因素的综合作用，不可避免地给其赔偿政策打上了鲜明的美国印记，展现了美国特殊的国情、政情对其赔偿政策的影响，这种影响随着赔偿政策的制定与实施扩散到德国、欧洲甚至全世界。

---

① 一战期间，富兰克林·罗斯福曾任威尔逊政府的海军部长助理，深受威尔逊总统的"理想主义"影响，积极支持威尔逊总统的"十四点"计划以及构建国联等主张。1920年，他作为詹姆斯·考克斯的竞选伙伴参加总统大选。虽然失败了，但拥有了国内知名度。二战爆发后，罗斯福总统对法西斯国家的侵略性质认识得比较清楚，但苦于国内严重的"孤立主义"情绪，罗斯福的"理想主义"、"国际主义"主张难以实施。美国参战后，罗斯福总统的"理想主义"外交思想得以实施，例如，在设计未来世界蓝图时，极力倡导筹建联合国组织、"四大自由"等思想就充分体现了他的"理想主义"思想。与威尔逊相区别的是，罗斯福为了实现其"理想主义"，会做出必要的妥协。因此，罗伯特·达莱克称罗斯福"既是理想主义者，又是现实主义者"（罗伯特·达莱克：《罗斯福与美国对外政策》，第418页）。也有学者称罗斯福为"务实的理想主义"政治家（赵志辉：《罗斯福外交思想研究》，合肥：安徽大学出版社，2009年版，第40页）。在国内外学术界，关于罗斯福总统的外交是个经久不衰的研究课题。西方学术界对罗斯福外交的研究流派众多，争论激烈，在此不赘述。我国史学界研究罗斯福总统的学术成果主要有：《罗斯福》、《富兰克林·D. 罗斯福时代，1929—1945》、《相信进步：罗斯福与新政》、《抗战时期中美关系研究评述》、《开罗会议是美国对华政策的转折点吗？》、《从赫尔利到马歇尔》、《罗斯福外交思想研究》等著作及论文，其中都包括对罗斯福总统外交的研究。详细的国内外研究状况可参考赵志辉博士的《罗斯福外交思想研究》一书。

第二章 一战前后美国的对德战争索赔政策

本章试图回答的问题：首先，分析巴黎和会前美国决策者的战争观、和平观以及对德索赔政策的形成。在巴黎和会上，美国索赔政策因何遭到挫败？其次，阐述20年代共和党政府制定、实施的力图解决德国战争赔偿问题的《道威斯计划》和《杨格计划》，分析这两项计划因何最终以失败告终。最后，分析一战前后美国社会兴起的和平主义运动对美国社会心理、外交政策以及下一场战争产生了什么影响。

第一节 巴黎和会期间美国的对德索赔政策

一、20世纪初美国外交政策的转变

通过南北战争，美国扫除了资本主义发展的障碍，内战后的30年期间是美国经济发展的黄金时代。1880年，美国的工业生产即已赶上号称世界工厂的英国。到1913年，美国工业生产量占到世界工业生产的1/3以上。在经济飞速发展的同时，美国对外贸易和对外投资也迅猛发展，预示着美国在世界经济中占支配地位的日子正在到来。

美国在其早期历史发展进程中，主要关注国内的发展。独立战争后，美国极力避免在政治上和军事上卷入欧洲事务。直至第一次世界大战，美国始终置身欧洲的政治和战争之外，但同时又与欧洲国家保持着外交、商业、文化关系。到19世纪末垄断资本主义成为美国对外争夺市场和资本输出的强劲推动力，垄断资本家代替农业中产阶级开始居社会的主导地位，成为美国对外政策的驱动者和策划者。虽然美国历史上保留下来的一些外交思想和原则在大多数美国民众及外交决策者的头脑中还根深蒂固，他们一时还很难走出传统的藩篱。但在新的历史条件下，这些外

交传统为适应美国对外政策的新需要，或者逐渐势微以致销声匿迹，或者改头换面打出新旗号，美国外交思想、外交政策因此而转变。许多政治家发出了摆脱孤立主义的强烈呼声，与之相适应，主导美国外交决策的思想也开始发生显著的变化。

但总的来说，20世纪初美国外交还只处于一个转变的过渡时期，许多旧的原则依然存在，美国外交还处于比较谨慎和幼稚的阶段。美国采取积极外交行动的地区只限于拉丁美洲和远东。但它已经越来越难以忽视欧洲政治。参议员亨利·洛奇早在1895年就强调说："华盛顿让我们退出欧洲，但是与此同时，他指出我们真正的前进路线是西方。"① 美国学者爱德华·比里格也写道："太平洋，而不是大西洋目睹了美国最初抛弃其消极态度的变化。然而未来的国际政治已经越来越变得以横跨大西洋为特征。注定对美国政治能力构成挑战的是欧洲政治，而不是亚洲政治。不以人的意志为转移出现的问题，并非源于外围，而是来自于西方文明的中心地带。"② 果不其然，源于西方文明中心地带的第一次世界大战的爆发对美国政府的外交决策能力构成了严峻的挑战，如何应对大战就成为威尔逊政府的首要任务。

威尔逊总统对世界形势一直有着清醒的认识，他一方面尽力避免战争，另一方面对美国的参战早有预见。大战爆发后，他就指出："世界其他地方都着火了，我们的房子也并不是防火的。"③ 当战争陷入旷日持久的僵持状态时，威尔逊知道美国出面收拾残局的时机到了。参战前夕，他与简·亚当斯的谈话清楚地道出了美国参战的目的："作为一个参战国的首脑，美国总统将在和会上拥有举足轻重的地位，但如果它仍然是一个中立国的代表，它充其量只不过能够通过门缝叫喊。"④ 威尔逊毫不掩饰美国参战的目的就是为了在战后的国际事务中发挥领袖作用，实现其充当世界领袖的梦想。

---

① 杨生茂：《美西战争资料选辑》，上海：上海人民出版社，1981年版，第38—39页。
② Edward Buehrig, *Woodrow Wilson and the Balance of Power*, Indiana University Press, 1955, p. 14.
③ ［美］弗兰克·弗雷德尔：《美国历届总统传》，刘庆云、高学余译，北京：新华出版社，1982年版，第148页。
④ 王晓德：《美国文化与外交》，北京：世界知识出版社，2000年版，第292页。

二、一战期间美国决策者的战争观、和平观

前文阐述的"战争与和平"理论其实就包括了战争观、和平观。战争观、和平观,概括地说就是人们对战争问题、和平问题的根本态度和价值判断;换句话说,就是人们关于战争与和平的总的看法和思想观念。第一次世界大战在欧洲打响后,美国战时的外交政策经历了从"战时中立"到"调停外交"直至参战三个阶段,历时三年。伴随美国外交政策调整的步伐,美国人,特别是外交决策者的战争观、和平观也不断丰富与发展,并表现出鲜明的美国特色。

战争观、和平观作为一个国家民众对战争、对和平的理性认识,其形成、发展深受历史条件的影响。众所周知,美国正是通过反对英国殖民统治的独立战争的胜利,才实现了独立建国的梦想,其后国内爆发过南北战争,国际上经历过第二次美英战争、美墨战争、美西战争等一系列战争。可以说,美国人对战争并不陌生,一些政要、学者对战争、对和平都有过比较深入的研究与论述。一战前,大多数美国人信奉经济国际主义,即先进国家通过贸易和投资活动,能为和平做贡献。① 威尔逊总统是经济国际主义的信奉者,1914 年夏,大战爆发前夜,总统派自己的亲信幕僚爱德华·豪斯上校出访欧洲,向英法等国的领导人宣传经济合作、避免战争的主张。

威尔逊总统的主张并没有取得实际效果,战争的硝烟还是在巴尔干引爆。大多数美国人对战争的发生颇感意外,继而又感到与己无关。威尔逊总统马上发表了中立宣言,因为国内民众有亲英、亲德之分,总统发表讲话,呼吁美国人在"思想上和行动上保持不偏不倚"的态度。但美国很难做到置身事外,正如一个自由主义的纽约官员约翰·霍姆斯说道:"我们虽然远在硝烟弥漫的战场 3000 英里之外,没有派一支军队,也没有派一艘军舰参加这场战争,但是现在美国人谁还在想着娱乐、改善住房条件、提高最低工资水平的事情?"② 其实,真正使得美国难以置身事外的原因,是大战为美国充当世界领袖的梦想提供了千载难逢的契机。威尔逊总统派豪斯上校几次赴欧洲游说各交战国谈判媾和,就是打

---

① [美] 入江昭:《20 世纪的战争与和平》,第 44 页。
② [美] 加里·纳什:《美国人民:创建一个国家和一种社会,下卷 1865—2002 年》,刘德斌主译,北京:北京大学出版社,2008 年版,第 710 页。

算利用中立地位,扮演调停者的角色,从而为战后充当世界领袖奠定基础。

与此同时,美国国内关于参战还是继续保持中立的争论越来越激烈。正如英国学者菲利普·温莎所说:"每一场战争都是由国家发动的,但是战争的根源酝酿于民众之中。"① 由于当时还没有民意测验、民意调查的做法,美国民众对战争的态度如何只能利用"报纸时事杂志的观点;有影响的知名人物的立场;支持或反对的一些私下运动;任何选举中的投票直接或间接反映政府战时政策等"②。当关于德国入侵比利时的消息和对残酷战争的报道传到美国时,大部分美国人认为在欧洲疯狂已经取代了理性。《纽约时报》则声称:"欧洲人重新回到了那种整天游荡在森林里,相互之间进行血腥屠杀的野蛮的原始部落阶段。"③

一战爆发前夕,也正是美国国内进步主义运动持续进行阶段。大战(the Great War,当时的人对这场战争的称谓)使美国人,特别是使美国的信奉自由主义的进步人士感到苦恼。他们曾经对实现一个更美好的社会充满乐观主义,认为诉诸武力是文明的倒退。但是随着时间的推移,进步人士在态度上产生了尖锐的分歧。此时,明确支持美国参战的有豪斯上校、国务卿兰辛、参议院外交委员会主席亨利·洛奇、《新共和》杂志的创办者赫伯特·克罗利,以及主要撰稿人沃尔特·李普曼等人。1915年,李普曼在《新共和》上发表文章提出:"我们所有的人受到的都是孤立主义的教育……但倘若我们要为国际主义做些卓有成效的事,那么我们就必须抛弃孤立主义……世界政治最高任务不是防止战争,而是建立一个令人满意的组织。"④ 豪斯上校在欧洲调停时期,李普曼又发表社论:美国必须准备用"她的道德力量、经济资源,甚至在某些情况下动用军事力量来反击侵略者"。"只有中立国的干预才能使所有国家的自由主义者强大起来,才能建立一个令人满意而又持久公正的和平。"⑤

---

① [美]入江昭:《20世纪的战争与和平》,第3页。
② 余志森:《崛起和扩张的年代1898—1929》,北京:人民出版社,2001年版,第383页。
③ [美]加里·纳什:《美国人民:创建一个国家和一种社会,下卷1865—2002年》,第710页。
④ [美]罗纳德·斯蒂尔:《李普曼传》,于滨等译,北京:新华出版社,1982年版,第148页。
⑤ [美]罗纳德·斯蒂尔:《李普曼传》,第151页。

《新共和》当时是一本发行量很大、影响力较强的杂志。李普曼是著名的专栏评论作家,曾对20世纪许多重大国际事件做出过重要评论,可以说,他的观点代表了美国当时一部分主张参战的思潮。

关于战后和平问题,美国政要、学者也发表了一系列观点,① 最有代表性的还是威尔逊总统的战后集体安全思想。1916年5月16日,威尔逊在给豪斯上校的信中阐述了战后国联的基本思想,国联应是以合作来防止战争及保护各国不受侵略的国际组织,要点是保证主权独立与领土完整,这里已有了集体安全的内容,后来成为国联盟约第十条的内容,也是国联盟约的核心内容。② 几天后,即5月27日,在实现和平联盟大会上,威尔逊总统首次公开了战后集体安全的思想。在争取连任时,威尔逊再次重申了美国保持中立和战后成立国联的思想。他坚信美国是唯一对战争无利益的国家因而是可以既保持中立又为重建欧洲和平做贡献的唯一国家。威尔逊许诺保证不会牺牲美国的荣誉来保持和平。他将集体安全原则与华盛顿的告别演说联系在一起,强调不卷入欧洲事务的同时,新的全球义务使美国的传统达到了顶点。美国已不能逃避国际事务,他的结论是美国需要参加战后的国联。③

到1916年春夏,欧洲战局已经进入胶着状态,双方士兵在各自的阵地上挖掘出长长的壕沟,扯起了铁丝网,数千名士兵的生命换回来的往往只是将战线向前推进几码,或者是原地不动。但交战双方无一愿意停战媾和,英国想利用经济战扼杀同盟国,德国则打算重新开始实施无限制潜艇战。德国政府内部分成两派:一派认为应争取美国调解,一定要防止美国参战,否则德国必败无疑。另一派则主张实施无限制潜艇战,他们基于这样的计算:潜艇战每个月可以击沉协约国60万吨的商船,在

---

① 在第一次世界大战爆发后不久,美国一些知识分子和人道主义者,就开始研究防止未来战争和永久保证世界和平的问题。他们所提出的挽救之道是:以一个国际组织代替结盟体系,外交公开;以仲裁解决争端,用民主办法控制外交政策;避免夺占领土和要求赔偿,让一切附属民族实现自决。1915年成立的"美国实现和平联盟",也是这样一个团体。在它的领袖人物中,有前总统塔夫脱、哈佛大学校长劳伦斯·洛厄尔和《独立》杂志编辑汉密尔顿·霍尔特。他们主张建立一个强有力的国际组织以维护和平。参见李胜凯:《白宫200年内幕》,山东人民出版社,2006年版,第57页。

② 《豪斯上校秘录》(第2卷),第297页。转引自韩莉:《新外交,旧世界》,北京:同心出版社,2002年版,第88页。

③ 《威尔逊文集》(第38卷),第580—589页。转引自韩莉:《新外交,旧世界》,第89页。

6个月内协约国将不战而降。德国驻美国大使伯恩斯托福伯爵一直建议政府千万不要实施无限制潜艇战。①

德国政府采取了两手策略,即一方面打算扩大潜艇战,另一方面又做出和平姿态来争取美国中立。这时德国在罗马尼亚取得了新的军事胜利,柏林的军官们判断,新的胜利为他们创造了有利的和谈形势。他们起草了一些将确保德国控制欧洲的条件,他们还决定如果和平谈判动议失败,随即开展潜艇战。1916年12月12日,德国政府公布一个和平照会,宣布它愿意参加威尔逊总统曾在5月份呼吁召开的和平会议,但没有说明条件,其用意是拒绝了美国的和平调停。

调停失败后,威尔逊总统并不气馁。1917年1月22日,他在参议院发表了演讲,这就是后来被称作"没有胜利者的和平"的演说。反对那种"胜利便意味着强加在失败者头上的和平,战胜国强加在战败国头上的条款"。威尔逊总统提出,只有平等者之间的和平才能持久,呼吁双方在妥协的基础上实现没有赔偿和领土变更为条件的和平,并提出了国联的具体设想。②

德国大使清楚地看到威尔逊总统的态度对德国的好处,而德国政府没有理解这一点,威廉二世在鲁登道夫和兴登堡的建议下批准了无限制潜艇战。伯恩斯托福警告说,这有可能导致美国参战,支持威尔逊结束战争比潜艇战对德国更有利,但是政府不听警告。伯恩斯托福还做着最后的努力,不断催促德国政府提出条件,同时日复一日地向豪斯保证,让其相信德国愿意接受威尔逊的原则。到了1917年1月31日,万般无奈的伯恩斯托福只好将德国政府决定恢复无限制潜艇战的消息通知了美国政府。

对于德国即将实施的无限制潜艇战,美国应采取何种态度,政府内部发生了争论。国务卿兰辛和豪斯上校认为为了美国的荣誉,应该对德国宣战。威尔逊只想与德国断交,并不想对其宣战。2月23日,英国将截获的德国外交大臣齐默尔曼致德国驻墨西哥大使的密电转交给美国政府。新闻界立刻予以公布,引起美国民众极大愤慨,要求美国对德国宣

---

① 他在1916年9月8日给柏林的电报中说:"由此看来,通过无限制潜艇战获得和平似乎是没有希望的。因为美国将不可避免地被拖入战争——无论选举是何结果——战争最终会延长。"转引自韩莉:《新外交,旧世界》,第92页。

② FRUS, 1917, Sup. 1, pp. 24-29. Address of the President of the United States to the Senate.

战的呼声更加高涨。德国重新实施的不加警告的潜艇战对协约国商船造成的损失越来越大。这时俄国又爆发了二月革命。威尔逊总统还在犹豫，他希望能够武装保卫商船而不是参战，但政府成员都主张宣战。

4月2日，威尔逊同意提请召开国会特别会议宣布对德战争。他在宣战咨文中说到美国参战的目的是："使举世皆知我们的动机与目的是什么。……如今，我们的目的仍和从前一样，要在世界生活中捍卫和平与正义的原则……必须使民主在世界上得到安全，世界和平必须建立在政治自由的可靠基础上。"① 威尔逊总统着重强调这次战争的性质是一场争取民主的战争，"问题已经牵涉到世界和平和世界各民族的自由，而且这种和平与自由之所以受到威胁，又是由于存在着那些独裁政权，专凭不由人民的意志而全由他们自己的意志所控制的有组织的武力作为后盾"。那么德国为什么会残忍、粗暴地践踏人类权利和国际法的基本准则？威尔逊的解释是，德国政府是一个邪恶的专制政府。专制政权本质上就是对世界和平与人类自由的威胁，在存在像德国这样有组织的专制力量的世界上，"民主政府的安全不可能得到确保"，因此"我们将接受与这个自由的天然敌人发生战争的挑战，而且在必要的情况下用国家的全部力量去挫败和摧毁德国的野心和力量"。② 美国决策者第一次将战后和平与德国政治制度改革结合在一起，这就是一战后威尔逊总统所坚持的重新融入思想，即要求德国进行国内的政治改革，消除独裁专制政体，重新融入国际社会，从而确保战后和平。

经过近三年的"中立"、"调停"，美国最终还是卷入了战争，表面上看是德国的无限制潜艇战和"齐默尔曼电报"迫使它参战，其实美国参战有其必然性。美国与协约国之间文化、情感的纽带早已使"中立"的天平倾向了协约国一方。更主要的是，美国经济与协约国的成败已经捆绑在一起。参战前美国向协约国贷款已经达23亿美元，而对中欧同盟国的贷款则只有2700万美元。③ 对此摩根集团的合伙人托马斯·拉蒙特

---

① 周一良：《世界通史资料选辑（近代史部分下册）》，北京：商务印书馆，1972年版，第347—348页。另参见 FRUS, 1917, Sup. 1, pp. 195 – 202. Address of the President to the United States Delivered at a Joint Session of the Two Houses of Congress。

② FRUS, 1917, Sup. 1, pp. 195 – 202. Address of the President to the United States Delivered at a joint Session of the Two Houses of Congress.

③ Thomas A. Bailey, *A Diplomatic History of the American People*, Calif: Stanford University, 1958, p. 574.

曾坦率地承认：就在美国公民被要求在行动上、言语上甚至思想上保持中立的日子里，我们的商业从未中立过，从一开始我们做的每一件事情都是为协约国的事业做贡献。①

据此，德国把战争的拖延归咎于美国对协约国的支持可以说不无道理。德国当然知道实施无限制潜艇战可能促使美国参战，但德国政府错误地认为，在美国参战之前英国就会由于潜艇战而投降；而且德国没有把美国的军事力量放在眼里，用德国海军部长的话来说："从军事角度来说，美国不值一提。"② 出乎他的预料，几百万美军的参战对战争进程起到了决定性影响，到 1918 年 10 月，德国和奥匈开始向威尔逊呼吁在"十四点"计划基础上的和平。

美国自参战以来就十分关注战后如何勾画世界和平方案，并且知道协约国已经签订了一些秘密条约。美国当然不愿意为协约国火中取栗，威尔逊宣称："美国不能为盟国的秘密条约而作战，为它们瓜分世界的目的而作战；美国强大的经济力量必须使盟国屈服于它的压力之下，从而接受美国的和平方案。"③ 1917 年 8—9 月，美国建立了调查委员会，专门研究交战国的战争目标，并制定美国的战争目标以及战后的和平纲领。一个多月之后，即 11 月 7 日，俄国社会主义革命取得成功，新生的苏维埃政权公开呼吁尽快结束战争，倡导签订没有割地、没有赔款的和平条约。欧洲各交战国早已厌战的民众、热爱和平的各阶层人士对此都报以积极评价和热烈拥护。苏维埃政权为揭露帝国主义战争的本质，决定公开沙俄及临时政府同英、法等国签订的秘密条约。威尔逊为抵消和平法案的影响、宣扬美国参战的"正义性"以及稳定国内民心，决定向全世界公开美国的战争目标及和平纲领。这就是 1918 年 1 月 8 日，威尔逊总统在国会发表的被称为"十四点"计划的演讲。随后，李普曼等人又对其进行了官方解释。

"十四点"计划在当时曾被称为"世界和平的基石"、"理想主义的纲领"，虽是溢美之词，但也反映了美国决策者，特别是威尔逊总统对于如何消除战争、保卫战后和平的基本观念与设想：1."公开的和平外交，

---

① Thomas A. Bailey, *A Diplomatic History of the American People*, p. 574.
② Thomas A. Bailey, *A Diplomatic History of the American People*, p. 591.
③ 王绳祖主编：《国际关系史》（第三卷，1871—1918），北京：世界知识出版社，1995 年版，第 436 页。

必须公开缔结。"即战后签订的和平条约必须公开缔结，条约应该成为国际公法的一部分，每一国家都承担执行条约的某种义务。因此，极力主张禁止签订秘密的条约。2."在一切赞成和平和参加维护和平的国家当中尽可能地消除一切经济壁垒，建立平等的贸易条件。"即维护战后和平的手段是消除经济壁垒，建立平等的贸易条件。3."充分互相保证，各国军备必须裁减至符合维护国内安全的最低限度。"即各国裁减军备维护战后和平。4."为了大小国家都能相互保证政治独立和领土完整，必须成立一个具有特定盟约的普遍性的国际联盟。"即维护战后永久和平的头等要素是建立国际联盟。①

通过简单梳理一战期间美国外交政策及其观念的演变过程，可以归纳出美国决策者的战争观、和平观的基本内容：一是坚持"没有胜利者的和平"，反对胜利者对战败者的战争索赔和领土变更；二是战后的集体安全原则，通过战后成立国际联盟，利用集体安全机制来确保战后和平；三是要求战后德国进行国内改革，消除专制政体，重新融入国际社会，从而确保战后和平及经济的恢复与发展。当然，美国决策者的战争观、和平观并不完全像其宣传的那样"崇高"与"超然"，虽然威尔逊总统使用了大量华丽的辞藻，也掩盖不住美国在战时欲充当最高仲裁者，在战后要充当世界领袖的野心。但与一战期间协约国及同盟国的政治家们相比较，美国决策者的战争观、和平观具有进步意义，一定程度上顺应了历史发展的潮流。② 美国决策者的上述战争观、和平观自然要影响美国政府制定、实施的对德战争索赔政策；同时，索赔政策也成为在外交实践中检验美国决策者战争观、和平观的一个重要问题。

---

① 齐世荣：《世界通史资料选辑：现代部分》（第一分册），北京：商务印书馆，1980年版，第2—11页。另参见 FRUS, 1919, Supplement 1, pp. 12 – 17. Address of the President of the United States Deliverde at a Joint Session of the Two House of Congress。

② 战后披露的各交战国战争目的表明，无论是协约国还是同盟国的政治家们的战争观、和平观主要还是争夺欧洲霸权、分割领土、争夺海外殖民地、掠夺资源、索取战争赔偿，等等。如德国在1915年公开发表的《战争宣言》中明确提出德国的扩张要求：吞并比利时和法国北部、让英国让出全部舰队、准备在近东建立殖民帝国等。对于战后和平问题，英法领导人基本坚持传统的均势外交政策，不允许战败国参加谈判，严惩战败国，排斥苏俄政权；在威尔逊总统的极力劝导下才不情愿地接受了国联，却不允许战败国加入国联。参见 [美] C.E.布莱克、E.C.赫尔姆赖克：《二十世纪欧洲史》，黄嘉德译，北京：人民出版社，1984年版，第78—80页、88—91页、119—120页。

三、巴黎和会前美国对德索赔政策的形成

美国政府对战争赔偿问题的态度在参战之时已经有所表达，1917年4月2日，国务卿兰辛在致美国驻各国外交代表电文中所说："我们没有自私的目的。我们没有征服的愿望，没有统治的愿望；我们不为自己求取赔款，不求取对我们将自由地做出的牺牲的物质补偿。我们只是维护人类权利的战士之一。"① 美国之所以在参战之初就宣布放弃索取战争赔偿的权利，是想凸显其道义的形象，使得美国参战更具有道义力量；更主要的原因是在中立期间美国非但没有遭受损失，而且大发战争财，对于赔偿自然想表现得"无私"一些。

美国政府虽然口头上说不需要从德国直接获得战争赔偿，但其决策层还是考虑了如何处理德国赔偿问题。总统、国务院、国会很快就达成一致意见并采取行动。4月7日，国务卿兰辛向威尔逊总统建议，没收停留在美国港口的德国商船作为偿付给美国的赔偿。兰辛解释说美国有着非常正当的、道义上的权利得到德国的商船，因为德国极大地损毁了美国商船，导致美国严重的运输困难。因此在德国政府迫使全世界海运陷于瘫痪之时，不应该让这些商船白白地停留在美国港口。② 威尔逊总统同意了兰辛的建议，赞同以没收德国商船、财产的形式获取战争赔偿。据统计，战争期间美国扣押的德国商船是美国损失商船的两倍，美国没收的德国在北美的财产总额达4.25亿美元。③ 可见，美国并不是像它所宣称的那样"无私"地、完全地放弃了战争赔偿，而是获得了间接赔偿。

在"十四点"计划，特别是随后官方对"十四点"计划的注解中，美国第一次正式公布了政府关于德国战争赔偿的观点，即第8点注解：关于法国领土的恢复问题，有足够的理由认为，由于侵犯比利时的行为是非法的，因此侵犯法国北部的行为本身也是非法的。但是，这个事例

---

① 王铁崖选译：《一九一四——一九一八年第一次世界大战》，第98页。另参见 FRUS, 1917, sup. 1, The World War. pp. 194 – 195. The Secretary of State to the Diplomatic Representatives in all Countries.

② FRUS, The Lansing Papers, 1914—1920, vol. 2, pp. 1 – 2. The Secretary of States to Preident Wilson.

③ Kent Bruce, *The Spoils of War*: *The Politice, Economics and Diplomacy of Reparations 1918—1932*, Oxford, Clarendon Press, 1989, p. 67.

是不完满的。就1914年的世界而言，法德之间的战争，其本身并不违反国际公法。至于比利时的情况则有其特殊性和象征性，此点必须十分坚持。因此，比利时有足够的理由（如上所述）不仅为其所受的损失要求赔偿，而且为其作战的耗费要求赔偿。看来，法国对其东北部所遭受的损失可以要求赔偿，但不能超过这一范围之外。阿尔萨斯—洛林的地位，已由几天前所发表的正式声明获得解决。它必须全部归属法国主权。①

上述注解表明了美国政府此时的赔偿理念与赔偿政策的雏形：1. 认为德国应该受到一定的惩罚，包括一定范围的赔偿、将阿尔萨斯—洛林归还给法国等。其中，德国战争赔偿的范围限定在被占领的法国东北部地区所遭受的损失。2. 这些惩罚与战争罪责无关，如第八点的注释指出，"就1914年的世界而言，法德之间的战争，其本身并不违反国际法"。"十四点"计划的这一注解符合当时的国际法。因为一战之前，"在传统的国际法中，战争构成了解决国际冲突的一种极端形式，但它是一种合法的形式，它仅仅关系到交战国而已"。② "至于比利时的情况则有其特殊性和象征意义，此点必须十分坚持。因此，比利时有足够的理由（如上所述）不仅为其所受的损失要求赔偿，而且为其作战的耗费要求赔偿。"由于德国入侵比利时侵犯了它中立国的权利，所以威尔逊对其赔偿做出了单独的规定，即比利时有权要求战争费用的赔偿。而其他国家，如法国"对其东北部所遭受的损失可以要求赔偿，但不能超过这一范围之外"。即赔偿不能超出所遭受损失的范围之外，也就是不包括战争费用的赔偿。可见，美国政府此时的赔偿政策是：限定战争赔偿的范围，即被德国占领地区的损失；单独处理比利时的特殊情况；强调德国赔偿与战争责任无关。

到了1918年9月，德军已无扭转战局的可能。德国的主要盟国奥匈帝国首先要求以"十四点"为基础进行停战谈判，随后保加利亚和奥斯曼土耳其也提出同样的要求。10月3日，走投无路的德国通过瑞士向美国提出：邀请所有交战国代表召开和平会议，以威尔逊的"十四点"计

---

① 齐世荣：《世界通史资料选辑：现代部分》（第一分册），第2—11页。另参见 FRUS, 1919, Supplement 1, pp. 12–17. Address of the President of the United States Deliverde at a Joint Session of the Two House of Congress。

② [法] 夏尔·卢梭：《武装冲突法》，张凝等译，北京：中国对外翻译出版公司，1987年版，第14页。

划,特别是他9月27日的演讲作为停战谈判的基础。① 同盟国向美国乞求和平很容易理解,在他们看来"十四点"计划与协约国野心勃勃的计划——无论是公开的还是秘密的——相比较不那么可怕;而且美国是"伙伴国"并不是"盟国"。因此,他们认为威尔逊是调停交战双方的合适人选。

10月8日,美国在答复德国求和的照会中向德国提出了四个条件:1. 无条件接受"十四点"计划;2. 撤出协约国领土;3. 结束非法的陆上、空中的行动;4. 保证签署停战协定的德国政府能够代表德国人民,而不是德国的军事领导人和君主独裁者。② 就在德国准备接受美国的条件时,协约国内部就"十四点"计划却出现了严重分歧。协约国领导人齐聚凡尔赛,他们对威尔逊的"十四点"计划很不满意。威尔逊对此很恼火,他紧急召见法国大使朱赛兰,向他解释美国的态度,认为只有德国与协约国双方都接受"十四点"计划,才能为公正、持久的战后安排提供基础。

威尔逊总统又派豪斯上校前往巴黎说服协约国接受"十四点"计划。③ 豪斯上校与协约国领导人会谈时,英国拒绝接受关于海上航行自由的第二点;法国、意大利以及其他一些小国也不愿意做出任何让步。豪斯上校威胁说,如果他们拒不接受"十四点"计划的原则,总统感到有必要把这件事交由美国人民决定,并与德国单独媾和。与此同时,在征得威尔逊总统同意后,豪斯上校也对和平计划做出了一些妥协与让步。作为妥协的交换条件,协约国答应毫无更改地接受美国计划的其余部分。

11月4日,协约国给威尔逊发出照会同意进行和平谈判。11月5日国务卿兰辛受协约国委托向德国发出照会,通知协约国对德国的和平条件,表示协约国同意以"十四点"计划作为停战谈判以及和平谈判的基础。但有英法的两个保留权益:即公海航行自由的修改,以及对于赔偿的附加条件:"被侵入的领土应予恢复以及撤退和解放,盟国政府感到,对于这一规定的含义,不容有任何疑问。盟国政府对此理解为德国将

---

① FRUS, 1918, Sup. 1, p. 338. The Germany Imperial Chancellor (Max of Baden) to President Wilson.

② FRUS, 1918, Sup. 1, p. 343. The Secretary of State to the Swiss Charge (Oederlin).

③ 豪斯参与停战协议谈判的过程、结果参见豪斯从1918年10月28日—11月3日连续发给国务卿的几份电报。参见 FRUS, 1918, Sup. 1, The World War, Vol. 1, pp. 405 – 455. The Special Repereventative (House) to the Secretary of State。

对由于德国陆海空各方面的侵略而使盟国平民及其财产受到的一切损失所做出的补偿。"① 可见，这个附加条件所确定的德国战争赔偿的范围扩大到协约国平民及其财产所遭受的损失，但并不包括协约国的战争费用。

德国政府复照表示接受"11月5日照会"，并派由中央党领袖马蒂亚斯·艾茨贝格尔率领的德国代表团前往法国。就在德国代表团前往法国的同一天，即11月9日，德皇威廉二世被迫退位。11月11日，马蒂亚斯·艾茨贝格尔代表新成立的德意志共和国与协约国代表法国元帅斐迪南·福熙在法国东北部贡比涅森林签署了《停战协定》②。《停战协定》基本落实了"十四点"计划中对德国的处置办法，但《停战协定》的军事条款也表明协约国已把德国看作战败国，在即将到来的和平谈判中，协约国把德国排除在和会之外。这不符合10月23日美德两国之间达成的协议，协议中美国同意德国派代表参加和会。③ 更严重的是，《停战协定》中有些条款超出了"十四点"计划的要求。特别是在法国总理克里孟梭的坚持下，《停战协定》第19条中加入了："在协约国和美国方面保留今后提出的任何权利和要求。其财政方面的要求是：赔偿所遭受的损失。"美国和协约国的"任何权利"（或称无限制的权利）是"以他们

---

① 王铁崖选译：《一九一四——一九一八年第一次世界大战》，第147页。

② 其主要内容有：1. 在停战协定签字以后6小时，须停止陆空战事。2. 立即从下列被占领的国家撤退：法国、比利时、卢森堡及阿尔萨斯—洛林。撤退须自停战协定签字之日起15天的期限内完成。3. 德国军队必须放弃完好无损的战争物资，就地向协约国和美国军队移交。4. 德国军队须从莱茵河左岸的国家撤退。莱茵河左岸的国家将由在协约国和美国占领部队监督下的地方当局来管理。协约国和美国部队应通过掌握莱茵河各主要通过点（美因兹、科布伦茨、科隆）连同各该点上右岸周围30公里的桥头堡的驻军以及同样掌握该区战略据点的驻军以保证占领。5. 在盟国和美国指定的海港内，须把现存的所有潜水艇（包括潜水巡洋舰和所有布雷艇），连同全副军备和装备一起，向协约国和美国移交。6. 德国必须交出协约国指定数量的大炮、机枪、迫击炮、战斗机和轰炸机，以及车厢、火车头、卡车。7. 财政条款（即第19条款）：在协约国和美国方面保留今后提出的任何权利和要求。其财政方面的要求是：赔偿所遭受的损失。在停战期间，敌人不得移动足以对协约国作为支付战争赔偿担保品的有价证券。立即归还比利时国家银行的库存，而一般地应立即移交有关被占领国的国家利益和私人利益的所有文件、有价物（动产和纸币及其印刷机），德国军队拿走的俄国和罗马尼亚黄金应予归还并向它们移交，该黄金在签订和约以前由协约国负责保管。参见 FRUS, 1918, Sup 1. The World War, Vol. 1, pp. 463–468. Nov. 4. 1918. The Special Representative (House) to the Secretary of State。另参见《国际条约集，1917—1923》，北京：世界知识出版社，1961年版，第61—65页。

③ FRUS, 1918, Sup 1. The World War, Vol. 1, pp. 381–383. October. 23. 1918. The Secretary of State to the Swiss Charge (Oederlin).

认为这种停战从军事观点看来是可能的为限"。① 这一补充规定，为赔偿问题的复杂化留下了隐患。它扩大了"任何权利"的实际权限，克里孟梭把它扩大到要求赔偿损失方面："赔偿所遭受的损失"太笼统，没有界定赔偿的范围，为以后英法扩大德国赔偿的范围留下了借口。

在"11月5日照会"和停战协定阶段，美国决策者通过与英法在赔偿问题上的讨论逐步加深了对赔偿问题的认识，并进而确立了自己的赔偿原则和赔偿政策。1918年12月12日，美国国务院提交给"协约国战争采购和财政委员会"一份很长的备忘录，在备忘录中首先对"十四点"计划中第7点、第8点和第11点中使用的"恢复"、"归还"即"restoration"一词做出了补充说明：the term "restoration" is here used as equivalent to reparation for damage done and the return of property taken。② 翻译成中文就是："恢复"一词在这里等同于赔偿所造成的损失以及归还被掠夺的财产。其赔偿政策在备忘录中也表达得十分清楚，归纳起来有如下几点：1. 以"十四点"计划和"11月5日照会"作为赔偿的基本原则，即给予德国一定的惩罚，但与战争责任无关；2. 根据德国赔偿能力确定赔偿数额；3. 赔偿总额是150亿美元，在28年内每年支付10亿美元。③

12月28日，在巴黎负责调查比利时和法国战争损失的美国经济学家A. 杨格博士提出了有关美国赔偿政策的建议。他认为美国赔偿政策应该包括以下几点原则：1. 立即制定出某些条款，来排除那些不合逻辑的、过分的赔偿要求；2. 美国应该为解决复杂的商船赔偿问题提出办法；3. 对于那些将要解决赔偿问题的人如何解决该问题是难以预料的，特别是对美国参与解决该问题的后果更是难以预料。因为，赔偿将产生的后果不仅是保持一个持久的和平，还事关对社会"正义"的明确认可问题。④

---

① FRUS, 1918, Sup 1. The World War, Vol. 1, p. 466. Nov. 4. 1918. The Special Representative (House) to the Secretary of State.

② FRUS, 1919, The PPC, Vol. 2, p. 586. Memorandum by the Advisory Counsel of the American Mission to the Inter—Allied Council on War Purchase and Finance (Cravath).

③ FRUS, 1919, The PPC, Vol. 2, pp. 585 – 604. Memorandum by the Advisory Counsel of the American Mission to the Inter—Allied Council on War Purchase and Finance (Cravath).

④ FRUS, 1919, The PPC, Vol. 2, pp. 606 – 607. Memorandum by Dr. A. Young: A Suggestion for American Policy with Repect to Indemnities.

12月30日，美国代表团的技术顾问斯科特、米勒二人向国务卿提交的《和约的草稿大纲》中再次提出了有关战争赔偿需要考虑的一系列问题：1. 交战国和中立国提出的赔偿数额；2. 德国等中欧国家能够支付的赔偿数额；3. 赔偿的方式、赔偿的期限；4. 赔偿的保障；5. 赔偿在索赔国内部的分配；6. 资助赔偿的可能方式；7. 管理机构等。①

上述三份文件表明，参加和会前美国决策者已经认识到：德国战争赔偿是一个将关系到战后和平的重要问题；应该给予德国一定的惩罚，即德国需要支付战败赔偿；但这种惩罚，即赔偿数额的多少与战争罪责无关。其赔偿政策也比较明确：以德国赔偿能力来确定赔偿数额，赔偿不能影响德国经济恢复；限定赔偿期限等。当然，这只是美国决策者制定的赔偿政策。英国、法国都有着各自的索赔计划与主张，他们的赔偿政策与美国的赔偿政策大相径庭。在即将召开的巴黎和会上，美国赔偿政策遭到了意想不到的挫败。

四、巴黎和会上美国对德索赔政策的挫败

巴黎和会上，在英、法等协约国的压力下，美国决策者被迫放弃了自己的赔偿原则，其赔偿政策随之逐一被挫败。美国的妥协与让步一方面是它与英、法相互较量的结果，另一方面也与此时美国的对德政策、决策者的赔偿理念密切相关；同时，美国赔偿政策因承担了过多的战略目标，使得政策本身自相矛盾，难以统一。最终赔偿政策的失败成为难以避免的结果。

（一）美国对德索赔政策的挫败

1919年1月18日，巴黎和会在法国凡尔赛宫召开。战胜国均派出了代表，英、法、美、意四国是主持制定对德和约的主角。② 英国、法国

---

① FRUS, 1919, The PPC. Vol.1, pp. 298 – 304. The Technical Advisers to the Commissin to Negotiate Peace (Scott, Miller) to the Secretary of State.

② 其实，早在1917年9月，即美国参战5个月后，威尔逊就指示豪斯上校组织专家收集战后和平会议所必需的有关数据、资料等。到1918年秋，有关专家已经就欧洲、非洲、亚洲以及太平洋岛屿的地理、历史、经济资源、政治组织和机构、种族、文化、领土等一系列问题进行了比较充分的研究。在和会召开期间，美国专家们主要为处理如下三种问题的委员会提供咨询服务：1. 领土问题；2. 经济问题和战争赔偿问题；3. 国际法和国联问题。参见 Edward Mandell House, *What Really Happened at Paris*: *The Story of the Peace Conference, 1918—1919 by American Delegates*, N. Y. Charles Scribner's Sons, 1921, pp. 6 – 8.

代表团分别由英国首相劳合·乔治、法国总理乔治·克里孟梭率领。作为东道主，法国在和会上欲达到的目的很明确，就是最大限度消弱德国，一劳永逸地消除安全隐患，重建欧陆霸权。英国对德政策比较复杂，既想削弱德国，又反对过分削弱，以致失去抗衡法国和对阵苏俄的能力。美国参加这次会议主要是为了实现"十四点"计划所提出的宏伟目标，与英、法争夺战后国际政治的主导权。为此，威尔逊不顾国内反对派的严厉批评，亲自率领庞大的代表团参加和会。一战后美国的欧洲战略主要是维护战后欧洲的和平与经济发展，为此，必须保持德国在政治、经济以及军事的地位，使之成为抗衡英法以及苏俄的力量。正如基辛格所说："和会真正必须解决却难以解决的问题，是欧美国际秩序观的歧异，特别是美法之不同。"① 战胜国之间的欧洲战略以及对德政策的重大差异，使得即将召开的和会成为它们之间进行较量与争斗的舞台。

英、法作为主要交战国，长达 4 年的战争严重削弱了两国的实力。英国战争死亡达 90 万人，法国达 140 万人，二者合计为美国伤亡的 27 倍。"战争结束方式与作战牺牲的贡献会影响各国在和平进程中的发言权。"② 削弱德国的力量，消除德国重新发动战争的威胁，从德国得到恢复本国经济所需的资金是英、法两国的共同要求。由于美国与英、法在对德问题上的战略差异，美国与英法就德国的主要问题都要争斗一番。其中，德国赔偿问题是美国与英、法争斗最激烈的问题之一。被劳合·乔治称为"所有问题中最困难的"德国战争赔偿问题③十分复杂，它包括赔偿范围、赔偿总额、赔偿期限、支付方式、分配原则、分配比例等一系列问题。更主要的是，德国赔偿问题还关系到如何处理战后德国的经济，因为德国一直以来既是它邻国最大的消费者，又是最大的商品供应者，战后德国经济如果不能恢复将严重影响整个欧洲的经济生活。因而，和会上协约国代表们既想让德国保持足够的能力维持自我、支付赔偿；同时又担心允许德国强大起来，再次发动战争或者再次主导欧洲贸易。然而，索取战争赔偿毕竟是化解迫在眉睫的财政危机、削弱德国、

---

① [美] 亨利·基辛格：《大外交》，顾淑馨等译，海口：海南出版社，1998 年版，第 206 页。

② [美] 约翰·伊肯伯里：《大战胜利之后：制度、战略约束与战后秩序重建》，第 111 页。

③ Arthur Walworth, *Wilson and his Peacemakers: American Diplomacy at the Paris Peace Conference, 1919*, New York: W. W. Norton&Company, 1986, p. 327.

维护欧洲安全最有效的途径。所以法国甚至包括英国都将索取战争赔偿视为缓解财政危机、同时摧毁德国的最有效措施，从而使得德国赔偿问题更加复杂。

早在战争爆发初期，同盟国集团和协约国集团双方就已经把战争赔偿作为各自战后处理的必要组成部分。① 英国政府在 1918 年 11 月的时候还宣称只要求温和的赔偿，因为此时负责制定赔偿政策的是英国财政部，著名经济学家凯恩斯告知美国财政专家诺曼·戴维斯："英国将限期内提出具体的数额，反对过高的赔偿要求。"② 凯恩斯起草了一份有关德国赔偿能力的报告，他认为 400 亿马克是"我们可能希望德国支付的全部赔偿"。凯恩斯的报告刚刚完成，英国的政策就发生了变化。劳合·乔治首相以前对战争赔偿问题与财政部的温和观点是一致的。但 12 月 16 日是英国普选的日子，劳合·乔治为了获得在即将召开的和平谈判中不受质疑的授权，他对赔偿的要求和别的竞选者一样变得严厉起来，劳合·乔治要求，如果可能德国必须赔偿英国的战争费用，他对英国选民的承诺是德国将支付不少于 240 亿英镑的战争赔偿。③ 据此，英国战时内阁决定，和会上英国的政策是"尽可能确保从德国得到它能够支付的最多赔偿，这将对大英帝国经济和世界和平都有利"④。

据凯恩斯在《和会的经济后果》记载，英国的索赔"单子包括如下各款：(a) 由敌国政府的行动，包括空袭、海军轰击、潜水艇作战和水雷，对平民生命和财产所造成的损失。(b) 对被拘留平民进行不合理待遇的赔偿。这里不包括一般的战费，或者（例如）由于贸易上的亏损所造成的间接损失"⑤。

---

① 1914 年 8 月 4 日，德国首相贝斯曼·豪维格（Bethmann Hollweg）曾说："只要我们的军事目标达到了，我们就可以寻求我们所要的东西。"协约国的政治家、政党、报界也经常讨论战后的赔偿问题。1916 年 12 月 29 日，协约国在答复美国提出的"和平建议"时明确地表达了战后同盟国必须进行战争赔偿的要求。参见 Philip M. Burnentt, *Reparations at the Paris Peace Conference：From the standpoint of the American Delegation*. p. 3. 另参见王铁崖选译：《一九一四——一九一八年第一次世界大战》，第 80 页。

② Philip M. Burnentt, *Reparations at the Paris Peace Conference：From the standpoint of the American Delegation*, p. 10.

③ Edward M. House, *What really happened at Paris：The Story of the Peace Conference, 1918—1919 by American Delegates*, pp. 275 – 276.

④ Arthur Walworth, *Wilson and his Peacemakers, American Diplomacy at the Paris Conference, 1919*, p. 107.

⑤ 齐世荣：《世界通史资料选辑：现代部分》（第一分册），第 36 页。

战争期间，法国报纸发起了一项全面赔偿运动，要求德国支付法国至少 3400 亿马克，这个数字除了民事损失外，还包括养老金、战争费用以及 1871 年的损失（要按 5% 的利息计算）。1918 年底，法国的债务从战争之初的 315 亿法郎增长到 1700 亿法郎。为此，议员拉巴特在法国上议院发表演说：法国的债务不能由税收来负担，法国遭受的损失比任何一个国家都大，因此法国具有获得赔偿的优先权，如果德国的资源不够支付它的战争赔偿，大家就要分摊战争的费用。①

据凯恩斯披露："法国的要求除与上述条款（即英国提出的索赔条款。——笔者注）相符者外，还包括以下各项：（c）对战区居民及其财产所造成的损失；在敌人战线后方因空战而造成的损失。（d）敌国政府或其国民在其占领区所掠夺的粮食、原料、牲畜、机器、家产、木材等等，应予赔偿。（e）敌国政府或其官员在法国城市或对法国国民所处的罚款或征用的物资，应予偿还。（f）对被放逐的法国国民，或被迫作强制劳动的法国国民，应予赔偿。除上述各项外，还有性质更加含糊的一项，即：——（g）在敌占区内，救济委员会为维持法国居民而供应必要的粮食和衣服所支出的费用。"② 意大利等国也表达了向中欧同盟国索要战争赔偿的要求。③

和会开幕前，英国外交大臣贝尔福已经提出了一些问题，要求立即予以考虑：如战争赔偿问题。威尔逊当即提出疑问：国联问题为何要推迟，既然赔偿是最重要的问题，为何不任命一个由财政专家组成的委员会来考虑这个问题？④ 在十人会议上，劳合·乔治提出，和会应该首先讨论战争赔偿问题，并提议任命一个委员会专门处理该问题。会议同意了劳合·乔治提出的建立一个赔偿损失委员会的建议，并起草了赔偿问题的解决草案。根据草案，委员会的功能是报告敌国应该支付赔偿的数额是多少，敌国能支付多少，以及以什么方式来支付。⑤ 然而，无论是在十人委员会，还是

---

① Arthur Walworth, *Wilson and his Peacemakers*, *American Diplomacy at the Paris Conference*, *1919*, p. 170.

② 齐世荣：《世界通史资料选辑：现代部分》（第一分册），第 36—37 页。

③ FRUS, 1919, The PPC, vol. 2, pp. 575 – 576. The Italian Ambassador (Machi di Cellere) to the Secretary of State.

④ FRUS, 1919, The PPC, vol. 2, pp. 601 – 606. Secretary's Notes of a Conversation Held in M. Pichon's Room at the Quai d'Orsay.

⑤ FRUS, 1919, The PPC, vol. 2, pp. 693 – 703. Secretary's Notes of a Conversation Held in M. Pichon's Room at the Quai d'Orsay.

在赔偿损失委员会中,美国坚持的赔偿原则、提出的赔偿政策都受到了各国代表,特别是英、法代表的强烈反对与抵制,最终逐一地被挫败。

美国赔偿政策被挫败的第一个表现是德国赔偿的范围被扩大了。2月3日,赔偿委员会第一次开会,会议选举法国财政部长克劳茨为主席,英国代表和比利时代表为副主席;委员会下设三个分委会:第一分委会(赔偿评估分委会);第二分委会(赔偿能力分委会);第三分委会(赔偿担保分委会)。美国在赔偿委员会中的代表是:万斯·麦克米克、伯纳德·巴鲁克、诺曼·戴维斯、托马斯·拉蒙特、约翰·杜勒斯。他们几人对国际财政事务都有着丰富的经验,而且美国赔偿代表是根据他们的职权工作,没有太多的政治考虑。会议刚开始,美国代表就发现自己陷于孤立之中,因为只有他们坚持认为赔偿不能包括战争费用。与会代表纷纷要求"全面赔偿",即把战争费用包括进去。赔偿包括战争费用的理由源于这样一个基本假设——战争(因为有损失)是敌人错误的侵略行为——各种方法都可以导出的结论是中欧同盟国注定应该有一个"相应"的义务,应该支付"全面"赔偿。

美国代表还是坚持自己的原则,杜勒斯在会上提交了由威尔逊总统批准的美国关于战争赔偿的四项原则,这四项原则基本体现了美国对赔偿的理解,即把赔偿放在"十四点"计划和"11月5日照会"的框架之内。这四项原则是:1. 赔偿包括所有由明显违反国际法行为而直接造成的损失。2. 比利时、被占领的法国北部、罗马尼亚、塞尔维亚、门的内格罗尽可能恢复战争前的状态,这样的恢复需要返还被掠夺的财产,或用金钱及物品补偿。3. 赔偿包括所有平民财产损失,无论何地,只要这样的损失是由德国军事行为直接造成的。4. 赔偿包括所有由德国军事行为直接造成的平民伤害,这包括死亡、伤残、强制性劳动、丧失的劳动机会。会上,杜勒斯阐述美国的原则如下:首先,德国有法律义务为它违反国际法的行为承担责任(原则一)。他说,这意味着比利时有权获得它的所有战争损失。其次,德国负有"11月5日照会"规定的条约义务,为此,它必须赔偿平民的财产损失(原则三)。最后,他根据"十四点"计划中的"恢复"一词划定了损失的范围(原则二)。① 可见,杜勒斯所阐述的美国赔偿原则已经明确地否认了战争费用。杜勒斯还强

---

① Philip M. Burnentt, *Reparations at the Paris Peace Conference*: *From the Standpoint of the American Delegation*, p. 22.

调,"11 月 5 日照会"因为德国接受了,双方就形成了一个契约关系。

杜勒斯的发言立刻引起了反驳,有的代表认为,"11 月 5 日照会"没有条约性质;有的代表虽然承认它的条约性质,但认为照会本身就承认了战争费用;有的代表干脆撇开照会,认为通过任何方式都能把战争费用包括进去。① 英国代表摩尔斯·休斯负责说明英国主张的战争赔偿应该包括战争费用的理由。他说战争费用的税务负担与平民损失、财产损失是一样多的。他又强调说,威尔逊原则之一是"公平",这就要求侵略者承担战争费用,最后他说英国和法国作为 1839 年公约所确立的比利时中立的担保国,应该像比利时一样有权利要求战争费用赔偿。法国代表财政部长克劳茨认为协约国与德国之间的条约义务不是"11 月 5 日照会",而是《停战协定》的第 19 条。② 会议就赔偿问题没有达成任何共识,陷入了僵局。

为打破僵局,杜勒斯向法国和比利时代表提出了一个新的被称为"百分比把戏"的建议。他说如果排除战争费用,法国和比利时将获得相当大的赔偿比例,因为法国民事损失很大;如果包括战争费用,英国将以法国和比利时为牺牲获得很大的赔偿比例,换句话说就是法国和比利时得到的赔偿比例将要减少。比利时代表很快明白了问题所在,说他"感到有义务反对把战争费用包括进德国赔偿"③。法国代表对此没有立即表态,但"百分比把戏"看来对法国代表的触动很大,以后不再提战争费用问题了。"百分比把戏"对英国代表没起多大的作用,因为放弃战争费用不符合它的利益。

其实,英、法放弃战争费用的主要原因是威尔逊总统在这一问题上的坚持。美国赔偿代表向威尔逊总统发电报(此时总统返回了美国),"全面、公正地报告了有关赔偿问题的各种观点,并询问总统,他们是否坚持自己的主张"。总统回电道:"如果赔偿包括战争费用,美国代表的声誉将要受损。"接着总统又加了一句,"如果有必要就公开地表示不同意"。④

---

① Philip M. Burnentt, *Reparations at the Paris Peace Conference: From the Standpoint of the American Delegation*, p. 23.

② Philip M. Burnentt, *Reparations at the Paris Peace Conference: From the Standpoint of the American Delegation*, p. 24.

③ Philip M. Burnentt, *Reparations at the Paris Peace Conference: From the Standpoint of the American Delegation*, p. 26.

④ Arthur Walworth, *Wilson and his Peacemakers: American Diplomacy at the Paris Peace Conference*, 1919, pp. 173 – 174.

美国威胁要公开英、法对战争费用的要求发生了作用，正如巴鲁克所说："因为得到了总统强有力的支持，美国代表在会议上，能够出其不意地得到劳合·乔治、克里孟梭、奥兰多的默认。"①

在威尔逊的坚持下，英、法虽然放弃了战争费用赔偿，但劳合·乔治马上又提出了抚恤金赔偿。因为英国如果放弃战争费用，它所能得到的赔偿比例不到总数的20%，劳合·乔治认为这与英国为战争所做出的贡献相比少得可怜。对于法国来说，把抚恤金包括进去对最终他所得的赔偿比例没有多大变化，但法国同意把抚恤金包括进去，因为它希望德国无力支付赔偿，这样可以为战后法国长期占领莱茵地区打开方便之门。另一方面害怕法国公众舆论批评说，对于如此人道的呼吁政府竟然无动于衷。②

美国代表认为如果把抚恤金包括进去，就违反了"11月5日照会"精神，因为抚恤金的费用是一种非民事损失。但英国政府对此要求十分强烈，休斯宣称："在这场战争中，一些人不像英国人那样靠近战火，因此他们没有被烧到，他们就对英国的主张如此冷酷、漠不关心。"③ 英国代表萨姆德爵士私下与美国代表争论说，抚恤金费用是一种民事损失，因此应该包括进"11月5日照会"的范围之内。萨姆德以一个士兵为例说："一个公民为了正义的事业而应召入伍，为了保卫英联邦他放弃了平民生活，如果他幸存活下来，他将返回到他的平民生活。我认为他的这段历史不会剥夺他的民事权利。"④

3月29日，美国代表对英国的要求做出了回应，杜勒斯坚持认为"民事"一词在"十四点"计划和"11月5日照会"中与军事花费已经做了必要的区别。他质疑道：是否任何人都有权要求"由于德国陆海空各方面的侵略而使平民及其财产受到的一切损失所做出补偿"就意味着要对政府的抚恤金和士兵分居进行补偿呢？杜勒斯继续说，抚恤金和分

---

① Philip M. Burnentt, *Reparations at the Paris Peace Conference：From the Standpoint of the American Delegation*, p. 27.

② Philip M. Burnentt, *Reparations at the Paris Peace Conference：From the Standpoint of the American Delegation*, p. 62.

③ Edward Mandell House, *What really Happened at Paris：The Story of the Peace Conference, 1918—1919 by American Delegates*, p. 269.

④ Lloyd G. David, *The truth about Reparations and War-Debts.* London：W. Heinemann, 1932, Vol. 1, pp. 493 – 495.

居补偿在法律上被广泛地认为是政府应该承担的战争费用。① 见美国代表如此态度，劳合·乔治搬出了威尔逊总统非常尊重的南非史末资将军来扭转美国在这件事情上的看法。南非像所有参战的英联邦自治领地一样，如果没有战争费用和抚恤金赔偿，它们将几乎得不到什么赔偿，最多只够补偿商船的损失。在史末资将军的劝说下，威尔逊总统最终同意了英国的要求。威尔逊总统的让步表面上是他对史末资将军的偏爱起到了作用，其实威尔逊同意把抚恤金包括进去的考虑是，如果拖延赔偿问题的解决会给德国机会找到办法逃避义务，过高的赔偿额又可能过于削弱德国，造成不利的实力对比。② 因为如果不包括抚恤金就有可能让赔偿的大多数都落入法国手中，这不符合威尔逊坚持的欧洲均势的原则。

美国赔偿政策被挫败的第二个表现是限定赔偿数额和赔偿期限的失败。各国赔偿代表争论的另一个焦点是德国赔偿的数额，该问题也是争论时间最长的问题。它不仅是德国应该赔偿多少，重要的是德国能够赔偿多少的问题。美国代表主张在和约中限定赔偿数额，他们认为限定赔偿数额将能尽快解决欧洲目前的财政状况，达到稳定国际局势的目的。因为在民事损失方面确定赔偿数额可以带来世界稳定的前景，限定赔偿数额将对债权国的信贷和财政稳定有好处，限定赔偿数额体现了敌国的支付能力，为敌国提供了同样的条件，在一定期限内以年金方式支付限定的赔偿数额，将给战后赔偿体系提供一个确定能结束的希望。③

参加限定赔偿数额谈判的美国代表是麦克米克和拉蒙特，麦克米克分在损失评估分委会，拉蒙特分在德国赔偿能力评估分委会。要确定德国赔偿数额首先需要对战争所造成的损失进行评估。在停战协定签订之前，豪斯上校向总统建议，如果美国有自己关于法国、比利时和其他协约国损失的确切数字，美国在谈判中的力量将得到加强。美国应该任命专家调查战争所造成的损失。④ 随后，豪斯派驻欧洲的米克斯瑞将军负

---

① Philip M. Burnentt, *Reparations at the Paris Peace Conference: From the standpoint of the American Delegation*, p. 63.
② Arthur link, *The Papers of Woodrow Wilson*, Vol. 56, New Jersey: Princeton University Press, 1972, p. 360.
③ Philip M. Burnentt, *Reparations at the Paris Peace Conference: From the Standpoint of the American Delegation*, p. 31.
④ FRUS, 1919, The PPC, Vol. 1, p. 575. The Special Representative (House) to President Wilson. pp. 136 – 137. President Wilson to the Special Representative (House).

责去调查协约国的损失。米克斯瑞将军搜集了大量统计数字，得出的结论是：民事损失大约为 600 亿—1000 亿马克。与此同时，美国对德国支付赔偿的能力也开始进行考察。在 1918 年 12 月克拉沃斯提交的备忘录中，阐述了他曾做过的相当仔细的调查，他的结论是德国在 28 年的期限内能够支付大约 720 亿马克的赔偿。

损失评估分委会刚开始工作时，麦克米克认为在和约中理所当然要确定赔偿数额。麦克米克考虑首先要限定民事损失价值的数字，他提出无论数额是多少，必须以德国能承担得起为界限。反对麦克米克的斗争主要来源于法国和比利时代表，多数其他国家代表也支持法国，只有英国代表萨姆德支持麦克米克。争论双方都承认，如果要对战争损失做一个全面的评估需要两年的时间。即使麦克米克和萨姆德都同意赔偿总额只是一个大约的数字，而且是可以商讨的，但法国代表和其他代表都不同意讨论任何数字，因为讨论任何数字实际上就是讨论限定赔偿总额。法国代表知道分委会的损失评估主要是以米克斯瑞将军的数字为基础，按照他的数字民事损失为 600 亿到 1000 亿马克。对法国人来说，他们要求的赔偿总额是几千亿马克。因此，法国代表在比利时和其他代表的支持下，主张在和约中删去任何在损失评估基础上得出的确切的赔偿数额。法国代表要求延迟决定德国赔偿的总额直到做出一个全面的评估为止。法国代表希望，也许他们最终得到的民事损失数字能够高于米克斯瑞将军的数字，即使不能得到，他们也不能接受一个法国公众舆论注定认为不够多的数字。

拉蒙特在德国赔偿能力评估分委会也没有达到确定赔偿数额的目的。会议只是对签订和约之后两年内德国支付的现金赔偿作出了规定：通过转移德国的黄金储备、商船、外国投资等方式支付的现金赔偿是 200 亿马克。在讨论长期赔偿数额时，不同意见出现了。英国代表坎里夫提出的数额是 4800 亿马克，法国代表劳彻尔表示支持。美国代表认为和约中确定的赔偿数额应该是 600 亿到 1000 亿马克，这恰好与美国对民事损失的评估数字大致相同。其实，拉蒙特和其他美国代表坚守的赔偿数额的底线是最多不能超过 1200 亿马克，但 1200 亿与 4800 亿之间的差距实在是太大了。

接下来几天的讨论要求三国先各自提出一个最高数额和一个最低数额。最低数额是指德国在任何情况下都必须支付的赔偿；最高数额是指在条件允许的情况下，强制德国支付的赔偿。在3月25日会议上，英国代表只提出一个数字：2200亿马克。法国代表提出的最高数额是1880亿马克，最低数额是1240亿马克。美国代表提出的最高数额是1400亿马克，最低数额是1000亿马克。① 正当各国专家围绕着这些数字讨论时，伦敦的《泰晤士报》刊登了会议备忘录，这时英国的舆论仍然要求高额赔偿。这给劳合·乔治很大压力，正如美国代表拉蒙特所说，劳合·乔治感到确定下来的任何数字，注定要远远低于他对英国选民的承诺数字，其结果将是他最终被选民赶出办公室。② 克里孟梭也不愿屈服，有关限定赔偿数额的讨论最终没有达成一致意见。3月28日会议决定，从和约中删除限定的赔偿数额。这个决定看来是不可避免的，因为没有一个赔偿数字既能满足英法两国的政治需要，又能得到美国的认可，还是德国能支付得起的。劳合·乔治、克里蒙梭、奥兰多都感到他们无法抵制公众舆论的压力。对此，凯恩斯评价道："对政治家们来说，最保险的方法就是完全不提数字。"③

不确定赔偿总额对法国和英国的好处很明显。对法国来说，它一方面可以阻止德国经济复兴；另一方面，它为法国随时干涉德国内政提供了借口。对英国来说，德国是它工业和商业最大的竞争对手，利用赔偿可以削弱德国的国际竞争力。可是正如凯恩斯同时所说的另一句话："没有规定德国债务的确切数额。……这无论对德国还是对协约国本身都是不方便的，因为德国不知道它应该赔偿多少，而协约国也不知道它们应该接受多少。"④ 围绕德国战争赔偿数额而展开的争斗一直延续到20年代中期，严重影响了战后欧洲经济的恢复以及欧洲局势的稳定。

接下来的问题是确定赔偿期限，这个问题与赔偿数额又密切相关。4月5日，会议开始讨论该问题，讨论主要围绕3月29日劳合·乔治备忘

---

① Philip M. Burnentt, *Reparations at the Paris Peace Conference：From the Standpoint of the American Delegation*, p. 59.

② Edward Mandell House, *What really Happened at Paris：The Story of the Peace Conference, 1918—1919, by American Delegates*, p. 262.

③ 王绳祖等编选：《国际关系史资料选编（17世纪中叶—1945）》，北京：法律出版社，1988年版，第546页。

④ 齐世荣：《世界通史资料选辑：现代部分》（第一分册），第38页。

录的修改稿而展开。① 修改后的备忘录增加了一条：协约国委员会建议德国将在 30 年之内偿清它的赔偿……在给德国申辩机会后，如果有必要可以通过发行长期公债或其他方式来延长赔偿期限。② 劳合·乔治首先发言说，30 年只是一个说法，如果德国能在 30 年内偿清，当然比在 40 年内偿清要好得多。法国代表劳彻尔认为，假如日后的赔偿委员会估计德国能够赔偿 5000 万美元，但在 30 年之内它只能赔偿 4000 万美元，甚至 4000 万美元也不能赔偿，那么期限可以延长超过 40 年。

美国代表戴维斯提议，日后的赔偿委员会应该决定如下事宜：1. 估计将要赔偿的总额；2. 如果委员会认为估计的总额超出了德国在 30 年内的支付能力，那么委员会必须声明说我们估计的数额是德国被要求支付的。但如果事实上德国不能在 30 年内支付，它将被允许更长的时间，但它必须偿清。劳合·乔治说，假如德国在 60 年内能够支付 60 亿美元，那么在 30 年内它只能支付 30 亿美元。他同意法国的观点：30 年内德国如果能支付 30 亿美元，期限延长一些，它将能支付 50 亿美元。戴维斯说，这么大的一个数字，德国可能连它的利息都支付不起，应该多少给德国一点希望的曙光。因此，日后的委员会估计德国赔偿要以 30 年为限，而不是以 40 年或 50 年。美国的观点是如果超过 30 年，利息将从总额中扣除。

下午继续进行的会议就赔偿期限问题还是没有达成一致意见，美国

---

① 备忘录主要包括几点内容：1. 由于敌国侵略，协约国和伙伴国遭受的损失和破坏高达 3000 万美元；2. 虽然协约国和伙伴国政府有权要求全部赔偿，然而考虑到敌国的资源和经济不是无限的，要求敌国全面赔偿是不现实的；3. 但协约国和伙伴国政府要求敌国应该至少对它所造成的损失进行赔偿，无论物质损失价值如何，个人的损失和伤害程度如何；4. 每个协约国和伙伴国都应该得到德国的一个公正赔偿，这包括它所造成的平民死亡、伤残或永久性健康上的伤害；5. 每个协约国和伙伴国都应该得到德国的一个公正的财产赔偿，这些财产属于国家或者它的公民，而被敌国掠夺或者破坏了。因此，第一、要求立即归还这些财产；第二、对这些财产的赔偿不能因为它们是被拿走、没收、损坏、破坏这些不同的方式，以及价值不同而有所区别。6. 赔偿的数额、期限、方式、担保要在研究各国赔偿要求以及给予德国公正的听证机会之后，由协约国委员会决定；7. 赔偿将以黄金、矿藏资源、商品、牲畜以及其他实物赔偿；8. 为了使协约国和伙伴国立即恢复工业和经济生活，德国应该按照上述赔偿形式分期支付赔偿。在 1919—1920 年要支付 10 亿英镑来维持占领区费用以及食品供应。参见 FRUS, 1919, The PPC. Vol. 5, pp. 15 - 20. Notes of a Conversation Which Took Place in M. Clemenceau's Room at the French Ministry of War, 14 Rue Dominique. Appendix III. Memorandum Presented to the Council of Four by Mr. Lloyd George。

② FRUS, 1919, The PPC. Vol. 5, Notes of a Meeting Held in President Wilson's House in Place des Etats-Unis, Paris Appendix. pp. 27 - 28.

代表坚持赔偿期限不能超过 30 年时间，如果德国在 30 年期限内不能偿清可以考虑延长，但不能无限制地延长期限，而且这部分利息将从赔偿总额中扣除。而英、法则反对把期限限定在 30 年之内，他们找出各种理由要求延长期限。会议最后折中了英、法、美各自的主张，暂且规定赔偿期限为 30 年，但强调"如果在 30 年内，德国未能履行其义务，余下没有清偿的赔偿可以延缓"。美国之所以坚持限定赔偿期限，因为这涉及美国对德政策的一个基本原则：尽快使德国重新融入战后世界经济体系中。为此，它所担负的战争赔偿不能超过一代人的时间。而英法之所以反对限定赔偿期限，一方面，期限越长最终确定的赔偿总额就有可能越高；另一方面，英、法特别是法国试图利用赔偿问题更长期地控制德国，想使长达两代人的德国生活在赔偿的重负之下。美国与英、法对于德国赔偿期限的争论既表明了双方战后不同的战略构想，也说明了双方在战后都想进一步控制德国，从而争夺欧洲政治、经济的主导权。

美国赔偿政策被挫败的第三个表现是，在英法的极力要求下，德国被认定负有战争责任，德国赔偿与战争责任因而被联系起来。德国战争责任的判定涉及战争的起源，即是谁挑起了战争，谁该为战争后果负责的问题。1919 年 1 月 1 日，德国向美国提出一项请求，要求在"德国负有战争责任已经确定"这一论断的基础上，对大战的起源进行公正地研究。但美国拒绝了，回复说德国的要求不必答复，因为德国负有战争责任已经是确定无疑的了。① 另外，在"十四点"计划、"11 月 5 日照会"以及《停战协定》中都提到"由于德国的入侵……"这样的文字，就已经暗含了德国负有战争罪责的含义，但巴黎和会前所说的战争责任并没有与战争赔偿联系起来。1 月 25 日，和会任命以兰辛为主席的战争责任委员会，委员会最后得出的结论是："战争是中欧同盟国及其盟国土耳其和保加利亚预谋发动的，并且是为了使战争成为不可避免而故意肇事的结果。"② 和会已经判定德国为侵略国。

英法通过抚恤金的扩大，已经或多或少地软化了美国赔偿代表关于"责任"的顽固立场。现在他们开始寻求美国进一步的让步，即所谓的"战争责任"的确定。3 月 29 日，劳合·乔治向和会提出了一个新的草

---

① FRUS, 1919, The PPC, Vol. 2, p. 74. The Acting Secretary of State to the Swiss Minister (Sulzer).

② ［美］C. E. 布莱克、E. C. 赫尔姆赖克：《二十世纪欧洲史》（上），第 136 页。

案。劳合·乔治的草案又重提敌国的责任问题，他认为以前几个草案的词语不直截了当，应该改为明确的语言表达。即要在德国的"侵略"与胜利者要求全部战争花费的"绝对权利"之间建立明确的法律联系。① 可见，英、法为了索取高额的战争赔偿，不仅要寻求道义上的借口，还要确定法律上的依据。

4月1日的会议上，各国赔偿代表们起草的文件使用的词语是"责任"。4月2日，代表们加入了"原因的"一词。"责任"一词表明的是"财政或法律"的义务。而加上了"原因的""责任"一词一方面表明敌国负有"道义"的义务，另一方面表明敌国有义务对所有损失进行赔偿。劳合·乔治对修改过的草案还是不满意，认为它"不能充分符合英国和法国的政治状况"。克里孟梭说，条款应该补充："必须声明德国承认它所造成的全部损失。"② 在英法的劝说下美国最终接受了英法的意见，美国对这一问题的让步是大多数美国代表意料之中的事情，正如拉蒙特所说："这场战争造成的全部损失不少于3480亿美元。尽管对于大战的起源还在争论之中，但除了认定德国负有侵略之责以外，任何理论、解释都不能说服我们自己。"③ 当然美国的让步也有威尔逊总统的原因，威尔逊在给史末资将军的信中表达了他对德国战争责任的态度。他说他希望公正地对待德国，但是他不能忘记德国对人类文明所犯下的滔天罪行，让所有的人都明确地知道，这些行为只能导致最严厉的惩罚是很有必要的。④ 这样，美国和协约国就德国战争责任问题很快达成一致意见，最终形成了和约的第231条款，该条款使得战争罪责与战争赔偿联系起来，并成为德国进行战败赔偿的唯一理由。

当有关德国战争赔偿的问题全部确定后，美国赔偿代表的心情极端沉重。戴维斯说："它放弃了曾经指导我们过去三个月工作的原则，这个原则就是德国应该支付它所能够支付的赔偿。"麦克米克在日记中写道："我十分厌恶协约国的自私以及不断地利用美国来达到他们自私的目的。

---

① Kent Bruce, *The Spoils of War*: *The Politices, Economics and Diplomacy of Reparations 1918—1932*, Oxford: Clarendon Press, 1989, p. 70.

② Philip M. Burnentt, *Reparations at the Paris Peace Conference*: *From the Standpoint of the American Delegation*, p. 69.

③ Edward Mandell House, *What really Happened at Paris*: *The Story of the Peace Conference, 1918—1919 by American Delegates*, p. 288.

④ Thomas A. Bailey, *A Diplomatic History of the American People*, p. 145.

他们不敢告诉他们的人民,他们不能得到竞选时的允诺。我现在感到从未有过的失望。"① 至此,美国赔偿政策大都因妥协、让步而没有得到贯彻,被迫与英法一起制定了苛刻的赔偿条款。

在威尔逊发表"十四点"计划以及官方注解之后,德国领导人在此基础上制定了一个德国的和约方案。其中,关于赔偿问题的原则是,承认德国有义务重建德国曾经占领的比利时和法国北部地区(估计费用大约为100亿马克);德国没有义务赔偿所有战争费用;德国不能无条件承担德国潜艇战造成的损失。② 据此,德国政府给其代表团的指示是:在赔偿问题上,德国政府坚持其赔偿的范围限于确实遭受战争破坏地区的重建。③ 和会制定的赔偿文本公开后,引起了德国代表的强烈反对,对其进行了猛烈抨击,他们向协约国提出了一份全面的答复。在4万字的答复中有8000字是关于赔偿问题的答复。德国认为赔偿总额不能超过1000亿马克,在头10年,每年不能超过10亿马克。④ 德国代表反应最强烈的是战争责任问题,因为和约第231条指出,德国的战争赔偿不仅是财政上的义务,而且是道义上的义务。德国要求由一个中立委员会调查德国到底应对世界大战爆发承担多少责任。

5月7日,德国代表布罗克多夫—兰曹在和会上做了第一次公开表态。他首先反对使用"侵略"一词,坚持认为"德国人民从来没有发动一场侵略战争",德国不认为德国前政府在战争起源上负有唯一或主要的责任。德国承认它对比利时的做法不够公正,"我们希望对它进行补偿。但考虑到战争进行的方式,并不只是德国一家犯了错"。"1918年10月5日,德国政府提出以威尔逊的原则作为和平基础。11月5日,兰辛照会德国:协约国和伙伴国在保留两个条件的前提下同意了这个基础。因此,威尔逊原则对交战双方都有约束力。""德国将与你们共同承担重建的任务,纠正所犯的错误。……我认为我们的下一个任务就是恢复德国占领和破坏的比利时和法国北部地区,但只限于此。没有战胜国技术专家、财政专家的参与我们将无法完成这项任务,没有德国的帮助你们也不能成功。"

---

① Schwabe Klaus, *Woodrow Wilson, Revolutionary Germany, and Peacemakking, 1918—1919: Missionary Diplomacy and the Realities of Power*, Chapel Hill: North Careolina Uni. Press, 1985, p. 290.
② Klaus Schwabe, *Woodrow Wilson, Revolutionary Germany, and Peacemaking, 1918—1919*, p. 187.
③ [德] 卡尔·迪特利希·埃尔德曼:《德意志史,第四卷:世界大战时期(1914—1950)》,高年生等译,第219页。
④ Arthur link, *The Papers of Woodrow Wilson*, Vol. 59, p. 581.

"我国专家将研究德国人民怎样做才能尽可能地履行他们的赔偿义务,这是在沉重负担下进行的,而这种负担可能导致的崩溃将使那些要求的赔偿荡然无存,也将给欧洲经济带来混乱。"最后他强调指出:"没有人会签署一个无法履行的和约,因为没有人能确保它将能够得到履行。"①

布罗克多夫的讲话表达了德国代表团的立场:否认德国发动战争的责任,认为和约违反了威尔逊原则,限定战争赔偿的范围,把德国赔偿与战后欧洲重建联系起来,并暗示和约不公正,德国政府很可能不会完全履行它。但威尔逊对德国代表的表态不以为然,在美国代表团的全体会议上,威尔逊批驳了与他持不同看法的美国代表团成员的建议。当然,威尔逊还是支持了德国的一些要求,② 除此之外,威尔逊拒绝考虑德国的其他诉求。据此,形成了对德和约的最后文本。

(二) 美方政策挫败的原因

经过5个多月的激烈争斗,和会终于拟订了《凡尔赛和约》。③ 从和约对德国赔偿的规定可以看出,美国的赔偿政策基本没有得到贯彻、执行,美国向英法做出了巨大让步。究其原因与此时美国的欧洲战略、对德政策以及美国决策者的赔偿理念有很大关系。一战后美国的欧洲战略主要是维护战后欧洲的和平与经济发展,为此需要保持德国在政治、经

---

① FRUS, 1919, The PPC, Vol. 3, pp. 413 – 420. The Presentation of the Conditions of Peace to the German Delegate.

② 例如,关于上西西里亚的归属必须经公民投票来决定;德国在不久的将来可以加入国联;如果德国履行它的和约义务,法国可以提早从莱茵地区撤军;德国被允许可以提出有关赔款问题的建议。参见 Arnold A. Offner, *The Origins of the Second World War*: *American Foreign Policy and World Politics*, *1917—1941*, pp. 39 – 40。

③ 其主要内容如下:第一,将国联盟约置于条约的第一部分。第二,重划了德国的疆界。第三,瓜分德国的殖民地。第四,限制德国军备。第五,赔偿和经济问题。和约第231条、第232条、第233条、第234条、235条及附件规定:协约及参战各国政府宣言德国及其各盟国使协约及参战各国政府及其民因德国及其各盟国之侵略,以致酿成战争之后果,所受一切损失与损害,德国承认由德国及其各盟国负担责任。德国须遵守其已发之诺言,对于违反1839年条约之结果,担任偿还比利时在1918年11月11日以前向协约及参战各国政府所借之一切款项,及按年五厘利息,其总数由赔偿委员会决定。德国的赔偿数额由赔偿委员会在1921年5月1日前确定,并通告德国政府,以示该国之义务范围。在此之前,德国应以黄金、煤、机器和其他物资先偿付200亿马克。德国应交出1600吨级商船的全部,1400吨级商船的一半,1/4的渔船和1/5的内河船只;5年内应为协约国建造20万吨船舶。此外,从1920年起的10年内向法、比、意等协约国提供4000万吨的煤及大量机器、化工产品等。和约还规定,战胜国对德输出输入的货物不受限制,德国关税不得高于别国;易北河、奥得河、多瑙河等重要河流由国际专门委员会控制;外国军舰和商船可以自由出入基尔运河等。参见《国际条约集,1917—1923》,北京:世界知识出版社,1961年版,第71—178页。

济以及军事的地位，使之成为抗衡英法以及苏俄的力量。其对德政策正如莱文·高顿所认为的：有两种对立的力量——短期内惩罚德国与长期目标希望将德国融入由自由民主政府组成的民族共同体——相互作用。① 美国决策者的赔偿理念则是惩罚与"重新融入"思想并存。因而美国决策者虽然不赞成协约国对德国提出的高额赔偿要求，但决策者大多赞同应该给予德国一定程度的惩罚。威尔逊总统在1918年9月27日的讲话中说道：美国与中欧同盟国之间不存在达成任何妥协的可能性。德国将不得不挽回它的声誉，不只是在谈判桌上，在这之后还要继续进行。② 威尔逊在向国会通告《停战协定》时又说，他对军事帝国主义以及独裁主义的军事堡垒——德国的军事失败感到万分欣喜。③ 可见，威尔逊极度反对德国的军国主义和君主独裁。他认为德国帝国主义和军事堡垒的毒素影响是如此之深，以至于德国社会不得不进行一场改革。为此和约应该具有一定的惩罚性，即德国要承担赔偿的义务。因此，在英法的极力要求，他同意了它们的要求，判定德国负有战争罪责，制定了高额的赔偿条款。

威尔逊总统在表达他惩罚思想的同时又主张将德国重新融入国际社会，据此，他认为对德国的处置应该是仁慈的、宽大的。1917年6月9日，威尔逊发表演讲，呼吁战后构建一个没有领土合并、没有赔偿、没有国家变更的和平。④1917年8月27日，威尔逊演讲道："我们认为惩罚性的损害、肢解帝国、建立自私的排他性的经济联盟都是不适当的，到头来不仅徒劳无益而且有害，不能为任何种类的和平提供适当的基础，更别提永久和平了。"⑤1918年2月11日，威尔逊总统向国会发表的演说中再次明确表示，反对带有惩罚性质的战争赔偿。⑥1918年11月8日，

---

① Levin Gordon, *Woodrow Wilson and World Politics*: *America's Response to War and Revolution*, London; Oxford; NewYork: Oxford University Press, 1968, p. 123.

② FRUS, 1918, SUP. 1, The World War I, pp. 316 – 321. Address of President Wilson, Opening the Campaign for the Fourth Liberty Loan, Delivered at the Metropolitan Opera House in N. Y. City. September 27, 1918.

③ Arnold. A Offner, *The Origin of Second World War*: *American Foreign Policy and World Politics*, *1917—1941*, NewYork: Praeger Publishers, 1975, p. 24.

④ James Scott, *President Wilson's Foreign Policy*: *Messages*, *Addresses*, *Papers*, p. 320.

⑤ [美] 德怀特·L. 杜蒙特：《现代美国1896—1946年》，宋岳亭译，北京：商务印书馆，1984年版，第296页。

⑥ FRUS, 1918, Sup. 1, The World War Vol. 1, pp. 108 – 113. Address of the President of U. S. Delivered at a Joint Session of the Two House of Congress.

威尔逊表达了将德国重新融入的思想，他说："如果德国能够摆脱帝国主义和军事独裁，它将成为一个工业化民族；如果德国能够被正确地对待，它自然将成为欧洲和平的堡垒。"① 在和会期间，威尔逊也曾表示："如果我们使德国人民受屈辱，逼之太甚，我们将会破坏一切政体，布尔什维主义将取而代之。"

威尔逊总统这种既惩罚又要"重新融入"的赔偿理念其实并不矛盾。惩罚德国并不是最终目的，而是通过惩罚德国，使德国人民认识到军国主义、君主独裁的害处，从而清除掉德国社会结构中根深蒂固的军国主义和君主独裁的流毒，使其以民主、热爱和平的新面貌加入国际大家庭。因而可以说，威尔逊总统主张的赔偿政策是在给予德国一定的惩罚的同时，又反对向德国过度索赔，反对过度削弱德国。

美国决策者为何会有这种看起来自相矛盾的赔偿政策呢？其主要原因是，美国赔偿政策承担了多重的战略任务：1. 在一定程度上满足盟国索取战争赔偿的要求。2. 为了达到将德国重新融入到战后国际秩序之中的目的，反对过分惩罚德国，反对协约国的高额索赔要求。3. 通过解决德国战争赔偿问题，有利于实现美国战后政治、经济、安全等一系列目标，最终构建起一个政治稳定、经济繁荣、集体安全的新的国际体系。巴黎和会上，美国力图达成的政治、经济、安全目标是：政治上，美国力图尽快稳定欧洲局势，防止苏俄的布尔什维克主义在欧洲扩散。为此，美国满足了英、法的赔偿要求，以推动会议的进程。经济上，美国主张迅速恢复欧洲经济秩序，从而为战后美国经济对外输出提供一个良好的环境。同时，美国也认识到德国对战后欧洲经济复兴的重要意义。因而，它反对过分惩罚、削弱德国，反对协约国索取高额的战争赔偿，意欲利用德国的经济潜力对欧洲经济复兴做贡献。安全方面，美国试图通过迫使德国履行战争赔偿，来消除德国再次发动战争的经济潜力，进而维护世界和平。正是因为承担了多重的战略目标，美国的赔偿理念、赔偿政策本身就充满了矛盾性，难以做到内在统一。

和会上威尔逊总统这种既要惩罚德国又反对过分削弱德国的赔偿政策，在复杂的国际形势下自然难以实现。其实，美国赔偿政策的挫败是美国与英、法相互较量的结果，分析其失败的原因既有威尔逊总统欲建立国

---

① Levin Gordon, *Woodrow Wilson and World Politics: America's Response to War and Revolution*, p. 129.

联而做出让步，也有国内外政治形势的原因，关于这两点很多学者已经进行过比较充分的论述，这里不再赘述。下面着重探讨另外三点原因。

一是一战后美国的国际地位对其赔偿政策的制约。曾参加过巴黎和会的美国著名政治家杜勒斯在一则笔记中写道："健全的政策决不可能来自先验的观念，无论道德主义、实利主义还是法理主义的观念，它必须始终浸润在实用主义的养分之中。我们的国家利益要求我们使自己的政策与周遭世界的实际状况相适应。这就是说，我们不仅必须了解我们所面临的现实，还必须了解我们的力量所受到的限制。"① 巴黎和会期间的美国赔偿政策正如杜勒斯所说，它不仅要与周遭世界的实际状况相适应，还要受到一战后美国力量的限制。美国决策者开始时大多认为，德国赔偿问题与美国的利益没有直接的利害关系，但美国还是卷入了这个棘手的争论，其主要原因就是美国决策者希望得到英、法的全面合作。这也说明美国在赔偿政策上的妥协的真正原因在于，一战结束后，美国虽然已是第一经济强国，但它在政治影响力、军事力量上与英法相比仍处于劣势。军事上，美国仍是一个二流国家，其海军的实力在英、法之后，英、法仍是世界最大的殖民帝国。美国要实现称霸世界的梦想，没有欧洲国家特别是英、法的支持与合作是不可能的。这就决定了美国在包括战争赔偿在内的一系列对德处置上必须照顾英、法的要求。为了与英、法达成妥协，威尔逊总统不得不从"十四点"计划的原则、从美国赔偿政策的原则上一步一步地后退，致使最终无法达到预定的政策目标，其赔偿政策的失败也就难以避免。

二是美国为保护其债权而做出的让步。大战期间协约各国为了筹措战争费用纷纷向美国大举借债，其中英、法、意是欠美国最多债务的三个国家。巴黎和会前夕，美国财政部长卡特·格拉斯向威尔逊总统表达了他对战债问题的"极度关注"。威尔逊总统当即表示，在和会上"没有正当的基础"来讨论战债问题。② 和会时期，威尔逊指示美国代表团不要谈及债务问题。然而，协约国特别是法国把赔偿与战债相联系作为要求美国战后继续进行经济合作的手段。法国财政部长克劳茨在财政会

---

① John Dulles, *Challenge and Response in United States Policy*. Foreign Affairs XXXVI, pp. 41 - 42. 转引自石斌：《杜勒斯与美国对苏战略》，北京：中国社会科学出版社，2004 年版，第 56 页。

② Arthur Walworth, *Wilson and his Peacemakers*: *American Diplomacy at the Paris Peace Conference*, 1919, p. 167.

议上公开地将赔偿与战债联系起来,他说法国的态度在很大程度上取决于协约国内部问题的解决,如果法国的赔偿要求得不到满足,那么我们的朋友必须为我们提供帮助。① 在会下,法国代表也不断向美国代表说,他们要求分摊战争费用,重新分配协约国内部的债务,每个国家应该根据其实力支付债务等。英国代表经济学家凯恩斯提出了英国的财政计划,其计划的核心是通过把协约国债务与德国赔偿融合到一个解决方案中,这样就能够将美国与协约国的战时经济合作延续到战后,进而实现欧洲的共同复兴。② 但威尔逊在5月5日写给劳合·乔治的信中明确拒绝了凯恩斯提出的解决方案。

尽管美国赔偿代表在私下里也承认,除非美国官方分担起协约国的战债负担,全部或者是部分地取消,或者是减少协约国的战债,否则战争赔偿问题、世界经济恢复问题都难以实现。③ 但在威尔逊总统和美国代表看来,无论是法国还是英国,它们真正的目的都是把美国作为未来德国公债的签单人和恢复欧洲经济的贷款人,他们认为这将不利于美国的经济利益。代表团中的财政部官员极力反对取消战债的要求。④ 所以和会上美国对协约各国要求取消战债的呼吁置之不理,财政部长助理阿尔伯特·拉斯本警告法国代表,财政部不同意在和会上讨论任何计划或者试图免除、合并、重新分配外国政府对美国义务的安排,如果他们再图谋取消战债将意味着美国的其他贷款立即停止。⑤

美国保护债权的强硬政策一方面给和会期间各国的经济谈判设置了障碍,眼见无法将战时的经济合作延续到战后,协约各国自然把索取巨额战争赔偿作为解决财政危机的手段,向德国提出了高额的战争索赔。另一方面,美国为了保护其债权,对协约国的赔偿要求也不得不做出相应的让步。美国决策者已经初步意识到德国赔偿与协约国战债之间存在着不可分割的联系,但决策者想得更多的是如何保护美国的债权。因为

---

① Marc Tracchtenberg , *Reparation in World Politics*:*France and European Econimic Doplomacy*, 1916—1923, NewYork:Columbia University Press, 1980, p. 54.

② Levin Gordon, *Woodrow Wilson and World Politics*:*America's Response to War and Revolution*, p. 144.

③ Edward Mandell House, *What really Happened at Paris*:*The Story of the Peace Conference*, 1918—1919 by American Delegates. p. 289.

④ FRUS, 1919, The PPC. Vol. 2, p. 556. The Commission to Negotiate Peace to the Acting Secretary of State.

⑤ Marc Tracchtenberg, *Reparation in World Politics*:*France and European Econimic Doplomacy*, 1916—1923, pp. 54 - 55.

与德国赔偿相比较，战债毕竟是美国此时更加关注的切身利益。

三是美国赔偿政策与协约国索赔要求之间存在着较大反差。巴黎和会期间，美国赔偿政策表现出的最大特点就是，它所确定的赔偿原则、赔偿政策与协约国对于德国战争赔偿的强烈要求之间存在着较大反差。当美国要求交战双方以"十四点"计划作为停战谈判以及和平谈判的基础时，法国提出了有关德国赔偿的附加条件："盟国政府对此理解为德国将对由于德国陆海空各方面的侵略而使盟国平民及其财产受到的一切损失所做出的补偿。"① 这个附加条件规定的赔偿范围超出了"十四点"计划所规定的被占领地区遭受的损失，扩大到协约国平民及其财产受到的一切损失。到了停战谈判阶段，在协议第19条中又加入了法国的补充规定："在协约国和美国方面保留今后提出的任何权利和要求。其财政方面的要求是：赔偿所遭受的损失。"② 这时要求赔偿的范围进一步扩大到没有限定具体范围的、笼统的"所遭受的损失"。可见，巴黎和会之前，协约国有关德国赔偿范围的要求在逐步扩大。这说明美国所坚持的赔偿原则已经受到了侵蚀，同时也说明，美国赔偿原则与协约国的索赔要求之间已经出现了比较大的差异。

协约国中，特别是与同盟国曾浴血作战四年的英、法两国在战争中遭受了难以想象的损失。③ 作为主战场的法国是一战中损失最严重的国家。④ 此外，为了筹集战争费用，英、法等国还欠下了大量战债，法国从战前的债权国变成了战后的债务国。因而，英、法两国将索取德国赔偿作为它们参加和会的主要目标之一，通过向德国索取赔偿来化解它们的财政危机的意图不难理解。从和会前协约国要求的赔偿范围逐步扩大的趋势中也可以看出，协约国的赔偿要求与赔偿数额将是严厉与高额的。果不其然，和会上英、法提出了将战争费用、抚恤金和分居补偿等都包

---

① 王铁崖选译：《一九一四——一九一八年第一次世界大战》，第147页。

② FRUS, 1918, Sup 1., The World War, Vol. 1, p. 466. Nov. 4. 1918. The Special Representative (House) to the Secretary of State.

③ 其中，英国战死87.5万人，伤200多万人，商船损毁不下900万吨，船舶及货物损失价值7.5亿英镑，丧失了1/4的海外投资。公债由战争开始时的6.5亿英镑增加到80亿英镑。另外还欠下美国9亿英镑，大约合42亿美元。参见樊亢、宋则行等：《主要资本主义国家经济简史》，北京：人民出版社，1973年版，第88页。

④ 法国北部和东北部最发达的10个省遭受严重破坏，矿区、工厂、房屋、公共建筑、铁路、公路、桥梁都化为废墟，其中包括9000家工厂，近100万幢建筑物，1000英里铁路，物资损失达2000亿法郎，200万人无家可归。参见［美］杜蒙德：《现代美国》，第278页。

括进赔偿范围的要求。美国赔偿代表虽然成功地抵制了英国的战争费用索赔,但威尔逊总统在英国的劝说下,接受了抚恤金和分居补偿要求。这不仅进一步扩大了赔偿范围,而且也违反了美国自己制定的赔偿原则。

美国赔偿政策的一个原则是,和约中要确定德国支付的赔偿数额,该数额以德国的支付能力、以受害国遭受的损失为依据。为此和会前,美国已经对德国的支付能力、受害地区遭受的损失进行了初步估算。据此,和会上美国赔偿代表坚持,赔偿数额最高不能超过1000亿马克。然而和会上英、法要求的赔偿数额是几千亿马克,两者之间的差距实在太大了,难以协调。劳合·乔治、克里孟梭在和会上都承受着来自国内的巨大的政治、财政以及舆论压力,在德国赔偿问题上,他们几乎没有后退的余地。至此,美国决策者处于两难的境地:一方面,是协约国,特别是英、法代表强烈要求扩大德国赔偿范围、提高赔偿数额、判定德国负有战争罪责;另一方面是美国自己确定的赔偿原则。在协约国强烈的索赔要求下,决策者权衡轻重,最终放弃了自己的赔偿原则。美国赔偿政策的失败表明,它的赔偿原则不符合协约各国对德国索赔的要求与愿望,但这并不能说明美国的赔偿原则是错误的。恰恰相反,美国的赔偿原则更符合当时国际法的惯例以及相关规定。

美国赔偿原则与协约国赔偿要求的分歧之一是对待德国战争罪责的认识上。协约国要求将战争责任与战争赔偿联系起来,即在德国的"侵略"与胜利者要求全部战争费用的"绝对权利"之间建立明确的法律联系。① 这样,根据协约国的逻辑推理:德国因为发动了侵略,德国就应该为协约国所遭受的一切损失进行赔偿。至于德国是否应该被判定为侵略国,战胜国与德国之间存在着根本性分歧。而且"直到1914年,侵略的概念还没有构成一个法律概念,尽管这一术语经常在当时的法律中与战争一词并列使用,在一些条约中被提到。但是,这一术语在当时丝毫没有下定义,而且不包含有特定的法律内容"②。另外,一战之前国际法并不认为主权国家发动战争是违法行为。据此,美国在"十四点"计划的第8点注释中阐述道:就1914年的世界而言,法德之间的战争,其本

---

① Kent Bruce, *The Spoils of War*: *The Politics*, *Economics and Diplomacy of Reparations 1918—1932*, p. 70.
② [法] 夏尔·卢梭:《武装冲突法》,第442页。

身并不违反国际公法。然而,协约国包括后来改变观点的美国,其实都是以判定德国为侵略国作为认识前提和法律前提来要求战争赔偿的。现在先暂且不探究德国是否为侵略国,即便判定德国负有一定的战争责任,规定战后德国有义务对它所造成的损失进行赔偿,满足英、法等国的索赔要求。但问题的关键是,如何确定和把握惩罚德国的程度?英、法的索赔要求应该在多大程度上得到满足?

归根结底,这两者最终都落脚于同一个问题——德国赔偿数额的确定。英、法本着削弱德国、化解自己财政危机的目的提出了高额的赔偿数字。但它们忘记了赔偿问题的另一个关键性问题——赔偿者的支付能力。普法战争之后,国际社会处置战争赔偿时出现了一个新趋势:主张把赔偿限定在战争费用总额之内,提出支付能力的观念,甚至在 20 世纪初倾向于把赔偿制度完全取消。例如,结束 1905 年日俄战争的《朴茨茅斯条约》和 1912—1913 年结束巴尔干战争而缔结的各种条约中都体现了该精神。① 和会上,威尔逊总统鉴于 1917 年底苏俄提出不割地、不赔款的和平倡议,以及"Indemnity"一词的本身含义。威尔逊总统在和会正式开始前倡议用"Reparations"替代"Indemnity",即战争赔偿不必完全等同于侵略国所造成的损失。② 可见,美国所坚持的以德国的支付能力、以受害地区遭受的损失为依据确定赔偿数额的赔偿原则既符合一战前的

---

① [法]夏尔·卢梭:《武装冲突法》,第 152 页。

② 这两个英文单词译成汉语基本都有归还、赔偿、补偿的涵义,但在国际法中它们的涵义并不完全相同。《国际法词典》对这两个词的解释如下,"Indemnity":Monies paid by a defeated state to a victor after a war. Indemnity is based on the "right of the victor", regardless of whether the war waged by the victory was just or unjust. The size, terms and form of Indemnity are determined exclusively by the will of the victor. (Mural Saifulin, *A Dictionary of International Law*, Progress Publishers, 1982, pp. 101 – 102.) 译成中文是,"赔偿":战败国在战后向战胜国支付的金钱。赔偿以"战胜国的权利"为基础,而无论战胜国的胜利是否正义。赔偿的数额、期限、方式完全由战胜国的意志决定。"Reparations": A form of material responsibility express in payments in money or material imposed on the aggressor—state as indemnity for material losses in war. The amount of reparations to be paid by the aggressor—state is established by peace treaties or other agreement and is not necessarily equal to the amount of the war—inflicted losses. 译成中文为,"赔偿":是侵略国为其在战争中造成的物质损失所承担的进行金钱或物质补偿的一种责任。侵略国支付的赔偿数额由和约或者其他协议来规定,赔偿的数额不必等同于战争所造成的损失。可见,"Indemnity"一词强调赔偿是战胜国的权利,而不管战胜国的胜利是否公正;赔偿的数额、期限、方式都由战胜国的意志决定,赔偿形式主要以金钱支付。"Reparations"一词强调的是侵略国家对战争造成的损失进行赔偿的义务,赔偿的数额不一定完全等同于战争所造成损失的数额。一战后,国际法开始使用"Reparations"一词,一直沿用至今。参见 Mural Saifulin, *A Dictionary of International Law*, Progress Publishers, 1982, p. 211。

国际惯例与发展趋势,也符合一战期间国际法的新规定。①同时与英法苛刻高额的赔偿要求相比,美国的赔偿原则也更具有可操作性和实际意义,虽然它与协约各国的索赔要求、索赔愿望之间存在着比较大的差距。

威尔逊在和会上的妥协与让步说明,美国虽然走上了国际政治舞台的中心,但它对国际事务的影响力有限。这时美国的综合国力还没有达到一言九鼎的世界领袖的地位,美国还没有力量强迫欧洲列强接受威尔逊总统所设想的战后国际新体系。更出乎威尔逊总统预料的是,美国国内也不接受他所设计的国际新体系。威尔逊返回两天后即将《凡尔赛和约》正式提交给参议院,威尔逊虽然满怀信心地要承担起领导世界的责任,等待他的却是一场国会内的尖锐斗争,参议院最终没有批准和约。

究其原因,最主要的是美国问鼎世界领袖地位的时机还没有成熟。到19世纪末,美国外交虽然已经拉开了重大转变的帷幕,一战后美国的国际地位空前提高,世界领袖的地位似乎是唾手可得,然而世界领袖的地位并非一蹴而就,实现这个目的既需要外部国家的认可,更需要内部民众的心理认同,美国人民对此缺乏心理准备。一战结束后,美国政界、学术界、舆论界对参议院、对洛奇为首的共和党参议员的批评持续不断,是他们拒绝批准和约,拒绝了国联。其实,洛奇等拒绝批准和约的参议员代表了当时很多美国民众的"流行观念"。"美国外交政策必须与流行观念保持接近。"② 这是美国民众对外交决策拥有一定约束力的表现,对此,威尔逊总统在去世前认识得很清楚。③

总之,从美国参战之初宣布放弃战争赔偿到巴黎和会前开始制定赔偿政策,再到和会上赔偿政策被挫败的过程表明,美国决策者尚未完全认识到德国战争赔偿问题的重要性,也没有充分地预见到德国赔偿问题

---

① 《凡尔赛和约》虽然有失公允之处,但它对战争赔偿的规定也体现出进步的方面:首先,它排除了协约国对战争费用的要求;其次,将赔偿范围限定为协约国平民在战争中遭受的损失与损害。在和约第八部第一篇附件一中详细列举战争赔偿的范围。参见[日]寺泽一、山本草二主编:《国际法基础》,朱奇武等译,北京:中国人民大学出版社,1983年版,第470页。

② Charles A Beard, *American Foreign Policy in the Making, 1932—1940*. Yale Unicersity Press, 1946, p. 28.

③ 威尔逊在1924年去世前私下里承认:"美国没有加入国联是正确的……我考虑这个问题很长时间了。如果那时美国按照我的要求加入了国联,这是我个人的巨大成功。但是它不会取得预期的效果,因为美国人民没有从心底里真正地相信它。只有当他们知道他们必须那样做时,美国才会加入,国联才会取得预期的效果。"参见 Charles A Beard, *American Foreign Policy in the Making, 1932—1940*. p. 19.

日后可能产生的连锁反应。同时，赔偿政策没有得到一个适当的定位，它一方面被夹裹在对德政策、对欧政策之中，另一方面，赔偿政策又勉为其难地被赋予多重战略目标。缺乏准确定位、目标不明的赔偿政策自然难逃被挫败的命运。和会上赔偿政策虽然失败了，但它毕竟是美国历史上第一次为构筑战后和平而制定的战争赔偿政策，而且赔偿政策中的一些基本原则还是被后来的美国决策者所继承。

第二节 20世纪20年代美国的对德索赔政策

20年代初期，共和党政府实行强硬不妥协的战债政策和战争赔偿与战债相分离的政策。以鲁尔危机为契机，美国公开介入了德国赔偿问题，并主持制定、实施了《道威斯计划》和《杨格计划》，试图解决德国战争赔偿问题。大危机发生后，美国索赔政策再度受挫，德国赔偿问题最后不了了之。

一、共和党政府的战债政策和对德索赔政策

20年代共和党执政期间，对内实行低税率的经济政策，对外奉行强硬、不妥协的战债政策，同时坚持欧洲战债与德国赔偿相分离的原则。然而，受战债牵连以及为了实现对外经济输出与扩张，美国不得不首先解决德国赔偿问题。美国对德国赔偿问题的态度经历了从置身事外到等待时机介入的演变过程。国务卿休斯的纽黑文演讲提出了解决德国赔偿的《休斯方案》，该方案的出台标志着20年代美国赔偿原则、赔偿政策最终得以确立。

（一）战债政策及其影响

1920年12月，共和党候选人沃伦·哈定赢得了总统选举的胜利，开始了共和党在整个20年代连续执掌政权的历史。20年代初期美国面临着战争遗留下来的一系列问题：军人复员、军工转为民用、回收欧洲欠下的战债、削减财政预算等。广大美国民众因战争而激起的热情已经冷却下来，他们对威尔逊所倡导的世界主义不感兴趣，认为它太遥远、太乌托邦、太难以理解。"回归常态"很符合人民的心理需要，而且美国政治家们还为它找到了最好的解释："回归常态"意味着美国将只追求它

自己的国家利益，对美国有利的就是对全世界都有利的。①

在对外政策方面，共和党政府最根本的原则就是"不卷入"政策，即美国不直接加入联盟或参加任何政治组织，不愿意与外国发生任何联系。② 20 年代初美国外交的另一个特征是，由于哈定总统自身行政能力的原因以及国会与威尔逊总统围绕批准和约斗争的胜利，使得国会的力量得到加强。共和党政府在外交决策方面与威尔逊政府时期相比要弱得多。尽管哈定总统在外交事务上采取孤立主义态度，③但他任命的国务卿查尔斯·休斯、商务部长赫伯特·胡佛和财政部长安德鲁·梅隆则是有名的主张美国介入欧洲事务的国际主义者，他们被认为是比总统还重要的三个人物，④在很大程度上操纵着哈定—柯立芝政府的外交政策。

战争期间，美国为了筹集战争费用，实行了所得税累进制，增加了战时特别税、提高地产税等措施。战争结束后，美国人对高赋税政策自然要产生不满情绪。哈定在总统竞选中曾向企业界许诺将实行增加关税、减低国内税额等与威尔逊时期相反的政策。在当选后，他为新政府定下的原则是：政府与商业之间多些理解，经济利益将随之而来。政府与商业必须合作，政府必须保护国内的商业，政府必须帮助美国在国外的商业。⑤哈定政府的经济政策是降低国内税率，同时高筑关税壁垒。⑥高关税政策使

---

① Arnold A. Offner, *The Origins of the Second World War: American Foreign Policy and World Politics, 1917—1941*, NewYork: Praeger Publishers, 1975, p. 4.

② Jean—Baptiste Duroselle, *From Wilson to Roosevelt: Foreign Policy of the United States 1913—1945*, p. 134.

③ 美国是这样定义传统的"孤立主义"：这是一种只顾自己、不顾别国问题和事务的政策，是一种对条约、同盟、贸易、文化交流和其他国际政治、社会和经济关系普遍弃权或最低限度的卷入的政策。20 年代的人们回到了他们所惯用的方法和他们所熟悉的观念中……这种回归与其说是一种理性思考的结果，不如说是一种固有的本能。参见余志森：《崛起和扩张的年代 1898—1929》，第 502 页。而美国著名外交史学家铂金斯则如此解释："孤立主义不只是一项消极的政策。美国人自认为是世界的向导，如果新的共和国想要激励其他民族的话，就必须保持其纯洁质朴的特性，绝不能沾染那肮脏不堪的王朝政策。"除了这种理想主义外，"审慎小心和利益考虑也要求不卷入（欧洲政治）"。参见［美］孔华润：《剑桥美国对外关系史》，王琛等译，北京：新华出版社，2004 年版，第 24 页。

④ Joseph Brande, *Herbert Hoover and Economic Diplomacy: Department of Commerce Policy 1921—1928*, Pittsburgh University Press, 1962, pp. 26 - 27.

⑤ Joseph Brandes, *Herbert Hoover and Economic Diplomacy: Department of Commerce Policy, 1921—1928*, p. 15.

⑥ 政府将附加税从 65% 的战时所得税减少到 40%。国会在 1921 年同意把最高税率减少到 50%，后来在 1924 年又减少到 40%，在 1926 年减少到 20%。1921 年又废除了公司超额利得税。在大企业家的要求下，哈定政府又通过了《福尼—麦坎伯关税法》，它是美国历史上最高的关税税则。

得协约国的商品无法进入美国市场,其结果是协约国无法通过正常的对外贸易获取偿还美国债务的黄金和外汇,进而使得协约国偿还美国债务变得更加困难。对此,协约国普遍不满,将美国比作"夏洛克"。

大战的另一个结果是美国成为欧洲的债权人。一战爆发后在美国迅速引起了经济恐慌。1914年7月31日,美国政府中止了股票交易以阻止大规模抛售欧洲有价证券,同时政府放松了私人对交战各国贷款的限制。1915年3月,摩根财团向法国政府提供了5000万美元的贷款。1915年秋,法国和英国政府一共从美国银行获得了5亿美元的无抵押贷款。① 为了筹集贷给盟国和自己参战的费用,美国政府在国内一共发行了五次战争公债,总金额达225亿美元。②

战后美国在实行低税收情况下要想偿还国内的公债,就必须索要欧洲欠下的债务。美国与协约国的债务包括战争期间以及战后初期美国政府向协约国提供的贷款,约计103.5亿美元。③ 其中英国、法国、意大利是欠债最多的国家,分别欠美国42.77亿美元、34.05亿美元、16.48亿美元。④ 同时,这三个国家与其他协约国之间还有债权和债务关系。例如,英国共欠战债64.89亿美元,同时有17个国家欠英国104.45亿美元。有11个国家欠法国34.63亿美元。其他国家欠意大利3.90亿美元。可以看出,其他国家欠英国的债务远大于英国所欠的债务,其他国家欠法国的债务小于法国所欠的债务。⑤

对于这些债务,协约国认为为了战胜共同的敌人,是美国对协约国的财政援助。况且,美国早在"中立"期间就通过向协约国出售物资获得了丰厚的利润。欧洲债务国得出的一致结论是:美国取消战债对双方都有好处。协约国进一步说,如果美国取消英国的债务,英国就免除法国的债务,法国就可以减少它对德国赔偿的要求。这样欧洲很快就可以

---

① [美]加里·纳什:《美国人民:创建一个国家和一种社会,下卷1865—2002年》,第713页。

② [美]H. N. 沙伊贝:《近百年美国经济史》,彭松建译,北京:中国社会科学出版社,1983年版,第310页。

③ 其中包括战前的70亿美元和停战后的33亿美元,不包括大约30亿美元的私人贷款。美国政府没有对这两种债务进行区分,只是笼统地称之为战债,战争结束后要求有关国家偿还。参见[美]塞缪尔·F. 比米斯:《美国外交史》(第三分册),叶笃义译,北京:商务印书馆,1997年版,第260—261页。

④ Thomas A. Baliey, *Diplomatic History of the American People*, Seventh, p. 656.

⑤ [美]塞缪尔·F. 比米斯:《美国外交史》(第三分册),第348—349页。

复兴，从而避免世界范围的经济萧条，而美国通过关税收入就能得到几倍的经济回报。① 但美国认为，如果这么大一笔数字的债务不能偿还，将严重打击国际信贷的信誉，坚持要求协约国必须偿还他们欠下的债务。

和会后，协约国为进一步解决德国赔偿问题召开了一系列会议。② 美国对此并不积极，在 1920 年 1 月 21 日，国务院发给驻英国大使的电报中说：威尔逊总统不打算派美国代表以官方或非官方的身份参加即将在斯巴举行的赔偿会议。对此，代理国务卿解释道：其原因之一是美国财政部长拉斯本与英国财政大臣就战债问题进行的谈判失败了。③ 可见，威尔逊总统拒绝参加赔偿会议是想表达他对协约国不打算偿还美国战债的不满。国会利用拒绝批准和约斗争胜利的余威积极插手战债问题，国会议员们纷纷发表言论，认为延缓战债就是牺牲美国纳税人的利益。在这种情况下，威尔逊总统给劳合·乔治写信说："每一个从美国借债的国家都必须偿还，不能取消战债，战债和战争赔偿没有任何关系。"④ 1921年 2 月，参议院发起了对威尔逊政府对外贷款的调查，攻击威尔逊政府的贷款和战债政策违反了战时立法。慑于国会的权威，原来主张温和的战债政策的财政部官员只好不再提出新的战债政策。

共和党政府上台后，吸取威尔逊总统失败的教训，哈定总统尽量避免与国会发生冲突，参议院因此掌握了相当大的解决债务问题的权力。而国会在战债问题上承担着巨大的公众压力：战争期间发行的大量国债需要偿还，退伍军人要求抚恤金，农业要求贷款，失业者要求救济，等等。国内利益优先的原则使得国会在债务问题上采取强硬态度。另一方面，国会认为欧洲每年支付一定数量的战债可以限制欧洲军事发展和社会消费、稳定国际汇率、冲抵一部分美国国内的债务。

国会坚持的另一个原则是反对将战债与德国的赔偿联系起来，国会认为如果将赔偿与战债联系起来，那么就会促进欧洲形成一个反美的债

---

① ［美］塞缪尔·F. 比米斯：《美国外交史》（第三分册），第 658 页。
② 1920 年 1 月，协约国在伦敦召开会议，会上英国提出由赔偿委员会决定赔偿总数，德国发行外债，债券按比率分配给有关战胜国存储。该建议因法国反对而搁置。在圣雷莫会议上，意大利建议从速确定赔偿总额，并邀请德国代表出席会议陈述其支付能力，但再次遭到法国代表的抵制而失败。
③ FRUS, 1920, Vol. 2, p. 393. The Acting Secretary of State to the Ambassador in Great Britain (Davis).
④ Melvyn P. Leffler, *The elusive Quest*: *America's Pursuit of European Stability and French Security*, *1919—1933*, p. 24.

务国联盟。有鉴于此，参议院在1922年2月通过了《外国债务专款法案》，即《战债法》。① 国会为了保持在战债问题上的主导权，建立了世界大战外债委员会，协助总统处理协约国欠美国的战债问题。国会还规定了在谈判中必须严格遵守的规则，并禁止美国政府和个人向没有与美国签订还债协定的国家提供贷款。与此同时，美国政府多次敦促英、法等国尽早就战债问题与美国进行谈判。②

1922年7月19日，法国议长兼外交部长勒恩·普恩加莱发给美国国务院一封长信，抱怨德国几乎没有履行赔偿义务，法国的财政即将最终崩溃，呼吁美国减免其战债，否则它难以降低对德国赔偿的要求。③ 英国政府鉴于债务问题对欧美经济关系产生的不良影响，几次向美国发出呼吁。1922年8月1日，英国外交大臣贝尔福发表了"贝尔福宣言"。他说英国既是债务国的同时又是债权国，而且别国欠英国的债务比英国欠美国的债务还要多。他提议取消一切债务，因为它对信贷和汇率、对各国的国内生产、对国际贸易都产生了不良影响。贝尔福呼吁美国在债务问题上做出让步，而且指出如果美国取消英国所欠战债，英国就取消其他协约国欠英国的债务，并将放弃其应得的德国赔偿。英国向其他国家收取债务的目的是偿还英国欠美国的债务，英国只收取能够与美国债务相冲抵的债务。④ 英、法两国外长的呼吁表明，两国政府都把减免战债作为它们降低德国赔偿要求的前提条件。

但美国国会和公众都强烈抗议贝尔福宣言，他们认为如果减免协约国的债务，必然要危及共和党的国内减税政策，更主要的是美国纳税人就要担负110亿美元的税收。拉蒙特在《纽约时报》上的讲话代表了美国民众

---

① 该法案反对取消协约国欠美国的战债，要求债务国自1922年起在25年内付清全部战债的本金和不低于4.25%的利息。

② 例如，6月15日，在休斯发给驻英国大使的电报中说，世界大战外债委员会要求与英国尽可能早地就战债问题进行谈判，让大使通知英国政府任命谈判代表重开谈判。参见FRUS, 1922, Vol. 1, p. 402. The Secretary of State to the Ambassador in Great Britain (Harvey). 6月30日，法国驻美大使朱赛兰通知国务院，应美国外债委员会要求，法国将派两名财政部官员近期内访问美国，就战债问题进行谈判。参见FRUS, 1922, Vol. 1, p. 402. The French Ambassador (Juserand) to the Secretary of State.

③ FRUS, 1922, Vol. 1, pp. 404-405. The France President of the Council and Minisiter of Foreign Affairs (Poincare) to the Secretary of State.

④ FRUS, 1922, Vol.1, pp. 406-410. The British Acting Secretary of State for Foreign Affairs (Balfour) to the French Ambassador in Great Britian (Saint-Aulaire).

的普遍态度，他说单方面减免战债将使赔偿问题进一步恶化，而且还将"鼓励欧洲更加懈怠和铺张浪费"①。另外，害怕在下次竞选中失去选票也是共和党政府不愿妥协的原因之一。因此，美国政府还是坚持最初的原则，在美国驻法大使与普恩加莱的会谈中，大使明确提出了美国政府的三点原则：1. 赔偿问题不能与战债问题联系起来；2. 在美国，国会是唯一有权处理战债问题的机构；3. 应该立即由商人出面以商人的方式采取行动解决目前的问题。② 美国不妥协的战债政策使得德国赔偿问题更加复杂化，在美国坚决索要战债以及实行高关税壁垒的情况下，协约国自然将目光转向了德国——用德国的赔偿来支付美国的战债。英国和法国领导人也多次强调，自己索要德国的战争赔偿是为了支付欠下的美国战债。这样就使得战债问题与赔偿问题不可避免地联系在了一起，而且二者还相互作用。

美国强硬不妥协的战债政策使得德国赔偿问题更加难以解决。不过，由于欧洲国家把索取德国赔偿作为偿还美国战债的前提，美国就身不由己地与德国的赔偿问题联系在了一起，被拉入了协约国索要德国赔偿来偿还美国战债的连环套中，使它不得不关注赔偿问题。其实，美国国会、政府、经济界的一些人士从一开始就认识到战债与赔偿是不可能分开的，因为在美国高关税政策下，协约国不索要德国的战争赔偿，他们就无力支付战债。更主要的是，美国的利益与赔偿的关系比与战债的关系更加深入，正如休斯所阐释的那样：欧洲的经济复兴是以赔偿问题的解决为基础，而美国的繁荣在很大程度上依赖于欧洲的经济状况。③ 总之，美国决策者认识到，如果打算索要协约国战债，就不得不先解决德国赔偿问题。

（二）20 年代美国对德索赔政策的确立

巴黎和会结束后，协约国为了解决遗留的德国战争赔偿问题曾召开了一系列国际会议，④ 这些会议由协约国最高会议（ASC）⑤ 组织召开。

---

① *The New York Times*, October 17, 1922.

② FRUS, 1922, Vol. 2, p. 175. The Ambassador in France (Herrick) to the Secretary of State.

③ Frank Costigliola, *Awkward Dominion: American Political, Economic, and Cultural Relations with Europe, 1919—1933*, p. 106.

④ 这些会议包括：圣雷莫（Sanremo）会议、海斯（Hythe）会议、斯巴（Spa）会议、布鲁塞尔（Brussels）会议等。

⑤ 在一战期间，是协约国处理军事、政治问题的最高决策、协调机关。停战后，它负有筹备和会的任务。《凡尔赛和约》签字后，它又兼有处理和约善后问题的职责。最高会议由协约国政府首脑或其代表组成。王绳祖：《国际关系史》（第四卷），第 264 页注释 3。

显然，依靠美国在一战结束时的影响力，美国在德国赔偿问题上应该具有很大的发言权。而且，威尔逊总统原来就打算通过领导赔偿委员会来纠正在赔偿问题上对德国不公正的做法。但美国对会议并不积极，只是以观察员身份列席了会议。威尔逊总统之所以这样做，一方面想表示他对协约国的赔偿政策、战债政策的不满；另一方面尽量避免与国会再次发生冲突而影响批准和约。因此，美国对赔偿问题的影响力自然要降低。

　　但美国又不得不处理一些与其利益相关的赔偿问题。战后美国在德国驻有少量军队，自然需要收缴一定的占领费，而这又引起了美国与协约国关于占领军费用与德国赔偿孰更具有优先权的争议。① 随后，由于国会对《凡尔赛和约》的拒绝批准，以及参议院对美国加入根据该条约而成立的任何组织的激烈反对，国务院认为，"如果赔偿委员会还不能就赔偿问题做出决断，美国的非官方赔偿代表将不再继续工作。因为美国没有批准和约，美国代表在赔委会中的地位是不正常的，既不是必需的，也不被重视，将撤回它在赔偿委员会的非官方代表"②。美国撤回它的赔偿代表，表面上看它暂时脱离了赔偿问题，实际上美国并不能真正做到置身事外。因为德国赔偿问题涉及美国极为关心的欧洲稳定与经济恢复，而这与美国能否收回战债密切相关。

---

　　① 据《凡尔赛和约》第 235 条规定：德国应照赔偿委员会所定之分期交付及办法（用现金、商品、船只及有价值之物或用他物），于 1919 年、1920 年间及 1921 年之最初四个月间，偿付与 200 亿金马克价值相等之物。1918 年 11 月 11 日停战以后各占领军之费用，应在此数内首先提偿。美国驻法国大使韦尔斯向国务院报告：由于美国尚未批准和约，赔偿委员会中的其他国家代表（如英国代表布拉德伯格）质疑美国是否拥有和约赋予的权利；大使还报告说，比利时宣称它有比占领军费用更优先的权利，要求优先得到德国赔偿。国务院立即指示韦尔斯：美国虽然尚未批准和约，但美国在莱茵地区的驻军是以《停战协定》为法律基础。《停战协定》还继续有效，所以美国有权从德国直接收取占领费用，当然它也不反对赔偿委员会代为收缴。国务院又强调说优先提偿占领军费用不仅是和约所规定的，也是 1919 年 1 月 24 日四巨头会议一致赞同的，它比比利时赔偿具有更优先的权利。参见《国际条约集，1917—1923》，北京：世界知识出版社，1961 年版，第 159 页。另参见 FRUS, 1920, vol. 2, pp. 338 – 340. The Ambassador in France（Wallace）to the Acting Secretary of State; FRUS, 1920, vol. 2, pp. 343 – 345. The Acting Secretary of State to the Ambassador in France（Wallace）.

　　② FRUS, 1921, Vol. 1, pp. 8 – 9. The Secretary of State to the Ambassdor in France（Wallace）.

共和党上台后,美、德两国在法理上还处于停战状态。① 但为了处理美德之间的一些事务,美国向德国派出代表德赛尔。战后德国政府为了寻求美国的支持,其领导人曾多次拜访德赛尔,说德国与美国之间的问题并不复杂,德国人民非常希望能够与美国单独缔结和约。② 对此,国务院指示德赛尔:不要立刻答复德国的请求,防止给协约国留下美国打算插足欧洲事务的印象。③ 1921年3月,德国与协约国就赔偿问题产生危机,德国外长西蒙斯通过德赛尔请求哈定总统充当纠纷的仲裁人。休斯在给德国的答复中指出,美国政府赞同协约国政府的观点:德国应该为这场战争负责,因此德国应该在道义上履行义务支付尽可能多的赔偿。④ 休斯的答复虽然没有满足德国的要求,但这是哈定政府第一次对德国问题的公开表态。经过美、德双方协商,最终达成了缔结和约的一致意见。1921年10月,哈定总统签署了《德国和美国恢复和平条约》。该条约又称为《柏林条约》,条约规定:"1921年7月2日合众国国会联合决议案中所规定的一切权利、特权、赔款、赔偿或利益,其中包括《凡尔赛和约》为合众国的利益而规定的一切权利和利益;合众国虽未批准该条约,但仍得充分享受此种权利和利益。"⑤ 美国不用承担《凡尔赛条约》的任何义务,却从德国获得了与协约国同样的权利与利益。美、德之间实现单独媾和,⑥ 扫清了美国处理德国问题的最大障碍。

为了加强美国对赔偿委员会的影响,1921年5月,休斯取得洛奇的支持后,通知波登和兰格:应协约国最高委员会要求,美国恢复他们在

---

① 美国参议院最后一次否决《凡尔赛和约》后,参众两院曾联合通过了要求结束与德国和其他中欧同盟国的停战状态的提案,即诺克斯—波特决议案,其内容是建议结束与德国的战争状态,废除1917年通过的宣布对德战争。但威尔逊总统否决了联合提案。这样在战争结束两年以后,在法理上美国与德国还处于停战状态。

② FRUS, 1921, vol. 2. p. 1. The Commissioner at Berlin (Dresel) to the Acting Secretary of State.

③ FRUS, 1921, Vol. 2, p. 2. The Secretary of State to the Commission at Berlin (Dresel).

④ FRUS, 1921, Vol. 2, p. 40. The Secretary of State to the Commission at Berlin (Dresel).

⑤ 《国际条约集(1917—1923)》,第698—701页。

⑥ 德国议会很快也通过了这一和约。美国派往德国的第一任大使是马萨诸塞州的工业家、前国会议员阿兰森·霍顿。霍顿对德国怀有同情之心,对恢复美德贸易很感兴趣。参见FRUS, 1921, vol. 2, pp. 7–8. The Commissioner at Berlin (Dresel) to the Secretary of State。另参见FRUS, 1921, vol. 2. pp. 29–33. Treaty Between the United States of American and Germany, Signed at Berlin, August 25, 1921。另参见[美]阿诺德·A. 奥夫纳:《美国的绥靖政策,1933—1938年美国的外交政策与德国》,陈思民、王昌楷译,北京:商务印书馆,1987年版,第8页。

赔委会的非官方代表资格，并指示波登，如果有事关美国利益的赔偿问题要立即上报国务院。① 美国虽然重新加入了赔委会，但美国代表的发言权还很有限。由于美国拒绝批准《凡尔赛和约》，导致了英法，特别是法国控制了赔偿委员会的主导权。② 法国利用所掌握的赔偿委员会的权力将德国赔偿问题作为压制德国、保证法国安全的工具，并以偿还美国战债为借口在赔偿问题上实行不妥协的强硬政策。而德国从一开始就对履行赔偿义务存在着强烈的抵制情绪，又因为和约没有确定德国的赔偿总额和年限，德国便实行消极抵制政策。对恢复战后经济没有热情，因为他们知道随着经济复兴而来的就是巨额的战争赔款账单，政府放任国内货币的通货膨胀。支付的赔偿随之贬值，必然引起协约国特别是法国的强烈不满。德国与战胜国围绕赔偿问题而产生的争斗，成为20年代影响欧洲经济恢复和政治稳定的最为复杂的问题。

在德国与协约国特别是与法国的争斗中，德国总是希望美国能够介入赔偿问题，帮助它抵制法国的过分要求，使赔偿问题向有利于德国的方向发展。但是在哈定政府初期，美国在德国与协约国就赔款问题产生的纠纷中，总是拒绝德国的要求，明确向德国表示自己站在协约国一边，从而对赔偿问题的影响力有限。但是美国并非真的不愿意介入德国赔偿问题，而是等待最佳的介入时机。

1921年1月29日，协约国提出了一个德国赔偿计划。③ 两天后，德国外长西蒙斯提出了德国政府的反建议：德国的赔偿总额为500亿金马克，其中包括已交付的200亿金马克，只有在上里西亚归属德国的条件下，德国才交付其余的300亿金马克。德国政府的反建议表明，德国把赔偿问题与恢复德国领土统一的要求联系起来。德国知道自己的新建议将会被拒绝，但是希望以此促使成立一个新的专家委员会，而且希望美国人能加入这个委员会。然而，等待德国的是协约国的制裁，法国军队出兵占领了莱茵河右岸的三个城市。协约国还威胁，如果德国拒绝自觉

---

① FRUS, 1921, Vol. 1, p. 14. The Secretary of State to the Ambassador in France (Wallace).

② 按照《凡尔赛和约》规定，赔偿委员会设在巴黎，委员有五人，赔偿委员会主席由法国人担任，秘书长由英国人担任，而且劳合·乔治同意在投票表决双方票数相等时，法国总统有裁决权。参见 Melvyn P. Leffler, *The elusive Quest: America's Pursuit of European Stability and French Security, 1919—1933*, p. 21.

③ 主要内容：建议德国的赔偿总额为2260亿金马克，再加德国每年出口额的12%，42年内付清。Manfred Jonas, *The United States and Germany: A Diplomacy History*, p. 155.

地履行协约国的赔偿要求,协约国将用武力取得赔偿。面对这一情况,德国政府将解决问题的希望寄托于美国,决定直接向刚上台的哈定政府发出呼吁。4月20日,德国外长西蒙斯交给德赛尔一份备忘录,要求美国总统介入赔偿问题。强调德国只愿意支付在其能力范围内的赔偿额,而且这一赔偿额应由一个公正的专家委员会来确定。①

美国政府却不愿意承担确定德国赔偿总额的责任,休斯在给德赛尔的回复中强调:"美国政府对西蒙斯备忘录提到的德国只愿意支付其能力之内的赔偿,表示不同意见。本政府赞同协约国政府的观点,德国应该为这场战争负责,因而德国在道义上应该支付尽可能多的赔偿。"不过,休斯也对德国政府的提议给予了一些回应。他说:"美国从西蒙斯博士的备忘录中看到,德国政府要求与协约国在新的基础上重开谈判的真诚愿望。美国希望这些谈判一旦重新开始将会产生一个快捷的解决方案,此方案将在能够满足协约国的合理要求的同时也能允许德国恢复它的生产活动。"② 休斯的回应表明,美国虽然不愿承担赔偿问题的有关责任,但也表示了对德国的同情,赞同德国重开谈判的建议。

德国领导人敏锐地意识到了休斯对重开谈判的兴趣,德国总理和外长正式向国务院发了一封长信,请求哈定总统担任赔偿问题的仲裁人,并确定德国的赔偿总额。他们在信中说:德国政府与德国人民真诚地呼吁,美国总统作为赔偿问题的协调者,准备而且愿意无条件、无保留地支付协约国赔偿。这个赔偿额是由美国总统经过核查和调查后认为是公正的、合适的数字。③ 国务院如果接受德国的建议,它将与协约国产生不必要的矛盾,而且使美国直接介入欧洲事务,所以休斯拒绝了美国总统充当仲裁人的建议。他答复德国道:"本政府不同意担任赔偿问题的仲裁人。但是考虑到赔偿问题将影响全世界的严重性,美国政府对该问题早日公正的解决深表关注,美国政府希望立刻重开谈判。"并且要求德国政府"尽快提出作为讨论基础的建议,美国政府将以协约国政府能够接受的方式促使协约国政府对其关注,以便谈判尽快开始"。④ 与此同时,

---

① FRUS, 1921, Vol. 2, pp. 37 – 39. The Commissioner at Berlin (Dresel) to the Secretary of State.

② FRUS, 1921, vol. 2, p. 40. The Secretary of State to the Commissioner at Berlin (Dresel).

③ FRUS, 1921, Vol. 2, p. 41. The Commissioner at Berlin (Dresel) to the Secretary of State.

④ FRUS, 1921, Vol. 2, pp. 44 – 45. The Secretary of State to the Commissioner at Berlin (Dresel).

休斯在与英国和法国驻美大使会谈时,向他们展示了德国发来的电报。休斯说,他个人认为如果协约国对德国的建议完全不予以考虑,德国一定不打算支付赔偿。他没有判断德国应该支付多少赔偿的专业能力,这应该是经济学家们处理的问题。休斯请求两位大使,将会谈内容告知他们本国政府。两位大使都接受了国务卿的请求。①

然而,协约国并没有留给休斯这个机会。5月4日赔偿委员会通过了一个赔偿方案,即《伦敦计划》。② 该计划的总额比上个计划提出的总额已经大大地减少了。但德国政府声称仍然超过了他们能够合理支付的数量,拒绝讨论《伦敦计划》。5月5日,协约国向德国发出最后通牒,限定德国在一周内接受方案,否则将出兵占领鲁尔。德国政府被迫接受了《伦敦计划》,同时要求协约国重新审查德国的支付能力,以争取协约国在德国赔偿问题上做出相应的让步。在5月31日德国如期偿付了10亿金马克赔款之后,德国货币急剧膨胀,马克大幅贬值,财政赤字和贸易收支赤字居高不下,继续支付赔款的财源枯竭了。维尔特政府向劳合·乔治呼吁要求延期支付赔偿,并给予德国一笔国际贷款。德国的延期要求首先得到了英国的支持,但此时主张完全执行《伦敦计划》的强硬派勒恩·普恩加莱代替主张法、德亲善的白里安上台组阁。曾担任过赔偿委员会主席的普恩加莱对赔偿问题十分了解,是强硬的"执行派"代表,这使得法、德之间就赔偿问题达成和解的希望更加渺茫。

到了1922年7月,德国政府又重提赔偿问题,要求延期6个月。英国像上次一样支持德国的延期要求,法国则表示德国如果延期赔偿,就要用鲁尔煤矿交给协约国作抵押。德国政府又请求美国介入,8月26日,德国驻美国代办冯·瑟曼呈给助理国务卿菲利普一份德国政府的呼吁书说:"德国政府已经使用了它的全部政治力量去履行它的义务。然

---

① FRUS, 1921, Vol.2, pp. 48 – 50. Memorandum by the under Secretary of State (Fletcher) of a Conversation between the Secretary of State and the British and French Ambassadors (Geddes, Jusserand).

② 该计划将德国的赔偿总额确定为1320亿金马克,42年内还清。该计划规定,支付款项分为A、B、C三类。其中C类为820亿金马克,可以留待德国有能力支付时再行还,其余的赔偿额除1921年5月31日以前先交付10亿金马克外,从1921年5月1日起,按每年20亿金马克支付。为完成支付,应对德国财政进行监督,设立保证委员会机构等。如果德国不履行以上规定,协约国就控制德国税务,扩大征收德国税款,换用对协约国更为有利的另种计划。参见王绳祖:《国际关系史》(第四卷),第267—268页。

而，目前的状况证明德国必须立即获得外部的帮助。"① 菲利普对德国的呼吁很是同情，他向国务卿休斯建议：如果即将召开的赔偿委员会与德国代表没有取得一致意见，那么将给我国政府介入该问题提供了机会。同时菲利普表示担心，如果赔偿委员会与德国没有达成一致意见，法国将执行它的威胁政策。他询问国务卿，希望知道"除了要从莱茵撤军外，你是否将采取什么其他措施"②？休斯的答复是：我看不出我们能提出什么有用的建议，因为这是赔偿委员会该解决的问题。如果法国已经决心那么做了，我们的建议对它不会产生多少作用。我现在还没有做出最后的决定直到美国被进一步请求。③休斯还想再进一步观察形势，不想马上介入因赔偿而产生的法、德纠纷之中。但该纷争引起了美国派驻巴黎赔偿委员会的非官方代表波登的关注。10月14日，他发给国务院一份紧急长电，在长电中，他首先分析了由赔偿问题而引发的纷争的严重性以及德国政府关于赔偿问题的要求。接着，他提出了解决赔偿问题的一系列建议。④ 波登提出的有关解决德国赔偿问题的建议就是后来"休斯方案"的雏形。

  随着赔偿纠纷引起的德国政治、经济局势的急剧恶化，美国舆论对法国的强硬政策越来越不满，开始关注和同情德国的境遇，同时美国舆论也开始批评国务卿休斯在欧洲问题上无所作为。舆论的转向正是休斯求之不得的。12月26日，波登向休斯汇报：今天赔偿委员会一致认为，德国没有完全履行和约附件4所规定的1922年应该交付给法国木材的义务。按照和约规定，德国对赔偿义务的"违反"已经构成了"蓄意违反"。据此，委员会通知英、法、比、意各国政府，同时也通过本代表非正式地通知美国政府。⑤ 舆论的转向、形势的紧迫为休斯公开美国的赔偿计划提供了极好时机。12月29日，休斯利用参加在纽黑文召开的美国历史协会年会的机会，在讲演中宣布了以波登提出的解决方案为基础，

---

① FRUS, 1922, vol. 2, p. 160. The German Charge (Von Thermann) to the Acting Secretary of State.

② FRUS, 1922, vol. 2, pp. 160 – 162. The Acting Secretary of State to the Secretary of State.

③ FRUS, 1922, vol. 2, p. 163. The Secretary of State to the Acting Secretary of State.

④ FRUS, 1922, Vol. 2, pp. 165 – 168. The Ambassador in France (Herrick) to the Secretary of State.

⑤ FRUS, 1922, vol. 2, pp. 198 – 199. The Ambassador in France (Herrick) to the Secretary of State.

由休斯进一步完善的美国赔偿计划。

休斯在讲演中首先指出:"欧洲经济状况引起我们的注意,因为从经济角度来说,我们的市场、信贷与欧洲经济联系在一起。我们不能将这些问题仅当作欧洲问题,因为它们是全世界的问题。……而改变目前状况的关键在于赔偿问题的解决。"但是,休斯坚持国会已经规定的战债问题的原则,并强调美国不愿充当仲裁人,除非发生不可预料的事,而且所有相关国家都请求美国这样做。然后休斯又说:"我们不希望看到德国逃脱它对于战争负有的责任,或者对因它的侵略造成的损失进行赔偿的义务。但我们也不希望看到一个倒下去的德国。"最后,休斯建议道:"赔偿问题应该摆脱政治,因为政治家有承受公众舆论质疑的麻烦。而成立一个独立的委员会,邀请各自国家经济领域的最权威人士,以这些人的权威性、丰富经验和良好声誉,他们确定的支付额以及使赔偿进行下去的金融计划将被全世界接受。出色的美国人将会愿意为这个委员会服务。"休斯还指出,各国政府不必事先接受专家们的建议,专家所在国的政府也不允许干涉其专家委员的决策自由,他们不为各自政府的政治服务。①

休斯的讲演表明,美国介入德国赔偿的主要目的是保护美国在欧洲的经济利益,稳定并扩大美国的对外经济输出。为此提出了美国试图解决德国赔偿问题的方案,主要有两点:一是德国赔偿问题应该由一个不承担官方政治责任的金融专家委员会来解决;二是允许美国专家以私人身份与专家委员会进行合作,美国政府不直接参与委员会的工作。休斯在纽黑文发表的演讲后来被称为"休斯方案",该方案的出台标志着20年代美国政府最终确立起自己的赔偿政策。下一步就是寻找实施其赔偿政策的时机了。休斯在讲演的当天,指示美国驻英、法、德、意、比等国大使将演讲的文本送达各国政府,以试探各国的反应。"休斯方案"得到了英国和德国的欢迎,但法国和比利时对此表示坚决反对。

从1921年4月到1922年12月,休斯对德国赔偿问题的调解及其赔偿政策的确立过程都说明,共和党政府的战债政策、赔偿政策都存在着缺陷。虽然决策者大多认识到美国的经济利益与战债、赔偿问题相关,但他们又都认为这些问题还没有重要到需要美国政治卷入的程度。他们

---

① FRUS, 1922, Vol. 2, pp. 199 – 202. The Acting Secretary of State to the Ambassador in France (Herrick).

主张任命一个专家委员会,按照"休斯方案"来解决赔偿问题,同时保证美国政府不直接卷入赔偿问题。美国政府为何采取这种政治上避免卷入、同时又等待最佳时机介入的赔偿政策呢?其主要原因是这一时期国会在战债和赔偿政策方面掌握了很大的决策权,国会因受到国内各种压力,为政府外交决策规定了几点限制性原则:一是国内利益优先原则;二是美国政府不能卷入欧洲政治事务的原则;三是德国赔偿与欧洲战债相分离的原则。有鉴于此,美国政府极力避免承担解决德国赔偿的政治责任、避免德国赔偿与协约国战债联系起来。但与此同时,决策者更意识到美国的利益与德国赔偿密切相关,它等待着介入德国赔偿问题的最佳时机。随后发生的鲁尔危机为美国提供了介入德国赔偿问题以及实施"休斯方案"的最佳契机。

二、《道威斯计划》的制定与执行

法国与德国因赔偿问题产生的矛盾导致法、比出兵占领了德国工业区鲁尔。鲁尔危机的爆发为美国公开介入德国赔偿问题提供了最佳的契机,在德国以及协约国的一致"请求"下,美国同意按照"休斯方案"的原则,由各国金融专家组成的委员会来解决德国赔偿问题。随后专家委员会制定出台了《道威斯计划》,该计划以向德国提供大量贷款的方式,开始扶植德国经济复兴,从而初步解决了困扰德、欧、美三方的赔偿困境。美国通过该计划则实现了对外经济输出与扩张的政策目标。

(一)美国介入德国赔偿问题的契机

1922年12月,法国联合比利时和意大利,在赔偿委员会里以3∶1的多数(英国投反对票)宣布德国"故意"不如期交付1922年度的木材和煤炭的实物赔偿。1923年1月11日,法国以此为借口,与比利时联合出兵占领了德国的工业中心鲁尔地区,由此导致了鲁尔危机。危机爆发后,德国政府指责法、比占领鲁尔是违反《凡尔赛和约》的行径,严重侵犯了德国主权。德国政府随即召回了驻法、比两国的使节,并停止交付一切赔偿。在德国政府命令下,鲁尔地区展开了"消极抵抗"运动,当地的行政官员拒绝服从占领当局的命令,煤矿工人进行罢工或怠工,铁路职工不给法、比运送煤炭,所有经过德国通往法、比的铁路都瘫痪了。法、比占领当局则采取了严厉的镇压措施,参加"消极抵抗"的官员和职工及其家属都受到迫害,数以万计的人被监禁或驱逐出境。

占领当局控制了鲁尔煤的管理、生产和分配,在占领区和非占领区的德国领土之间建立海关,征收关税,限制它们之间的经济联系。

随着危机的蔓延,美国在欧洲的贸易、投资、出口都严重受挫,各个利益团体纷纷要求政府保护美国在欧洲的经济利益。到了5月份,针对鲁尔危机一直采取消极抵抗政策的德国政府眼见形势岌岌可危,已经不能再拖延下去了,遂决定向美国政府求救。5月2日,德国大使到国务院阐述了德国政府的立场。大使首先谴责占领鲁尔的行为,说为了支付赔偿尤其是恢复受害地区的重建,德国政府还愿意继续努力。然而由于德国财政和经济状况,德国不可能从国内筹集到大量资金,它需要外部贷款。还坚持德国的赔偿总额确定为300亿金马克的主张,大使强调说这是德国政府动用全部力量所能做到的极限了。最后大使建议:尽早重开谈判,谈判包括除了和约规定之外的被占领土问题、重新达成莱茵地区协议问题、被拘押德国人的释放以及他们财产的恢复等一系列问题。①

第二天,休斯约见了德国大使。大使说德国政府已经提出明确的建议,为重开谈判已经打开局面,但大使怀疑法国政府能否接受德国的建议。休斯说事情的解决最终还要取决于德、法两国之间能否达成共识。问题只有通过最直接和现实的方式才能解决,国务卿暗示谈判是一个好的方法。② 同一天,休斯又约见了比利时驻美大使会谈,会谈内容与和德国大使会谈的内容基本相同。休斯建议比利时大使,不能在法、比与德国之间举行公开的谈判,因为双方的公众都很难支持他们的政府做出妥协。休斯希望冲突双方采取明智的态度,尽可能早地解决问题。③ 休斯与德国、比利时大使的会谈表明,德国、比利时都有打算解决鲁尔危机以及赔偿问题的愿望,但德国把解决鲁尔危机与赔偿问题、德国财政问题甚至领土问题都联系起来。美国要求冲突双方尽早谈判来化解危机,可美国政府并不想介入太深,因此它反对直接向法国施加压力。法国政府对于德国的建议进行了讨论,普恩加莱得到了压倒多数的信任票。5

---

① FRUS, 1923, vol. 2, pp. 57 – 60. The German Embassy to the Department of State.

② FRUS, 1923, vol. 2, pp. 60 – 61. Memorandum by the Secretary of State of a Conversation with the German Ambassador (Wielfeldt).

③ FRUS, 1923, vol. 2, pp. 61 – 62. Memorandum by the Secretary of State of a Conversation with the Belgian Ambassador (Cartier).

月 6 日，法、比政府复照德国，声称在德国停止消极抵抗前不从事交涉。德国政府提出的赔偿建议被挫败，鲁尔危机刚刚出现的缓和势头也转瞬即失。

到了 6 月份，一路狂飙的德国通货膨胀最终失去了控制，消极抵抗政策难以为继，古诺政府也难以为继。在这种情况下，德国第一次尽量满足协约国，提出一个解决赔偿问题的建议。6 月 7 日，德国大使交给休斯一份备忘录，并解释说这是对德国政府 5 月 2 日建议的补充声明。备忘录坚持赔偿总额为 300 亿马克，提出保障赔偿的三个资金来源。备忘录最后强调："德国支付赔偿的能力取决于整个问题的解决方式，赔偿的方式只有通过各方直接会谈才能商定。"① 可见，德国政府坚持法、比先从鲁尔撤军，德国再停止消极抵抗，然后才能谈及赔偿问题。

法国用强制手段获取赔偿的做法危及了英国的根本利益，一方面英国要防止法国过于强大、德国过分衰弱将打破欧洲大陆的均势。另一方面英国与德国的贸易利益远大于它从德国得到的赔偿。因而鲁尔危机发生后，英国公开谴责法国，要求恢复占领前的状况，否则英国在赔偿问题上不再支持法国。英国的态度得到美国的积极响应，为争取英国在赔偿问题上的支持，美国采取措施，首先与英国在战债问题上达成了协定。② 美国在战债问题上的主动让步引起英国在赔偿问题上做出积极回应。10 月 5 日，英国首相劳合·乔治访问美国时公开要求美国介入赔偿事务，并按照"休斯方案"解决赔偿问题。新上任的卡尔文·柯立芝总统表示，"休斯方案"依然有效。于是，英国外交大臣寇松在致美国国务院的备忘录中邀请美国参加专家委员会，说只要美国同意，英国将立即请求美国按照"休斯方案"正式或非正式参加德国赔偿问题的讨论。因为没有美国的帮助，欧洲不能解决它的难题。寇松最后指出，

---

① 备忘录的主要内容：赔偿总额为 300 亿马克；保障赔偿的资金来源于三个方面：1. 把德国的铁路从国家正常预算中单列出来，由国家铁路发行价值为 100 亿马克的公债，其利息为 5%，此项将确保 1927 年 7 月 1 日之后每年 5 亿金马克的收益；2. 为了确保另外每年 5 亿金马克的收益，德国政府将动用其全部经济体系，如自然资源、工业和地产每年的收入作为直接抵押。3. 德国关税以及最重要的货物税如烟、酒、糖税等每年 8 亿马克的收入作为担保。备忘录最后说："德国支付赔偿的能力取决于整个问题的解决方式，赔偿的方式只有通过各方直接会谈才能商定。"参见 FRUS, 1923, vol. 2, pp. 62–64. The German Ambassador (Wiedfeldt) to the Secretary of State.

② 协定主要内容为英国政府同意在 62 年的期限内偿还 44 亿美元的战债，利息率为 3.3%。参见 Thomas A. Baliey, *Diplomatic History of the American People*, p. 663.

美国其实是关注赔偿问题的，因为这关系到它与协约国之间的债务问题。①

国务院答复寇松说，关于休斯在纽黑文的讲话有三点需要重申：1. 美国不愿意看到德国免除它的义务，但要以德国支付能力和经济恢复来确定赔偿数额。2. 委员会只是咨询性质的，美国未来在委员会中所起的作用必须严格遵守《柏林条约》所规定的美国在海外机构中的作用。3. 国务卿想告知英国政府，"如果不是因为协约国之间相互债务的原因"，欧洲事务与美国是无关的。美国政府再次强调德国支付能力和实际支付方式的协商讨论，与协约国偿还美国战债是不相关的财政问题，美国不想取消协约国欠美国的战债，也不想把德国的义务转到美国人民身上。② 国务院的答复宣告了美国政府同意以"休斯方案"为蓝本主持解决德国赔偿问题，从此公开介入了德国赔偿问题。

美国政府为何如此积极地介入了德国赔偿问题呢？其主要原因：一是保证美国对外贸易和投资的安全；二是解决欧洲的战债问题；三是协约国呼吁美国介入德国赔偿问题。鲁尔危机后的几个月，协约国在赔偿委员会召开的会议上，意见严重分歧。法国在德国的消极抵制下得不偿失，法郎大幅贬值，并遭到国内外舆论的谴责。强行索赔与消极抵抗不仅使法、德的经济都出现了灾难性的后果，也引发了德国政局动荡。正如科南·菲彻尔评价的那样，鲁尔危机说明法国力量是有限的，欧洲的持久和平要依赖于德国的善意。毫无疑问，从整个事件中最终获利的是民族社会主义党。③ 然而，当时的欧洲政治家们都忙于头痛医头脚痛医脚，根本没有意识到鲁尔危机产生的深远影响。可法、德双方的政策都难以为继。英国曾经提议把鲁尔危机交由国联处理，这个建议得到了普遍赞同，但被法国所拒绝。至此，正如英国银行家总结的那样：欧洲问题已经超过了欧洲国家单独解决的能力，只有美国和美元的"无私"介入才能打开僵局。④ 于是，除了英国之外，意大利、葡萄牙、荷兰等国也纷纷把解决问题的希望寄托在美国身上，它们呼吁美国按照"休斯方案"，出

---

① FRUS, 1923, Vol. 2, pp. 68 – 70. The British Charge (Chilton) to the Secretary of State.

② FRUS, 1923, Vol. 2, pp. 70 – 74. The Secretary of State to the British Charge (Chilton).

③ Conan Fischer, *The Ruhr Crisis, 1923—1924*, New York: Oxford University Press, 2003, p. 290.

④ Melvyn P. Leffler, *The elusive Quest: America's Pursuit of European Stability and French Security, 1919—1933*, p. 100.

面与欧洲国家共同解决德国赔偿问题。① 现在只等法国政府表态了。

休斯与法国驻美国外交人员进行了几次协商，法国政府表示，同意任命专家委员会的建议，但对赔偿数额之类的关键性问题仍然坚持原来的立场，即《凡尔赛和约》不能修改，法国的权益不能受到损害。11月9日，休斯向法国大使朱赛兰表示，如果普恩加莱还顽固坚持，将严重挫伤他答复英国政府时表达出的美国政府打算介入赔偿问题的愿望。② 其实，法国政府一直想利用赔偿问题引起美国对它的财政和货币危机的关注，从而得到美国的经济援助。普恩加莱担心美国不再介入赔偿问题，11月12日法国原则上接受了美国的建议。当然，法国也不是一无所获，一是可以比较体面地从鲁尔撤出驻军，从而恢复法国的国际声誉；二是美国摩根集团承诺，将很快提供给法国1亿美元的短期贷款。

12月6日，赔偿委员会终于达成一致，根据《凡尔赛和约》第234条的规定，赔偿委员会为了研究德国资源状况和支付能力，由协约国和伙伴国分别选择专家组成两个专家委员会。美国也做了一些让步：专家委员会必须在依据《凡尔赛和约》成立的赔偿委员会的领导下工作；不能对鲁尔占领的合法性进行讨论；不能确定赔偿的总额；也不涉及德国赔偿的削减问题。12月7日，德国政府正式请求美国政府选派财政专家代表出席即将召开的专家委员会。③ 休斯在公布其方案近一年后，终于等到了公开介入德国赔偿问题的时机。借此时机，美国的赔偿政策得以付诸实践，进而主导了德国赔偿问题的解决。

(二)《道威斯计划》的出台及其执行

美国介入德国赔偿问题的目的就是按照"休斯方案"的设想，主持解决这个困扰德、欧、美三方的难题，为了确保美国的赔偿原则能够全面体现在即将制定的赔偿计划中，美国政府对组建金融专家代表团进行了周密的准备工作。首先是挑选美国参加专家委员会的代表。根据赔偿委员会达成的协议，专家委员会的代表将由赔偿委员会负责挑选，但是

---

① FRUS, 1923, Vol. 2, pp. 74–75. The Ambassador in Belgium (Fletcher) to the Secretary of State.

② FRUS, 1923, Vol. 2, pp. 94–95. The Secretary of State to the Ambassador in France (Herrick).

③ FRUS, 1923, Vol. 2, pp. 104–105. The German Ambassador (Wiedfeldt) to the Secretary of State.

为了实现"休斯方案",美国政府早在赔偿委员会达成一致意见之前,就已经精心挑选了专家代表,在达成协议后,美国把选择好的专家名单非正式地通知给赔偿委员会。

美国政府在选择专家时相当谨慎:不选择主张取消美国债务的人;所选出的美国代表要能够树立起公众的信心、能调动投资者的热情;挑选的代表来自于不同的党派和不同的地域,以避免引起国内任何党派和地域之争;不能选择来自于华尔街的银行家。① 从上述考虑出发,休斯与胡佛、梅隆共同协商美国参加专家委员会的代表人选,最终大家一致同意选送的代表为:查尔斯·道威斯、欧文·杨格和哈里·罗宾逊。其中,道威斯为美国代表团的团长,杨格是主要负责人,罗宾逊担任助手。上述三人不仅符合遴选条件,而且他们都对国际事务感兴趣,一战期间道威斯以准将的身份主持过驻欧美军军需部的工作,为此与法国建立了良好的关系;身为通用电气公司总经理的杨格则与德国政界与企业界要人有着很好的私人关系。更主要的是,道威斯和杨格两人与美国最大的金融财团——摩根财团关系密切。欧洲各国通过赔偿委员会得知了美国即将选派的专家名单,他们对三位专家的背景、声望、能力都十分满意。② 因为他们都清楚地知道,这三位专家不仅能够利用他们与摩根财团的关系保证贷款问题得到顺利解决,而且专家背后有白宫的大力支持。

另外,对美国代表团进行指导和咨询。为了使专家能够贯彻美国政府的意图,在道威斯和杨格起身前往巴黎前,休斯将他们召到华盛顿进行面谈,休斯要求他们充分熟悉国务院掌握的所有信息。③ 柯立芝总统、休斯、胡佛也都与道威斯和杨格进行了谈话。胡佛给道威斯和杨格提供

---

① Melvyn P. Leffler, *The Elusive Quest: Americ's Pursuit of European Stability and French Security, 1919—1933*, p. 90.

② 美驻法国大使在12月12日发给国务院的电报中说,欧洲报纸都在说欧文·杨格有可能被选派为专家代表,赔委会的全体代表非正式地表示希望杨格先生能够被选派。20日,兰格发回电报说:"赔偿委员会一致邀请洛杉矶第一国家银行总裁哈里·罗宾逊先生参加第二委员会的工作,只要罗宾逊先生同意。如果他个人以及各方都同意,赔委会将立即予以公布。"21日赔委会正式向道威斯发出邀请:赔偿委员会荣幸地邀请您参加第一委员会的工作,并担任主席一职。这样,美国选派的三位专家都得到了欧洲各国政府和赔偿委员会的认可。参见 FRUS, 1923, Vol. 2, p. 107. The Ambassador in France (Herrick) to the Secretary of State。另参见 FRUS, 1923, Vol. 2, pp. 106 – 107. The Ambassador in France (Herrick) to the Secretary of State。另参见, Charles G. Dawes, *A Journal of Reparations*, London: Macmillan, 1939, p. 246.

③ Charles G. Dawes, *A Journal of Reparations*, p. 2。

了文件和资料,而且为了帮助他们了解这些材料、为他们提供咨询,休斯指派国务院的经济顾问亚瑟·杨格,胡佛选择商务部的国内外商业局驻欧洲部的总裁艾伦·戈德史密斯为代表团提供咨询。除了任命这些非官方的咨询者外,胡佛还指示美国商业部驻英、法、德的工作人员参与第一委员会的技术性工作。① 可见,美国参加赔偿委员会的代表是由美国政府精心选派的,并对他们提供了指导和咨询。但为了避免对欧洲事务承担政治责任,美国政府对国内外反复强调:美国政府对赔偿问题不承担任何责任;赔偿问题与债务问题无关;参加专家委员会的美国经济专家只是代表个人的观点,与美国政府无关。

当道威斯和杨格踏上去往欧洲的航程时,他们都确信德国的生产必须得到恢复,法国必须结束对鲁尔的占领,德国经济统一必须得到保障。只有做到这些,德国政府才可能收缴到足够的税收,从而给外国投资者以信心、平衡预算、支付赔偿。② 到了巴黎之后,道威斯和杨格立刻与法国领导人、赔偿委员会的各国代表们广泛接触。③ 他们在不同的场合多次强调恢复德国生产的重要性,说欧洲经济的繁荣、政治稳定依赖于德国经济活力的恢复,经济和平比法国占领鲁尔更能保证法国的安全。道威斯和杨格在专家委员会制定赔偿计划中都发挥了关键性作用,道威斯的主要任务是发动公众舆论迫使法、德双方接受即将出台的赔偿计划,杨格是《道威斯计划》的实际制定者。

第一委员会被称为道威斯委员会,委员会要求德国政府提供详实资料,并对调查工作予以积极配合。在各国专家制定计划的同时,美国通过驻法国大使、驻赔偿委员会代表不断指示美国专家注意保护美国的利益。④ 4月9日,委员会终于完成了报告的修改工作。该报告以第一委员

---

① Melvyn P. Leffler, *The Elusive Quest: America's Pursuit of European Stability and French Security, 1919—1933*, p. 91.
② Melvyn P. Leffler, *The Elusive Quest: America's Pursuit of European Stability and French Security, 1919—1933*, p. 92.
③ Charles G. Dawes, *A Journal of Reparations*, pp. 10 – 20.
④ 2月23日,休斯发给兰格的电报中说,美国大约有5亿美元的花销因为技术的原因没有被列入占领军的军费开支之中,美国政府认为这5亿美元的费用应该得到补偿,或者由"混合权利委员会"(美国与德国签订《柏林和约》时建立的机构,主要处理因战争而产生的德国对美国的财政义务问题。——笔者注)来决定如何处理。他让道威斯和杨格提醒委员会,美国的合法权利要予以考虑。参见 FRUS, 1924, vol. 2, pp. 1 – 2. The Secretary of State to the Ambassador in France (Herrick).

会主席道威斯名字命名，即为著名的《道威斯计划》。该计划共分 17 大项，主要说明专家委员会的态度、任务、组织机构、计划的性质，对德国经济的未来、德国货币、银行、国家预算等问题的处理，对德国赔偿的来源、条件、实物赔偿、德国支付赔偿的方式以及接受赔偿的方式、赔偿的保障措施等一系列问题的规定。

首先，报告说明专家着重研究两大问题：一是稳定德国货币；二是实现平衡德国国家预算。其目的是获取最大限度赔偿支付的措施和方法。为稳定货币，该计划建议设立一个 50 年内具有唯一发行纸币权利的新银行，该银行具有国家银行的职能，但不受国家控制。该银行担负赔偿款项结算业务，此项业务应受到协约国的监督。它以黄金、外汇为储备金，因储备金不足，建议以一笔外国贷款来支持。《道威斯计划》中关于建立新银行的主张是，把德国货币稳定同平衡预算，把对外借款同履行赔偿结合起来。① 对于平衡德国国家预算，《道威斯计划》提出了四个原则。② 在平衡预算部分，计划还详细地制定了从德国收集税收用于赔偿的办法和延缓支付赔偿的办法。其中规定，赔偿来源于三部分：烟酒等国家控制的税收、铁路债券、企业债券。报告并确定了以上三部分在德国每年支付赔偿额中相应的比例。③

报告建议头两个赔偿年度（1924—1926）为预算暂缓期，第一年免收企业部分和税收部分的赔偿额，第二年免收税收部分的赔偿额。1926—1928 年两个赔偿年度为过渡期，各部分都要缴付赔偿。从 1928—1929 年度起，以后的年度为标准年份，1928—1929 年各部分的赔偿总额为 25 亿金马克，以后年份以 25 亿金马克为基准再加上按照经济繁荣指

---

① Charles G. Dawes, *A Journal of Reparations*. pp. 299 – 301. 另参见王绳祖：《国际关系史》（第四卷），第 284 页。

② 第一，条约义务优先原则，即德国在平衡预算的同时要优先支付赔偿。第二，德国国内最低限度支出优先原则。报告指出，如果某一年德国要支付的赔偿额与德国国内最低限度的支出额加起来超过德国的税收能力时，可能立即引起德国财政预算不平衡，也可能影响货币稳定，在这种情况下，德国的税收将优先汇入财政部而非赔偿账户。第三，税收对等原则。报告强调让德国公民承担与协约国公民对等税率是公正性的体现，增加德国的税收从而扩大德国赔偿的来源。第四，赔偿涵盖原则。报告的第 11 项指出，德国每年的支付数额应该包括德国给予协约国及参战国因战争产生的所有补偿，包括赔偿、归还赃物补偿费、所有占领军费用、清理房屋费、委员会进行的各种监督和控制而产生的费用，等等。这样，德国实际上已经支出的很多费用就被认定为赔偿，从而相应减轻了德国的负担。参见 Dawes C. Gates, *A Journal of Reparations*. pp. 303 – 307、pp. 329 – 330。

③ Charles G. Dawes, *A Journal of Reparations*, pp. 313 – 328.

数确定的附加额，则为该年的支付总额。对于繁荣指数报告是这样解释的："我们相信经过短期的恢复，德国的财政和经济将恢复到正常的状况。""繁荣指数对于协约国能够分享到德国经济增长的繁荣是必须的。"①

另外，报告的第 12 项和第 13 项提出了移交赔偿措施以确保协约国真正得到德国赔偿的措施。报告指出，德国赔偿支付是由两个方面构成的：一是德国收集赔款；二是德国以协约国可以接受的形式将这些赔款移交给协约国。专家们强调，收集赔款和移交赔款是两个不同的问题。德国履行赔偿义务的方式是将收集来的赔款存入赔偿总管的账户上，而移交赔偿是由受益人组成的一个移交委员会负责将这些赔款兑换成协约国可接受的货币。该委员会的主席被称为赔偿总管，赔偿总管将拥有广泛的权力。② 这种确保赔偿移交的措施将使赔偿支付由以前德国一国完成变为由德国和协约国共同完成，既加强了对德国支付赔偿情况的监控，同时也帮助德国履行赔偿义务。此外，计划还有整顿德国铁路、工业界的筹款、赔偿年度金额、筹集外债、计划实施的基础条件等内容。

《道威斯计划》出台后，柯立芝总统立刻向道威斯祝贺，说他不仅表达了政府的意愿，而且体现了美国的精神。③ 休斯通过兰格也向道威斯表示祝贺：我相信通过你无私的、最有成效的努力，已经开辟了欧洲复兴之路，这将对全世界都有益处。④ 报界对《道威斯计划》也大多表示支持。借着道威斯声名鹊起的有利条件，共和党选择道威斯作为 1924 年柯立芝竞选总统的搭档。为了取得欧洲各国对《道威斯计划》的支持，4 月 22 日，柯立芝总统发表演讲向英、法、意、德、比政府发出呼吁。他说《道威斯计划》已经制定、公布出来了，并得到了赔偿委员会的认可，德国也已经表示愿意合作。《道威斯计划》提供了解决赔偿问题的现实基础，欧洲国家通过相互妥协可以在赔偿问题上达成和解，这将减少目前欧洲国家之间的冲突和误解。同时，柯立芝希望国内的银行家们能积极参与对计划的贷款，他说有充分的理由说明我们为什么应该参与到欧洲的财政之中，它将有利于我们的贸易和商业。该计划将为我

---

① Charles G. Dawes, *A Journal of Reparations*, pp. 308–310.
② Charles G. Dawes, *A Journal of Reparations*, pp. 332–334.
③ Charles G. Dawes, *A Journal of Reparations*, p. 247.
④ Charles G. Dawes, *A Journal of Reparations*, pp. 227–228.

们的农业提供更大的市场，我们的经济独立只有在欧洲经济稳定以后才能加强。①

随后，美国积极参与在伦敦即将召开的财政会议，因为会议将最终批准《道威斯计划》，美国派出了一个由2000多名法律专家组成的庞大代表团，其规模堪比5年前出席巴黎和会的代表团。美国政府选派其驻英国大使弗兰克·凯洛格出席伦敦会议，同时密切关注着伦敦会议的进展情况。休斯和梅隆虽然没有正式参加伦敦会议，但在会议进行到关键时刻，他们访问了伦敦。休斯和梅隆与各方会谈并发表演讲，他们坚持尽快从鲁尔撤军，确保欧洲复兴以及贷款的安全是实施计划的前提。②休斯、梅隆回国后，凯洛格继续调解各方意见以达成妥协。在他的多方调解下，与会各方终于达成了一致意见。美国也达到了对《道威斯计划》补充的目标，即取消拖欠制裁、促使法国与德国达成从鲁尔尽快撤军的协议。9月1日，当德国政府向赔偿委员会支付第一笔赔偿后，赔偿委员会宣布《道威斯计划》正式生效。

为了保证《道威斯计划》的顺利实施以及保证贷款的安全，美国政府与摩根财团多次协商确定赔偿总管的人选。表面上美国政府不介入赔偿总管人选问题，其实还是参与了赔偿总管人选的决定过程。最后美国政府与摩根财团达成一致，由帕克·吉尔伯特担任赔偿总管。帕克·吉尔伯特曾担任过财政部副部长，离职后代表摩根财团参与了道威斯贷款的谈判事务，他与梅隆、摩根、纽约联邦储备银行总裁斯特朗等人的私人关系十分良好。③作为赔偿总管，吉尔伯特负责监控《道威斯计划》的执行情况，在保证德国货币稳定的前提下确保德国支付最大数额的赔偿，赔偿总管更主要的职责是确保协约国能够得到德国的每一分钱，但他也负责防止德国由于过度支付赔偿而出现新的通货膨胀。④显然在《道威斯计划》实施过程中，赔偿总管的权力和作用都很大。

---

① FRUS, 1924, Vol. 2, pp. 13 – 15. The Secretary of State to the Ambassador in French (Herrick).

② Melvyn P. Leffler, *The Elusive Quest*: *America's Pursuit of European Stability and French Security, 1919—1933*, p. 108.

③ William C. Mcneil, *American Money and the Weimar Republic*: *Economics and Politices on the eve of the Great Depression*, p. 280.

④ William C. Mcneil, *American Money and the Weimar Republic*: *Economics and Politices on the eve of the Great Depression*, p. 27.

为了顺利地实施计划，美国金融市场进行了充分的准备，纽约联邦储备银行在春天时降低了银行贴现率以及储蓄利率。银行家、政府官员、报界联合发动了一场声势浩大的活动，宣传赔偿公债既是一项有利的投资，也是稳定世界经济、扩大美国资本输出的一个重要步骤。10月14日，美国通过纽约股票交易所向德国提供了大约1.1亿美元（8亿马克）的贷款，它是由摩根财团联合的400多家银行和800多家公债交易所发行的。由于这个公债有黄金支持，而且它的年息达到7.5%，要比其他证券的年息（通常3.5%或4%）高出很多，所以极具吸引力。在美国10分钟之内公债就销售一空，在英国公债13分钟之内销售一空。其中美国认购了4亿马克，英国认购了2亿马克，剩下的公债由法国、比利时、意大利、瑞士等国购买。① 休斯对此非常高兴，美国的目标基本上达到了，美国政府并没有承担任何正式的官方责任。

德国总理古斯塔夫·斯特莱斯曼同样满意，他在德国议会上发表演讲说：美国在重建经济、稳定欧洲方面发挥了最重要的作用。美国银行家们同意在即将开始的贷款中很大比例将投在工业方面，这对于我们贫血的经济是最重要的。② 令德国满意的还不止这些，1925年8月25日，法、比撤出了鲁尔的驻军，这块重工业基地又被德国失而复得；随后实施的《道威斯计划》不仅减轻了德国的赔款义务，实际上放弃了协约国方面对德国蓄意不履行赔款时实行制裁的权利，而且以向德国提供大量贷款的方式，变原先削弱德国的政策为复兴德国的方针；更重要的是，《道威斯计划》是对《凡尔赛和约》的重大修改，它实际上结束了由法国及其由它控制的赔偿委员会的支配作用，确立了美国在处理德国赔偿问题上的主导地位。从此，国际社会基本按照美国的意图和政策来解决德国赔偿问题，美国通过《道威斯计划》也初步达到了对外经济输出与扩张的目的。

三、《杨格计划》的出台

《道威斯计划》实施后，以美元为主的大批外国资本流向了德国，德国经济出现了"整个世界经济史中最壮观的一次经济复兴"。然而，

---

① William C. Mcneil, *American Money and the Weimar Republic: Economics and Politices on the eve of the Great Depression*, pp. 32 – 33.

② Manfred Jonas, *The United States and Germany: A Diplomatic History*, p. 181.

计划的临时性和弱点在 20 年代末开始显现出来。为了彻底解决德国赔偿问题，美国再次主持制定了《杨格计划》。但突如其来的经济大危机扰乱了世界经济秩序，打乱了美国精心构建的国际金融体系，《杨格计划》因之无法贯彻执行。胡佛总统发表的《延债宣言》，以及随后协约国与德国达成的"洛桑协议"都没有发挥出预想的作用，德国赔偿问题最终不了了之。

（一）《杨格计划》的制定

随着《道威斯计划》的实施，德国赔偿问题暂时得到了解决，德国与欧洲都出现了稳定和经济繁荣的局面。1924 年德国经济开始恢复，1927 年工业生产超过战前水平。到 1929 年，德国工业产量再次超过英、法，仅次于美国而居资本主义世界第二位。① 德国复兴的同时，欧洲整体经济状况也得到改善。其中法国的生产超过战前 25%，国民生产总值比 1920 年增长了 33%，法国已经不需要帮助就能够支付它的债务，法、德之间的经济合作也越来越广泛。② 欧洲的稳定与恢复促进了美国经济利益在欧洲的扩张。1919 年，美国在欧洲投资为 6.94 亿美元，而到 1929 年则翻了一倍，达到 13 亿美元。③

在美国和欧洲国家的经济都迅速发展之时，德国赔偿却再度成为国际社会关注的问题。其原因一是《道威斯计划》的临时性，计划本身就是想实验一下在保证货币稳定的情况下，德国到底能支付多少赔偿。另外，按计划规定从 1929 年开始德国每年支付 25 亿马克外加根据德国"繁荣指数"而确定的年金，因此 1929 年以后的年金以及赔偿的总额都需要重新确定。二是欧洲欠美国的战债还没有解决。④ 协约国仍然坚持以德国的赔偿来支付美国债务，而美国还坚持赔偿与战债相分离的原则。

---

① 王绳祖：《国际关系史》，武汉：武汉大学出版社，1983 年版，第 373 页。

② Melvyn P. Leffler, *The elusive Quest: America's Pursuit of European Stability and French Security, 1919—1933*, pp. 154 – 155.

③ Frank Costigliola, *Awkward Dominion American Political, Economic, and Cultural Relations With Europe, 1919—1933*, p. 149.

④ 从 1923 年开始，美国已经与欧洲的债务国陆续达成了协议，美国同意削减债务利息，各国的债务也有所减少，但应付债款的总数仍然是当初借款的两倍以上。参见 [美] 哈罗德·福克纳：《美国经济史》，王锟译，北京：商务印书馆，1964 年版，第 412 页。另据财政部长梅隆在接受普林斯顿大学约翰·哈本博士采访时，详细地说明了美国与其债务国之间的债务情况，以及美国的政策原则。参见 FRUS, 1927, Vol. 2, pp. 732 – 738. Press Release Issued by the Treasury Department, March 17, 1927.

用财政部长梅隆的话来说:"绝对不能把赔偿负担从德国纳税人肩上转移到美国纳税人肩上。"① 但美国政府很清楚,为了解决困扰双方的战债问题,它不得不再次介入德国赔偿问题。可此时美国国内政治、经济形势与制定《道威斯计划》时相比已经有了很大变化。1929 年 3 月 4 日,胡佛在就职演说中强调美国要关注国内社会问题,他没有提到专家为解决赔偿问题而正在进行的工作,以及欧洲各国为最终清偿债务的各种准备。② 国内事务占用了总统的大部分精力,美国政府对《杨格计划》的冷漠态度给即将出台的计划预先投下了一道不祥的阴影。

自从 1924 年以来,帕克·吉尔伯特作为赔偿总管成功地监控着《道威斯计划》的实施,从而赢得了欧洲各国领导人的普遍信任。但吉尔伯特很清楚计划财政上的弱点和政治上的缺陷,从 1927 年他就开始考虑永久修正计划的可能性。他认为通过一项合理的赔偿处理方案能够有效地保证德国财政体系,平衡财政预算,这样不仅解决赔偿总额,而且能使德国政府全面地承担起它的义务。③ 为了实现他的构想,吉尔伯特与梅隆、斯特朗、拉蒙特、莫罗、杨格等人进行了多次商讨。他们都认为最终解决赔偿问题将缓和财政压力,刺激世界贸易,保护美国的贷款与投资。在他们讨论的过程中,全面解决国际债务问题的大体构想开始成型,即减少德国赔偿的年金,确定赔偿总额,终止《道威斯计划》所确定的在进行移交赔偿时要保证德国货币稳定的规定。美国的财政官员又进一步建议把德国赔偿义务商业化,在世界财政中心出售实现市场化,在这个过程中协约国可以偿还一部分他们欠美国的债务。这样美国可以实现双重目的:清偿所有战时留下的义务;把政府间的债务问题从国际政治领域中清除出去。④

吉尔伯特担心,如果不迅速采取行动,德国不断增长的债务可能要破坏它的信贷以及失去以后再发行赔偿公债的机会。为此,在 1928 年的

---

① FRUS, 1927, Vol. 2, p. 738. Press Release Issued by the Treasury Department, March 17, 1927.

② Melvyn P. Leffler, *The Elusive Quest*: *America's Pursuit of European Stability and French Security, 1919—1933*, p. 195.

③ William C. Mcneil, *American Money and the Weimar Republic*: *Economics and Politices on the eve of the Great Depression*, p. 222.

④ Melvyn P. Leffler, *The Elusive Quest*: *America's Pursuit of European Stability and French Security, 1919—1933*. p. 183.

大部分时间里，吉尔伯特一直在欧洲与英、法、德各国领导人讨论赔偿问题，警告他们拖延解决赔偿问题的危险，阐明解决赔偿问题的好处。吉尔伯特在欧洲活动的同时，呼吁美国政府对专家委员会的工作采取合作态度。1928 年 9 月 28 日，吉尔伯特通过美驻德国代办向国务院呼吁说，他相信这次即将在巴黎召开的专家会议将彻底解决赔偿问题，与普恩加莱的会谈更增加了他的信心，他预计英国财政大臣鲍德温可能会提出一些反对的建议。吉尔伯特又汇报了一些德国的情况。① 吉尔伯特为美国再次介入赔偿问题已经做好了许多准备工作，并对可能出现的情况做出了一些预测。

10 月 11 日，美国驻德国代办向国务院汇报：昨天德国外交部长舒伯特对他说，德国政府极其希望美国的合作，至于参加会议的美国专家，德国希望最好是像 1924 年那样的专家。② 10 月 30 日，德国大使交给国务卿一份备忘录，主要通告英、法、比、德、意、日六国 9 月 16 日在日内瓦达成协议的情况。在协议中六国呼吁要全面、彻底地解决赔偿问题，为此，赞同召开一个财政专家会议，财政专家可以来自于任何一个国家。六国政府一致向美国财政专家发出邀请，只要他们同意参加。③ 德国大使以及六国的呼吁说明，国际社会普遍期待美国能够像 1924 年那样再次介入德国赔偿问题，现在只等美国政府表态了。

10 月 31 日，国务卿凯洛格通知吉尔伯特说，政府允许美国公民参加与道威斯委员会类似的独立专家委员会。但政府的合作要受到国内政治的限制，共和党政府担心主要有两点：一是怕德国赔偿与战债联系；二是怕美国卷入与赔偿有关的协约国从莱茵撤军问题。④ 这表明，美国这次介入赔偿计划的原则与制定《道威斯计划》时的原则基本一致：强调政府不直接介入；不卷入欧洲政治；赔偿与战债相分离。

---

① 包括：1. 德国说新的专家委员会将为解决问题提供一个极好的机会，但最终问题的解决将在很大程度上依赖于吉尔伯特的努力；2. 法国建议举行双边谈判，而德国更愿意通过专家委员会而不是外交会议来谈判，就像 1924 年的那样，可以邀请不对美国政府负责的美国专家个人参加；3. 德国认为，英国为了抑制德国工业的竞争，英国可能更喜欢目前这种状态，不一定愿意用直接的方式全面地解决问题；4. 德国确信，赔偿与国际债务能够实现相互分离。FRUS, 1928, vol. 2, p. 871. The Charge in Germany (Poole) to the Secretary of State.

② FRUS, 1928, vol. 2, p. 872. The Charge in Germany (Poole) to the Secretary of State.

③ FRUS, 1928, vol. 2, pp. 872 – 873. Memorandum Handed by the German Ambassador (Von Prittwitz) to the Secretary of State on October 30, 1928.

④ FRUS, 1928, Vol. 2, pp. 873 – 874. The Secretary of State to the Charge in France (Armour).

1929年2月即将离任的柯立芝总统亲自任命了参加会议的美国专家，他们是杨格、摩根、拉蒙特和托马斯·皮金斯。杨格因为在《道威斯计划》中的出色表现以及他对欧洲国家的影响力，理所当然成为代表团领导。选择摩根和拉蒙特是因为决策者们想吸引国内银行家们支持计划，从而保证日后赔偿证券的发行。出发前，柯立芝总统与杨格和摩根会谈，向他们提出了三项原则：确保美国战债；避免在政治上的卷入；利用美国私人资本培育欧洲财政和政治的稳定。① 因此，专家们面对的任务比1924年更加复杂了。表现为：1. 吉尔伯特与英、法、德领导人的商讨已经限定了专家们的工作。2. 专家的影响力与5年前相比大大下降了。法国经过休养生息很大程度上已经恢复了实力，甚至整个欧洲都已经实现了复兴，专家们的意见对欧洲领导人来说不再那么重要。3. 美国华尔街疯狂的投机炒股使得欧洲的黄金不断转移到欧洲，美国几乎停止了所有的对外贷款。

2月11日，专家们在巴黎开始工作，杨格被选为委员会主席。这次会议除了美国和协约国代表外，还邀请了德国代表参加。会议刚开始德国代表经济专家亚尔马·沙赫特立刻向委员会提出：德国持续的贸易逆差，大量的国外贷款都要求大幅度地削减它的赔偿义务。他说德国每年只能支付大约10亿马克的赔偿，因为德国每年130亿马克外债的利息也是10亿马克，而德国每年总的转账能力最多是20亿马克。所以它只能支付10亿马克的赔偿，同时他还强调支付赔偿的期限不能超过一代人的时间。② 英国代表罗赛尔·斯坦普认为德国的理由虽然不很充分，但对沙赫特有关德国支付能力的阐述表示同情，斯坦普建议德国赔偿应该分为两部分：一是无条件必须的赔偿义务；二是有条件有转移保证的赔偿。然而法国代表爱米尔·莫劳对沙赫特和斯坦普的建议极力反对，他坚持德国赔偿的年金应该在35亿到47亿马克之间，他也反对为赔偿转移进行保证的建议，因为这将妨碍法国要把赔偿证券资本化的计划。③ 会议陷入了僵局，随后沙赫特又向委员会提出，德国每年可以支付16.5亿马克，但他附加了一个条件，

---

① Melvyn P. Leffler, *The Elusive Quest: America's Pursuit of European Stability and French Security, 1919—1933*, p. 203.

② FRUS, 1929, Vol. 2, pp. 1029 - 1034. The Secretary of State to the Ambassador in France (Herrick).

③ Melvyn P. Leffler, *The Elusive Quest: America's Pursuit of European Stability and French Security, 1919—1933*, p. 205.

即波兰走廊要回归德国以及德国应该拥有新的海外殖民地。①

杨格没有想到双方意见分歧会如此之大,他努力寻找调和双方主张的方法,经过多方考虑,他建议成立一个新的银行机构,即国际清算银行(BIS)。这个建议得到了各国代表的一致赞同,摩根和拉蒙特也认为这个机构能够作为赔偿的担保者,监控赔偿实现商业化以及有效的资本化。3月3日,杨格综合了所有观点分别给总统、国务卿、财政部长写信,在信中他首先汇报了会议进行的情况、各国代表的观点。最后解释了建立新的国际清算银行的想法,杨格认为该银行将通过正常的财政机制和信贷力量能够保证战债的支付,德国的赔偿也将随着协约国的债务一起进行支付,赔偿委员会就不再成为必需的了,国际社会就可以消除所有战争遗留下来的机构,美国也可以摆脱以前对这些机构事实上担负的政治责任。②

然而华盛顿却拒绝了杨格的建议,在得到胡佛同意由财政部副部长米尔斯发给杨格的备忘录中,批评专家牺牲了美国传统的把战债与赔偿相分离的政策。米尔斯警告说,欧洲国家正在联合形成统一阵线进行施压来减少他们的战债,通过国际清算银行,美国在替英、法、比、意等国家收集德国赔偿,其结果是德国人的负担将转移到美国纳税人身上。另外,美国反对将德国赔偿分成两部分。备忘录最后是国务卿史汀生对专家的告诫:1. 在任何情况下,联邦储备银行的官员都不会担任国际清算银行的领导。2. 如果为了最终解决赔偿问题而把德国支付的赔偿分成两部分,那么其中之一必须基本能够满足协约国支付美国债务所需。3. 协约各国政府的政策是不愿意接受少于必须支付给美国战债数额的赔偿数额。德国能支付什么以及如何支付是专家的问题,至于协约各国政府愿意接受什么是一个政治问题,专家不应该考虑这些。③

华盛顿的态度不啻于给杨格等人泼了一盆冷水,杨格对国务院反对美国参加国际清算银行感到非常失望。杨格在与摩根、拉蒙特、吉尔伯特商议后,杨格给国务院发了一份电报,提醒国务院专家不是美国政府的官方代表,他们不能阻止协约各国根据他们欠下的债务来计算出他们

---

① William C. Mcneil, *American Money and the Weimar Republic*, p. 232.

② FRUS, 1929, Vol. 2, pp. 1029 – 1034. The Secretary of State to the Ambassador in France (Herrick).

③ FRUS, 1929, Vol. 2, pp. 1038 – 1040. The Secretary of State to the Charge in France (Armour).

的赔偿要求，同时杨格向华盛顿保证他们不会牺牲美国的利益。① 正当杨格一面向国务院解释，一面努力说服德国和法国时，5月16日史汀生通知专家会议：美国政府不希望美国任何官员直接或者间接地参与国际清算银行收集德国赔偿的工作，不允许联邦储备系统的任何官员作为成员或者代表为BIC服务。② 各国专家听到这个消息后感到备受打击，法国专家莫劳公开声明，鉴于美国政府的态度，他不打算继续谈判了。被激怒的杨格让驻巴黎的美国外交官转告华盛顿，除非政府采取合作态度，否则专家们将不能达成任何协议。③

此时华盛顿的决策者左右为难，从个人来说他们赞赏杨格所做出的努力，也知道达成赔偿协议的好处，但他们担心会引起国会和民众的反对。因而希望美国专家们能用他们个人的影响力和财政手段制定出一个永久的解决方案，同时不危及战债，美国在政治上也不卷入。当华盛顿的决策者得知他们的政策很可能阻碍会议达成协议时，很快就改变了态度。5月17日，史汀生通知杨格说政府不反对建立国际清算银行，也不反对美国私人银行和私人银行家们与它建立联系。④ 另外，胡佛总统在与国会领导人协商后，同意只收取90%的"混合权利"所要求的支付额，包括德国为美国在莱茵地区占领军支出的费用，条件是英国和法国也做出同样的让步。⑤ 美国的最终让步促使德国接受了杨格提出的计划，英、法也做出了相应的妥协，与会各方终于达成了一致意见，出台了《杨格计划》。⑥

---

① FRUS, 1929, vol. 2, pp. 1043-1045. The Charge in France (Armour) to the Secretary of State.
② FRUS, 1929, Vol. 2, pp. 1070-1071. The Secretary of State to the Charge in France (Armour). Statement Issued to the Press by the Secretary of State, May 16, 1929.
③ FRUS, 1929, Vol. 2, pp. 1071-1072. The Charge in France (Armour) to the Secretary of State.
④ FRUS, 1929, Vol. 2, pp. 1072-1073. The Secretary of State to the Charge in France (Armour).
⑤ FRUS, 1929, Vol. 2, pp. 1075-1076. The Secretary of State to the Charge in France (Armour).
⑥ 《杨格计划》分11章，另有8个附件，其主要内容：1. 赔偿总额与年序：计划规定在59年的期限内，支付总额为1210亿马克，比伦敦会议规定的1320亿马克减少了110亿马克。从1929年9月1日至1966年3月31日，在此37年中，德国每年平均应付19.88亿马克，每年逐年递加；在后22年内，即从1966年4月1日后每年递减。2. 无条件赔偿和有条件赔偿：前者指无论德国经济如何，每年必须付6.6亿马克，不得延缓。后者指德国遇到经济危机时可以延期支付，但以两年为限。3. 成立国际清算银行：由与赔偿问题有关各国的中央银行共同组织，其主要任务是负责接收管理并分配德国年度赔偿，负责维持德国金融的稳定和促进国际贸易的发展。《道威斯计划》的收付和管理赔偿的机构停止工作。4. 限期取消货物抵付赔偿：《道威斯计划》规定以货物抵付赔款目的在于增加德国出口以便恢复德国工业。但德国大量用货物支付赔偿，会对债权国在国际贸易的竞争不利。所以《杨格计划》规定以货抵现办法限期10年为止，且每年付货数量逐渐减少。5. 发行公债的办法：《杨格计划》力图使赔偿支付摆脱国际政治的束缚，使之商业化等等。参见王绳祖：《国际关系史》（第四卷），第311—315页。

该计划规定的赔偿数额与年限都减少了，对德国更有利的是从此取消了协约国对德国的财政监督，撤销了赔偿委员会和移交委员会以及赔偿事务总管，有关德国赔偿的一切结算事宜将由一个没有任何政治权力的纯粹金融机构 BIS 来处理。总之，《杨格计划》减轻了德国赔偿的负担，进一步放宽了《凡尔赛和约》对德国的限制，使得赔款问题进一步向有利于德国的方向转移。

8 月 6 日，英、法、德、意、比等国在海牙召开会议，讨论批准《杨格计划》问题。会议针对英国代表提出的意见做了一些修改后，一致通过了《杨格计划》。虽然有关各国批准了《杨格计划》，但该计划是建立在一系列前提假设基础上的：德国经济要持续增长；外国贷款刺激德国生产力；德国出口要超过进口；德国财政预算平衡；十年之后德国能够支付更多的赔偿等。

然而，《杨格计划》在各国特别是在美国受到了冷遇。胡佛和史汀生虽然承认《杨格计划》达到了确定赔偿总额、把赔偿问题从国际政策领域中清除出去、稳定德国和欧洲财政的目的，但他们认为计划把赔偿与战债两个问题联系起来，有可能使得美国卷入欧洲政治事物之中。他们也反对 BIS，担心该银行体系可能引起国际政治派别的斗争。美国国会对 BIS 更是反应强烈，国会银行及货币委员会主席路易斯·马克福德发起了反对美国过多参与欧洲事务特别是美国参加 BIS 的活动。为了防止国会对《杨格计划》的攻击，财政部规定避免联邦储备系统与 BIS 的官方联系，但美国私人银行可以与 BIS 发展关系。①

美国官方虽然反对承担《杨格计划》的政治责任，然而从经济角度来讲，美国通过该计划将受益颇多。据摩根集团合伙人托马斯·拉蒙特的计算，计划如果能够顺利实施，德国平均每年支付给协约国的赔偿是 4.95 亿美元，其中有 3.25 亿美元将流回到美国。在 59 年的赔偿期限内，德国支付给协约国的赔偿总数是 90 亿美元，美国将获得其中的 60 亿美元。② 但美国的如意算盘并没有实现。《杨格计划》刚通过不久，10 月 29 日美国股市突然崩盘，由此引发了人类历史上规模最大、影响最深远

---

① Melvyn P. Leffler, *The Elusive Quest*: *America's Pursuit of European Stability and French Security*, *1919—1933*, pp. 213 – 214.

② Thomas W. Lamont, *The Final Reparations Settlement*, Foreign Affair. Apr30. vol. 8, pp. 336 – 362.

的一次经济危机。一个月内美国股票价格下跌达 40%，约有 300 亿美元的股票化为乌有。① 在这种情况下，国会反对在美国发行赔偿公债。美国政府提出它不会发行多于总量 1/3 的赔偿公债，并要求法国承担同等比例的债券发行量，因为此时法国的财政状况还比较好。用胡佛总统的话来说，旧世界已经在相当大的程度上得到了恢复，他们能够承受得起这样的负担。② 为此，在 1930 年 6 月总共发行的 3 亿美元的赔偿公债中，美国只认购了 8500 万美元，不到总量的 1/3。③

在国际财政状况不断恶化的情况下，为了尽可能多地出售赔偿公债，杨格、吉尔伯特、国务院和财政部的一些官员开始设想一个解决相互纠缠的赔偿、战债问题的新途径：用欧洲国家购买的赔偿公债来冲抵一部分它们欠下美国的战债，可以说这是个值得一试的好办法。然而胡佛总统对此建议不感兴趣，因为 1930 年末，美国的财政赤字不断高升。更主要的是，在美国政府内部，解决赔偿问题并进而快速、全面地清算战债问题的动力已经消失了。与《道威斯计划》相比，为什么美国政府对《杨格计划》的态度如此冷淡呢？一方面是大危机的爆发使美国把主要精力用于应付危机上，无暇多顾；另一方面，美国在欧洲的经济利益已经得到保护，而且随着德国以及整个欧洲的复兴，它们开始成为美国潜在的竞争对手，美国不愿意再帮助德国以及欧洲。德国成为《杨格计划》的最大受益者，该计划撤消了对德国经济的监控，占领军也提前从莱茵地区撤军。大危机发生后，《杨格计划》仅执行了两年就无法继续实施下去，它实际上已经变成了一纸空文。

美国制定、实施的《道威斯计划》和《杨格计划》表明，美国决策者秉承了一贯的实用主义原则，把德国赔偿问题转化为单纯的经济问题来处理：由各国经济专家组成委员会制定赔偿计划，然后由美国私人银行出面为赔偿计划的实行提供贷款。政府在这个过程中只起咨询、监督的作用。因此美国政府多次声明，美国专家的意见只代表他们个人的观点，政府不承担任何政治上的责任与义务。美国政府这种只想获利，不

---

① Robert Forrell, *American Diplomacy in the Great Depression*: *Hoover—Stimson Foreign Policy 1929—1933*, Yale Uni. Press, 1957, p. 11.

② Melvyn P. Leffler, *The Elusive Quest*: *America's Pursuit of European Stability and French Security*, *1919—1933*, p. 218.

③ Melvyn P. Leffler, *The Elusive Quest*: *America's Pursuit of European Stability and French Security*, *1919—1933*, pp. 217–218.

想担负政治责任的实用主义"经济外交"随着大危机的爆发难以为继,其赔偿政策也将不可避免地随之失败。

(二)《延债宣言》及洛桑会议

起始于美国的经济危机像震源一样迅速越出一国范围,向西欧各国蔓延。德国因为与美国经济联系最紧密,自然是首当其冲。在经济危机的冲击下,德国工业生产从1929年底开始直线下降,到1932年8月达到最低点,整个工业生产降低了40.6%,仅次于美国,居资本主义世界第二位,其中生产资料和消费品的生产指数分别退回到19世纪末和20世纪初的水平。工业危机很快引起货币借用危机,整个信贷体系处于崩溃的边缘。在如此窘境下,德国确无支付赔偿的能力。

1930年12月,上台不久的德国总理海因里希·勃鲁宁向美国驻德大使弗莱德里克·萨克特提出,召开一次国际会议来讨论整个战争债务和赔款问题。胡佛总统对德国的建议不予理睬。1931年6月初,勃鲁宁在前往英国会谈之前,德国内阁发表了一项准备了一个月之久的声明,宣称德国已经受尽了它所能忍受的一切强加于它的苦难,《杨格计划》的先决条件已不复存在。① 英、法也提出要求美国削减和延期偿还战债的建议。②

6月5日,摩根财团召开高层会议讨论如何应对危机,摩根认为现在只有美国政府能"挽救世界"。③ 下午拉蒙特向总统汇报了会议的情况,敦促总统采取行动,防止德国宣布延期支付赔偿,因为这将给那些为德国提供了20多亿美元短期贷款的众多美国小银行带来极大的不安。④ 从5月29日到6月3日,美国驻德国代办给国务卿连续发了3封电报,汇报德国的情况,说德国政府正准备提出修改赔偿计划的呼吁,这个呼吁可能由兴登堡总统发表。⑤

自大危机以来,胡佛总统一直密切关注着德国的经济状况,他连续

---

① [美]阿诺德·A.奥夫纳:《美国的绥靖政策,1933—1938年美国的外交政策与德国》,第16页。

② FRUS, 1931, Vol. 1, pp. 6–7. The Charge in Great Britain (Atherton) to the Secretary of State.

③ Melvyn P. Leffler, *The elusive Quest: America's Pursuit of European Stability and French Security, 1919—1933*, p. 235.

④ Patricia Clavin, *The Failure of Economic Diplomacy*, London, Maclillan, 1996, p. 14.

⑤ FRUS, 1931, vol. 1, pp. 2–5. The Charge in Germany (Gordon) to the Secretary of State.

与德国驻美大使以及回国述职的美国驻德国大使萨克特商谈。萨克特向总统描述了德国人民的苦难生活和随处可见的政治骚乱，大使说除非采取行动，否则革命将颠覆魏玛共和国。① 有鉴于此，胡佛认为不能再拖延下去了，他开始与史汀生、梅隆等人商讨对策，草拟了有关各国政府间的债务和赔偿延付一年的备忘录，并获得了国会领袖的同意。6月19日，美国收到了德国总统兴登堡要求延期支付债务、赔偿的告急电报。② 20日，胡佛发表了《延债宣言》。③ 美国虽然延期债务，但它随后只为德国注入了1亿美元的资金，这些钱对于德国来说杯水车薪，到了7月5日，1亿美元消耗殆尽，并没有从根本上解决问题。另外，美国事先没有与英、法等国协商此事。因此，胡佛的《延债宣言》发表后，各国反映不一。英国赞成，法国反对，因为《延债宣言》使得法国一年净损失20亿法郎。法国要求无条件支付的那部分赔偿还应该继续支付给国际清算银行，由银行根据自己的判断来决定应该支付的数额。④ 为了使延债计划能够顺利实施，财政部长梅隆亲自前往巴黎劝说法国领导人。7月6日，法国终于表示同意，从而使胡佛《延债宣言》得到所有欧洲有关国家的支持。

胡佛总统在解释《延债宣言》的目的时说，延债可以为世界经济的

---

① Melvyn P. Leffler, *The elusive Quest*: *America's Pursuit of European Stability and French Security*, *1919—1933*, p. 234.

② FRUS, 1931, vol. 1, pp. 32 – 33. The Secretary of State to the Ambassador in Germany (Sackett).

③ 其主要内容：美国政府建议，在一年期内延付一切各政府间债务、赔偿和救济借款的本利，但是私人方面对各政府的债务当然除外。在能得到国会通过的条件之下，美国政府从7月份财政年度起，将延缓外国政府对美国一切债务的偿付一年。不过各主要国家间，对债务也须作同样的展缓一年。上项举动的目的，在于给来年以世界经济恢复的机会，并有助于使美国已经运转起来的恢复力量免受国外障碍的影响……现在并且愿乘这个机会，坦率宣布我个人对于德国赔款和欧洲协约政府欠美国的债务中间的关系……赔偿完全是一个欧洲问题，和美国没有关系。关于取消对美的债务，我没有丝毫赞同的意思…… 不过上述债务的解决，是根据在寻常情形下的偿付能力，倘然我们顾虑到现在世界的反常情势，我们就应该遵照我们的政策同原则。我确实知道，美国人民没有意思想在债务人偿付能力以外，榨取任何金钱。……美国对于讨论严格的欧洲问题，不愿意牵涉在内，像德国赔款问题，就是其中一个。我们的举动可以表示我们对于世界繁荣的及早恢复，愿意做出贡献。美国人民对于世界繁荣，有深切的注意。参见齐世荣：《世界通史资料选辑：现代部分》（第一分册），第76—77页。另参见 FRUS, 1931, Vol. 1, pp. 33 – 35. The Secretary of State to the Ambassador in France (Edge).

④ 王绳祖：《国际关系史》（第五卷），第39页。另参见 FRUS, 1931, vol. 1, pp. 54 – 55. Memorandum by the Chief of the Division of West European Affairs (Boal).

恢复提供一个喘息的时机、恢复信心、重新激活德国经济、恢复金本位、使商业恢复活力、保护美国私人信贷等。① 但胡佛的愿望没有实现，《延债宣言》发表后，欧洲经济状况持续恶化。特别是德国自从7月份四大银行之一的达姆斯达特国家银行宣告破产之后，又有多家银行相继破产或停止营业，国库黄金储备锐减4/5，整个信贷体系处于崩溃的边缘。这种情况下，德国自然是无力支付赔款和还债，从而使赔款问题再度成为难题，欧洲各国不得不开始自行考虑如何解决延付期满之后的德国赔偿问题。

美国的延债声明虽然给了德国一个喘息的机会，但德国需要的却是永远终止战争赔偿。1932年，世界经济形势继续恶化。因此，从年初欧洲国家开始筹划召开最终解决赔偿及债务问题的经济会议。美国从非官方渠道得知，英国政府打算在即将召开的洛桑会议上彻底取消德国赔偿，并散布出一种说法——"相信这将得到美国的欢迎"。

6月1日，国务卿史汀生通知其驻英国大使说，这种说法绝对违反美国原则。美国有远见的银行家们认为，取消德国的赔偿义务将损害德国的信贷，这对在德国的个人投资极为有害。最后，国务卿要求大使将美国的态度转达给英国财政部。② 英国财政部官员沃伦·菲什应邀在与美国外交官会谈时解释了英国的观点，他说在即将召开的洛桑会议上，德国将拒绝继续支付它无法完成的赔偿，德国可以承诺以后将继续支付有限的赔偿，但现在德国还不能确保这个数字是多少。菲什强调现在任何试图迫使德国支付赔偿的做法都将给全世界带来最严重的心理影响。③ 美国对英国的解释自然是表示不满。

但欧洲国家不顾美国的反对，英、法、德、意、比等国在瑞士洛桑召开会议，就德国赔偿问题和协约国债务问题展开了讨论并达成了协议。该协议几乎一笔勾销了德国赔偿问题，它规定：由德国发行30亿马克债券，国际清算银行予以认购，3年后将这批债券以不低于票面价值90%的价格公开出售，15年后如仍未售出即被冲销。④ 英法等国同意免除德

---

① Melvyn P. Leffler, *The Elusive Quest: America's Pursuit of European Stability and French Security, 1919—1933*, p. 239.

② FRUS, 1932, vol. 1, pp. 673 – 674. The Secretary of State to the Ambassador in Great Britain (Mellon).

③ FRUS, 1932, vol. 1, pp. 675 – 677. The Ambassador in Great Britain (Mellon) to the Secretary of State.

④ 王绳祖：《国际关系史》（第五卷），第20页。

国的赔偿义务,目的正如法国代表在会上所说:"在洛桑彻底取消赔偿将为美国在战债问题上创造一个友好的精神。"① 协约国是想以此作为先例和理由,要求美国免除他们的战债。

美国对于协约国和德国排除自己,并以牺牲美国利益为代价自行解决赔偿问题的做法极为不满,在洛桑会议期间国务院发表声明:无论在洛桑达成什么协议,即使是取消德国赔偿,美国政府仍然坚持它与协约国欠下的美国债务无关。② 胡佛总统担心在即将开始的总统选举中,民主党可能会利用战债问题攻击他。这时新闻界对欧洲取消战债的行为反应也很强烈,胡佛总统感到应该表明其态度。他对参议院外交委员会主席博拉说,美国政府不赞同最近在洛桑达成的协议,他不认为该协议将对债务问题产生什么影响。如果有人这么解释,那么我认为美国不会屈从于任何联合行动的压力。③ 美国与欧洲国家处于严重对立状态,在这种情况下,美国当然不会考虑减免协约国所欠的战债。但德国政府从此不再交付赔偿,并从国家预算中取消了赔款这项支出。同时向人民宣称:《凡尔赛条约》第231条关于战争罪责的条款已经取消。协约各国开始赖账不还,1933年法国带头分文不付,英国只象征性地还了一点,只有芬兰一国还清了所有欠下的美国债务。

美国对于债务国的赖账行为极端愤怒。1934年4月13日,美国国会通过了由参议员海勒姆·约翰逊提出的"债务拖欠法案"即《约翰逊法》,该法案规定不按期偿还债务的国家不能获得美国的新贷款,它也不得在美国发行债券。④ 这更激起了债务国的不满,因为协约国与美国在战债问题上没有达成协议,洛桑会议上达成的协议也就未能生效,但德国却再也不支付一分赔偿。美国和协约各国都清楚,实际上德国赔偿问题已经不了了之了。在《约翰逊法》通过之后的年代里,每年6月和12月,国务卿赫尔都向没有偿清债务的国家发出一份照会,通知对方应付的债务数目并督促还款。但赫尔每年收到的答复基本一样:拒绝支付债务,但愿意就此展开讨论。没有得到妥善解决的赔偿问题和战债问题带来

---

① Melvyn P. Leffler, *The Elusive Quest*: *America's Pursuit of European Stability and French Security*, *1919—1933*, p. 291.

② FRUS, 1932, Vol. 1, pp. 682 – 683. Memorandum by the Under Secretary of State (Castle) of a Conversation with the German Ambassador (Von Prittwite).

③ FRUS, 1932, Vol. 1, p. 691. President Hoover to Senator Willian E. Borah.

④ 王绳祖:《国际关系史》(第五卷),第21页。

的另一个后果是,它对美国国内以国会为代表的孤立主义的泛滥起到了推波助澜的作用,他们担心美国再次卷入欧洲可能发生的另一次战争之中。

第三节 一战与美国和平主义运动

毋庸置疑,第一次世界大战对美国的国际地位、政治、经济、社会发展等方面都产生了影响。但正如一战爆发之初,大多数美国人认为这场战争与他们没有多少关系一样,战争期间及战后,很多美国普通民众并没有真正意识到大战给他们的国家、社会甚至个人都留下了一笔不大不小的遗产。下面,简单分析和平主义运动①在战争期间以及战后发生的一系列嬗变,从中窥见一战对美国社会发展、民众心理产生的些许作用,进而影响了美国民众对即将到来的下一场战争的认知。

一、一战前后美国和平主义运动的发展

从19世纪末至20世纪初,美国的各种社会运动此起彼伏,社会思潮相互交织。"和平主义"(pacifism)一词首次出现于1901年,这一年,第十届世界和平大会在格拉斯哥召开。法国和平组织领袖阿诺德(Emile Aranud)首次将"pacifism"一词用于广义上的国际和平运动,表示反对战争、保障和平的思想和政策,从而把和平运动提升到"主义"的哲学高度。在这次会议上,pacifism得到正式承认。② 而那些所有为阻止战争、保障和平而奋斗的人则自称为和平主义者(pacifist);③ 和平主义运

---

① 国外学术界对一战后美国和平主义运动的研究比较充分。而据笔者所知,我国史学界研究一战后美国和平主义运动的学术专著尚未出现。相关的学术论文也不多,代表性的有:欧阳惠的《试论布赖恩和平主义外交的思想根源》、张淑华的《美国社会改革家简·亚当斯的和平主义思想探析》,熊伟民的《20世纪30年代美国和平主义运动》、王睿恒的《从积极和平到消极和平——满洲危机与美国和平运动的转折(1931—1933)》、王立新和王睿恒的《"积极和平":美国的和平运动与一战后国际秩序的构建》等。

② 刘炳香:《历史的另一面:欧洲和平主义思想(1889—1914年)》,载《历史教学》,2011年第6期。

③ 历史学家马丁·西戴尔把和平主义区分为两种类型:一种是绝对和平主义,认为战争或暴力永远是错误的,不应该以任何形式参与战争;另一种是有条件的和平主义或实用和平主义,认为战争不合理、不人道,防止战争永远都是首选政策,但有时战争也是必要的。参见刘炳香:《历史的另一面:欧洲和平主义思想(1889—1914年)》,载《历史教学》,2011年第6期。那么,根据和平主义者信仰程度的不同,和平主义者也可以分为绝对的和平主义者和相对的和平主义者。

动，或简称为和平运动（peace movement）的内涵则更加宽泛，泛指为了争取实现和平的一切主张及其社会实践。

1815 年拿破仑战争结束，美国出现了历史上第一个和平团体，即道奇和伍斯特在纽约和马萨诸塞发起成立的和平协会。1828 年，在一些州的和平协会基础上美国和平协会成立，其目的是进行反对军国主义的宣传。当时的许多废奴主义者原则上都反对军国主义，如威廉·钱宁、约翰·亚当斯、拉尔夫·爱默生等人都对战争进行了猛烈的抨击。19 世纪末，美国社会出现了一些比较保守的和平组织，如卡内基国际和平基金会、教会和平联盟等。这些组织的参加者主要是宗教人士、商人以及教育界和法律界的人，属于中产阶级的精英和社会富裕阶层。

到了 19 世纪末期，美国国内进步主义运动蓬勃发展。美国很多和平运动领导人同时又是进步主义者，两者的身份很多时候是一致的。虽然两者的理念有所区别，但他们都主张促进社会和经济的进步，支持社会改革，扩大妇女权益，缩小贫富差距，强调社会的公平和正义。因此，进步主义运动与和平主义运动是美国社会的进步力量，对世界前景、对人类理性都持有比较积极乐观的态度。1899 年，在荷兰海牙召开了一次国际性会议，成立了国际法庭以解决各国之间的争端，避免战争的爆发。据此，和平主义者预言：技术的进步和各国交往的加强将会导致永久和平局面的出现。进步主义认为必须通过理性与节制的准则才能改善世界，因此，战争是不可行的。① 一战前夕，美国和平运动的一位领导者宣称："我们似乎正在步入一个和约的时代而不是战争的时代，那是一个充满着理性而不是战争的世纪。"② 1910 年，美国著名媒体人诺曼·安吉尔的《大幻觉》一书在社会上广泛流传。该书论证了现代战争将是极度疯狂的，结论是战争永远都是"得不偿失的"。

一战前及战后美国有多少个和平组织，多少人参与了和平运动难以统计。其中，影响比较大的有 1915 年 6 月由前总统塔夫脱在费城创立的实现和平联盟，成员包括哈佛大学校长、前商业与劳工部部长、《独立者》杂志的出版人等社会名流。联盟把建立国联，通过集体安全体制保

---

① David Kennedy, *Over Here: The First World War and American Society*, Oxford university press, 1980, p.49.
② ［美］加里·纳什：《美国人民：创建一个国家和一种社会，下卷 1865—2002 年》，第 711 页。

障战后和平以及支持美国加入国联作为主要目标。威尔逊总统对该组织给予了支持,并于1916年5月27日亲临联盟第一届全国大会致辞,称美国加入未来的国际联盟反映了"美国人民的心声和愿望"。① 同年,简·亚当斯和其他妇女改革者创立了国际妇女争取和平与自由同盟,该同盟的目标是争取社会正义和世界和平。它在全美各地有120个支部,有超过3万人的会员,有专门与国会和白宫进行联系的游说人员。

  随着战争的爆发,关于美国政府的态度以及如何制止战争的议题提上日程。来自中西部的领袖们如拉福莱特和布莱恩,极力反对美国卷入这场战争。他们怀疑这场像所有其他战争一样,是金融势力的阴谋造成,看来唯一获利的只有银行家和军火制造商。前总统西奥多·罗斯福和大多数东部进步人士的立场则截然相反,他们认为这次战争是一场大是大非的斗争,他们深信专制独裁的德国是为了将它的统治扩大到整个欧洲而蓄意发动这场冲突的。德国对比利时的入侵,德国的种种暴行,德国的使用毒气、空袭轰炸,以及残酷的潜艇战,都使他们极为震惊。②

  到了1915年,致力于和平运动的进步主义者转而又提出了以经济制裁与仲裁法庭实现和平的国际联盟计划。这一主张得到了塔夫脱、威尔逊以及布赖恩等人的支持。不过在以何种方式实现国际和平的问题上,布赖恩和威尔逊出现重大分歧。布赖恩是当时和平主义运动主要的代表人物,在1913—1915年间担任国务卿期间致力于推行和平主义外交路线,主张美国保持中立、反对美国参战。为此与威尔逊总统产生分歧,在美国政府向德国发出第二份照会之后愤然辞职。回到民间之后,布赖恩继续为反对美国参加第一次世界大战而奔走呼号。这表明,和平主义运动的领导层在关于美国是否参战的问题上开始分裂了。

  美国宣战前夕,一些反战团体在许多城市开展了游行、宣传活动,劝说政府放弃战争政策。和平主义团体紧急和平联盟从3月份开始从它们在加利福尼亚的总部出发一直向东进发,该组织的发言人是前斯坦福大学校长戴维·乔丹。3月末,乔丹代表和平组织从波士顿来到巴尔的

---

① Robert Goldsmith, *A League to Enforce Peace*, New York: The Macmillan Company, 1917, p.93. 转引自王立新、王睿恒:《"积极和平":美国的和平运动与一战后国际秩序的构建》,载《社会科学战线》,2013年第8期。
② [美]纳尔逊·曼弗雷德·布莱克:《美国社会生活与思想史(下册)》,许季鸿、宋蜀碧、陈凤鸣译,北京:商务印书馆,1997年版,第291页。

摩。在4月1日，宣战的前一天，巴尔的摩上千名暴徒袭击了乔丹演讲的现场，他们试图冲上讲台。支持和平的听众一边唱着"星条旗在飘扬"，一边阻止狂热的爱国主义者们。暴徒虽然没有追赶上乔丹，但他们在巴尔的摩街道上闹到半夜，呼喊着："把乔丹挂到酸苹果树上"。①

第二天即宣战当天，紧急和平联盟成员从纽约来到华盛顿，他们花费整整一天的时间请求参议员们不要赞同即将宣布的战争。一位年轻的和平主义者在国会走廊上对共和党参议员洛奇说："任何打算宣战的人都是懦夫，你就是一个该死的懦夫。"洛奇回敬道：你是一个该死的骗子。② 年轻人被安保人员拖走并遭到殴打。

威尔逊在宣战的那一刻很清楚他会遇到反对，他计划要做的每一件事，如增加税收、推广兵役制、镇压"不忠诚者"、扩大行政权力等都会遇到反对。演讲开始后，威尔逊立刻发现，两个有影响力的参议员：密西西比州的詹姆斯·魏德曼和威斯康辛州的拉福莱特，没有像其他参议员那样穿着衣领带有美国国旗标志的西装，这种差别看起来很明显。威尔逊的演讲很成功，但最后几句话还是暴露了总统的矛盾心情："将美国这样一个伟大的热爱和平的民族带入一场战争，带入这场最为惨烈和灾难性的战争，该是多么可怕的一件事情啊。"③ 威尔逊总统是进步主义运动的精神和理论导师及主要领导人之一，和平主义者对他曾寄予了厚望。在1916年民主党全国代表大会上，民主党人以"他使我国避免了战争"作为竞选口号，争取到了中西部进步主义势力的支持，被重新提名为总统候选人，并最终赢得了大选。令和平主义者遗憾的是，威尔逊没有履行诺言，而是将美国带入了战争。

1917年4月14日，美国宣布参战后十天，政府成立了由进步主义记者乔治·克里尔主管的宣传委员会，专门负责战时宣传工作。委员会散发了几百万份小册子，邀请了几百名演说家、作家、艺术家、演员和学者，进行大规模宣传，劝募美国民众购买公债和激发人们的爱国心。"全国最高明的插图画家们画招贴画号召年轻人入伍，号召年纪大的人购买

---

① David Kennedy, *Over Here: The First World War and American Society*, New York: Oxford university Press, 1980, pp. 14-15.

② David Kennedy, *Over Here: The First World War and American Society*, p. 15.

③ ［美］加里·纳什：《美国人民：创建一个国家和一种社会，下卷1865—2002年》，第717页。

自由债券。志愿民兵在教堂、学校和剧院里向听众发表爱国演讲。"① 宣传委员会还向国外派出大量使者使世界相信美国为和平而战的计划。"当克里尔的工作结束时,每一个人都满怀信心地以为一个新的世界秩序正在缔造中。"② 美国社会激起了一场前所未有的战争狂热。

到了 1917 年底,坚定的和平主义者发现,在激烈的对抗中,和他们一样坚决反战的同事所剩无几,几乎都逃离了原来坚守的立场。更令和平主义者及进步主义者没有料到的是,"这场战争并不会壮大进步主义改革派的力量,而只能增加美国生活中最不具备民主性的力量"。③ 战争期间美国政府采取了一系列国家集权体制的"战争行为"更是彻底摧毁了和平运动所秉持的思想和理念。但民众的心理历来难以捉摸,有时变化得既快又极端。一战刚刚结束,美国民众的心理就出现逆转,对战争开始深恶痛绝。和平运动意外地获得了复兴,同时也标志着美国现代和平主义运动的开端,究其原因如下:

首先,美国民众因一战的刺激而对战争开始反思。一战造成的损失与伤害超过了以往任何一场战争。④ 而且战后美国人发现,美国参战的理由不像想象的那样单纯;美国卷入战争的过程并不光明正大,参战目标也不崇高与纯洁。战后一些学者开始研究一战,认为战争完全是错误的,如 1926 年,社会学教授哈里·巴恩斯出版了《世界大战的起源》,对曾经被广泛接受的德国负有战争责任的观点进行了抨击。两年后,西德尼·费伊出版了两卷本的《世界大战的根源》,在认真分析档案资料及其他材料基础上认为,协约国的宣传在某些问题上是不诚

---

① [美] 纳尔逊·曼弗雷德·布莱克:《美国社会生活与思想史》(下册),292 页。
② [美] 德怀特·L. 杜蒙特:《现代美国 1896—1946 年》,第 280 页。
③ [美] 埃里克·方纳:《美国自由的故事》,第 256 页。
④ 据统计,一战造成的财产损失超过 3300 亿美元,牺牲了 1300 万战士的生命以及同样多数目的非战斗人员。以 1918 年的美元价格计算,这场战争造成的直接经济损失大约是 1860 亿美元。如果把战争期间的产品、船只和财产损失以及死亡人员的经济价值计算在内的话,那么这场战争所造成的全部损失至少要达到 33000 亿美元。一战期间,美国派往海外作战的 200 万人中,有 230074 人受伤,有 48909 人死亡。战争还花去了美国政府 300 多亿美元,其中 1/3 是用税收来支付的;2/3 则是借款,这将不得不由战后的几代人来清偿。如果把退役军人的救济金这一长期开支算进去,美国的耗费恐怕相当于当时直接费用的 3 倍,达 1120 亿之巨。参见 [美] 彼得·博斯科:《美国人眼中的第一次世界大战》,北京:当代中国出版社,2006 年版,第 175 页。另参见 [美] 加里·纳什:《美国人民:创建一个国家和一种社会,下卷 1865—2002 年》,第 707 页。

实的。① 关于这一点，战后英国人自己也承认，美国人感到他们被玩弄了。德裔美国人马上利用了这一时机，重新出版了艾伯特·福斯特的《美国的德意志成分：专论其在政治、道德、社会和教育中的影响》，吹嘘德意志人对美国做出的贡献。② 德意志人对美国做出多少贡献姑且不论，战后美国人对德国普遍抱有同情，甚至是愧疚的心情倒是真的。

20—30 年代还出现了一些战争亲历者撰写的回忆录及以第一次世界大战为背景的小说，例如，《我们中的一个》(One of Ours)、《光荣的代价》(What Price Glory)、《三个士兵》(Three Soldiers) 以及翻译作品《西线静悄悄》(All Quiet on the WesternFront) 等书籍在美国销量巨大。③ 因此，战后美国人都竭力想忘记这场战争，在有些人看来美国的参战从一开始就是个错误，战争留给美国人的是一个不再战斗的决定。《新共和》周刊社论写道："这不是和平。假如美国人允许他们自己卷进欧洲联盟体系，他们将是愚蠢的。……美国应该撤销所有会损害他们行动自由的承诺。"④ 由此，一战结束后，和平主义重新崛起并盛行一时，出现了由各类爱好和平的团体共同组织的松散的和平运动。到了 30 年代中期，在和平主义者的推动下，国会开始了有关军火商在多大程度上决定了美国参战的调查。在 18 个月的调查期间，共举行了 93 场听证会，询问了 200 多位证人。据此，调查委员会指控，军火商在一战期间违反武器禁令和条约，通过向交战双方出售武器从中获利。尽管调查的结论是没有证据表明军火商制造了阴谋，但调查激起公众极大的关注并进一步增加了对战争的厌恶。⑤

其次，和平运动的复兴是战后美国"战争歇斯底里症"的反弹。一战期间，受狂热的爱国心驱使，美国民众普遍患上了"战争歇斯底里症"。他们憎恨德国人民，并怀疑德裔美国人是否忠诚，一些德国历史人物的塑像被拆除，许多州禁止教授德语和用德语做礼拜。德国泡菜改名

---

① Charles F. Howlett & Robbie Lieberman, *A History of the American Peace Movement*：From Colonial Times to the Present, Lewiston, N. Y. ：Edwin Mellen Press, 2008. p. 229.

② ［美］阿诺德·A. 奥夫纳：《美国的绥靖政策 1933—1938 年美国的外交政策与德国》，第 7 页。

③ Charles F. Howlett & Robbie Lieberman, *A History of the American Peace Movement*：From Colonial Times to the Present, p. 230.

④ ［美］托马斯·帕特森：《美国外交政策》，第 418 页。

⑤ Charles F. Howlett & Robbie Lieberman, *A History of the American Peace Movement*：From Colonial Times to the Present. p. 229.

为"自由白菜",德国风疹改名为"自由风疹"。① 倡导和平、反对战争的和平主义运动也难以幸免,备受打击与孤立。一些德裔公民及和平主义者的人身安全得不到保障,侮辱甚至是人身攻击的事件不断发生。1917年8月,密苏里州、蒙大拿州都出现了焚烧和平主义者房屋的事件。几周之后,当和平主义教士赫伯特·比奇洛前往辛辛那提州的和平集会发表演讲时,一伙暴徒抓住了他。比奇洛被脱光了上衣,披上写着"以可怜的比利时妇女和孩子的名义"的布条,一个身着白袍,带着黑面具的人鞭打比奇洛。②

依据战时国会通过的《通敌法》、《煽动叛乱法》,共有2168名因拒绝服兵役的人以及和平主义者被作为"叛国者"、"煽动他人拒服兵役的人"投入了监狱;许多对美国参战的道义性和必要性表示质疑的大学教授则被开除;拉福莱特因为投票反对美国宣战,他的雕像被威斯康辛州大学的师生焚毁。③ 对此,历史学家林克评价道:"战争歇斯底里似乎是美国人民为参加第一次世界大战所付出的最可怕代价。"④ 然而,战争结束后不久,在战争期间备受攻击与侮辱的和平主义者突然一夜之间变成了"和平英雄",战时因反战而被捕入狱的和平主义者陆续得到释放。1933年,新上任的美国总统罗斯福签署文件,正式向一战期间遭受迫害的和平主义者道歉。

最后,国际经济主义是和平运动兴起的经济基础。早在18世纪亚当·斯密就已提出国际经济活动本来就具有和平的倾向,依据是国际贸易是以国际分工为前提的合理经营,不同于以掠夺为目标的原始性战争,贸易和投资活动都有益于和平。一战前,国际经济主义曾广泛流行。美国很多政治家,如威尔逊总统、布赖恩、豪斯等人都是国际经济主义的信奉者,他们大多认为世界和平可以通过多国间的经济交流来维持和促进。此时的国际和平运动则形成了以"自由主义的世界主义"为中心的观点,强调通过自由贸易实现各民族利益的发展,通过国际仲裁解决各国争端。一战期间,该观念在美国进一步强化,其原因是战争虽然打乱

---

① [美]阿瑟·林克、威廉·卡顿:《一九〇〇年以来的美国史》,刘绪贻等译,北京:中国社会科学出版社,1983年版,第238页。
② David Kennedy, *Over Here*:*The First World War and American Society*, p. 73.
③ [美]加里·纳什:《美国人民:创建一个国家和一种社会,下卷1865—2002年》,第718—719页。
④ [美]阿瑟·林克、威廉·卡顿:《一九〇〇年以来的美国史》,第241页。

了贸易和海运，美国的经济活动受到一定影响，但美国对外贸易却实现了大的飞跃，首次成为资本输出国。到了 20 年代，经济国际主义思想在美国外交实践中主要表现为"经济外交"。当时，美国著名评论家尼布尔曾多次撰文强调：美国与世界全体的繁荣密切相关，而这种繁荣可以作为和平的基础。他曾说："我们生活在经济时代，我们的海外地位不是由海军或者殖民地总督决定的，而是由银行家维持的。"而且预言，只有这种状态的持续，国际社会全体的利益才能得到考虑，以和平为理想的态度才能培养起来。① 此时的国际关系实践也表明，国际经济主义不仅促进了经济发展，使得 20 年代后期各国普遍出现安定繁荣的局面；同时也为和平主义运动的复兴、发展奠定了经济基础。

经济危机爆发后，国际联盟为缓解危机于 1933 年在伦敦召开了世界经济会议。但因美元与英镑之间兑换率等一系列分歧，最终未就任何实质性问题达成协议。世界经济随之分裂成几个相互竞争的小单位：以英国为中心的帝国特惠区、以法国为首的金本位区、以日本为中心的远东日元区、以美国为首的美元区等。经济合作不复存在，国际经济主义受挫，和平运动的经济基础受到严重侵蚀，并出现了异化。

二、美国和平主义运动的影响

一战结束后的 20—30 年代，美国的和平主义运动达到高潮，直接影响了美国社会心理及政府的外交决策。关于和平运动产生的具体影响，主要包括和平主义运动促进了国际合作、实现了战争非法化以及和平主义运动与绥靖政策的关系等。

首先，和平主义运动促进了国际合作。众所周知，20 年代美国的社会心理主要表现为回归常态，回归常态常常又与孤立主义外交思想相联系。不可否认，20—30 年代美国的孤立主义思想曾盛行一时，但与此同时，国际主义思想并没有完全退居幕后。战后美国和平主义运动促进了国际主义的发展。巴黎和会期间，简·亚当斯曾率领美国代表团参加了在苏黎世召开的和平集会。会议代表来自世界各国的杰出妇女，目的是促进世界的永久和平。会议成立了妇女促进和平与自由国际联盟，亚当斯当选为联盟首任主席。20—30 年代许多美国和平组织都是应国际和平

---

① [美] 入江昭：《20 世纪的战争与和平》，第 73 页。

人士的要求而创立,还有一些和平主义组织本身就是同名国际组织的美国分部。这些和平组织吸收了宗教普世主义、人道主义、进步主义,甚至社会主义者的阶级无国界意识。美国和平主义者因此大都具有国际视野,支持美国参与国际社会合作,力图通过国际社会的共同努力建立新的和平机制来防止战争。

战后美国和平运动除了坚持原有的自由的人道主义和憎恶战争的信条之外,开始致力于实现国际主义和国内经济与社会正义的双重目标。此时和平主义者采取了一项新策略,开始向国联各种机构和委员会派遣非政府观察员为政府代言。到了 30 年代,美国政府通过与国联的 40 多个委员会合作,参与解决几乎所有威胁世界和平的危机。据此,一些学者对 20—30 年代的美国外交被称作孤立主义外交表示质疑。[①] 或许可以说,正是和平运动通过各种国际和平组织、各国民间的和平团体进行的一系列跨国活动,客观上促进了国际主义思想的丰富与发展,为美国在即将参与的下一场战争中的社会思潮、民众心态能够很快从孤立主义转变为国际主义提供些许有利的条件。

其次,和平运动推动实现了战争非法化。战争非法化的概念最先由芝加哥富有的律师萨蒙·莱文森提出。1918 年 3 月,莱文森在《新共和》杂志上发表了《战争的法律状态》一文,详细阐述了使战争非法化的理念。文中指出,战争和决斗一样都是错误的冲突解决办法,如果所有国家不宣布战争为非法,就不会出现永久的和平。因此,应该设计一种非法化战争的国际法准则,并创建一个拥有武力支持的国际法庭来防止和惩罚那些发动战争、违反准则的犯罪国;国家间出现纠纷时可以向国际法庭起诉,"由那些委员会中有经验的政治家,而不是战场上的毛头小伙子来解决纠纷"[②]。

战争非法化的理念一经提出,就受到和平主义者广泛支持。机缘巧合的是,1927 年 4 月 6 日是美国参加一战十周年纪念日,法国外长白里安向美国人民倡议,缔结一项永远在两国之间非法化战争的条约。美国

---

① Charles F. Howlett & Robbie Lieberman, *A History of the American Peace Movement*: *From Colonial Times to the Present*. p. 231.

② S. O. Levinson, *The League Status of War*, New Republic, Vol. 14, No. 175, March 9, 1918, pp. 171 – 173. 转引自王立新、王睿恒:《"积极和平":美国的和平运动与一战后国际秩序的构建》,载《社会科学战线》,2013 年第 8 期。

和平组织立刻对白里安的建议表示支持，并呼吁美国政府接受法国的建议。在和平主义者及多方力量的推动下，1928年8月27日，法、美、英、日、德等15国代表在巴黎签署了又被称为《非战公约》的《凯洛格——白里安公约》。后来共有62个国家加入该公约，这是和平运动在一战后所取得的一项最重大的理论和实践成果。

在人类历史上，《非战公约》第一次禁用战争作为推行国家政策的手段，从法律上明确否定"战争权"的合法性。它明确规定，"缔约各方以它们各国人们的名义郑重声明它们斥责用战争来解决国际纠纷，并在他们相互关系上，废弃战争作为实行国家政策的工具"①。据此，国际社会可以对战争发动者予以审判并对其给予相应惩罚。遗憾的是，在随后30年代相继爆发的一系列局部战争中，《非战公约》没有发挥应有的作用，被世人讥讽为"一纸空文"。

但吊诡的是，《非战公约》却成为二战结束后盟国审判法西斯战犯的尚方宝剑，发挥了至关重要的法律作用。无论是在纽伦堡国际法庭，还是东京国际法庭，法庭的起诉人、检察官、法官以及报道新闻的记者所依据的都是《非战公约》的相关条款。例如，美国首席起诉人说道：侵略战争"不再应该是公理的创造者和支柱"。"侵略战争不再应该是推动各个国家的义务……由于这一决议，许多习惯的东西在法律上过时了，因此，法律学家的任务是对他们各种各样的法典和条约进行检验。"苏联首席起诉人则把《非战公约》作为一条毋需论证的法律甚至真理使用，"考虑到战争已受到1928年巴黎公约的谴责，我们以为有必要使用有效的制裁手段以保证国际秩序和国际和睦"。法国起诉人、英国起诉人依据的也都是《非战公约》。②

此外，和平运动还极力推动世界裁军运动。一战后，在对和约、国联失望之余，美国和平主义者开始将实现普遍裁军作为维护和平的主要希望。20—30年代，在美国倡导下，召开了三次海军裁军会议，即1922年的华盛顿限制海军军备会议、1927年日内瓦裁减海军军备会议、1930年伦敦海军会议。这是美国和平运动取得的一项重大成果。但1932年召

---

① 方连庆、杨淮生、王玖芳：《现代国际关系史资料选集（上）》，北京：北京大学出版社，1987年版，第235页。

② ［民主德国］P. A. 施泰尼格尔：《纽伦堡审判》，石奇康等译，北京：商务印书馆，1985年版，第85—86页、100页。

开的世界裁军会议①却由于受法德对抗、英美政策失误等诸种因素的干扰没有达成任何协议，最终以失败告终。和平主义运动试图通过限制、裁减军备消除战争的愿望落空。

如果说上述是美国和平运动的积极作用，那么，一战后绥靖政策②在欧美国家的普遍出现则更多展现了和平运动的消极影响。当然，绥靖政策的出现有着复杂的社会心态，不能完全归罪于和平运动，但毋庸置疑，和平运动难辞其咎。更严重的是，无论是绥靖政策，还是和平运动都没有阻止下一场规模更大的世界大战的爆发。这说明，和平运动本身存在一些问题。就美国的和平主义运动而言，它存在着一系列缺陷，并对美国外交决策产生了一些消极影响。

首先，从和平主义运动产生的历史背景可以看出运动的实质是通过改革来维护现有秩序，因而反对战争。刘炳香博士在《历史的另一面：欧洲和平主义思想（1889—1914 年）》一文中提出，欧洲和平主义运动的出现是中产阶级希望通过维持一个和谐的社会秩序来保障其经济利益。因此，和平主义不仅仅是简单的放弃战争的呼吁，通过对战争的谴责，中产阶级还表达了对掌握经济和军事决策权并控制国家命运的上层统治者的不满。③ 与此相对照，从 19 世纪末到 20 世纪初，美国的进步主义运动以及和平主义运动相继出现有着类似的历史背景与社会心理。工业革命完成后，美国中产阶级开始登上历史舞台，他们对被排斥在政治权力之外感到不满。因此，这一时期以中产阶级为主要领导的各种社会运动风起云涌。刘炳香博士继续分析道：和平主义者认为战争和军事制度是工业社会的最大威胁，放弃战争不仅是可能的，而且是必须的；他们并不要求重构社会秩序，而只是要求政府放弃战争债务，停止巨大的军费

---

① 国外学术界关于世界裁军会议的研究专著很多，在此不一一罗列。我国学者对该问题的研究不多，只有少数几篇论文，例如，鲁静的两篇论文《罗斯福时期的美国与世界裁军会议》、《美国与 1932 年的世界裁军会议》。程文进的博士论文《1933—1940 年美国对德政策》。李静的硕士论文《富兰克林罗斯福的世界裁军思想》。

② 绥靖政策（policy of appeasement）也称"姑息政策"、"安抚政策"，它是一种对侵略不加抵制，姑息纵容，退让屈服，以牺牲别国为代价，同侵略者勾结和妥协的政策。绥靖政策是上一世纪三十年代国际关系中出现的一种特殊的外交政策。由于欧美几个大国对法西斯侵略国采取姑息、纵容的绥靖政策，不仅没有阻止战争的蔓延，获得苟且的"和平"，反而最终促成了二战的全面爆发。

③ 刘炳香：《历史的另一面：欧洲和平主义思想（1889—1914 年）》，载《历史教学》，2011 年第 6 期。

支出以及因战争而增加的税收。对中产阶级来说，和平主义是应对工业社会弊病的一个选择，与革命相比，是一个很有吸引力和说服力的途径，这个途径可以达到社会主义的所有目标。①

上述分析表明，和平运动反对战争的目的是为了维护原有的秩序，包括国际秩序和国内秩序。因而在面对一切可能引发战争的危机挑战时，和平主义者力图通过实现国际和国内秩序的合理化、民主化来消除战争的根源、化解危机，从而保证他们的既得利益不受侵害就是一个符合逻辑的选择。但这决定了和平主义运动基本上丧失了彻底的、决战的精神，对蓄意挑起战争的侵略者首先在精神上、心理上已经甘拜下风。

其次，和平运动本身也存在诸多问题。和平主义的内涵很模糊，外延也比较宽泛，各种学说、思想都能从中找到自己的契合点；信仰者和实践者来自于社会各个阶层，他们的信仰程度不同、认识也不统一。特别是一些彻底的和平主义者坚持，无论什么战争都要加以反对和排斥，而没有分清正义战争与非正义战争之间的本质区别。美国和平主义运动曾深受俄国大文豪托尔斯泰所倡导的非暴力、不抵抗、忍耐等带有基督教色彩的思想影响。1885 年托尔斯泰的《我的宗教》一书在美国出版，他反对一切暴力及战争的主张一度流行。美国和平运动的主要领导人布赖恩、亚当斯等都曾亲自到俄国拜见过托尔斯泰，他们的和平主义理念与和平运动的实践都吸取了很多托翁的思想，属于彻底的和平主义者。

一战结束后，美国和平运动的理念发生了一些变化，更多地追求积极和平，但消极和平以及彻底的和平主义思想影响还是比较大。到了 30 年代，战争阴云开始浮现，战争策源地逐步形成的国际背景下，很多和平主义者面对法西斯试图发动战争的危机与挑战还抱定和平主义不放，采取了逃避、绥靖的态度。此时的美国的一些和平主义者有时甚至站到孤立主义立场，强调保护美利坚民族的利益，对政府的外交决策产生了较大的消极作用。1937 年 2 月，美国进行的一次民意测验显示，95% 的人不愿意卷入另一场欧洲战争。慕尼黑会议期间，对同一问题所做的民意测验显示出相同的结果，甚至有 57% 的被调查者赞同《慕尼黑协定》。②

---

① 刘炳香：《历史的另一面：欧洲和平主义思想（1889—1914 年）》，载《历史教学》，2011 年第 6 期。

② 熊伟民：《20 世纪 30 年代美国和平主义运动》，载《史学月刊》，2003 年第 12 期。

最后，在国际政治的"丛林时代"，和平主义是一种难以实现的理想主义。通过上文分析可知，美国和平主义运动总的来说是在国内寻求政治、经济及社会的进步、公平与正义，从而消除战争的隐患；在国际上则试图通过依赖集体安全、国际机构的合作、构建条约体系等途径化解危机、消除国家之间的战争，从而实现维护世界和平的目的。从美国和平运动的实践效果来看，它虽然在一定程度上影响了政府的外交决策，但在解决国际争端、化解战争危机时，和平运动明显无能为力。众所周知，国际社会长期以来处于无政府状态，特别是社会达尔文主义被引入国际关系后，欧美列强所信奉、遵循的基本都是"丛林法则"。一战后由战胜国一手构建的凡尔赛—华盛顿体系自身又是问题多多，缺乏制止战争、维护和平的必要手段，自然难以保证国际社会的民主、公正与安全。30年代国际社会应对一系列相继爆发的局部战争之策已经很清楚地表明，和平运动所寻求的集体安全、国际合作、条约体系基本上都没有发挥出应有的积极作用，成为一种空谈和难以实现的理想主义。随着第二次世界大战爆发，美国和平主义运动再次消沉。直至二战结束后，和平运动才再次复兴，并成为一个持续影响美国社会至今的重要社会运动。

第三章 一战后美国对德战争索赔政策的影响

20世纪上半期爆发的两次世界大战只间隔了短短20年时间,因此,有些人直接将第二次大战视作第一次大战的延续。本章力图解答的问题是:一战后美国政府制定实施的对德战争索赔政策产生了什么影响。首先,分析美国索赔政策与二战前德国战争策源地的形成之间的关系;其次,二战爆发后,美国各界如何反思一战后美国外交政策及索赔政策的失败,由反思而得出什么经验和教训以及结论,这些经验和教训为二战末期美国决策者再次制定对德索赔政策时提供了哪些借鉴。

第一节 美国索赔政策与德国战争策源地的形成

众所周知,第二次世界大战的爆发有着诸多复杂的因素。[①] 凡尔赛

[①] 二战结束后,由战胜国组成的纽伦堡国际法庭和东京国际法庭相继对二战战犯进行审判时,使用了大量战败国的档案。由此,引发了大规模探讨第二次世界大战起源的研究。受战后冷战兴起的影响,西方学术界最先兴起的是"正统派",其研究思路,或者以1939年苏德签订的互不侵犯条约为中心议题,暗指苏联对战争的爆发负有不可推卸的责任;或者把战争的责任完全推卸给希特勒,而西方国家则是"上当的好人"。到了上个世纪50年代末60年代初,被称为"修正派"代表人物的英国学者A. J. P.泰勒对"正统派"发起了挑战,其代表作《第二次世界大战的起源》一书,对传统的研究结论、传统的研究思路和方法都进行了修正。70年代以后,由于西方国家二战前的档案资料大量解密,以及70年国际政治出现的多元化趋势,关于二战起源的研究进入了综合性的整体研究。参见陈兼:《走向全球战争之路——二次大战起源研究》,上海:学林出版社,1989年版,第3—8页。在我国,对第二次世界大战史学术意义上的研究从1979年之后才开始。对二战的起源、起点、性质、法西斯主义、绥靖政策、集体安全、二战的战略、战时的国际关系、战争结局和影响,以及中国抗战等一系列问题进行了研究。参见李巨廉、潘人杰著:《第二次世界大战》,上海:华东师范大学出版社,1990年版,附录。相关论文有:彭训厚:《中国第二次世界大战史研究综述》、胡德坤、赵文亮:《中国第二次世界大战史研究30年回顾》、崔美:《建国以来中国大陆第二次世界大战史研究定量分析》等。

——华盛顿本身难以克服的缺陷,英、法、美等西方国家领导人接连的决策失误,经济大危机的不期而至等等,但最主要的因素还是战败国德国对战后构建的凡尔赛秩序的抵制与反抗。① 正如国际关系史学家卡列维·霍尔斯蒂所说:"在某些情况下,那些重要的和约为未来的冲突和战争奠定了基础。这样,和平成了战争的导火索。"② 其实,《凡尔赛和约》墨迹未干之时,德国政府和民众就已经打算不认真履行和约了,例如,通过纵容德国马克恶性通货膨胀等方式抵制赔偿义务。

一战后美国制定、实施的索赔政策与二战的爆发之间似乎没有直接的关系。学术界对《道威斯计划》、《杨格计划》的影响曾有过一些论述。③ 笔者认为,这两个计划的成败得失不仅关系到赔偿问题能否解决,而且还直接影响了战后德国社会经济与政治发展的趋势,乃至整个欧洲的稳定与发展。下面,具体分析美国索赔政策的失误与德国战争策源地形成之间的关系。

首先,美国在巴黎和会上的让步使得德国战争赔偿与战争罪责联系

---

① 一些学者认为,两次世界大战中战胜国对德国的安排基本相同。但第一次世界大战后的德国人民认为巴黎和会的安排是不正义的,而第二次世界大战以后德国人却接受了战后安排。可见,如果一种战后安排要被接受,并能保证持久和平,关键是要让战败国认为是公正的。参见[美]凯格利、雷蒙:《从战争到和平:国际政治中的重大决策》,第27页。

② [加拿大]卡列维·霍尔斯蒂:《和平与战争:1648—1989年的武装冲突与国际秩序》,第22页。

③ 国内一些学者认为,正是美国资本的大量流入,促进了德国经济的恢复及繁荣,从而保证了魏玛共和国的政治稳定。此外,《道威斯计划》的实施还促使战胜国与战败国之间的紧张关系得以调整,欧洲大陆局势明显缓和,资本主义世界开始进入相对稳定时期。参见缪军:《从"杀鸡取卵"到"养鸡下蛋"——道威斯计划述评》、王宏波:《从道威斯计划看20世纪20年代美国经济外交》、杨田:《道威斯计划及其在恢复德国军事潜力中的作用》、吴惠敏:《浅析道威斯计划制定的原因》、胡果文、王少如:《重评道威斯计划》、夏季亭:《重评道威斯计划》、肖德芳:《德国赔偿问题与20世纪英国欧洲外交政策的演变》等论文。关于《道威斯计划》的影响,北京大学历史系主编的《简明世界史》(人民出版社1974年版)中则认为"道威斯计划对德国经济的扶植加速了军国主义的复活,并进而为希特勒的侵略战争准备了经济基础"。杨生茂主编的《美国外交政策史:1775—1989》一书认为,《道威斯计划》、《杨格计划》的实施形成了20世纪20年代的贷款——赔款——战债的这种国际金融关系,20年代资本主义世界的相对稳定在很大程度上是建立在这种脆弱的关系之上的,一旦美国的美元供给终止,整个资本主义经济也就处于危险之中,30年代的大萧条正验证了这一点。国外学者对《道威斯计划》的研究更充分与细致,发表了很多文章与专著,他们大多对该计划赞扬有加。斯大林也曾指出:"道威斯计划已经产生了一些效果,它已经使局势趋于相对稳定,美国资本的投入德国工业,通货的稳定,德国一些最重要的工业部门的改善,以及工人阶级物质生活状况的某些改善——这一切都不能不使德国资产阶级的阵地得到一定的巩固。"参见《斯大林全集》(第7卷),中译本,北京:人民出版社,1954年版,第32页。

起来。德国人反对最强烈的是《凡尔赛和约》第 231 条，该条款规定德国的战争赔偿不仅是财政上的义务，而且是道义上的义务。而德国人坚持认为："德国人民从来没有发动一场侵略战争"；德国人不同意协约国和美国政府关于战争起源的观点，不认为德国前政府在战争起源上负有唯一或主要的责任；德国人承认它对比利时的做法不够公正，但仅此而已，并非德国一家犯了错误。① 但威尔逊总统和协约国领导人对德国的抗议不以为然，认为德国应该为它所犯下的反文明的行为承担责任。据此，威尔逊总统同意了协约国提出的对德国战争罪责的认定。而德国自从接受《停战协定》之后，一直把签署公正、宽大和约的希望寄托在威尔逊总统身上，威尔逊总统在赔偿问题上的妥协和让步使德国人感到无比的失望与愤怒，谢德曼总理公开说，德国人民曾经那么信任威尔逊总统，但他让德国人民彻底地失望了。② 德国人认为他们上当受骗了，因此德国各界对《凡尔赛和约》以及和约要求履行的战争赔偿义务都十分抵触，认为这是强加在德国人民身上的枷锁。这种抵制情绪体现在德国人对《道威斯计划》和《杨格计划》的态度中，即便是给德国带来了大量投资的《道威斯计划》，以及对德国最为宽大的《杨格计划》都受到德国民众的广泛抨击，而主张接受这两个计划的政治家则受到各方的攻击。③

另外，根据和约规定德国要将大批的商船、牲畜、煤和木材以及其他生活必需品大量无偿地运往协约国。④ 和约从经济上对德国的掠夺使得战后德国人的生活十分贫困，同时极大地刺伤了德国人的民族感情。德国右翼分子和极端民族主义分子利用大多数人的民族感情和对共和国政府的不满情绪，兴风作浪，使得民族主义和复仇主义情绪在德国迅速蔓延，"匕首插背"即德军在战争中并没有战败，而是被"十一月革命"出卖了的说法广泛流行。

---

① Philip M. Burnentt, *Reparations at the Paris Peace Conference: From the Standpoint of the American Delegation*, p. 132.
② Manfred Jonas, *The United States and Germany, A Diplomacy History*, p. 143.
③ 陈兼：《走向全球战争之路——二次大战起源研究》，第 57 页。
④ 例如，和约的附件四规定：德国应交付法国种马 500 头、小母马 30000 头、公牛 2000 头、乳牛 90000 头、公羊 1000 头、绵羊 100000 头、山羊 10000 头。应交付比利时大种马 200 头、大母马 5000 头、小公马 5000 头、公牛 2000 头、乳牛 50000 头、小母牛 40000 头、公羊 200 头、绵羊 20000 头、母猪 15000 头。而且规定"以上应交付之牲畜，必须有通常健全之状态"。参见《国际条约集，1917—1923》，第 173—174 页。

其次，美国索赔政策加深了德国对美国资本的依赖。共和党政府在国内实行低税率的情况下要偿还国内的公债，对欧洲国家的债务必然要实行不妥协的强硬政策。美国在对外实行高关税政策的同时，关闭了欧洲债务国通过向美国出口来偿还债务的大门。在这种情况下，只有美国对外贷款才能使整个国际金融体系循环流动起来。通过美国的贷款，欧洲经济可以稳定下来、德国能够支付赔偿、协约国能够支付战债、美国也能维持对外高关税对内低税率的政策。美国因此成为"全世界的银行"，从1922年到1929年美国平均每年向海外输出7.33亿美元的资本，在最多的1929年，美国输出的资本金额达10亿多美元。①

在美国贷款—德国赔偿—协约国战债的连锁机制中，美国处于中心环节，如果没有美国的贷款，欧洲国家就不可能支付赔偿及战债。为此，美国介入了德国赔偿问题，主导制定、实施了《道威斯计划》和《杨格计划》。从实施的效果来看，《道威斯计划》使战后困扰整个欧洲的赔偿问题暂时得到了解决，同时也推动了欧美战债协定的签定，美国达到了它的不承担政府责任的经济扩张目的。但美国主导的赔偿计划有着致命的缺陷，正如经济学家凯恩斯从一开始就对《道威斯计划》提出疑问，认为它没有创造任何真正的价值。"美国贷款给德国，德国把同样数值的钱转给协约国，协约国又把它还给美国。没有任何实际的东西在转手，没有人失去一个便士。但是一旦这个人为的平衡被打破时，不可避免要出现政治问题，在这种情况下美国投资者要说话了，因为美国公众要寻找解决办法。"②

凯恩斯的预言随着经济大危机的到来不幸得到了验证。经济危机严重地打击了美国对外贸易和资本输出。危机期间，美国出口和进口总值都减少了70%左右，如果除去价格下跌因素，二者也分别减少了48%和34%。危机期间，资本输出一落千丈，最后几乎完全停止。1930年，国外投资新发行额为10.1亿美元，1932年减为2600万美元，1933年只有10万美元了。③ 极度依赖美国资本的德国在美国金融灾难的冲击下，自

---

① Jean—Baptiste Duroslle, *From Wilson to the Roosevelt*: *Foreign Policy of the United State*, *1913—1945*, London: Chatto & Windus, 1964, p. 173.

② Margot Louria, *Trumph and Downfall*, *American Pursuit of the Peace and Prosperity 1921—1933*, London: Greenwood Press, 2001, p. 77.

③ 樊亢、宋则行：《外国经济史》，第49页。

然是首当其冲不能幸免。其实早在 1928 年 11 月，当时斯特莱斯曼就曾提醒过德国人："我必须请你们时刻记住，在过去几年中，我们是靠借贷过日子的。如果一旦发生经济危机，美国要求偿还其短期贷款，那我们就要面临破产的危险。"① 他的预言同凯恩斯的预言一样变成了现实。大危机的爆发使得德国在 20 年代后期出现的经济繁荣几乎在一夜之间就化为乌有。随着美国停止甚至抽回贷款，德国的经济迅速陷入危机之中。从 1929 年 4 月到 1930 年 4 月，德国中央政府的财政赤字达 16 亿马克，如果再加上各邦和城市的财政赤字，整个国家的赤字则高达 32 亿马克，这个数字超过了德国净国民生产总值的 3%。② 德国经济面临崩溃的边缘。

在这种情况下，德国财政部门自然寻求外部贷款，但前赔偿总管吉尔伯特依然密切关注着德国的经济状况，他认为如果外国借贷者确信德国的财政状况不好，他们将拒绝购买杨格计划发行的公债，那么整个赔偿计划将最终失败。所以他坚持只有在杨格计划发行的公债卖出之后，德国才能寻求新的贷款。③ 德国不能及时地获得外部贷款，更加剧了经济的持续恶化。与此同时，各国在大危机的打击下，纷纷高筑贸易壁垒，德国外贸严重受堵。无法通过正常的经济途径摆脱困境的德国统治集团因而走上了另一条解决困境的道路。

最后，美国对德国贷款奠定了德国东山再起的物资基础。《道威斯计划》实施后，德国进行了货币改革，按 1∶1000000000 的比率，收回了全部旧马克发行了新马克，迅速稳定了货币，平衡了财政收支。德国优质、廉价的劳动力，对外国资本特别是对美国资本有着比较强烈的吸引力，在高利息、高股息的吸引下，外国资本源源不断流入德国。1924—1929 年，德国经济出现了"世界经济史中最壮观的一次经济复兴"。它有利于战后德国政治民主、经济繁荣的发展，整个欧洲出现短暂的和平与稳定。

与此同时，德国外交部长即后来的总理斯特莱斯曼运用高超的外交手段，成功地提高了德国的国际政治地位。通过 1925 年签订的《洛迦诺

---

① ［美］科佩尔·S. 平森：《德国近现代史——它的历史和文化（下）》，范德一译，北京：商务印书馆，1987 年版，第 601 页。
② Willam C. Mcneil, *American Money and the Weimar Republic*. p. 257.
③ Willam C. Mcneil, *American Money and the Weimar Republic*. p. 261.

公约》、1926年加入国际联盟并任行政常任理事国、1926—1927年改善与苏联关系等一系列重大步骤，逐步改变了德国战败国的形象，重新赢得了与英、法同等的欧洲大国的国际地位。斯特莱斯曼的外交是很成功，但并没有效地消除弥漫在德国社会心理中的极端民族主义与复仇情绪。经济状况好时，民族复仇情绪可能会销声匿迹，但当社会出现动荡之时，很容易成为激发民众情绪，特别是对现状不满又急于改变的中下层民众情绪的口实。经济危机爆发后，德国社会的动荡就证明了这一点。

《道威斯计划》为德国崛起奠定的物质基础不幸成为纳粹发动战争的本钱。德国工业的基础原先就十分雄厚，战后它的重工业基础、科学实验室、卡特尔体系基本保持了原封未动；同时德国还拥有大批廉价而训练有素、技术水平较高的劳动力。在得到美国资本的资助后，德国大规模更新机器设备、购置原料，引进先进的技术和科学管理方法，普遍开展所谓"产业合理化运动"，经济得以迅速恢复和发展。1925年，德国工业生产呈现高涨势头，1927年，德国工业生产已接近一战前的水平。1929年，德国的电力、煤炭、钢铁、机器制造、汽车、纺织等工业部门都达到了历史最好水平，国民收入比1913年增长70.1%。1928—1929年，德国生产的工业品占全欧（除去苏联）的1/3、电力占1/3、炼钢占2/5、化学产品占1/2、机器制造业占近2/3。① 远远超过英、法，仅次于美国，位列资本主义世界第二位。

《道威斯计划》的执行使得德国的军需工业获得了迅速的恢复和发展，1925年和1926年成立的法本化学工业公司和钢铁公司，成为德国军事经济潜力复活的两大支柱。此外，电气工业的电气总公司和西门子公司，军火工业的克虏伯公司，也都有了进一步的扩展。② 正如一位德国史学家兼沙赫特的经济顾问所说，德国开始是秘密地、后来就公开地把巨额款项用于重整军备，对于这一事实，希特勒也是直认不讳。③ 德国军事工业的恢复和跨越式发展使德国获得了再次发动战争的经济和技术上的优势，在二战期间德国发动的"闪电战"也充分证明了这一点。

---

① ［苏］梅尔尼珂夫：《为统一和平民主的德国而斗争》，陈用仪译，北京：人民出版社，1953年版，第8页。
② 王绳祖：《国际关系史》，1983年版，第373页。
③ ［美］阿诺德·A.奥夫纳：《美国的绥靖政策，1933—1938年美国的外交政策与德国》，第104页。

但德国的复兴是建立在对外资本，特别是对美国资本严重依赖基础之上的。美国全国制造商协会主席约翰·艾杰顿曾说："德国的某些工业集团完全是靠我们的金钱恢复起来的。"① 因此，大危机爆发后德国不仅立刻失去了外部的经济援助，20 年代后期出现的经济繁荣在一夜之间几乎化为乌有。随着经济状况的不断恶化，各种反动势力再次乘机出来作乱，他们打着极端民族主义的旗帜，大肆攻击《凡尔赛和约》，要求打破凡尔赛体系对德国的压迫与束缚。魏玛共和国因为代表德国签署了和约，在德国因而成为众矢之的，共和国处于内外交困、风雨飘摇之中。在这种形势下，德国统治集团急需建立一个对外能摆脱凡尔赛体系束缚、对内能恢复社会秩序的铁腕政权。希特勒的纳粹党逐步获得了统治集团的认可，从而比较顺利地攫取了魏玛共和国的政权。当然，《道威斯计划》与纳粹政权之间并没有必然的因果联系，但计划实施的客观后果之一却是为纳粹日后发动战争提供了比较雄厚的物质基础，这倒是完全出乎美国决策者意料之中的。

经济大危机发生后，胡佛总统发表的《延债宣言》，以及欧洲国家自行通过的"洛桑协议"都没有发挥出预期的作用，德国赔偿问题就此不了了之了。这不仅宣告了20 年代美国苦心经营的以赔偿政策为主要内容的"经济外交"的失败，而且也给美、欧双方留下了彼此怨恨的记忆。令人感到些许欣慰的是，其赔偿政策失败的经验和教训成为二战后美国政府再次制定、实施赔偿政策时的前车之鉴。

第二节　美国社会关于一战后索赔政策的反思

二战爆发后，美国民众、学术界、决策层都开始反思一战后美国的外交政策及其赔偿政策。其中学术界的反思分为传统学派和修正学派，他们的反思为美国赔偿决策提供了一定的社会心理背景。决策层则根据各自不同的历史记忆、历史反思分别形成了以财政部长小亨利·摩根索和陆军部长亨利·史汀生为代表的严厉派和温和派。两派都进行了比较深刻的反思，揭示了赔偿政策的失误之处。美国社会的反思必定要影响即将制定出台的赔偿政策。

---

① ［苏］C. Ю. 维戈兹基：《外交史》（3 卷），大连外语学院俄语系翻译组，北京：三联书店，1979 年版，第 687 页。

一、学术界的反思

美国参加的两次世界大战都面对同一个对手——德国，因而许多美国人把德国看成是天生的侵略者。战争期间美国进行的多次民意测验都显示出大多数美国人对德国的敌意。1942 年 7 月，大约 3000 美国人被问道：他们是否认为大多数德国人是希特勒的支持者？51% 的人的回答是肯定的。1943 年 1 月 3000 美国人被问道：如果德国将军们推翻了希特勒，盟国是否应该与他们谈判从而取得和平？63% 的人回答说不应该。1944 年 2 月进行的一次民意测验中，81% 的人赞成德国无条件投降政策。在同年 6 月的民意测验中，60% 的人认为德国战败后马上就会开始计划下一次战争。8 月又进行了一次测验，73% 的人认为为了防止这样的可能性，应该在战后把德国降为三流国家。德国投降一周后，90% 的人认为与德国签订的新条约应该比 1919 年的《凡尔赛和约》更严厉。[1]

更严肃的问题是，美国人必须考虑以后如何避免战争的灾难再次发生。于是，美国各界开始反思包括赔偿政策在内的美国一战后的对德政策。对于赔偿政策，美国大多数民众认为，赔偿政策的失败与巴黎和会上的复仇主义没有多少联系；他们坚持说只要受害国愿意接受德国的产品，从德国的当前产品中提取战争赔偿是能够行得通的；更主要的是，大多数美国民众把德国战争赔偿直接就看成了美国纳税人的负担，他们宣称，一战后是美国纳税人承担了大部分甚至是全部的德国战争赔偿。[2]

美国学者则大多把二战的发生归结到不幸的《凡尔赛和约》上，但对于一战的起源、凡尔赛体系的失败、一战后美国赔偿政策的评价，学术界基本分成了传统学派和修正学派两个观点截然相反的派别。传统学派以著名历史学家塞缪尔·比米斯为代表。他在其著作《美国外交史》一书中认为，一战起源于中欧国家单方面的侵略行为，美国小心翼翼地遵守着国际法的有关规定，竭尽全力保持中立。只是在德国海军的军事行动变成无差别的莽撞行为之后，美国才被迫卷入了战争。当德国在 1918 年接受威尔逊总统的"十四点"计划投降后，它的军事力量已经被

---

[1] John L. Snell, *Wartime Origins of the East and West*: *Dilemma over Germany*, New Orleans: Pauser Press, 1959, p. 9.

[2] John H. Backer, *The Decision to Divide Germany*: *American Foreign Policy in Transition*, Durham: Duke Uni. Press, 1978, p. 29.

彻底摧垮，柏林因而有义务接受胜利者所制定的"无条件投降"。《凡尔赛和约》尽管有些方面违背了"十四点"计划原则，但总的来说它还算公平，不能被视为"迦太基式"的和约。至于德国赔偿问题，比米斯认为，尽管协约国坚持索要高额的战争赔偿，但美国不仅没有索要赔偿，而且还尽力降低赔偿数额，并在一定程度上挫败了英、法等国索要高额战争赔偿的企图。但德国从一开始表现得就不好，随后又拒绝履行它的赔偿义务。① 鲁尔危机发生后，德国中产阶级遭受了巨大的经济损失，美国通过提供大量财政资助尽力使德国恢复政治和经济秩序，美国纳税人实际上为德国战争赔偿自掏了腰包；另外，上当受骗的胜利者们为德国提供的大量金钱资助了德国重新建立起军事化的工业，使其为发动下一场战争做好了准备。②

与传统学派学者的观点相反，以哈里·巴内斯为代表的修正学派则认为，威尔逊总统的外交政策从一开始就倾向于英国和法国，美国的"中立"政策只是一个空洞的理论概念。德国一直尽可能地避免与美国交战，但当源源不断的美国军事供应流向德国的对手时，军事对抗才变得不可避免。修正学派的学者还坚持认为，《凡尔赛和约》中的战争罪责条款有失公允；它促成了一个最不幸的外交文本；它严重破坏了德国民主、和平力量增长的机会，很容易地就为德国民族主义者和复仇主义者们提供了口实。正是因为判定德国单方面负有全部战争罪责站不住脚，使得整个《凡尔赛和约》都失去了合法性。尤其是它对赔偿问题的恶劣影响，美国曾经参与其中，同意协约国提出的抚恤金赔偿，结果使得德国战争赔偿总额上升到1320亿马克。他们认为美国做出的最大让步是对德国战争罪责的判定，最终与协约国一起制定了第231条款。③

传统学派与修正学派各自坚持的观点表明，他们之间的分歧很大，双方的立场难以协调。对于同一个历史事件，人们为何会产生如此巨大的记忆差异？不同的记忆会得出什么不同的历史经验和教训？这些经验和教训又会对外交决策者产生什么样的影响呢？美国学者安德鲁·斯科

---

① Samuuel F. Bemis, *A Diplomatic History of the United State*, New York: Holt, Rinehart and Winston, Inc, 1965, p. 639.

② Samuuel F. Bemis, *A Diplomatic History of the United State*, p. 724.

③ John H. Backer, *The Decision to Divide Germany: American Foreign Policy in Transition*, p. 10.

特在其著作《国际政治体系的功能》①一书中，专门论述了人们的历史记忆，以及从历史记忆中得出的历史经验和教训对外交决策者的影响，进而为我们解答上述问题提供了理论上的阐释。斯科特说，因为人类具有存储自身经历的能力，过去的无论是欢乐的还是痛苦的经历在人们的头脑中存储下来就形成了记忆。只有在存储记忆的语境下，新输入头脑的信号才会有意义。如果没有记忆系统，人们就无法形成一个连续的世界图景。当然，存储的记忆可能表达了一个对过去的正确解释，也可能表达了一个错误的解释。

另外，人的记忆系统既有学习的能力也有忘却的能力，从忘却的能力来说记忆是一个选择的过程，通过选择人们可以记住一些也可以忘却、屏蔽掉一些存储的信号。由于每个个体的记忆系统都有着自己的标准来决定什么需要被记住，什么需要被忘却或半忘却。因此，同样的历史经历在不同的个体那里就会出现不同的历史记忆。此外，记忆系统还有学习的能力，学习的能力不只是"记住"，它包括把经历和经历所得出的教训吸收到记忆系统中。这样新的事件就能与存储在记忆系统中过去的经历进行对比，从而得出历史经验和教训。由于个体记忆系统的学习能力受头脑组织、个性、信息、官方意识形态等因素的影响，不同的个体或者集体根据相同的历史记忆也会得出不同的历史经验和教训。

因此，同样是对一战后美国外交政策的反思，传统学派和修正学派却得出了不同的历史经验和教训。传统学派的解释因为避开了战争罪责问题，以及它本身就把德国作为假想的侵略者而获得了优势。特别是在1933年之后，尽管传统学派的观点还有待商榷，但它为美国外交决策提供了一个可供借鉴的历史背景。如果比米斯的理论可以被接受，那么一战对于美国来说，就成为了一场自卫战争；同理，战债就应该被取消，至少是被大幅度减少。至于《凡尔赛和约》，本应该或者是一个仁慈的和约：试图重新教育德国人民，促进自由和民主因素的生长；或者是一个强制性的体系：能够抑制未来的侵略者。但遗憾的是，这两种方式都没有得到采用。②

---

① Andrew M. Scott, *The Functioning of the International Political System*, NewYork: Macmillia, 1967, pp. 88 – 90.

② John H. Backer, *The Decision to Divide Germany: American Foreign Policy in Transition*, p. 12.

与传统学派相比，修正学派的观点在二战前夕则处于比较尴尬的境地，因为修正学派得出的历史结论是：一战时，美国不应该介入欧洲事务，而他们并没有为德国做辩护。更主要的是，修正学派的历史观念对于美国公众的影响是消极的。正如1937年4月份进行的一项调查所显示的那样：64%的美国人认为美国参加一战是一个错误。① 修正学派对传统学派发起了强劲的挑战，直到1939年秋德国入侵波兰。在这之后，修正学派的影响开始消退，但在珍珠港事件发生前，还有很多美国人强烈反对美国在军事上卷入战争，这表明修正学派的观点还在发挥着作用。另一方面，修正学派也产生了一定的积极作用，罗斯福总统在卡萨布兰卡与丘吉尔举行会谈时，明显地意识到了修正学派对凡尔赛体系的批判，所以他公开宣布，下一个和约将不会以复仇主义精神，而是以《大西洋宪章》原则为基础的和约。② 很明显，罗斯福总统这样做受到了修正学派的影响，其目的是鼓励德国国内的民主力量，有可能早一点结束战争。

总之，无论是传统学派还是修正学派，他们对凡尔赛体系、对一战后美国外交政策、赔偿政策的反思，以及他们由此而得出的历史经验和教训代表了美国大多数民众和学术界对德国赔偿问题的态度和主张，他们的态度和主张为美国决策者提供了社会心理背景，因而在一定程度上间接地影响了美国的外交决策。当然，相比之下，政界对于一战后美国赔偿政策的反思、他们的政策主张因为更接近决策机制的核心，自然更直接地影响了二战末期美国赔偿政策的决策与制定。

二、决策层的反思

学者们大多把二战的发生归结到不幸的《凡尔赛和约》上；而美国政治家们很多则认为凡尔赛体系的失败不是因为和约太严厉，而是因为它还没有严厉到它的条款必须得到执行的程度。这些政治家反思一战结束后，美国拒绝加入国联以避免承担它的国际责任、实行高关税政策、错误的战债和赔偿政策；回忆起20—30年代美国政府徒劳地极力避免军

---

① John H. Backer, *The Decision to Divide Germany: American Foreign Policy in Transition*, p. 12.

② John H. Backer, *The Decision to Divide Germany: American Foreign Policy in Transition*, p. 15.

备竞赛、大危机、极端民族主义，但战争最终还是爆发了。当美国政治家再次规划新的战后世界政治、经济秩序时，他们最担心的还是德国。德国不仅挑起了两次大战，最令人可怕的是它具有战败后重新崛起，并再次主宰欧洲的强大再生能力。因此，罗斯福政府的决策者自然要以一战后美国赔偿政策失败的经验和教训作为前车之鉴，削弱德国再次发动战争的潜力，以免重蹈覆辙。

由于两次世界大战只间隔了 20 年的时间，二战中许多美国政界和军方领导人在一战前后曾经担任过要职。① 斯科特根据他对人类历史记忆系统的分析认为，政策决策者是在历史记忆基础上做出政策决定的，个体的或者是集体的政策决策者经常会使用一些不同的历史记忆去支持、论证各自的观点和政策。② 罗斯福政府的决策者都意识到了一战后美国赔偿政策造成的灾难性后果，但经过各自社会价值和图景系统的选择、屏蔽，同样的历史经历在不同的决策者那里却产生了不同的历史记忆，并由此得出不同的历史经验和教训。二战末期，美国决策者关于一战、一战后美国赔偿政策的历史记忆表现出两个极端。因而，他们对于一战、一战后美国赔偿政策的反思、所主张的赔偿政策也表现出两个极端。其中，一个极端以财政部长小亨利·摩根索为代表；另一个极端则以陆军部长亨利·史汀生为代表。

小亨利·摩根索是美国二战期间显赫的人物之一，这些显赫人物的政治理念中有着很多威尔逊时代的烙印。摩根索对德国的憎恶可以追溯到其父亲担任美国驻土耳其大使时期他形成的对德国的认识；另外摩根索的犹太人背景加深了他对德国的憎恶，③ 在美国参战前，摩根索尽力阻断纳粹德国与拉丁美洲国家的经济联系，冻结德国在美国的财产；杰

---

① 如战争部长亨利·史汀生曾是塔夫脱政府的陆军部长；国务卿科德尔·赫尔在 1907—1921 年任国会议员时是威尔逊总统外交政策的积极支持者。哈里·霍普金斯在一战期间是美国红十字会驻欧洲的官员。乔治·C. 马歇尔将军在一战期间则是潘兴将军的高级助理。富兰克林·罗斯福总统在威尔逊政府中曾担任海军部长助理。财政部长小亨利·摩根索虽然在一战期间没有担任官方职务，但在其父亲担任美国驻土耳其大使期间（1913—1916 年），摩根索奠定了他的反德观念。

② Andrew M. Scott, *The Functioning of the International Political System*. p. 89.

③ 在美国参战前，摩根索已经开始尽力阻断纳粹德国与拉丁美洲国家的经济联系，并冻结了一些德国在美国的财产。Shlomo Shafir, *Ambiguous Relations*: *The American Jewish Community and Germany Since* 1945, Detroit Wayne State University Press, 1999, pp. 60 – 61.

弗逊等先贤对农业社会的赞美也影响了他的对德计划。①摩根索与罗斯福总统有着亲密的私人关系，在纽约时他们是邻居。爱丽诺·罗斯福曾回忆道：在华盛顿他们没有几个新朋友，摩根索一直是他们亲密的朋友，她称他是"富兰克林的良知"。摩根索则称总统是"除了父亲我第二尊敬和爱戴的人"。摩根索还说，当总统"有一些私人的事情开始要做时，他经常让我制定方法"。②这表明，摩根索是罗斯福政府决策层中对总统有着重要影响力的少数成员之一。

摩根索在他的著作《德国是我们的问题》③ 一书中，反思了一战后赔偿政策失败的原因，劝导美国决策者应该吸取一战赔偿失败的历史教训，以免再次制定政策时重蹈覆辙。摩根索认为一战后对德国战争赔偿的政策失败的原因主要有以下几点。

首先，《凡尔赛和约》对德国的控制体系是一个不成功的集体机制。协约国和美国通过赔偿委员会，以及后来的各种经常变动的机构去迫使德国支付战争赔偿，而且只有在德国不支付赔偿时，协约国和美国才有权根据和约的某些特定制裁条款采取制裁措施。1921 年 5 月，协约国在伦敦召集会议，其目的是要最终解决德国赔偿问题。为此还特意建立了一个保障委员会来监督德国赔偿的执行状况，但保障委员会没有规定协约国对德国的财政拨款拥有真正的权威。对德国财政监督体系的崩溃导致了法国联合比利时出兵鲁尔，为解决鲁尔危机，美国主持制定了《道威斯计划》。专家们认为德国信贷的声誉将被可能施加的制裁破坏掉，所以协约国最终同意专家们的建议，把原来德国"蓄意不履行"赔偿义务改成"公然不履行"赔偿义务时才实行制裁措施。总之，尽可能地避免干涉德国内部事务。1927 年 1 月，协约国监控委员会被取消，此时唯一对德国有监督作用的就剩下赔偿委员会了。但到 1929 年制定《杨格计划》时，为了使德国接受该计划，美国劝说协约国撤消了赔偿委员会，并承诺协约国提前 5 年从莱茵地区撤军。1930 年，协约国遵守承诺撤出了最后一批驻莱茵地区的占领军。从 1931 年开始，德国就不再履行它的

---

① 在去华盛顿之前，摩根索是个农业问题专家。在 1922—1934 年他主办了《美国农业》杂志。当罗斯福任纽约州州长时，摩根索是罗斯福的农业问题顾问。

② John L. Snell, *Wartime Origins of the East and West Dilemma over Germany*, p. 65.

③ Henry Morgenthau, *Germany is our Problem*, New York; London：Harper & Brothers Publishers, 1945.

赔偿义务，从此再没有支付任何战争赔偿。

其次，摩根索认为一战后协约国和美国对德国赔偿期限规定得太长了。协约国开始时规定的德国赔偿期限是 42 年，在杨格计划中，美国规定的德国赔偿期限是 59 年，据此，要到 1988 年时德国才能履行完它的赔偿义务。规定德国赔偿的期限如此之长，一方面是有些协约国领导人希望削弱德国，想让长达两代的德国人生活在赔偿的重压之下；另一方面，一些美国人出于人道主义考虑，认为延长期限可以使德国支付赔偿更容易一些。两者的出发点虽然不同，但他们都忽略了一个基本的经济事实，那就是如此之长的赔偿期限，如果没有支付者的合作是不可能完成的。为了劝说德国政府支付赔偿，协约国和美国通过妥协，甚至是贿赂的方式去安抚德国。以美国为首的外国资本源源不断地输入德国，德国利用这些资本中的大部分建立起它的工业，表面上是为了支付赔偿，实际上为再次发动战争作好了准备。

最后，摩根索认为美国一战后赔偿政策最大的失误是，允许德国工业由于支付赔偿而保留下来。一战中协约国军队没有进入德国领土，德国工业基本没有遭受到大的战争破坏。因为赔偿主要来源于德国的出口税收，所以它的工业和贸易都需要迅速发展起来。德国很多军事工业转为民用，最先进的生产设备替代了那些旧有的适应一战需要而不适应二战需要的设备。与之相比，欧洲其他国家生产设备的更新速度就要慢很多，所以到 1922 年德国生产就达到了它战前的水平。德国新建的现代化工厂表面上是民用生产，实际上在任何时候它都可以生产出战争所需要的钢和铁。到 20 年代末期德国已经是欧洲最强大的国家，它的钢铁、煤炭、化工、电力以及轻金属工业——现代战争的真正支柱——再次占领先地位。德国的工业再次武装起来。但 1926 年 12 月，协约国宣布他们对德国工业的非武装化程度感到满意。在这之后，德国重新武装的步伐明显加快，德国工业集团领导人很快就支持了希特勒的纳粹运动。

从摩根索对一战后美国赔偿政策的反思中可以看出，他认为正是因为提供一战赔偿而发展起来的德国工业基础设施，便利了它在战后的迅速重新武装。因此他和与他持相似观点的人都反对使用当前产品进行赔偿；赞成拆除德国工业，不仅仅作为赔偿而且作为保障盟国安全的措施。当然遭受严重破坏的国家不得不进行重建，摩根索建议为那些国家，特别是为苏联提供贷款来补偿他们因得不到德国产品赔偿的经济损失。据此，反对者攻击《摩根索计划》具有明显的亲苏倾向。

然而，另一些美国决策者对一战赔偿政策的失败则有着不同的反思，他们因为惧怕苏联而拒绝严厉地削弱德国的经济力量，坚持任何种类的赔偿都将降低到最少程度。陆军部长亨利·史汀生是他们的主要代表。对于如何处理战后的德国，史汀生有着非常明确的想法。早在1914年以前他就从其父亲那里得知："不要信任普鲁士人，而要尊重法国人。"①一战期间史汀生更加认为，德国是一个天生好侵略的国家。但史汀生在处理问题时理智还是胜过情感，1931年他在担任胡佛总统的国务卿期间，曾积极支持美国政府发表《延债宣言》。所以当史汀生再次面对德国赔偿问题时，与此相关的记忆自然又重新浮现在眼前，他对一战后赔偿政策的失败进行了比较深刻与全面的反思。

史汀生认为，美国赔偿政策的第一个失误是它拒绝分担德国赔偿的重担。美国虽然主持制定、实施了《道威斯计划》和《杨格计划》，但美国政府从一开始就拒绝承担任何有关赔偿问题的官方责任，只允许美国公民以私人身份参与赔偿问题的解决。史汀生一直不赞成美国政府的这一政策，但他在担任国务卿期间不得不签署和发表一些由别人写好的声明。特别是在《杨格计划》制定过程中，他曾公开警告美国官方介入该计划的危险性。后来史汀生承认，这是非常不恰当的行为。②

史汀生认为美国对于协约国战债问题的处理也很不恰当，错误的战债政策直接影响了赔偿问题的解决。美国政府坚持所有战债都属于一个债务人对一个债权人的正常义务，拒绝以各个战债国的支付能力为基础讨论解决战债问题。美国强硬的战债政策最终导致了鲁尔危机的发生，但美国政府仍然坚持德国赔偿与协约国战债之间没有关系。而那些欠下美国战债的国家如果不能继续从德国收取赔偿，他们自然就不愿意继续支付美国的战债。各国政府间没有解决好债务问题严重地破坏了战后世界经济的复兴，相反却促进了危机的发生。史汀生对此有着比较清醒的认识，所以当胡佛政府内部讨论发表《延债宣言》时，史汀生极力支持这种建议，他在1931年6月5日的日记中写道："即将发表的《延债宣言》表明，胡佛总统即将承担起一个更加明确的领导责任，我感到非常

---

① Edward. N Peterson, *The American Occupation of Germany*：*Retreat to Victory*, p. 27.

② Henry L. Stimson, *On Active Service in Peace and War*, NewYork：Harper & Brothers, 1948, p. 202.

高兴，总统最终能够转变过来……总统告诉我，他已经相信要解决问题，而不是放任它自行发展。"①

然而，胡佛总统对即将发表的《延债宣言》可能把德国战争赔偿与协约国战债联系起来还是感到忧心忡忡。史汀生在日记中写道："总统说：'如果我们允许这两件事情联系起来，而我们却从来没有向我们的人民说明这一点，这将使我们陷入欧洲事务，美国人民从来不同意这样做。'"史汀生劝解总统说："即使是合法的，按照国内法规定，只要一个人破产了，无力支付他的债务，他的债权人也不能随心所欲地索要他的债务。"② 后来当史汀生回忆起《延债宣言》时，认为最遗憾的是因为政治上的压力，迫使总统将原打算两年的延债期间只限定在一年之内。"在胡佛总统任期的最后一年中，当人们试图制定胡佛总统任期之后的政策时，相互纠缠的赔偿、战债成为个人、国家、国际事务中的祸根。"③

史汀生认为一战后美国赔偿政策的另一个失误是忽视了法国的利益与作用，这一点在美国政府发表《延债宣言》前后表现得特别明显。美国政府清楚地意识到《延债宣言》损害了法国的利益，它只有同时降低对法国的战债要求，法国政府才有可能接受《延债宣言》。但胡佛总统在他最后一刻做出决定时也没有征求法国政府的有关意见，因为他知道在法国政治家中间，德国赔偿是一个敏感的话题，他们不可能同意任何一个偏离《杨格计划》的解决方案。更主要的是，胡佛总统和史汀生都知道，如果在发表《延债宣言》之前就通过外交上的讨价还价，或者由公众来猜测宣言的细节，那么任何声明都将失去它的效力和心理上的意义。④因此直到 6 月 19 日下午，史汀生才比较详细地向法国驻美大使解释了有关《延债宣言》的计划，并声明美国政府做出决定的时间还不到 24 个小时。⑤

不幸的是消息很快就从国会泄露了出去，胡佛总统被迫公布他的计划，而此时法国政府还没有来得及做好接受该计划的心理准备。所以当美国政府发表《延债宣言》后，法国政府的反应相当谨慎与消极。经过

---

① Henry L. Stimson, *On Active Service in Peace and War*, p. 204.
② Henry L. Stimson, *On Active Service in Peace and War*, pp. 204 – 205.
③ Henry L. Stimson, *On Active Service in Peace and War*, p. 211.
④ Henry L. Stimson, *On Active Service in Peace and War*, pp. 205 – 206.
⑤ Henry L. Stimson, *On active Service in Peace and War*, p. 206.

两周多艰苦的谈判，在美国政府的压力下，法国政府被迫同意了放弃《杨格计划》中有关"无条件"支付的赔偿要求。后来史汀生在回忆起这个经历时说，当时总统和他本人对法国的所作所为很不恰当。即使法国政府多几天提前得到通知，美国做得也不够友好。因为只有事先协商才会产生良好的后果，然而事先商讨又是不可能的，所以最终还是引起了欧洲更大的财政混乱。①

史汀生认为一战后美国赔偿政策的最后一个失误是，它错误地反对协约国达成的《洛桑协议》。1932年6月，协约国都认识到德国战争赔偿已经成为一个麻烦的根源，他们同意将德国的赔偿义务减少90%，并取消所有严格的"赔偿"支付。但他们都坚持在减少战争赔偿的同时，必须在债务问题上有所补偿。因为各自国内的政治压力要求，他们不可能在没有债务减免、补偿的前提下，放弃绝大部分战争赔偿。为此，在洛桑会议期间，协约各国达成一个所谓的"共识"，即他们暂时先不批准洛桑协议，直到他们的债权人给出一个令人满意的协议为止，他们所说的债权人当然就是指美国。

然而，协约国处理赔偿、债务的这种方式在大多数美国人看来简直就是一个反美的阴谋。胡佛总统一直将他发表的《延债宣言》当作一项不得已而为之的消极措施，协约国达成的"共识"在总统看来，是他们试图永久削减战债的第一步。胡佛总统告诉史汀生说，欠美国的债务是能够偿还，也是应该偿还的，现在欧洲国家联合起来反对美国。史汀生对待该问题的态度与总统截然相反，史汀生认为无论有没有协约国的所谓"共识"，洛桑达成的协议都"可能真正开始一个复兴"，当然它必须得到美国宽容的、无畏的帮助。可见，史汀生正如他自己所承认的那样，他基本是一个"取消派"。而胡佛总统从来就不是一个"取消派"，非但如此，他不仅将赔偿与战债联系起来，还进一步把战债与欧洲裁军联系起来，他认为向欧洲施加战债压力将有利于欧洲国家的普遍裁军。② 胡佛总统的观点既符合逻辑，又保护了许多美国人道义上和经济上的权利，因而顺理成章地得到了大部分决策者的赞同。而史汀生的观点在决策层中只代表少数派，国会最终还是通过了《约翰逊法案》。对此，史汀生在其著作《供职于和平与战争年代》中遗憾地写道："战争赔偿与战债

---

① Henry L. Stimson, *On Active Service in Peace and War*, p. 206.
② Henry L. Stimson, *On Active Service in Peace and War*, p. 213.

的历史就这样结束了，它留给美国和它的债务人的是，彼此之间都不愉快的回忆。"①

正是上述经历、这些对一战后美国赔偿政策的反思使得史汀生对二战末期的德国问题、德国赔偿问题都很关注。另外，罗斯福总统为了体现战时两党合作的精神，他任命史汀生担任陆军部部长，而且总统一直比较尊重史汀生独立的政治见解。所以，史汀生对包括战争赔偿在内的一系列德国问题的态度和主张在罗斯福政府中有着相对特殊的、代表性的意义。

二战末期，史汀生有关德国、德国赔偿问题的态度最早在1943年12月18日他与总统的一次会谈中表现出来。据史汀生日记记载，史汀生一直忙于处理迫在眉睫的紧急问题，没有来得及与总统讨论一些比较长远的战后问题，那天他找到了表达其观点的时机，"我得到机会告诉总统说，我已经看了有关胜利后分裂欧洲的计划。目前我只有一个总体的建议，就是不要把欧洲分裂成多个碎片，一旦分裂，靠着那么少的土地，他们将不能养活他们自己"。史汀生进一步指出德国的情况就是如此，德国必须保留商业和工业，因为除非它的商业得到保护，否则德国不可能仅依靠农业来养活它的人民。② 由此可以判断，史汀生反对分裂德国、反对严厉的对德政策，这在他反对财政部提出的《摩根索计划》时表现得最为明显。史汀生因此被认为是美国决策层中最保守的一个代表，陆军部副部长约翰·麦克劳与史汀生的观点基本一致，他们都反对过分削弱德国。他们的反对意见在美国决策层中虽然在初期处于下风，而且为了坚持基本的赔偿原则，他们不得不做出了一些策略上的妥协、折衷。但温和派有关德国赔偿的政策和主张最终却成为美国赔偿政策的基本原则，进而决定了美国赔偿政策的制定与实施，其影响一直持续到德国赔偿问题的最终解决。

第三节 美国决策者的索赔设想

二战末期，决策层对一战后美国赔偿政策的历史反思表现出以摩根索和史汀生为各自代表的两个极端，他们由反思而得出的赔偿经验和教

---

① Henry L. Stimson, *On Active Service in Peace and War*, p. 217.
② Henry L. Stimson, *On Active Service in Peace and War*, pp. 567–568.

训也大相径庭。摩根索主张通过大规模赔偿拆迁实现德国的非工业化，以防止德国再次走上战争之路。史汀生则反对过分削弱德国，认为严厉的赔偿政策最终很可能适得其反。此时，罗斯福总统的态度比较接近摩根索，但也不排斥史汀生的主张。两派截然相反的赔偿政策与赔偿主张、罗斯福总统的行政风格使得二战末期美国决策者左右摇摆、犹豫不决，赔偿决策更加复杂了。

一、《摩根索计划》的索赔设想

摩根索在其著作《德国是我们的问题》一书中，通过对一战后美国赔偿政策失败的反思，总结出了他认为应该吸取的几点经验和教训。摩根索认为，一战后美国赔偿政策最大的失误是允许德国工业由于支付赔偿而保留下来。所以二战后赔偿政策最关键的一点是，力图通过赔偿拆迁来消除德国所有的重工业。摩根索认为，如下所列的反对非工业化的赔偿政策并不能够阻止德国再次通往战争之路：1. 破坏掉所有德国的武器和军事设施。摩根索认为这不起作用，因为武器和军事设施很快就过时了，德国可以制造出更先进的武器和设施；2. 没收德国商船。而这只能促使德国建造出更新、更快的商船，从而在贸易竞争中保持优势；3. 军工工厂被拆迁或转为和平时期的民用工厂。摩根索说，美国已经展示出这些工厂如果准备再转换回去是多么的迅速，许多基础性生产可以同时为和平时期与战时服务；4. 在一段时期内，管制委员会监督德国，不允许它生产弹药。但只要监督期满，工厂可以随时转换产品；5. 在一段时期内，以实物而不是以金钱向受破坏的国家支付赔偿。这听起来好像有一定的道理，但它只能进一步加强德国的工业，而削弱接受德国赔偿国家的工业。① 所以摩根索认为，防止德国再次走上战争之路的最简单的方式就是消除它的所有重工业。受战争破坏的国家对于德国工业设备具有优先得到的权利。②

摩根索认为，德国真正具有威胁的重工业是冶金、化工、电子工业。这些工业在第三帝国之前就已经在欧洲占统治地位，因而第三帝国在军事上也统治了欧洲。如果没有这些工业，德国在 1914 年和 1939 年都不可能纵容它的征服欲望；如果没有这些工业，德国就不会再有企图。另

---

① Henry Morgenthau, *Germany is our Problem*, p. 13.
② Henry Morgenthau, *Germany is our Problem*, p. 19.

外，鲁尔的煤炭很容易焦化，因此它很容易炼成铁。正是由于这些煤炭的存在，鲁尔成为欧洲单一的、最大的工业中心。而且，煤炭还促进了德国电子和化工的巨大进步。由于煤炭不能从鲁尔的地下转移走，那么鲁尔就应该从德国分离出来。如果与其他国家合并，它将成为一个持续风暴的中心。但是把鲁尔置于联合国机构控制之下将会更安全一些。① 最后，摩根索强调说，消除德国重工业并不是一场仇恨的竞赛。现在世界上已经有着太多的仇恨，国际社会不需要再采取这个政策对待它的敌人。当然，消除德国重工业也不是实现和平的灵丹妙药。然而，它是实现和平所必需的初期阶段的措施。②

那么，根据摩根索的逻辑推理，德国未来通往和平之路就是走农牧化的道路。摩根索认为，德国维持自我以及为世界做出最大贡献的方式应该是开垦德国的土地。这样既保证了世界安全；同时也为德国和它的邻国提供了粮食。③ 摩根索说，无论联合国采取什么样的措施，德国在战后的几年内必须喂饱它自己，因为饥饿的盟国没有足够的粮食供给德国。摩根索预计，比利时、荷兰、波兰、希腊、捷克斯洛伐克、南斯拉夫等国战后都会闹饥荒，因为德国将全世界都拖入了战争。因此在目前情况下，我们想要喂饱6000万德国人的唯一办法就是，尽可能地使大部分德国人保留在土地上。④

摩根索认为，第二个应该吸取的历史经验和教训是，美国错误地为德国赔偿提供了贷款。德国以支付战争赔偿为借口，要求国际社会为其提供贷款，其中美国承担了大部分贷款。德国使用了贷款中的大部分来更新、建立起更先进的工厂，表面上是为了支付赔偿，实际上为战争做好了准备。⑤ 盟国由于将钱贷给了德国变得贫穷了，因为他们给德国的贷款数额远远超出了德国支付的赔偿数额，而且最终他们没能收回贷款。德国却获得了大量金钱而变得更加富有。更重要的是，德国工厂的数量极大地增加了。⑥ 所以，摩根索多次强调，这次支付赔偿将以实物赔偿为主，反对金钱赔偿形式，以避免再去掏美国纳税人的钱包，替德国人

---

① Henry Morgenthau, *Germany is our Problem*, pp. 20 – 21.
② Henry Morgenthau, *Germany is our Problem*, p. 28.
③ Henry Morgenthau, *Germany is our Problem*, p. 48.
④ Henry Morgenthau, *Germany is our Problem*, p. 63.
⑤ Henry Morgenthau, *Germany is our Problem*, p. 78.
⑥ Henry Morgenthau, *Germany is our Problem*, p. 78.

支付战争赔偿。

摩根索认为，第三个应该吸取的经验和教训是，反对从当前产品中提取赔偿，而应该从现有的德国财富中提取赔偿。摩根索说，德国战争赔偿是一个弥漫了整个 20 年代的难题，但战后的头两年并没有出现加强德国实力、损害盟国贸易和就业机会的情况，其主要原因是德国以它的海外资产和它国内现有的财富来支付赔偿。摩根索认为，用德国已经生产出来的东西支付赔偿，能够给欧洲所有被破坏地区以巨大的重建动力。① 另外，摩根索认为操作德国机器、设备以及在农场中工作的德国劳动力在几年期限内可以为被解放国家提供劳役，只要被解放国家需要他们。② 对于德国最大的煤炭产区和重工业区——鲁尔，摩根索认为，正是它的煤炭为德国奠定了重工业基础，即使全部拆除该地区的工厂，该地区也为德国留下了再次崛起的资源。据此，摩根索主张将鲁尔地区从德国分离出来，或者实现鲁尔地区国际共管。③

可以说，摩根索针对一战后赔偿政策失败而总结出的历史经验和教训，并在此基础上提出的赔偿主张是比较极端与严厉的，基本代表了当时美国决策层中自由主义新政派有关德国赔偿问题的观点和主张。摩根索提出的赔偿计划具有比较强的操作性，针对可能再次出现的各种不良后果，摩根索逐一提出了具体的防范措施。因而在技术层面上，《摩根索计划》提出的各种措施、方法使得德国赔偿作为一个有待解决的难题变得相对简单了。而且摩根索利用他与罗斯福总统亲密的私人关系，在美国决策层进行的有关德国赔偿问题的反思、讨论、制定赔偿政策的初期曾经发挥了重大影响。其影响力主要表现为参谋长联席会议（JCS）以《摩根索计划》为蓝本出台了 JCS1067# 指令，作为指导美国在德国占领军的行动准则。

总的来说，罗斯福总统对包括赔偿在内的一战后美国外交政策的反思、对德国的态度与摩根索比较接近。这与他个人经历有关，孩童时代罗斯福曾经在德国生活、学习过。在掌握这个国家语言的同时，他也感受了德国人固执己见的性格和军国主义传统，对此他十分反感。他回忆说：在我们小孩中间不断谈论的话题是——与法国不可避免的战争、德

---

① Henry Morgenthau, *Germany is our Problem*, p. 79.
② Henry Morgenthau, *Germany is our Problem*, p. 79.
③ Henry Morgenthau, *Germany is our Problem*, p. 20.

意志将成为世界上最强大的帝国;那时我们甚至被灌输如下观念:英国人不值得尊重;美国人是野蛮人,他们大多数是暴发户。在1919年,罗斯福作为海军部长助理曾经到过美国当时占领的莱茵地区,令他极端不满的是,他发现占领区当局不愿意悬挂美国国旗。罗斯福向潘兴将军抱怨说,德国人应该确切地知道,他们已经在战争中战败了。① 可见,正是一战后的历史记忆使得罗斯福总统认为,战后德国必须受到惩处和削弱。当国务院主张采用温和的对德政策时,摩根索询问总统说,从来没有人"研究过怎样按照你所希望的路线严厉地处置德国"。总统当即表态说:"我们不得不对德国采取严厉态度,我指的是对全部德国人而不仅仅是对纳粹分子。我们要么不得不把德国人全部阉割掉,要么你不得不以这样的方式来处置他们,从而他们不能再繁殖希望继续走老路的人。"②

罗斯福的态度表明,他吸取一战后对德政策失败的教训,主张二战后将严厉惩处纳粹德国。据《罗斯福与美国对外政策,1932—1945》一书的作者罗伯特·达莱克分析,摩根索对待德国人的严厉措施,特别是他要消灭德国人发动战争的工业能力的想法,对罗斯福有两种吸引力。根据摩根索的盘算,这能保障英国在消除了德国在世界煤钢市场的竞争后,能够在战后出现20年的繁荣局面;同时,它还能消除苏联对英美可能重建德军作为反苏堡垒的担心,从而使苏联信任西方。③ 笔者认为在罗伯特·达莱克分析的基础上,可以进一步深入分析:罗斯福打算保障英国战后繁荣的目的是减少战后英国对美国贷款的依赖;消除苏联的疑虑,促进它与西方合作,符合罗斯福大国合作的战后设想,而这些目标都可以通过摩根索极力倡导的严厉的对德计划得以顺利地实现,罗斯福总统自然倾向于《摩根索计划》。

摩根索与罗斯福总统对德国赔偿问题的态度和主张,也代表了这一时期大多数美国民众对该问题的认知,表明了当时许多美国人的赔偿理念。正如美国学者哈罗德·京克所说:当回过头来看,简直不可想象,如此多的美国人竟然轻易地就相信将世界上最高度工业化的德国非工业

---

① John L Gaddis, *The United States and the Origins of the Cold War, 1941 – 1947*, NewYork: Columbia University Press, 1972, pp. 99 – 100.
② [美] 罗伯特·达莱克:《罗斯福与美国对外政策,1932—1945》(下册),第671页。
③ [美] 罗伯特·达莱克:《罗斯福与美国对外政策,1932—1945》(下册),第671页。

化的建议。但是由于情感所系以及纳粹对犹太人的残暴行径,在美国激起了一股怨恨和冷酷的情感。民众被这股情感所吸引,结果就是他们极力支持将德国隔离起来、将德国人民贬到一个苦难的境地。这股势力产生了如此大的驱动力,以至于罗斯福总统、赫尔国务卿以及其他一些官员一时间都屈服于它。面对如此压力,国务院和陆军部专家制定出的赔偿计划不得不被暂时搁置起来。① "公众情感"虽然不能主导决策者,但他们多少会受到影响,制定的政策也多少要顺应"公众情感"。一名曾参与制定对德政策的美国官员后来回忆道:任何对德国持容忍态度的人都要受到怀疑。另一位有着同样感受的官员也回忆说,我们首先不得不处理的问题是,各种反对德国的仇恨。② 正是对德国的"仇恨",使得主张严厉惩处德国的人们把战争赔偿当成了惩罚德国、消除其战争潜力最有效的手段。

二、温和派的索赔主张

而以史汀生为代表的温和派通过对一战后美国赔偿政策失败的反思,却得出了不同的历史经验和教训。史汀生在其著作《供职于和平与战争年代》中认为,美国决策者应该得出的一个最主要的历史经验和教训就是:战后和平首先必须在经济上得到保障,最终才可能得以实现。所以当他再次面对德国战争赔偿问题时,史汀生希望这次对中欧国家的处置不要产生债务上的负担;不要对中欧国家的国际贸易设置障碍;不要产生一个政治上独立、经济上无助的"获胜国家"集团。在1943年10月28日的日记中,史汀生回忆起1931年奥地利银行倒闭的惨痛教训,他写道:"决策者没有清醒地意识到正确处置经济问题对于保持和平的重要意义……25年前决策者将奥地利置于凡尔赛体系之下,对其放任自流。那么现在决策者为什么还要再次把它们降低到不能自我维持的境地,看起来以前的事情在他们头脑中没有留下任何印记。战后中欧国家还要吃饭,为了吃饭他们必须有进行自由贸易的权利。"③ 史汀生的这种态度和主张在反对财政部提出的《摩根索计划》时表达得更加清楚。总的来说,史汀生将他的赔偿主张置于战后对德总体政策之中来考虑,其政策体现在

---

① Harold Zink, *The United States in Germany, 1944—1955*, p. 87.
② John L. Snell, *Wartime Origins of the East-West: Dilemma over Germany*, p. 13.
③ Henry L. Stimson, *On Active Service in Peace and War*, p. 567.

史汀生连续发给总统的三份备忘录之中。

1944年7月，当史汀生从诺曼底返回国后发现，整个美国行政机关正以极大的热情投入到对德政策的制定之中。这和一个月以前他离开时的气氛大不相同，他立刻意识到他必须转移精力参与到这件事情之中。① 在陆军部内部，负责民事事务的官员向他汇报说，他们正面临着迫在眉睫的问题——即将开始的对德占领——而他们还没有得到任何指示，他们甚至还不知道美国将占领德国的哪一部分。8月25日，史汀生与罗斯福总统一起吃午饭时说，美国军队即将占领德国，但他们没有得到任何指示。史汀生说总统不可能、也不必要去研究每个问题的各种建议，因此他建议成立一个内阁委员会，其功能是综合下面提出的各种观点、建议，然后将最终建议交给总统。罗斯福当场同意了史汀生的建议，随后指定赫尔、史汀生、摩根索和霍普金斯作为委员会的成员，当涉及到海军事务时，海军部长福莱斯特也可以参加内阁会议。②

9月5日，内阁委员会第一次会议在赫尔的办公室召开，会议由国务卿主持，主要讨论国务院准备好的题为"内阁委员会向总统建议的关于处置德国的建议书"。会议刚开始，史汀生就发现对于德国的一系列问题，委员会成员之间的不同观点分歧很大。国务卿赫尔虽然不完全赞同摩根索的观点，但他也倾向于德国非工业化、将其变为二流国家。史汀生在日记中写道："我发现自己是少数反对派，我竭尽全力地、白费事地反对我的同事们。4年来我从未参加过这样困难的、令人不愉快的会议。当然这不涉及个人之间的恩怨，我们彼此十分了解，但我们之间的分歧还是难以协调。"③ 会议最后决定，将国务院的建议书呈给总统。史汀生同意国务院建议书提出的德国彻底非军事化、解散纳粹党及其所有附属组织、严惩战犯、控制德国的宣传和教育、德国支付受害国家的战争赔偿等一系列建议，他强烈反对的只有一点：破坏德国的工业。

在赫尔将建议书交给总统的同一天，史汀生也交给罗斯福一份备忘录。④在备忘录中，史汀生写道：我已经认真地研究了国务院的建议书，除了最后一段，我基本同意国务院建议书提出的所有其他原则。建议书

---

① Henry L. Stimson, *On Active Service in Peace and War*, p. 568.
② Henry L. Stimson, *On Active Service in Peace and War*, p. 569.
③ Henry L. Stimson, *On Active Service in Peace and War*, p. 570.
④ Henry L. Stimson, *On Active Service in Peace and War*, pp. 571–573.

最后一段内容如下：我们经济政策的基本目标是：1. 德国人的生活水准将降低到维持的水平；2. 德国在欧洲的经济地位必须被削弱；3. 德国经济能力必须转移到这种方式：让它严重依赖进出口，以至于它不能依靠自己的设备重新转到为战争而生产。史汀生针对上述三点分别提出了自己的反对意见：他们主张的这些观点很值得怀疑，我无论如何都不能赞同，今天早晨讨论的这些观点确实已经达成了我所完全反对的建议。我的同事所坚持的主张是德国的巨大工业区，如储存着非常重要的煤炭、矿石的萨尔地区和鲁尔地区将完全转变成一个非工业化的农业地区。我认为这种主张既是不可能的，也是没有用处的。如果这样来处置德国，我预计将会产生巨大的灾难。在过去的80年间，德国一直是欧洲工业和经济生活所依赖的最重要的原材料产地之一，用来自这些地区的原材料而生产出来的商品，在很大程度上决定了欧洲商业的繁荣。正是因为有这些商品，德国成为不止10个欧洲国家的最大供应商；在很大程度上也是因为有这些生产，通过同样的商业贸易使德国成为十几个欧洲国家的最大购买者。因此，来自这些地区的原材料生产不能像今天早晨所建议的那样，被查封或者被摧毁。没有它们，将导致欧洲所赖以生存的贸易发生极大的混乱。自从1870年，德国就已经建立起这种贸易。如果只依靠德国的土地，大约有三千万的德国人口将要挨饿。我不能像建议所主张的那样采取实用主义手段，把一个目前处于世界经济地位如此之高的、世界上工业化程度最高大陆的经济中心、有着最富有活力、智力和最先进人口的地区转变成为一个没有生产力的"魔鬼地区"。

至于德国人的战后生活水准问题，史汀生说："我不同意我们的目标之一将是把德国人置于仅达到'维持的水准'，如果这意味着贫困的边缘状态。这样做意味着惩罚德国，使其处于奴役的状态。在这种状态中，一个人无论多么努力地、多么高效率地工作，他在世界上都不可能改善他的经济状况。因此我认为，这样一个计划从长远来说将导致紧张和仇恨。同时我也感到，这样的经济失误将只能毒化我们所希望的保持未来世界和平的精神。"

关于德国向受害国家支付战争赔偿问题，史汀生阐述道："我可以想象通过明智的控制体系或者通过托管甚至通过把德国生产的所有权转移到其他国家，来满足他们错误建议的要求。但我不能想象把一个大自然的恩赐转变成一个垃圾场。"可见，史汀生虽然不反对德国支付战争赔偿,但他反对通过严厉的、破坏性的措施达到赔偿的目的。因为他认为战争已经做到了这一点,"战争就是破坏,这场战争造成的损失比以往任何一场战争的损失都要巨大得多。因而,现在恢复生产力的需要也比以往恢复生产力的需要更加明显。生产力如果被破坏掉,不必说德国以及它的卫星国,我们在欧洲的盟国马上就都感觉到恢复它的必要性。进一步说,如果我们想要避免欧洲出现危险的大混乱,战后重建的速度是最重要的"。

对于鲁尔地区的处置,史汀生认为:"我们可以设想将德国生产的所有权转移到东普鲁士、上西里西亚、阿尔萨斯和洛林,同时进行总体的经济控制。我们也可以考虑在鲁尔地区实行国际共管,但为了防止未来可能出现的错误,我们确实没有必要摧毁鲁尔地区所有的工业生产力。"史汀生的长篇备忘录表明,他把德国战争赔偿问题置于战后德国的总体经济构想之中,他认为战后德国赔偿、战后世界和平都要首先从经济上得以保证。因而史汀生一直强调的是允许德国保留一定的经济实力,一方面给德国人民留有复兴经济的信心,另一方面,为欧洲经济复兴做贡献。反对大规模破坏德国工业,他认为战争已经做到了这一点,没有必要再人为进行破坏。反对通过支付战争赔偿实现德国非工业化,认为过分的战争索赔可能激起德国的复仇主义情绪,应吸取一战后过度索赔的教训。史汀生的观点与摩根索的主张截然对立,这意味着双方将继续争论下去。

9月6日,罗斯福总统出席了内阁委员会的会议。会上,罗斯福总统评价史汀生的备忘录说:"他认为德国人一日三餐能够从占领军的食堂领到汤喝,生活就已经不错了,并能保持和平。"这表明总统基本上不赞成史汀生的温和的对德政策;但总统也没有完全接受摩根索主张的鲁尔地区实行彻底非工业化的建议。史汀生立即意识到他的努力已经取得了一些成效,所以9月9日,史汀生又重新准备好了一份备忘录。① 在备忘录中,史汀生首先总结了他与摩根索观点的分歧之处,他引用摩根索9月6日备忘录中的话:"鲁尔及其周围的工业地区有3万平方公里,不仅要剥夺这一地区目前存在的工业,而且要削弱、控制它,以使它在可以预见的未来也不能变成一个工业区。那些没有被战争破坏的工厂和设备

---

① Henry L. Stimson, *On Active Service in Peace and War*, p. 574.

应该通过彻底的赔偿拆迁、或者赔偿转移、或者完全破坏掉。"史汀生针对摩根索的上述观点,又重复了一遍他的反对意见。他说这种主张孕育的只能是战争,而不是和平。它将在全世界激起对德国的同情,它将彻底破坏重建欧洲所需的资源。他要求总统不要匆忙做出决定,并劝说罗斯福接受国务卿赫尔最开始提出的国务院建议书的修改稿,关于有争议的对德经济原则可以留待日后再来讨论。史汀生的第二份备忘录表明,他担心罗斯福总统在匆忙之中可能采取摩根索的建议,他试图阻止总统轻率地做出有关德国问题的决定。

罗斯福总统对摩根索、史汀生、赫尔的备忘录没有做出任何指示,9月11日,他到魁北克与丘吉尔首相会见。史汀生在日记中写道:"总统得了感冒,看起来十分虚弱。我担心这种糟糕的身体状况将影响他的决定,他对如何处置德国问题并没有真正做好准备,这在他与我的谈话中表现得很明显。他没有认真研究过我们将不得不解决的困难问题,即我们防止德国再次发动侵略战争的预防措施能够达到一个什么样的程度,以及我们对这些措施可能产生错误的限制能够达到一个什么样的程度。"① 史汀生的担心变成了现实,会议期间,罗斯福总统临时召摩根索赶赴魁北克参加会议。摩根索到达后,很快说服丘吉尔首相基本接受了《摩根索计划》。

史汀生得知罗斯福总统在魁北克会议已经做出的决定后,他给总统发去了第三份备忘录。② 为了吸引罗斯福总统的注意力,这份备忘录从战后美国长远战略设想以及人道主义角度出发,阐述其观点:现在的问题不是我们是否想让德国遭受它的惩罚,我们中的大多数愿意看到德国人遭受他们曾经施加给别人的苦难。但唯一的问题是一个有着7000万受过高教育、有着高效率和想象力的民族,是否能够像财政部所建议的那样,多年过一种只能吃饱饭的低水平生活。我认为这是不人道的。一个附带的问题是即使你能够这样做,它对世界其他地区的经济或者精神生活有什么好处呢?理智的思维告诉我们,世界上一个地区的贫穷可以导致其他地区也变得贫穷。强制性的贫穷更加糟糕,因为它不仅摧毁犯罪者的精神,而且也降低胜利者的精神。这正是德国人自己希望加在他们牺牲者身上的罪行——这将是对文明本身犯下的罪行。接着备忘录又开

---

① Henry L. Stimson, *On Active Service in Peace and War*, p. 575.
② Henry L. Stimson, *On Active Service in Peace and War*, pp. 578–579.

始批评《摩根索计划》，认为该计划所强调的通过限制德国的竞争力，来促进英国的发展是目光短浅的、贪财的胜利者的错误主张。史汀生认为英国并不需要这种帮助，这对英国也没有好处。最后，史汀生给《摩根索计划》下了这样一个结论：该计划是对理智地处理战争引起的经济和政治混乱的希望破灭的公开承认。

从史汀生的三份备忘录及其对摩根索赔偿计划的批判中可以看出，史汀生对德国赔偿的态度与主张是从外交思想、外交原则的战略高度出发，他虽然没有提出具体的、可操作的赔偿措施，但对于一个政府的外交决策来说，外交思想与外交原则方面的经验与教训才是最应该吸取的，有时也是最重要的。因而，史汀生的战略目标更高远一些，其赔偿主张与政策也更符合美国长期的根本利益，对美国二战后赔偿政策产生的影响力也更深远一些。

总之，摩根索和史汀生根据各自对一战后美国赔偿政策失败的历史反思，由此而得出的各不相同的历史经验和教训都分别影响了他们的对德态度和赔偿主张，并进而直接影响了二战末期美国政府的对德政策和赔偿政策的制定。其中对赔偿政策的影响表现为：1. 他们截然对立的赔偿政策与主张使得美国决策者对待德国赔偿问题的态度表现得左右摇摆、犹豫不决；2. 他们在赔偿问题上达成的妥协直接表现在参谋长联席会议发布的 JCS1067#指令之中，该指令把许多关于德国赔偿的彼此冲突、相互矛盾的指示、规定都留给了占领军政府，这就为占领初期占领军政府与国务院就德国赔偿问题再次发生冲突留下了隐患。

美国决策者对一战赔偿政策失败的历史反思虽然不同，主张的赔偿政策也有宽有严，但他们得出的最终结论基本上是一致的：一是不能再让美国人替德国人支付赔偿。一战后美国实行"经济外交"的最终结果是美国成为"全世界的银行"。美国为德国提供了大部分贷款，而同期德国支付的赔偿总额还不到它所接受外部贷款总数的一半。这实际上就等于美国人在为德国人支付战争赔偿而自掏腰包。经济大危机爆发后，美国在海外的资本大多血本无归，其中大部分是在德国的投资。纳粹上台后宣布德国不再履行赔偿义务，美国对此也只好自认倒霉。二战末期，无论对德国持有何种态度的美国民众、舆论界、决策者都异口同声地宣布"美国纳税人曾经负担过一次，他不打算再负担了"。

在雅尔塔会议上，美国明确宣布这次它将"不会为赔偿提供资助，无论是直接向德国贷款,还是间接地承担为德国提供必须的商品或者设备的责任"。① 罗斯福总统去世前曾明确表示,由美国间接地资助德国赔偿的做法不会再一次发生。② 1945 年 5 月 15 日,杜鲁门总统与美国赔偿代表艾德温·W. 包莱和艾萨德·鲁宾谈道:德国赔偿应该是公正、平等的方式——以实物作为赔偿,这将为受害地区的重建、恢复最大程度地提供赔偿。③ 18 日,杜鲁门总统公开发表了他有关德国赔偿的第一次讲话,他说:"本国政府反对任何假设美国或者其他国家将直接地或间接地资助德国的重建或德国赔偿的计划。""赔偿计划将不允许把美国置于这样的位置:它将不得不承担起救济德国人民的责任。"④ 为此,美国决策者吸取一战后使用金钱赔偿的教训,转而主张实行实物赔偿。实物赔偿的主要形式就是转移德国的海外资产、黄金储备、现有的国民财富,拆迁德国的工厂、设备、设施作为战争赔偿支付给受害国家。

二是德国赔偿不能引发第三次世界大战。在 70 年的时间里,德国已经卷入和发动了三次战争,两次把美国拖入其中。因此,在美国人看来德国人先天就是侵略者,既有的世界体系总是难以包容德国人的庞大野心。一战后德国巧妙利用战胜国赔偿政策的失误,重新实现了武装化,再次走上了战争之路。为避免重蹈覆辙,美国决策者主张彻底消除德国发动第三次世界大战的隐患。为此,二战末期美国政府制定的多个赔偿政策中,无论是严厉派还是温和派提出的赔偿计划中,都将防止德国可能再次发动战争作为各自政策的最终目标,只是他们主张消除德国战争潜力的手段、方式、途径各不相同而已。以摩根索为代表的严厉派主张通过赔偿来削弱德国的工业能力;降低德国的科学技术水平;消除德国发动战争的经济基础。同时通过赔偿提高受害国的工业生产水平,缩小欧洲各国经济的差距,以防止德国再次称霸欧洲。

史汀生对于如何防止德国可能再次发动战争有着自己的见解。他认

---

① FRUS, Conference at Malt and Yalta, 1945, pp. 194 – 196. Briefing Book Paper: Reparation and Restitution Policy toward Germany.

② John Gimble, *The Origins of the Marshall Plan*, p. 54.

③ Dennis Merrill ed., *Documentary History of the Truman Presidency* Vol. 3, *United States Policy in Occupied Germany after World War II: Denazification, Decartelization, Demilitarization, and Democratization*, Uni. Publication of American, 1995, p. 25.

④ FRUS, 1945, Vol. 3, pp. 1222 – 1226. Instruction for the United States Representative on the Ailled Commission on Reparations (Pauley).

为不必像摩根索主张的那样,非通过彻底的非工业化手段外别无它途。史汀生认为,"可以想象通过明智的控制体系、或者通过托管"的方式,来控制、监督德国工业的发展,从而消除德国的战争隐患,即将德国融入由美国主导的战后国际体系之中,来消解其发动战争的可能性。史汀生反对《摩根索计划》的另一个主要依据是,认为该计划过分严厉,可能再次重犯伤害德国民族感情、孳生复仇主义情绪的错误。史汀生认为,摩根索的赔偿计划将把德国人长期置于仅达到"维持的水准","从长远来说将导致紧张和仇恨。这样的经济失误将只能毒化我们所希望的保持未来世界和平的精神"。对于鲁尔地区的处置,史汀生认为,可以考虑在鲁尔地区实行国际共管,但为了防止未来可能出现的错误,确实没有必要摧毁鲁尔地区所有的工业生产力。史汀生这里所说的"未来可能出现的错误"应该是指因过度索赔可能导致的德国民族复仇主义情绪泛滥,甚至是可能再次爆发的战争。最后,史汀生警告道:"我的主要反对意见是:除了预防性和教育性的惩罚之外,他们又增加了危险的经济压迫手段。我认为这种手段不能防止战争,它将孕育战争。"① 史汀生是从避免过分索赔可能产生的不良后果的角度出发,来防止德国再次走上战争之路。由此也可以得出一个结论:摩根索与史汀生的最终目标一样,都是为了防止德国再次发动世界大战,在这一点上,两者是殊途同归。

---

① Henry L. Stimson, *On Active Service in Peace and War*, pp. 571 – 573.

第四章　二战末期美国关于德国战争赔偿问题的讨论

本章将回答的问题是：二战末期，为消除德国再次发动战争的潜力，构建战后和平秩序，美国各行政部门提出的赔偿政策是什么，它们的赔偿政策试图达到什么目标，各行政部门对赔偿主导权的争夺对二战末期美国的赔偿决策产生了什么影响；在历次国际会议上，美、英、苏三大国各自提出了对德索赔政策，美国与盟国特别是与苏联之间围绕德国赔偿问题而争论的焦点是什么，盟国间的争论对德国赔偿问题将产生什么影响。

第一节　美国政府内关于对德索赔政策的讨论

二战末期，美国政府几个主要的行政部门相继提出了各自的对德政策和赔偿政策。①其中，国务院主张温和的对德政策和赔偿政策，反对过分削弱德国。陆军部基本赞同国务院的赔偿原则，它们联合一致反对财政部的《摩根索计划》。摩根索利用他与罗斯福总统的私人关系，在赔偿决策初期曾发挥了较大影响力。各行政部门对赔偿决策权的争夺表明了美国决策层中存在着两种不同的赔偿主张以及不同的战后构想；同时也使得美国出台的赔偿政策是各部门彼此妥协、相互折衷的结果。

一、各行政部门不同的索赔政策

国务院是美国外交政策的主要制定者，因此早在1939年9月，二战

---

① 1942年国务院开始研究战后的对德政策。1943年陆军部也开始了这项工作。1944年财政部则在对德政策方面发挥了重要作用。海军部虽然没有提出明确的对德政策但也积极参与其中。这些行政部门在制定政策时都没有咨询过国会的建议，国会也没有要求参与战后政策的制定。

在欧洲爆发后,国务卿赫尔立刻任命莱·帕斯沃斯基作为他的特别助理负责研究战后政策。美国参战后不久,国务院开始改组它的行政机构,建立了一系列委员会来研究其战后政策问题,这些委员会大多由各界专家组成。最早提出对德政策的是国务院下属的"战争—和平委员会"。1942 年 10 月,该委员会一份题为《对战后德国经济的控制》的报告提出:要通过利用德国的经济能力来阻止德国的侵略,而不是将德国削弱成二流国家;通过配额限制德国原材料的进口、限制德国民用航空的制造、禁止德国生产军用化学品、橡胶、石油等"将严重削弱德国再次准备发动另一场战争的能力"。至于赔偿问题,报告认为正是一战后强加给德国的高额赔偿使得德国经济不稳定,并刺激了德国民族主义的恶化。然而,遭受纳粹入侵的国家必然再次要求德国对其巨大损失进行赔偿。报告建议,这次赔偿最好采取实物形式,而不是金钱赔偿。① 该报告虽然没有被国务院官员采纳,然而它表明,此时美国一些官员对战后德国已经有了一些初步的想法。

到了 1942 年底,国务院逐步确立起几点对德政策的总原则:1. 主张战后建立一个统一的德国,反对分裂德国;2. 主张德国非军事化,将拆除德国军事生产的工业;3. 关于战争赔偿问题,国务院反对任何要求美国资助德国经济的计划,同时也要求德国保持生产赔偿的工业能力。从国务院的原则来看,其对德政策是相当温和的,因为其政策是建立在如下认识基础上的:德国应该继续作为工业强国融入新的国际经济体系中,但美国应把德国军工厂转化为和平时期的民用工厂;分裂德国将带来灾难,降低欧洲的生活标准;赔偿政策是为了惩罚德国,但不能过分削弱以致成为美国的负担。②

1943 年 9 月,国务院下属的战后对外政策咨询委员会提交了一份报告。报告认为,防止未来侵略最好的方式是鼓励德国国内民主政体的出现,如果该政策成功,可以使"德国人民遭受最小的苦难";占领军可能减少到最小规模;德国经济应该被允许恢复到德国人民"可以忍受的生活水平"。报告最后建议道:华盛顿应该制定一个温和的和平计划,该

---

① Carolyn Eisenbery, *Drawing the Line:the American Decision to Divide Germany 1944—1949*, pp. 18 - 19.

② Kuklick Bruce, *American Policy and the Division of Germany:The Clash with Russian over Reparations*, p. 22.

计划应该培育德国国内民主的生成。①

国务院的跨部门委员会集中了大量有关赔偿问题的建议，委员会考虑到相互之间纠缠不清的一系列问题，如对接受赔偿国家的赔偿、替代物、优先权以及赔偿的目的、时限、形式和数额等等，委员会认为赔偿问题主要是作为加速被破坏国家经济重建的方法。尽管赔偿不需要被限定在这个狭小的目的之内，赔偿将没有必要长过允许德国进行重建的时间，报告认为10年至12年是能够满足这个条件的期限。委员会也认识到一战后赔偿失败的不利因素之一是，索赔国不愿意接受战败国商品和劳役形式的赔偿。委员会总结道："为了便利准时的、可预料的赔偿转付应该使用产品转付，特别是在赔偿产品与我们的重建复兴计划密切相关的国家中。"② 此外，跨部门委员会的报告还包括一个联邦储备局支持的研究赔偿问题的项目。③ 国务院还组织了三位著名经济学家专门研究赔偿问题，经济学家提交了一份赔偿问题建议书。④

到了1944年8月，国务院官员开始在美国经济总政策的大框架内研究赔偿问题。由艾奇逊任主席的对外经济政策执行委员会，和包括国务院、农业部、商业部、财政部、劳工部、关税委员会等部门的代表制定的报告则得出了另一个结论：1. 他们认为对超过6000万人口，拥有高技术的先进民族进行没有限制的持续压迫将是一个代价昂贵的行为，而且对世界也没有多少安全的意义。战争结束后，德国应该为其他国家善后及复兴做出贡献。为此德国应该保留现存的经济管理机构，并将其置于占领当局的控制之下。2. 关于赔偿问题的压倒一切的原则是，赔偿政

---

① John L, Gaddis, *The United States and the Origins of the Cold War*, *1941—1947*, p. 98.
② John H. Backer, *The Decision to Divide Germany*: *American Foreign Policy in Transtion*, p. 30.
③ 此项目仔细地研究了德国的净国民产值，把1925—1938年的国民产值使用作为研究的起点，以这些数据为基础估算德国的赔偿能力，认为战后头两年是休养生息，第三年赔偿15亿马克，接下来的连续5年赔偿额有望提高到每年160亿马克，根据这个估算赔偿总额在12年之内将达到1200亿马克。这个估算是以1938年物价以及马克对美元的汇率。联邦储备局文件的结论是，最终的数额是"一个现实的而不是理想的数字"。参见 John H. Backer, *The Decision to Divide Germany*: *American Foreign Policy in Transtion*, p. 30.
④ 经济学家认为赔偿应该限定在能够增强德国战后经济、社会秩序的范围之内，而不是当成控制德国军事力量的主要工具；赔偿应该是具体数量的商品或者劳役，债权国要愿意去接受它；赔偿时限应该限定在战争结束后的几年之内。经济学家强调："协约国不愿接受大量的德国货物是凡尔赛会议后赔偿问题解决办法失效的主要原因。"经济学家还反对实施完全非工业化，建议有一个灵活的形式，能够根据未来的情况自动地进行调整。参见 John H. Backer, *The Decision to Divide Germany*: *American Foreign Policy in Transtion*, p. 31.

策应该符合美国长期的全球战略。3. 强调大部分赔偿将不得不从当前产品中提取,"因为从资本设备中提取赔偿在任何情况下,与从当前产品中获得赔偿相比都是很少的"。关于劳役赔偿问题,报告没有得出最终的结论,只是宣称:"在适当条件下,限定范围内劳役赔偿可以作为赔偿的一个有用形式。"①

国务院的几份文件都表明,国务院主张温和的对德政策和赔偿政策。究其原因是,国务院从多边主义外交思想出发,欲构筑战后多边主义国际体系。美国修正派学者布鲁斯·库克里克在其著作中解释了多边主义外交思想的基本含义:即美国人所倡导的一种经济上要求贸易扩张,政治上要求自由民主的外交理念。可以说,20世纪美国对外政策的一个主要目标就是建立一种全球性经济。因而它要求所有国家降低关税,取消贸易壁垒和贸易歧视;所有国家的市场都要对美国开放。贸易的扩大对所有国家都有利,它将提高各国人民的生活水平,促进世界经济繁荣。而经济繁荣将会带来政治上的和平与民主,所以经济手段在本质上是政治性的。② 可见,多边主义是一个包含了经济、政治、外交等多方面内容,有着多重战略目标的思想体系。③

二战末期,美国决策层中主要以国务院为代表坚持多边主义外交理念。国务院认为,30年代的经济困境是推动德国法西斯上台的主要因素。纳粹掌权后所坚持的政治原则、经济政策产生的结果是政治上政权对国家控制力的强化,经济上德国脱离了世界经济体系。美国的对德出

---

① FRUS, 1944, vol. 1, pp. 278 – 283. Memorandum by the Executive Committee on Foreign Economic Policy.

② Bruce Kuklick, *American Policy and the Division of Germany*: The Clash with Russia over Reparations. pp. 3 – 4.

③ 对于美国19世纪的外交政策,美国学术界大多使用门户开放的概念来分析之;对于20世纪之后的美国外交,一些学者开始使用多边主义的概念来分析。除了布鲁斯·库克里克使用多边主义这一概念之外,托马斯·帕特森在其著作 *Soviet—American Confrontation*: Postwar Reconstruction and the Origins of the Cold War. 以及约翰·巴克尔在其著作 The Decision to Divide Germany: *American Foreign Policy in Transition*. 中都使用了多边主义这一概念来分析20世纪美国外交政策和赔偿政策。美国多边主义外交理念的起源,从杰弗逊总统的和平、商业、以诚待友,到约翰·海国务卿的门户开放中都可以看到类似的阐述。一战后,威尔逊总统提出的世界主义一般被认为确立了美国新的外交思想,即一种全球化的、世界主义的外交理想,是多边主义的开端。二战期间,多边主义外交思想主要表现在《大西洋宪章》中的第四点和第五点:努力促使所有国家,不分大小,战胜者或战败者,都有机会在同等条件下,为了实现它们经济的繁荣,参加世界贸易和获得世界的原料;促成所有国家在经济领域内最充分的合作,以促进所有国家的劳动水平、经济进步和社会保障。

口因而大幅度削减，这些都不符合多边主义的要求。而战争的结束将为多边主义的实现提供大好时机。战后为将德国纳入到多边主义体系之中，首先要有计划、有步骤地清除战时纳粹建立的自给自足的经济体制，使其恢复到一个依赖国外市场和原材料的国家，同时还能够为欧洲战后的重建提供所需的生产能力。因而，美国战后需要一个统一的、工业强大的德国。所以在对德政策上，国务院坚持三条原则：1. 反对分裂德国。因为分裂德国将会给整个中欧带来经济灾难和政治混乱，这势必会影响美国的经济利益，不符合多边主义的要求。2. 德国非军事化。拆迁德国用于战时生产的军事工业，作为赔偿支付给受害国家，从而缩小欧洲国家间的经济差距。3. 德国保持一定工业生产能力。在战后最初时期，德国的煤炭将作为赔偿提供给西欧其他国家，以示惩罚。随后，利用德国的经济潜力为恢复欧洲经济做贡献。它可以通过进口食品和原料，出口工业品，融入战后多边主义体系之中。①

多边主义也反映在国务院制定的一系列赔偿计划、赔偿政策之中：1. 德国赔偿应与美国的全球战略相适应；2. 反对通过实施赔偿过分削弱德国，利用德国为战后欧洲经济复兴做贡献；3. 赔偿应该主要从当前产品中提取；4. 赔偿将有一个合理的时间期限；5. 盟国使用赔偿作为帮助受害国家重建，减少向美国要求贷款的手段等。在获取赔偿的方式上，国务院反对通过大规模拆迁的方式来获得赔偿。②通过逐条分析上述赔偿政策，可以显示出多边主义原则对赔偿政策的影响：第一条，即将德国赔偿问题纳入到战后多边主义体系之中；第二条，即利用德国强大的经济潜力为构建战后多边主义体系做贡献；第三条，即通过生产赔偿，使德国参与到战后世界经济活动之中；第四条，即德国不能长久地被排斥在多边主义体系之外；第五条，即国务院认为德国融入多边主义体系之后，欧洲将很快实现战后重建的目标。在获取赔偿的方式上，国务院反对通过大规模拆迁的方式来获得赔偿，因为这将导致德国经济的崩溃，而使德国无法参与美国所构想的多边主义世界体系。可见，多边主义赔偿政策比较温和，它反对通过索取战争赔偿来过分削弱德国，主张利用

---

① Bruce Kuklick, *American Policy and the Division of Germany: The Clash with Russia over Reparations*, p. 6.

② Bruce Kuklick, *American Policy and the Division of Germany: The Clash with Russia over Reparations*, p. 41.

德国的经济潜力为战后欧洲重建做贡献。它也是国务院大多数官员们的赔偿理念。

国务院倡导的多边主义赔偿政策得到了陆军部长史汀生的赞同。30年代担任国务卿的经历，使得史汀生对战争、和平与经济繁荣之间的关系体会得更加深刻。他认为："美国必须组织起它的贸易和对外财政，世界才可能获得自从1918年之后再也没有出现过的经济稳定。从长远来看，这意味着美国对外贸易的持续扩张，尤其是美国的对外出口。"① 因而，史汀生一直反对财政部主张的通过大规模破坏德国工业，削弱德国竞争力，从而确保英、美竞争力的观点，他认为被削弱的德国并不利于战后美国贸易和经济的对外扩张。

无论是谁起草的任何战后德国政策的计划，最终都要由美国在德国的占领军来完成，至少是在战后最初的几个月内如此。陆军部一直认为，它不能只是执行国务院的政策，它还应该帮助国务院制定政策。1943年春，陆军部专门建立了民事局，其主要功能就是计划未来的德国占领的有关问题，而且陆军部坚持政府的对德政策不能妨碍军队的独立地位。此时陆军部的对德政策主要体现在由盟国远征军司令部（SHAEF）下属的德国处制定的《在德军政府工作手册》（以下简称《手册》）中，规定军队在德国的任务是"监督德国的生产机器如何工作，以及如何有效地工作"；它呼吁保留德国中央行政体系；赞成一定程度的非工业化，但在和平时期应该保留和重建基本的轻工业，以及为了实现自我维持，甚至更重要的是，为了实现整个欧洲经济达到"合理的水平"而留下一些重工业；德国不仅应该实现自我维持，而且它应该保留相当高的生活水准：如果必要，通过进口德国人应该达到每人每天平均2,000卡路里的食品供应。②《手册》的这些规定表明，陆军部所主张的对德政策是相当温和的。

此时陆军部虽然没有全面、系统地阐述过它所主张的赔偿政策，但它在《手册》中、在史汀生呈给罗斯福总统的三份备忘录中都表达了其赔偿政策总的原则是：不反对德国向受害国家支付赔偿，但反对大规模地破坏德国工业，反对通过赔偿来实现德国的非工业化。陆军部与国务院的观点相近，基本都坚持多边主义外交思想，认为《摩根索计划》不

---

① Henry Stimson, *On Active Service in War and Peace*, pp. 591–592.
② John L. Snell, *Wartime Origins of the East and West: Dilemma over Germany*, p. 63.

利于美国战后构筑多边主义国际体系,因此他们一致反对财政部的《摩根索计划》。

财政部长摩根索干涉对德政策的制定是在1944年8月5日,当他坐飞机去英国时,他的助理哈里·怀特拿出了《手册》。怀特作为执行委员会的代表出席了该委员会8月4日召开的会议,会议批准了该手册。摩根索后来回忆道:"我开始带着兴趣去读它,然后是忧虑,最后是强烈地反对。"他决定开始收集所有他已经阐述过的关于德国的计划。①

到达英国后,摩根索和怀特立即与德怀特·艾森豪威尔将军、驻英国大使维南特、大使助理菲力普·莫斯利等人会谈。摩根索明确地表达了他对谋划占领德国政策的兴趣,他告诉艾森豪威尔将军,对德国的财政政策应表明德国没有特权。艾森豪威尔将军对财政部门干涉军队制定政策明显感到困惑,他说他太忙没有"特别关注德国的未来"。当怀特批评军方提出的计划太过温和时,艾森豪威尔将军说他个人赞同严厉的措施,包括要求赔偿及控制关键的工业。同时也表示他不打算去"掠夺"德国经济,他认为洗劫鲁尔煤矿的想法是"愚蠢和犯罪"。莫斯利对摩根索表达出的削弱德国的观点表示强烈反对,他说任何企图摧毁德国工业的计划都将迫使这个国家投入到苏联人的怀抱,欧洲也将因此落入苏联的统治之下。② 但莫斯利的反对并没有妨碍摩根索制定对德计划的打算,他写道:一个想法在我头脑中不断形成。作为一个农夫,我知道那些生活在土地上的人们热爱平静、和平的生活,为什么不把德国变成一个小农主导的国家呢?很明显,德国被剥夺了工业资源及工厂将无力发动一场现代化的战争。无论是西方的人道主义者,或者顽固地认为欧洲经济是一个整体的人们都将同意把这样严格的限制措施作为德国非工业化的手段。③

在离开英国之前,摩根索与艾登会谈。艾登向摩根索展示了德黑兰会议记录,这些记录再次强化了摩根索的决心。因为记录显示德黑兰会议尽管没有达成正式决定,罗斯福总统在会上曾谈到关于分割德国的话

---

① John L. Snell, *Wartime Origins of the East and West: Dilemma over Germany*, p. 67.
② John L. Gaddis, *The United States and the Origins of the Cold War, 1941－War*, p. 118.
③ John L. Snell, *Wartime Origins of the East and West: Dilemma over Germany*, p. 69.

题，同时也表明斯大林赞成巨额赔偿和非工业化的方案。① 摩根索打算回去把他关于德国的基本想法修改成一个"计划"，此计划将把三巨头在德黑兰会议的意愿具体化，并呈现在华盛顿。

摩根索和怀特几经修改计划，9月2日出台了题为《防止德国发动第三次世界大战的计划》的《摩根索计划》。② 该计划是一个主张全面削弱德国的计划，关于它的目的有着不同的解释：有的人认为摩根索的最终目的是想通过抑制德国工业的竞争力，来帮助英国，摩根索也是以此为借口说服罗斯福总统的。但更多的人则认为《摩根索计划》明显的严厉性、惩罚性是摩根索和怀特作为犹太人对任何反犹主义的复仇性表现。③ 我们先暂且撇开摩根索和怀特个人情感因素不谈，其实，《摩根索计划》最终的目的正如它的标题所示——《防止德国发动第三次世界大战》。为了防止德国东山再起，摩根索将战争赔偿作为削弱德国的主要手段，所以摩根索坚持两点：一是大范围的拆迁；二是反对从当前产品提取赔偿。他从几个方面论证进行大规模拆迁的理由：可以帮助盟国复兴；弱小的德国不会危及欧洲安全；而且还将帮助英国，因为拆迁将消灭英

---

① FRUS, 1943, The Conference at Cairo and Tehran. Memorandum by the Assistant to the Secretary of the Treasury (White). August 13, 1944. 不知为何该文件收入了 FRUS 1943 年卷。

② 该计划共有十四点，其主要内容：1. 德国彻底非军事化。2. 德国新边界以及新德国的组成：法国将合并萨尔地区；波兰将获得大部分西里西亚以及没有被苏联合并的东普鲁士部分地区；其余的德国将被分成两个独立的国家，各自内部以联邦形式进行管理。巴伐利亚、符腾堡、巴登及南部和西南部的小省份组成一个国家。剩下的普鲁士、撒克逊、图林根及北部的小省将组成第二个德国。3. 德国将成为一个农业化的"地理概念"。根据摩根索计划，鲁尔及其周围地区所有现存的工业将被剥夺，在可预见的未来不能成为工业地区。非工业化将完成两个任务：(1) 关闭全部煤矿。(2) 拆除、转移所有没有被军事行动破坏的工业及设备给盟国作为赔偿。4. 偿还和赔偿。德国要偿还战争中掠夺的受害国的财产；保留在德国的工厂和设备作为赔偿分配给受破坏的国家。另外一些赔偿将由德国的海外资产以及由德国之外的德国劳工支付。5. 教育、宣传以及政治的去中央化。6. 占领军对当地德国经济的责任。控制德国经济的唯一军事目的是有利于军事行动和军事占领，占领军政府将不承担诸如价格控制、汇率、失业、重建、生产、消费、分配之类的经济问题。占领军政府也不会制定任何保持或者是加强德国经济的计划，除非是军事行动所必需的。7. 对德国经济发展的控制。至少是在德国投降20年内，联合国要对德国经济进行充分的控制，包括控制外贸、限制资本输入以防止德国建立和扩大军事工业的基础，控制其他关键性的工业。8. 农业计划。德国大地产将被分散给小农，长子继承制将被废止。9. 惩处战犯和特定的团体。10. 美国的责任。为了全面执行对德计划，美国尽管要承担相应的军事和民事责任，但德国的政治和民事管理责任主要由德国的邻国来承担。特别是苏联、法国、波兰、荷兰、比利时等国。这样，美国军队能够在相对短的时间内撤出。《摩根索计划》的影印版全文参见摩根索的《德国是我们的问题》（Germany is Our Problem）一书的前插图部分。

③ John L. Snell, *Wartime Origins of the East and West: Dilemma over Germany*, p. 77.

国国际贸易的主要大陆竞争者等。① 而且《摩根索计划》还存在内部一致的优点：如果德国经济在投降时崩溃，美国将采取"放任"政策，不用为德国经济状况负责；为了把德国降为二流国家，德国重工业将完全拆除；不从当前产品中提取赔偿，以防止其工业的恢复。决策者虽然普遍赞同德国解除武装，但关于拆除的范围争议很大。摩根索的反对者主张从当前产品中提取适当的赔偿而反对大规模拆除，其部分基于经济原因，部分因为政治上的考虑：一个健康的德国对欧洲稳定是必不可少的。

摩根索关于德国的战后政策是由他、怀特和几个财政部专家共同研究后得出的结论：从当前产品中提取赔偿意味着将重建一个强大的德国。"如果我们希望德国能够用金钱或商品的形式支付赔偿，我们从开始就被迫恢复、重建德国经济。当赔偿停止时，将给德国留下一个比30年代更强大的经济、更大的外国市场份额。"② 很明显，摩根索的这个推论主要是从美国的角度来考虑的，他清楚地意识到，当他与苏联人——希望从当前产品中提取赔偿——谈判时，应该使用不同的方法。为此，财政部准备了一个辅助性措施——给苏联提供贷款。有人因此认为摩根索具有亲苏倾向，其实摩根索这么做只是想通过与苏联合作，让苏联替英、美承担长期占领德国的任务，从而防止德国发动第三次世界大战。由此可以判断，摩根索的战略构想是战后由英国全面取代德国的经济和贸易地位，通过美、英合作保证美国的经济利益；由苏联长期担负占领德国的责任，通过美、苏合作确保世界和平；美国不必为德国的未来承担任何责任。当然，这只是财政部主张的赔偿计划，该计划与国务院和陆军部的观点分歧很大，它还要与这些行政部门协商，并争取得到总统对该计划的支持。

二、各行政部门对索赔政策的争论

让国务卿赫尔感到烦恼的是，在整个30年代摩根索经常干涉外交事务。③很多人认为，总统本人很可能鼓励摩根索参与制定战后的对德政

---

① Kuklick Bruce, *American Policy and the Division of Germany*: *The Clash with Russian over Reparations*, p. 49.

② Herny Morgenthau, *Morgenthau Diaries*, NewYork: Da Capo Press, 1974, p. 57.

③ 例如，在1933年总统曾让摩根索探讨与苏联建立外交关系的可能性。在1934年，摩根索和总统已经讨论"纳粹的反人类政策"等。

策。但摩根索并不这么认为，有证据表明摩根索是自己主动采取行动，然后利用他与总统亲密的私人关系达到他的目的。①

8月17日，摩根索从英国返回华盛顿后立刻去见赫尔，对赫尔讲述了他在英国的所见所闻。赫尔告诉摩根索他"从来没被允许看过德黑兰会议记录"。当赫尔被问及他有关德国的建议如何时，赫尔回答他没有"做任何事情的机会"，他说不出会怎么发展，他被告知德国投降后，政策的制定是一个"军事事务"。②赫尔想以此来阻止摩根索插手国务院事务，但摩根索却被国务卿的话所激励，继续谋划他的德国计划。同一天，摩根索又面见了罗斯福总统。当摩根索向罗斯福汇报他所遇到的"温和"的对德政策时，总统说在30分钟之内他和丘吉尔就能把"所有问题修正过来"。总统最后强调："我们严厉惩处德国人，不只仅仅处罚纳粹。"同一天，罗斯福总统告诉新闻界代表，德国必须被盟国军队占领。"尽管在我们跨过国界之前，德国人可能内部崩溃了，或者无条件投降。但这次德国不能像1918年那样，因为《停战协议》而躲过了军事占领。"③

摩根索随后任命了一个财政部特别计划委员会起草财政部对德国问题的分析报告，委员会由怀特负责。8月23日，摩根索与史汀生、麦克劳共进午餐。摩根索向陆军部的两位部长讲述了他的伦敦之行、他发现的《手册》以及他所看到的德黑兰会议记录。谈话的三个人都同意，战后欧洲要恢复资本主义制度，德国资源对于完成该任务意义重大。但是如何安排战后德国的国家体制他们还尚未考虑好，摩根索反对德国重建，他认为最明智的方法是从德国拆除所有工业，将其降为"拥有大量小土地所有者的农业国家"。史汀生极力反对，他说就德国目前的发展程度，这样做必将引起人口的大量流失，"这几乎与把他们送进毒气室一样糟糕"④。可见，史汀生的态度还是很坚决，摩根索没有说服陆军部接受他的观点。

8月25日，摩根索再次拜访了总统，他带来了《手册》。摩根索知

---

① John L. Snell, *Wartime Origins of the East and West: Dilemma over Germany*, p. 66.
② John L. Snell, *Wartime Origins of the East and West: Dilemma over Germany*, p. 72.
③ John L. Snell, *Wartime Origins of the East and West: Dilemma over Germany*, p. 73.
④ Carolyn Eisenbery, *Drawing the Line: the American Decision to Divide Germany 1944—1949*, p. 35.

道总统日程紧张没有耐心去看费时的东西，他同时还拿来了简明备忘录。罗斯福浏览了一下备忘录，引起了他的兴趣，他留下了备忘录和手册。接着总统和摩根索、史汀生、福莱斯特会谈。罗斯福说他听说了军方的对德手册，认为该手册太过温和了。德国人应该"只能维持吃饭的水平，不能高于那些被侵略国家的最低水平"。如果需要美国帮助德国维持这个水平，军方将提供帮助。最后，总统根据史汀生的建议，宣布他将任命一个特别内阁委员会，其职责是："根据他所说的纲要，考虑如何处置德国。"①

　　第二天，总统给陆军部发去了一个备忘录，副本交给了国务院。总统在开头写道："所谓的'手册'相当不好。"他想知道《手册》是谁负责的，并示意"所有抄本应该收回"。接着，总统列举了"手册"中他不赞同的几项规定。总统说，《手册》给我留下这样的印象：德国可以像荷兰或者比利时一样将得到复兴，德国人会马上建立起他们战前的庄园。每一个德国人应该认识到，这次德国是一个战败的国家，这很重要。我们不打算让他们饿死，但如果他们需要食物来维持生存，那么他们可以到占领军的厨房领汤喝。无论是对整体还是个人来说，他们必须牢记这次他们是战败国，从而使他们不敢轻易再次发动新的战争。全体德国人必须懂得：整个国家都曾参与这场非法的阴谋，这违反了人类现代文明。② 罗斯福总统的备忘录表明，此时他倾向于财政部的观点：坚持严厉惩处德国；德国人作为犯罪的整体应该为战争付出代价。面对总统的强硬态度，赫尔和史汀生分别通知国务院和陆军部的官员，对德态度必须变得更强硬些。

　　罗斯福很清楚政府内部的意见分歧，虽然他倾向于严厉的对德政策，但他对德国问题基本采取了一种拖延的策略。他说："为处理德国而制定出各种准备对我们来说是有好处的，但是关于处理德国的一些事情使我相信目前这个时候，有关这些事情的速度不是关键问题。……我不喜欢对一个我们还没有占领的国家制定出详细的计划。"③ 为了解决各个部门

---

① *New York Post*, Nov 25, 1947.

② FRUS, 1944, Vol.1, pp. 544-546. Memorandum by President Roosevelt to the Secretary of War.

③ John H. Backer, *The Decision to Divide Germany: American Foreign Policy in Transition*, p. 32.

之间的纷争，总统特别指示哈里·霍普金斯负责协调内阁委员会的对德工作。9月1日，霍普金斯向赫尔解释了摩根索关于以前国务院计划的反对意见。这对于国务院负责欧洲事务的助理国务卿马修斯来说是一项复杂的任务，它意味着国务院要重新修改它的一系列对德计划和赔偿计划。马修斯、瑞德莱伯格详细检查了以前国务院对德政策的细节，将以前所有强硬的、消极的部分保留下来，重新起草了一份具有"惩罚特点"的备忘录，并提交给内阁委员会。这份方案坚持了非军事化、非工业化、严格管制德国以及分割政策，方案得到了赫尔的同意。①

9月2日，内阁部长的代表在华盛顿开会。怀特拿出了财政部的建议书，即被它的反对者称之为《摩根索计划》的方案。该方案在代表中立即引起了巨大分歧，陆军部的麦克劳、海德瑞，国务院的瑞德莱伯格、马修斯等人都强烈反对。因为他们认为如果按照《摩根索计划》来实施，其结果将使苏联处于统治中欧的地位，德国将由它的一系列陆上邻居所长期占领。霍普金斯在一些重要观点上也反对财政部方案，但此时他对罗斯福总统没有影响力。只有财政部的观点最接近总统本人的观点，因此麦克劳建议：由内阁委员会指导，国务院重新起草一个新的三个部门都能接受的备忘录，作为内阁委员会的最终建议提交给总统。会议同意了麦克劳的建议，国务院的新方案在几个方面依从了财政部的观点，但方案的最后部分，即经济部分很明显没有完全接受财政部的观点，它用非常模糊的语言，尽量折中、协调不同的观点。②

9月4日晚，摩根索、怀特与史汀生、麦克劳共进晚餐。据史汀生日记记载："我们的晚餐很愉快，但我们全都意识到在如何处置德国问题上，注定要发生尖锐的冲突。摩根索的态度自然是非常严厉的，很明显，他执迷于此。而我认为这是很不明智的。"正如史汀生所料，9月5日举行的内阁委员会第一次会议上，意见分歧的双方发生了激烈的冲突。这次会议主要讨论国务院的备忘录，史汀生发现，赫尔等人虽然并不完全赞同摩根索的观点，但他们大都倾向于德国非工业化，将其降为二流国

---

① Carolyn Eisenbery, *Drawing the Line: the American Decision to Divide Germany 1944—1949*, p. 37.

② 例如有关经济的方案如下：1. 德国人生活标准应降低到维持的水平。2. 德国在欧洲的经济地位必须降低。3. 德国经济必须被改变成严重依靠进出口以至于德国不能用自己的设备再次转向战争生产。

家的主张。而他是持反对意见的少数派。① 会议没有达成一致意见，决定将国务院的备忘录交给总统。

9月6日，罗斯福总统出席了内阁委员会的会议。摩根索和史汀生都带来了新的备忘录。摩根索继续坚持他的观点，要求破坏鲁尔的工厂。史汀生极力反对。赫尔这次的态度有所改变，他反对在战后建立一个条件苛刻的和平。罗斯福总统虽然基本上倾向于摩根索的观点，但他表示鲁尔工业应该保留下来生产，需要它为英国钢铁工业提供原材料，因为英国战后将陷入严重的财政困境中。史汀生意识到，在阻止采取严厉政策方面他多少取得了一些进展。"总统显然没有完全接受摩根索的建议，……我请求总统记住，拆迁鲁尔地区的工业将是一个最复杂的经济问题。我劝说总统不能为了一顿饭的目的而烧光整个屋子。总统看起来接受了我的这个观点。"② 很显然，摩根索也意识到罗斯福态度的微妙变化，他要求与总统再次会晤。

9月9日的会议显示出摩根索深刻了解罗斯福总统的个性。在他新准备的备忘录中，摩根索回答了9月6日总统提出的问题，而没有攻击总统已经表达过的观点。摩根索认为欧洲需要一个强大的、工业化的德国是错误的。破坏鲁尔工业确实能帮助英国经济，因为这将使英国接替德国的市场，"英国以目前的产量能够供应市场500年的时间"，③ 以此来阻止英国煤炭的衰落。摩根索坚持欧洲不需要一个健康的德国经济，这个观点激起了罗斯福的兴趣。他说："我头一次听有人这么说。"摩根索回答："所有经济学家都反对，但我同意。"④ 赫尔在会上没说什么，在很大程度上，总统处理外交事务时明显地绕过了赫尔。

罗斯福既没有带赫尔也没有带史汀生去参加魁北克会议，却给摩根索发了一封电报："请在9月14日下午之前到达魁北克。"13日下午茶点时，摩根索到达魁北克，他的任务是说服顽固的丘吉尔首相转变态度。当天晚上，罗斯福要求摩根索将其对德计划讲述给丘吉尔。丘吉尔听后明确表示，他不相信破坏鲁尔将有利于英国经济，认为这将意味着把英国与"垂死的德国经济"捆绑在一起。最终丘吉尔部分地而不是全部地

---

① Henry L. Stimson, *On Active Service in Peace and War*, p. 570.
② Henry L. Stimson, *On Active Service in Peace and War*, pp. 574 – 574.
③ Henry L. Stimson, *On Active Service in Peace and War*, p. 574.
④ John L. Snell, *Wartime Origins of the East and West：Dilemma over Germany*, p. 85.

同意了《摩根索计划》，主要是罗斯福总统做出了让步：美国与英国的占领区进行交换，英国将占领德国的西北部，包括萨尔和鲁尔地区，美国将占领南部地区。同时，罗斯福坚持在美国赞成的分区占领实现之前，应该制定出来一些相关的条款。① 对于罗斯福总统提出的条款，丘吉尔表示他原则上同意。随后，双方达成了《魁北克协议》。②《魁北克协议》最终并没有得到贯彻、实施，但它表明当时《摩根索计划》的巨大影响力。

史汀生得知会议通过《魁北克协议》后，立刻给总统发去了第三份抗议性的备忘录。据史汀生日记记载：尽管这看起来是白白浪费时间，但他还是决定直言上疏。"当总统已经做出决定之后，我还用他不喜欢的观点去打扰他，毫无疑问，他对此将很反感。但我反复考虑这件事，决定这么做，如果我不这样做，将有损我的声誉。"③ 赫尔则提醒总统说，国务院才是"与外国政府进行外交谈判的行政机构"。④ 罗斯福对此没有表态，他还没有意识到"魁北克协议"即将造成的影响。

此时盟军已经越过德国边界，希特勒帝国将不会维持多久了。受到纳粹德国即将覆灭的激励，财政部代表要求44年春天已经发给艾森豪威尔的指令应该按照"魁北克协议"的精神进行重新修改。⑤ 在接下来的几天内，方案不断被完善，9月22日新的临时性指令产生了，它是财政部与国务院、陆军部相互妥协的结果。⑥ 后来被命名为JCS1067#的

---

① 这些条款包括：1. 美国将占领和控制英占区内的不莱梅和不莱梅港地区。2. 美国有权穿过英占区，在不莱梅、不莱梅港口与南部美占区之间进行交通和通讯。参见 John L. Snell, *Wartime Origins of the East and West: Dilemma over Germany*, p. 87。

② 协议主要包括四点：1. 苏联和其他受破坏的国家应该有权"为了弥补他们所遭受的损失，拆迁他们需要的机器"；2. 萨尔和鲁尔地区的重工业将被关闭；3. 萨尔和鲁尔地区将置于某种形式的国际共管，以防止其重新工业化以及扫除该地区潜在的战争潜力；4. 萨尔与鲁尔地区未来将转变成以农业、牧业为主要特征的地区。参见 John L. Snell, *Wartime Origins of the East and West: Dilemma over Germany*, pp. 88 – 89。

③ Henry L. Stimson, *On Active Service in Peace and War*, p. 578。

④ ［美］威廉·哈代·麦克尼尔：《国际事务概览1939—1946：美国、英国和俄国：他们的合作和冲突1941—1946年》，第752页。

⑤ 例如，在9月17日的新方案中，一些词语作了微小的改动，但它的含义却意味着巨大的改变。以前方案允许德国接受必需的最少食品"防止疾病和动乱"。新方案改成"防止严重疾病和严重动乱"。新方案还要求更加彻底地"非纳粹化"。参见 John L. Snell, *Wartime Origins of the East and West: Dilemma over Germany*, p. 91。

⑥ 例如，指令也体现了陆军部的一些建议，其中最为重要的就是占领区司令对于占领区的绝对管辖权，使占领军司令在占领区拥有最高的行政、立法、司法等权力。

长期指令就是在此基础上出台的，它明显地打上了《摩根索计划》的印记。临时指令虽然出台了，但国务院、陆军部与财政部的争斗并没有结束。

与此同时，新闻界得到了消息，从 9 月 21 日到 24 日，新闻界逐步透露了罗斯福与丘吉尔达成的协议。国内外的一些重要报纸大多强烈批评《魁北克协议》，①《摩根索计划》也由此而被人们所熟知，并成为大选的热门话题。罗斯福考虑到美国人对《摩根索计划》的普遍质疑，担心可能产生的国际影响，以及即将开始的总统大选，他的态度发生了变化。罗斯福给史汀生打电话解释说，新闻界夸大其辞了，他并不真的打算让德国变成一个纯农业国家。他潜在的动机是他确信英国已经破产了，必须给予英国更多的商业机会，以帮助它战后摆脱经济萧条。他希望通过《摩根索计划》，英国能够取代鲁尔的地位。② 9 月 29 日罗斯福公开宣布，国务院而不是财政部将"研究、报告有关德国未来的问题"。同一天他对赫尔说，没有人打算完全消灭德国在萨尔、鲁尔的生产能力，他在这些地区的目的是控制而不是破坏工业，他暗示他更广泛的目标是想帮助英国经济复苏。更重要的是，总统还暗示他并不打算破坏鲁尔和萨尔地区以外的德国工业。③ 摩根索面对强大的舆论压力，同意先暂停宣传他的观点"直到大选结束之后"。

受到总统态度变化的激励，国务院给总统提交了一份备忘录。它主要分析盟国内部对德国未来的不同态度，认为苏联打算进一步从它目前控制区内迁移工厂主和土地主。苏联还打算从德国获取巨额赔偿来帮助自己的经济重建。英国为了限制未来的竞争，将主要对控制德国经济感兴趣，他们不想毁掉德国的经济，也不会要求巨额赔偿。至于美国，国务院建议应该在一定程度上支持英、苏，经济控制、经济非军事化、苏联的赔偿要求应该得到赞成。美国占领军必须"防止不可控制的经济混乱的发展"，军队必须为德国人民提供"防止疾病和动乱发生的最低的健康、饮食、居住条件"。同时，美国赞成拆除一些资本设备作为赔偿，

---

① 例如，《纽约时报》攻击它不现实；伦敦的《观察者》认为《摩根索计划》主张的破坏德国生产能力、削弱德国市场竞争力在帮助英国方面起不到多大作用。英国工党领袖在下议院指出，《摩根索计划》将使欧洲的生活水准普遍降低。参见 John L. Snell, *Wartime Origins of the East and West: Dilemma over Germany*, p. 97。

② Henry L. Stimson, *On Active Service in Peace and War*, p. 580.

③ John L. Snell, *Wartime Origins of the East and West: Dilemma over Germany*, p. 99.

但巨额索赔应该限定在一个短时期内,将主要从德国当前产品中提取。①

　　罗斯福对国务院的备忘录做出了答复,可能是不想引起斯大林以及摩根索的注意,总统要求国务院对他的答复保密。罗斯福的主张如下:1. 有关德国经济的处置,我们应该允许它的工业恢复到满足自身需要,但在一定时期内不能出口直到我们确切地计划出哪些可以出口。2. 我们反对战争赔偿。3. 我们打算归还各种被掠夺的财产。② 尽管总统部分表明了他的关于经济事务的一些想法,但他拒绝进一步提供政策指导,总统仍然打算拖延有关德国的决策直到战争结束为止。因此,从1944年10月以后的几个月内,在欧洲咨询委员会的美国代表③只能讨论一些占领的细节问题,他们被迫在本国政府关于德国事务的态度没有确定的情况下工作。④

　　然而,有关德国的经济原则问题并没有消沉多久。1944年11月10日,代理国务卿小爱德华·R. 斯退丁纽斯向总统汇报工作时又提及赔偿问题,他说英国对于削弱德国同英国未来出口竞争力的兴趣,比获得德国赔偿的兴趣更大。他猜想苏联打算从德国经济中取得的大部分将用于促进苏联重建,预计主要是从德国当前产品中获得。至于美国的态度,国务院建议:"严厉的赔偿短期计划大部分源于现有的德国产品。然而赔偿不能允许为了增加赔偿能力而提供这样的借口:提高德国生产能力增加赔偿能力。"⑤ 尽管罗斯福总统还是摇摆不定,认为应该允许德国恢复一定的工业满足自身需要,但是"在一段时间内不能出口"。他又补充了一句:"我们是反对赔偿的。"⑥

　　到了1945年,财政部、国务院都为各自的对德计划寻求总统的支

---

　　① FRUS, 1944, vol. 1, pp. 344 – 346. Memorandum by the Secretary of State to the President Roosevelt.

　　② John L. Snell, *Wartime Origins of the East and West: Dilemma over Germany*, p. 105.

　　③ 委员会由美国驻英国大使约翰·维南特、英国外交部助理威廉·斯特朗、苏联驻英国大使菲德·古雪夫三人组成。

　　④ 后来咨询委员会的美国代表助理菲利普·默赛利回忆说:"在那些没有政策的日子里,维南特在为德国投降做准备的会议上不能表态,因为他没有得到华盛顿的支持。"参见 John L. Snell, *Wartime Origins of the East and West: Dilemma over Germany*, p. 105。另参见 FRUS, 1944, vol. 1, p. 334. The Ambassador in the United Kingdom (Winant) to the Secretary of State.

　　⑤ FRUS, 1944, Vol. 1, pp. 398 – 403. Memorandum by the Acting Secretary of the State to President Roosevelt.

　　⑥ John L. Snell, *Wartime Origins of the East and West: Dilemma over Germany*, p. 105.

持，双方却都没有得到总统的明确承诺。但这一时期国务院的方案扩大了影响，一方面是在国务院—陆军部—海军部协调委员会（SWNCC）中，国务院得到了陆军部和海军部的支持。另一方面，国务院加强了与总统的联系。从1944年11月10日到1945年1月18日，国务院的专家们起草了大量有可能在即将召开的三巨头会议上涉及的各种问题的报告。有关德国问题的报告被称之为《简明手册》。其中的"关于德国赔偿与归还政策总结"，详细地阐述了国务院主张的赔偿政策。① "简明手册"的其他部分对英国和苏联可能在雅尔塔会议上提出的政策进行了预测，其中对苏联政策的预测表明，国务院担心苏联可能在德国单方面实行它自己的社会、政治改革，并通过傀儡政府保持长期控制。因此，国务院强烈建议应该达成对德国全面的盟国共同管理，"建立全面军政府，以防止德国政府发展成受制于特殊外来保护的政府"，不想让那些民主的德国人被看成胜利者。就像在1918年所发生过的那样，国务院反对那些反纳粹的德国人立刻接管政府。②《简明手册》表明，国务院为即将召开的雅尔塔会议必然涉及的德国赔偿问题进行了充分的准备，提出了比较系统、全面的赔偿政策，对其他盟国的对德政策进行了事先预测，并提出相应的对策。

国务院的一系列主张引起了摩根索的愤怒和极力反对，另外即将召开的雅尔塔会议使摩根索感到，他再次寻求总统支持的时机来了。在1月10日的一份备忘录中，摩根索坚持认为，为了防止德国在一代人的时

---

① 主要内容：1. 美国利益的性质。那种因为美国对德赔偿要求很少，就认为赔偿与美国利益没有多少关系的观点是非常危险的。错误的赔偿政策不仅会带来灾难性的后果，更重要的是，它可能危及美国对德基本的政治、经济目标。因此，美国赔偿政策的基本原则是：赔偿政策不能与对德政策相冲突；赔偿政策必须符合、从属于美国的安全、经济目标。2. 政策建议。德国赔偿计划将涉及赔偿的程度；期限；形式；赔偿的分配。应遵循的赔偿原则是：（1）保留德国最低的生活水准；（2）在支付占领费用、救济费用以及其他优先支付的费用后，应优先支付赔偿。应告知其他国家，美国将不会资助德国赔偿，或者以直接向德国贷款的形式，或者通过向德国提供必要的商品和设备的形式，间接承担德国赔偿的负担。因为战争造成的损失无法准确计算，以及其他一些原因，避免确定德国赔偿的明确数额。为了尽早恢复正常的贸易，赔偿应该限定在相对较短的期限内，如果可能，限定在5年之内，无论如何不能超过10年；（3）为了避免出现"转账"的困难，赔偿应主要以实物形式，即商品和劳役形式。实物应该是德国能够转移得起，受害国愿意接受的商品；（4）受害国要求的赔偿应该限定在非军事财产范围之内的损失；此外，对财物归还和德国海外资产的处理方面也做出了相应的规定。参见 FRUS, 1945 Malta and Yalta, pp. 194–197. Briefing Book Paper: Reparation and Restitution Policy toward Germany Summary。

② FRUS, 1945 Malta and Yalta, pp. 178–189. Briefing Book Paper.

间内再次发动战争,它必须被削弱,并持续被削弱。那些反对削弱德国的人是惧怕俄国及共产主义,摩根索说这是20年前的反对布尔什维克的旧观念,这种观念是导致目前加在我们身上的战争的因素之一。摩根索说应该打破各种烟幕,他认为这些主张是错误的,① 不能被总统采纳。然而,罗斯福这次并没有采纳摩根索的建议,在雅尔塔会议上他也没有提及摩根索的意见,雅尔塔会议却给国务院提供了一个再次重塑赔偿政策的机会。

因受会议触动,罗斯福从雅尔塔返回后,决定加速制定对德计划,他指示国务卿承担该责任。其结果就是建立了一个由斯退丁纽斯领导的非正式的对德国政策委员会,它包括国务院、陆军部、海军部、财政部、对外经济委员会的代表,这给国务院提供了一个修改赔偿政策的机会。在几天之后的一次国务院会议上,陆军部长、财政部长以及其他重要官员有机会仔细研究国务院最近就雅尔塔会议有关赔偿的协议而提出的方案。会后摩根索交给国务卿斯退丁纽斯一份备忘录。② 摩根索写道:雅尔塔决议明显地违反了总统所坚持的对德政策的最重要观点。决议显然没有考虑到,为了筹集战争赔偿,盟国将不得不计划去复兴德国经济。他的结论是美国应该避免承担使德国内部经济正常运转的责任。在他看来最大限度地"收缩德国的重工业"应该是美国政策的最大目标。可见,摩根索还是坚持他的一贯主张,并坚持强调那些曾经得到过罗斯福总统支持的观点。

罗斯福此时对德国赔偿问题的态度却已经发生了一些变化,他认为胜利者不能像摩根索所希望的那样拆迁德国工业。"我想给德国留下能够维持它所必需的工业,这样我们就可以不承担照顾它的责任。这就意味着德国要保留一定程度的工业能力,但我对德国的出口感到疑虑。"③ 这表明,罗斯福总统虽然没有改变不允许德国出口,以及拆迁德国多余的

---

① 他列举了如下几种错误:1. 欧洲需要一个有强大工业的德国的错误。2. 连续不断的赔偿(将需要立刻重建德国经济)是必需的。因此德国应该有能力支付它造成破坏的赔偿。3. 天真地相信拆除或破坏德国全部战争资源和德国的军事工业就可以阻止德国发动另一场战争。4. 错误地假设一个"宽大"的和平将有利于德国民主力量增长。5. 错误地认为把德国变成一个农业占主导、只有轻工业没有重工业的国家将意味着德国人民忍饥挨饿。参见 FRUS, 1945, Vol. 3, p. 376. Memorandum by the Secretary of the Treasury (Morgenthau) to President Roosevelt。

② John H. Backer, *The Decision to Divide Germany*: *American Foreign Policy in Transition*, p. 40.

③ Kuklick Bruce, *American Policy and the division of Germany*: *The Clash with Russian over Reparations*, p. 89.

资本设备支付赔偿的想法,但他也坚决反对国务院提出的要使德国中央化的建议。罗斯福感到在这个问题上,他的态度正好介于国务院和财政部两个极端的中间。这是典型的罗斯福行政风格:把所有意见摆出来,最终由他作评判、决定。

到3月底,美国决策层关于德国赔偿问题还在争论。史汀生在日记中写道:"由于总统的犹豫不决,这个可怜的问题已经被拖延了8个月,……在过去的4年里,我从未见过任何事情像它那样对我们混乱的行政机构产生过如此恶劣的影响。这是一段吵闹的、奇怪的、犹豫不决的历史。"① 罗斯福总统去世之后,有关德国赔偿问题的争论还在继续,国务院、陆军部、海军部等部门开始力图消除《摩根索计划》的影响。

5月16日,史汀生呈给新上任的杜鲁门总统一份备忘录。② 在备忘录中,史汀生首先指出,将德国置于饥饿的边缘当作惩罚它过去所犯错误的方式是一个严重的错误。剥夺德国的武器,解散德国军官团以及全部德国军队,监督德国的政府行为,直到受纳粹影响的一代人退出历史舞台——他承认是一个长期的任务。但史汀生认为这些都不能影响德国立即恢复它的竞争力,这必然涉及工业化问题,现在的德国如果只依靠土地,大约有3000万德国人将要挨饿。在中欧的8000万德意志人必然影响整个大陆的平衡,因此必须找到一个能够保证他们未来和平生存的解决之道,这对全世界都有好处,不能长期压迫他们过一种非民主的、奴役的生活。

杜鲁门总统一直赞同多边主义外交理念。③ 7月3日,即将参加波茨坦会议的杜鲁门总统与史汀生进行了会谈。史汀生发现他的许多观点与杜鲁门总统不谋而合,他们都赞同在战后重建一个非纳粹化、非军事化但经济上必须是健康的德国。④ 与此同时,摩根索也意识到他的政策岌岌可危,他做出了最后的努力。据《杜鲁门回忆录》记载:摩根索获悉

---

① Kuklick Bruce, *American Policy and the division of Germany*: *The Clash with Russian over Reparations*, p. 91.

② Henry L. Stimson, *On active Service in Peace and War*, p. 583.

③ 继任总统一个月之后,他指着一幅世界地图对史汀生说,通过自由贸易可以将欧洲东部的农、牧区与北部的工业区联系起来。为了便于自由贸易,莱茵河与多瑙河沿岸的每个国家都应该拥有河岸管理权。因此,在波茨坦会议上,杜鲁门总统建议将多瑙河置于国际共管之下。其目的是将其联合成一个自然的经济体,杜鲁门认为这是实现欧洲稳定和安全的第一步。参见 Hadley Arkes, *Bureaucracy, the Marshall Plan, and the National Interest*, New Jersey, Princeton University Press, 1972, p. 24。

④ Henry L. Stimson, *On active Service in Peace and War*, p. 583.

7月即将召开波茨坦会议，他向杜鲁门总统提出要求参加会议。杜鲁门总统说他感到美国国内非常需要财政部长，比在波茨坦更为需要。摩根索回答说，他必须得去一趟，并说如果他不能去的话，他只能辞职。杜鲁门说道："那好吧，要是你这样认为的话，我可以立即接受你的辞职"。① 财政部长与总统的谈话结束了，《摩根索计划》也到此为止。随着摩根索的辞职，财政部对美国外交政策的影响也随之消失。国务院则迅速收回了对外政策的决策权。

杜鲁门总统上台后，立刻任命他的密友石油商人艾德温·W.包莱作为大使级驻赔偿委员会的美国代表，原来赞同财政部观点的赔偿代表国务院统计学专家艾萨德·鲁宾则被降到第二位。对此，杜鲁门解释道，此时赔偿问题是美国最重要的工作，它需要一个像莫洛托夫一样强硬的人物。包莱具有商人的"顽固、吝啬"的特点正好可以与苏联人讨价还价，从而制定符合美国意图的赔偿政策。② 包莱在赔偿委员会中的行为也证明了，他确实如杜鲁门总统所期待的那样具有"顽固、吝啬"的特点。后来，美国赔偿代表理查德·斯肯德瑞特评价包莱道："他对于对苏联采取强硬态度比与苏联协商达成赔偿协议更感兴趣。"③

总而言之，二战末期，美国政府内部的争论一方面表明了各行政部门对外交决策权的争夺；另一方面则反映了美国决策层存在着两种不同的战后安排、战后构想。国务院试图构建战后多边主义国际体系，并在该体系中为德国预留下一个能够发挥其潜力的位置。而摩根索设计的战后构想是继续遵循大国合作原则：通过美、英合作保证美国的经济利益；通过美、苏合作确保世界和平；美国不必为德国的未来承担任何责任。罗斯福总统面对国内各行政部门对外交决策权的争夺，采取了一种拖延的态度，这一方面与罗斯福总统的外交风格有关；④ 另一方面，赔偿政策还需要与同盟国协商。英、苏都有着各自的赔偿政策，而且随着国际

---

① [美] 哈里·杜鲁门：《杜鲁门回忆录：决定性的一年1945》，李石译，北京：三联书店，1974年版，第253页。

② James McAllister, *No Exit*: *American and the German Problem*, *1943—1954*, Ithaca University Press, 2002, p. 82. 另参见John H. Backer, *The Decision to Divide Germany*: *American Foreign Policy in Transition*, p. 42.

③ James McAllister, *No Exit*: *American and the German Problem*, *1943—1954*, p. 82.

④ 罗斯福通常自己做出决策，他不信任国务院，他更愿意听取他信任的私人朋友的建议。参见 [美] 罗伯特·达莱克：《罗斯福与美国对外政策，1932—1945》，第758—759页。

国内形势的变化，各国的赔偿政策也不断调整、变化。在历次三大国领导人会晤中，德国赔偿问题都是美、英、苏三大国争论的焦点。

第二节 美国与盟国围绕德国赔偿问题进行的争论

德国战争赔偿是一个与各战胜国利益都密切相关的现实问题。为此，二战末期，美国政府关于赔偿政策的讨论是在国内、国际两个层面上同时进行的。美、英、苏三大国在历次国际会议上，都提出了各自的索赔要求与赔偿计划。美国与盟国特别是与苏联围绕德国赔偿问题进行了一系列激烈的交锋。逐一分析双方争论的焦点可以发现，双方的争论不仅体现了三大国赔偿理念、社会经济制度、战后战略目标的差异，更表现出盟国对解决德国赔偿问题主导权的争夺，是三大国外交争斗的一个缩影。

一、美、英、苏三大国各自主张的对德索赔政策

二战末期，美国政府与盟国围绕德国赔偿而进行的讨论促进了国内赔偿政策的制定，因为在历次国际会议前，美国都要提出相关的赔偿政策。这样，国际会议不仅成为美、英、苏三大国表达各自赔偿政策的论坛，同时也为美国决策者不断调整、完善其政策提供了时机。美国赔偿政策因而呈现出鲜明的阶段性特点。美国在历次国际会议之前准备的赔偿备忘录，就成为记载其赔偿政策阶段性演变的详细资料。

1943年10月18—30日，三大国外长会议在莫斯科召开。会前国务院准备的《关于处置德国的美国建议》① 和《关于赔偿问题的美国建议》② 确定了赔偿政策的目的、原则、组织机构，将赔偿政策融入进美

---

① FRUS, 1943, Vol, 1. pp. 720 – 721. U. S. Proposal with Regard to the Treatmeant of Germany.

② 特别是在《关于赔偿问题的美国建议》中，比较详细地阐述了美国赔偿政策的目的是要具有如下观念：加快经济恢复、达成经济和平的目的；为促进盟国恢复，德国将提供实物和劳役赔偿。赔偿的原则是：1. 德国赔偿的程度：加强战后世界经济、政治秩序；2. 赔偿支付不使用金钱赔偿，主要以实物和劳役形式，但并不完全排除一定数量的金钱赔偿；3. 德国赔偿支付的实物赔偿或者提供的劳役赔偿必须是受赔国所愿意接受的；4. 赔偿期限将尽可能与欧洲重建所要求的时间相吻合；5. 赔偿不应被视为控制德国军事力量的主要方式。建立德国赔偿委员会的建议：建立美、英、苏以及其他与德国赔偿直接相关的各国政府参加的赔偿委员会；该委员会由上述原则作为指导原则；其任务是：估算德国应该赔偿的数额、计算出实物赔偿与劳役赔偿之间分配的比例；各国分配的比例；监督德国履行赔偿义务的情况等。参见 FRUS, 1943, Vol.1, pp. 740 – 741. U. S. Proposal with Respect to Reparations.

国战后的整体设想之中。在莫斯科外长会议期间，德国赔偿问题并不是会议的主要论题。当三国外长讨论该问题时，赫尔建议赔偿用于补偿被德国破坏的非军事财产的损失，赔偿的基础是确保苏联能够获得德国赔偿的大部分。但赫尔也建议征收德国的赔偿只能达到"加强战后世界经济、政治秩序的程度，严格限制强行勒索德国"。赫尔坚持赔偿要求不应该成为"控制德国军事力量的主要工具"。另外赔偿将限定在战争结束后一个短时期内。①

雅尔塔会议是在纳粹德国即将全面瓦解之时，美、英、苏三大国首脑举行的一次国际会议。国务院为雅尔塔会议将涉及的德国赔偿问题进行了充分的准备，提出了比较明确的赔偿政策，其政策在1月16日的文件中阐述如下：1.美国利益的实质。一项错误的赔偿政策不仅对未来的欧洲经济稳定会产生不利影响，而且将危及美国对德的政治、经济目标。因此，德国将支付的赔偿必须限制在不与美国更重要的目标相冲突的程度。2.政策原则。（A）赔偿将包括除了德国维持最低生活水准、占领费用以及其他优先支付的费用之外的全部剩下的德国财富。必须明确的是美国不能直接或者间接地资助赔偿的转移；（B）为了尽可能少地影响正常的贸易，赔偿期限将缩短，如果可能限定在5年之内，无论如何不能超过10年；（C）赔偿将主要以实物形式，但不能完全否定有一定合理限度的劳役赔偿，只要能够区分开正式的、积极的纳粹分子和那些政治上消极的德国人；（D）德国有义务归还所有掠夺来的财产等。② 可见，美国的赔偿政策基本坚持了国务院所一贯主张的把德国赔偿纳入美国战后总体战略之中的原则。对德国支付赔偿的范围、来源、期限、赔偿形式等作出了详细的规定。强调了美国不再资助德国赔偿的原则；德国归还掠夺财产等原则。

雅尔塔会议后不久，三大国在莫斯科召开了第一次赔偿会议。尽管会议最终就赔偿问题达成了七点协议，③ 但赔偿委员会召开的第一次会议并不成功。美国代表与苏联代表围绕苏联赔偿数额的要求、优先支付

---

① John L. Snell, *Wartime Origins of the East and West: Dilemma over Germany*, p. 43.

② FRUS, 1945, Conference at Malta and Yalt, pp. 193 – 194. Briefing Book Paper: Reparation and Restitution Policy toward Germany.

③ FRUS, 1945, The Potsdam Conference, Vol. 1, pp. 527 – 528. The Representative on the Allied Commission on Reparations (Panley) to the Sacretary of State.

原则等问题进行了激烈的争论。这表明美国开始放弃一些它曾经赞同过的赔偿原则、赔偿协议。更重要的是，美国赔偿代表在赔偿委员会的所作所为并不是自主、单一的行动，而是反映了这一时期美国对苏政策、对德政策的微妙变化。罗斯福总统去世后，美国外交政策与它的决策层同时发生了一些变动。美国驻苏联大使哈里曼返回了华盛顿并参与了一系列高层会议，他对总统和外交人员不断地说，美国正面临着"野蛮对欧洲的侵略"。4月23日美国政府举行的一次高层会议上，决策层正式决定将对苏联采取"强硬"的态度。6月27日，一直在旧金山筹建联合国事务的国务卿斯退丁纽斯返回华盛顿，杜鲁门总统没有让他继续担任国务卿，这一职务改由詹姆斯·F.贝尔纳斯担任。

美国外交决策机构人员变动的同时，国务院开始改变它以前制定的赔偿政策，并试图改变盟国在雅尔塔会议上已经达成的一些有关德国战争赔偿的协议。1945年5—7月间，国务院制定了一系列有关德国赔偿的新政策，集中体现在国务院发给美国在赔偿委员会的代表包莱的八项指示中。① 国务院制定的赔偿政策表明，它把战争赔偿纳入到战后德国经济总体发展之中。该计划试图恢复西欧的经济，希望德国能够为西欧经济恢复做出贡献，以实物、拆迁形式支付赔偿，坚持"优先支付进口"原则等。国务院强调在德国能够支付赔偿之前，它的经济应该保持足够的健康才能履行它的赔偿义务。另外，一个重要的变化是美国对苏联提出的赔偿数额不再采取支持的态度。国务院的这一政策基本上得到了决策层的一致同意。②

波茨坦会议期间，美国的赔偿政策进一步发展。美国代表团提出了

---

① 这项指示概括起来的原则是：1. 德国以实物形式支付赔偿；2. 赔偿尽可能从其国民财富中提取，主要是以拆迁工业机器、设备、工厂充当赔偿；3. 美国不会直接或间接地资助德国赔偿和重建；4. 美国同意在战后几年内从德国当前产品中提取赔偿，但不能因此而保留德国的战争潜力以及形成其他国家对德国的依赖；5. 在没有外来救济的情况下，德国人维持最低的基本生活水平，不能高于其邻国（英、苏除外），美国不承担救济德国人的责任；6. 美国反对劳役形式的赔偿；7. 美国坚持"优先支付进口"原则，包括优先支付占领费用；8. 美国保留有决定赔偿总额的权利等。参见 FRUS, 1945, Vol. 3, pp. 1222 - 1227. Instructions for the United State Representative on the Aillied Commission on Reparations (Pauley).

② 6月8日，代理国务卿约瑟夫·格鲁给史汀生的信中写道："现在对于为了达到占领的目标而对德国经济进行必要的控制已经没有任何疑问了，这些目标包括重建和保持最低德国的经济水平、对占领的费用进行资助和德国赔偿问题。"参见 FRUS, 1945, The Potsdam Conference, Vol. 1, p. 524. The Secretary of War (Stimson) to the Under Secretary of State (Grew).

一份名为《关于处置德国政治和经济原则的建议协议》。① 有关德国赔偿问题，建议协议单独列了一份附件。② 其中提出了一个新观点：即支付赔偿之后，必须给德国人民留下足够的资源，以使德国能够不需要外援的帮助，实现自我维持。这样，除了优先支付外，美国为德国支付赔偿又设置了一个前提条件——首先要实现德国经济自我维持。为了排除苏联日后可能对鲁尔地区的干涉，以及减少盟国间因索取赔偿而产生的摩擦，贝尔纳斯提出分区索赔原则。为了防止德国经济因此而分裂，贝尔纳斯又提出一个补充规定——视德国为一个经济体。美国赔偿政策演变的过程表明，其政策随着形势的发展而不断地调整与完善，但其政策调整有一个基本的趋向：惩罚的倾向在逐渐减少，赔偿与战后德国经济的发展、与美国在欧洲政策的关系在不断被强调。

　　早在 1941 年当纳粹德国的炸弹正扔向英伦三岛时，外交大臣艾登就认识到了战后德国经济的重要性。他说："我们与德国的和平条件将取决于防止德国重犯错误，但我们的目的并不是使德国崩溃。我并不喜欢德国人，可是一个饥饿、破落的德国在欧洲对所有邻国都没有好处。这不是危言耸听，这是常识。"③ 1941 年 12 月，财政部在凯恩斯指导下筹划建立一个跨部门的向敌国要求赔偿委员会。经过委员会的研究，得出的结论是：现金赔偿方式不明智，实物赔偿也将限定在 5 年期限内，索取高额赔偿不符合英国利益。财政部的赔偿计划刚一提出就引起了其他部门官员的反对，如贸易委员会主席休·道尔顿认为，应该采取像纳粹德

---

　　① 建议协议包括管制委员会的权威，对德政治原则、经济原则等几项内容。其中经济原则规定：1. 德国经济非集中化，由管制委员会负责控制；2. 管制委员会必须执行工业的非武装化、非军事化计划；执行赔偿、为解放地区提供救济的计划；3. 为了满足占领军需要，防止出现饥饿、疾病、内部动乱，要确保德国生产一定的商品并提供必要的服务；4. 各占领区之间进行必要的商品交换与分配；5. 为削弱德国战争潜力，控制德国工业、经济、财政的国际交易，包括其进出口；6. 占领期间，德国将被视为一个经济体。参见 FRUS, 1945, The Potsdam Conference, vol. 2, pp. 775 – 778. Proposal by the United States Delegation. No. 852。

　　② 附件包括三点内容：1. 已经同意的原则，即莫斯科赔偿委员会已经同意的七点协议；2. 决策的原则：莫斯科赔偿委员会就第八点没有达成协议，即支付赔偿之后，必须给德国人民留下足够的资源，以使德国能够不需要外援的帮助，实现自我维持。为了保持德国经济平衡，必须支付经赔偿委员会同意的进口优先于从当前产品或者库存产品中提取赔偿。3. 赔偿的确定和分配。美国建议立即界定如下概念：归还品、战利品、赔偿。赔偿委员会同意在苏、英、美以及其他国家之间分配赔偿的公式。参见 FRUS, 1945, The Potsdam Conference, vol. 2, pp. 832 – 833. Proposal by the United States Delegation. No. 894。

　　③ James P. Warburg, Germany: Key to Peace, London: Andre Beutsch Limited, 1954, p. 13.

国对待英国的政策那样来对待德国，德国非工业化将对英国出口有利。劳工部官员也认为，欧洲的安全在于削弱德国的经济而提高它邻国的经济实力。①

1942年，由外交部法律顾问威廉·马尔金领导的包括财政部、贸易部、外交部、海军部代表在内的专家委员会，开始系统研究赔偿和经济安全问题。经济安全是指剥夺德国进行现代战争所必需的资源。② 这些专家对德国经济有着丰富的经验，而且"仇恨和报复思想很少影响他们对未来和平的态度"。③ 1942年末，专家委员会提出了他们的建议：德国赔偿由实物赔偿为主，少量的金钱赔偿；赔偿期限应该限定在战后短期内；赔偿总额应该少；最重要的是赔偿不能被用来摧毁德国经济，就像一些为了安全防止德国侵略所建议的那样。专家委员会认为有两种方法可以阻止德国这匹战马：1. 控制和限制德国进口关键的战争物资；2. 清除德国经济的一些特殊部门，如航空、石油、机器设备工厂等。其结论是反对德国一律非工业化；主张采取一种能够随着日后实际情况发展而自动调整的、富有弹性的方案。④ 1943年8月，专家委员会完成了报告。报告概括起来主要有几点原则：1. 反对确定具体的德国赔偿的数额；2. 德国支付赔偿的期限限定在5年之内；3. 利用德国为战后欧洲重建做贡献。⑤ 9月，当凯恩斯向哈里曼等人阐明英国的赔偿政策时，他依据的主要就是专家委员会的报告。日后，丘吉尔和艾登在历次三大国首脑会议上阐述英国的赔偿政策以及德国未来经济政策时，他们基本也是以这份报告为依据。

苏联人对德国的态度与美英相比要强硬得多。这一方面是斯拉夫民族与条顿民族长期斗争的历史记忆；另一方面是地缘政治的因素，很多苏联人曾亲身经历了两次德国入侵。苏联领导人曾经在20年代和1939—1941年两次尽力与德国合作，甚至去安抚德国，但都没能阻止德国的入

---

① Ian D. Turner, *Reconstruction in Post-War Germany：British Occupation Policy and the West Zones*, Oxford, UK；New York：Berg；Distributed Exclusively in the US and Canada by St. Martin's Press, 1989, p. 128.

② ［英］迈克尔·鲍尔弗等：《国际事务概览，1939—1946年：四国对德国和奥地利的管制，1945—1946年》，安徽大学外语系译，上海：译文出版社，1980年版，第47页。

③ John L. Snell, *Wartime Origins of the East and West：Dilemma over Germany*, p. 21.

④ John L. Snell, *Wartime Origins of the East and West：Dilemma over Germany*, p. 21.

⑤ Ian D. Turner, *Reconstruction in post-war Germany：British Occupation Policy and the West Zones*, p. 129.

侵。二战末期，苏联领导人面对许多战后问题急需处理，但保障苏联安全、阻止德国再次入侵是重中之重的关键性问题。

早在1941年9月28日，斯大林就告诉美国驻苏大使艾夫里尔·哈里曼和英国驻苏大使比沃伯鲁克勋爵：德国必须"赔偿它所造成的破坏"是战后处理德国的组成部分。① 1941年12月，苏联驻英国大使伊万·M. 马伊斯基对艾登和美国驻英国大使约翰·维南特坦率地说，苏联政府担心西方在战后将不会采取足够严厉的措施对待德国。随后斯大林对来访的艾登阐述了苏联的对德政策：1. 奥地利必须从德国独立出来；2. 东普鲁士要转交给波兰；3. 莱茵地区要独立或者成为被保护国；4. 德国赔偿应该以实物形式支付，特别是用机器设备。② 这表明，斯大林的对德政策是比较严厉的，主张分裂德国，主张以实物形式向受害国家支付战争赔偿。

1943年7月，苏联成立了赔偿特别委员会，马伊斯基任主席，该委员会的任务是研究苏联战后重建所需的资源以及关于如何避免一战因赔偿问题而产生的问题。1943年底，苏联的赔偿政策在经济学家欧佳尼·瓦尔加的文章中表达得更加明确。瓦尔加认为由于破坏和损失，以拆迁德国工厂和资本设备形式来获得赔偿已经没有什么意义。赔偿应该主要来自于战后德国的当前产品，即每年无偿地从德国产品中提取赔偿。德国工厂不必搬到苏联，应留在德国为苏联生产。瓦尔加总结道：苏联将发现接受这种形式的赔偿对于恢复战后经济、大规模重建都是"绝对必要的"。③ 1944年1月11日，马伊斯基向外交部长莫洛托夫提交了题为《关于未来和平的最佳原则》的报告，他在报告中认为战后苏联面临的首要问题是经济重建，而国内资源、赔偿以及美国的援助将是战后苏联经济重建的三个支柱，因此报告主张执行彻底的索赔政策，通过索赔使德国完全非纳粹化、非工业化。④ 瓦尔加和马伊斯基的观点说明，苏联关于德国战争赔偿政策的目的与英美相比要简单而明确：一是利用战争

---

① John L. Snell, *Wartime Origins of the East and West: Dilemma over Germany*, p. 38.
② John L. Snell, *Wartime Origins of the East and West: Dilemma over Germany*, p. 38.
③ B. Kuklick, *American Policy and the Division of Germany: The Clash with Russian over Reparations*, p. 42.
④ Vladimir O. Pechatnov, *The Big Three after World War II: New Documents on Soviet about Postwar Relations with theUnitde States and Great Britain*. 转引自田小惠：《试析战后德国战败赔偿政策》，载《世界历史》，2005年第4期。

赔偿达到削弱德国、防止其再次发动战争的目的；二是索取德国赔偿重建苏联的受害地区，增强其战后经济实力。另外，也可以看出这一时期苏联的赔偿政策还没有纳入到它对战后欧洲的整体战略之中。

　　三大国各自提出的赔偿政策显示，三大国从不同角度、不同程度地都吸取了一战赔偿政策失败的经验和教训。此时三大国也都认识到，应该努力避免出现一战后德国利用盟国之间就德国赔偿问题产生的矛盾与冲突而最终获利的局面。然而，德国赔偿问题是一个与战后各国利益都密切相关的重要问题，三大国战略利益的差异、经济制度的迥异、意识形态的对抗决定了在历次国际会议上，德国战争赔偿问题都是导致盟国间争论最激烈的问题，他们之间的争论、妥协极大地影响了国际社会对德国战争赔偿问题的处理，进而影响了二战后整个欧洲局势的发展。

二、东、西方关于对德索赔政策的争论焦点

　　英国虽然有着自己的索赔要求，并提出了相关的赔偿政策。但从总的原则来说，英国赔偿政策的出发点、战略目标、索赔要求、赔偿方式等与美国赔偿政策的差别不大。在历次国际会议上，英国提出的赔偿政策也比较符合美国的利益与要求。因而，关于德国赔偿问题的冲突主要是在美国与苏联之间进行。简而言之，苏联的赔偿政策主要有两个目标：1. 利用战争赔偿达到削弱德国、防止其再次发动战争，从而确保苏联的战后安全；2. 利用德国赔偿重建苏联的受害地区，增强其战后经济实力。苏联政府为达到上述两个目标，其赔偿要求和赔偿政策注定将是高额与严厉的，它与西方特别是与美国的争论也就在所难免。在历次国际会议上，东、西方争论的焦点主要包括：德国赔偿的数额、赔偿的来源、优先支付原则以及分区索赔等。

　　关于德国赔偿数额的争论是双方争论最激烈的一个问题。雅尔塔会议上，苏联代表正式提出德国赔偿的总额为 200 亿美元，其中苏联应该得到不少于 100 亿美元赔偿的要求。丘吉尔马上对这个数字表示质疑，他说一战后协约国费了很大力气才从德国获得了 10 亿英镑的赔偿，而现在甚至这个数字都不可能，因为美国不会再给德国贷款了。"拆迁工厂和设备在一定程度上是个好主意，但我提醒你的是被毁灭的德国是不可能每年拿出 2.25 亿英镑支付给苏联的，这在我头脑中出现了一幅绝对饥饿的德国景象。"罗斯福总统表示他将支持苏联的赔偿要求，因为德国的生

活标准不能高于苏联的生活标准。罗斯福的结论是，赔偿的最大限度是从德国提取赔偿而不至于使德国人民挨饿。斯大林则坚持认为一战后德国赔款问题失败的根源不在于赔偿数目过大，而是由于经济上和政策上的失误造成的。①

接着，苏联代表指出他们提出的赔偿数额是有依据的。一是德国具有支付该数额赔偿的能力。斯大林指出：100亿美元不过相当于美国1944—1945年国家预算的10%，相当于英国6个月的战争开支。苏联的赔偿计划将不会导致德国人处于衣不蔽体、食不裹腹的惨状，因为德国还可以发展轻工业和农业，而且将免去战前每年高达60亿美元的军费开支。② 二是苏联在战争中确实遭受了巨大的物质损失。据统计，除了人员损失以外，德国破坏掉大约1710座城镇、315000家工业企业、40000公里的铁路，苏联还损失了超过1/3的牲畜。苏联宣布它的直接经济损失高达1280亿美元以上，正如苏联代表所说，直接损失如此之大，以至于无论多少赔偿都难以弥补。③ 从1944年开始，美国国务院下属的战略研究室专门研究分析了苏联的战争损失，认为苏联宣称其财产损失达到它国民财富的2/3被夸大了，战略研究室估计苏联的财产损失只占其国民财富的1/4；苏联的损失大约为357亿美元。④ 英国估计苏联的损失为186亿美元。⑤ 东、西方估计的损失数字差距很大。然而客观地说，苏联提出100亿美元的赔偿要求其实并不算过分。它低于西方估计的实际损失数字，只相当于美国估计数字的1/3，只是苏联自己宣布损失数字的1/10。更主要的是，德国具备支付相当数额赔偿的能力，因为德国在战争中的损失主要集中在运输与劳动力方面，工业机器、设备的损失并不

---

① FRUS, 1945, Conference at Malta and Yalt, p. 622. Second Plenary Meeting, February 5, 1945. 另参见《德黑兰、雅尔塔、波茨坦会议记录摘编》编译组：《德黑兰、雅尔塔、波茨坦会议记录摘编》，上海：上海人民出版社，1974年版，第121—122页。

② FRUS, 1945, Conference at Malta and Yalt, pp. 621 - 622. Second Plenary Meeting, February 5, 1945. 另参见 [苏] 萨纳柯耶夫、崔布列夫斯基：《德黑兰、雅尔塔、波茨坦会议文件集》，北京外国语学院俄语系译，北京：三联书店，1978年版，第162页。

③ John L. Snell, *Wartime Origins of the East and West: Dilemma over Germany*, p. 145.

④ John H. Backer, *The Decision to Divide Germany: American Foreign Policy in Transtion*, p. 71.

⑤ Alec Cairncross, *The Price of War, British Policy on Germany Reparations 1941—1949*, Oxford: Basil Blackwell, 1986, p. 64. note 10.

大，从战后德国实际支付的赔偿数额来看也证明了这一点。①

然而，西方盟国却不愿意接受苏联的这一要求。特别是艾登明确反对确定一个固定的赔偿数字。为此，英国的反对意见在雅尔塔协议中被单独列出。②英国极力回避确定具体赔偿数字的原因正如艾登所言："无论正确还是错误，英国政府都感到哪怕只是讨论基础的数字也意味着将执行它的义务。"③ 其实在这场论争中，美、苏之间的意见一致只是一种表面现象。美国之所以同意苏联提出的赔偿数目并不意味着它认同苏联的主张，而是认为数字并不是最重要的。正如国务卿斯退丁纽斯回国后对国务院官员所解释的那样：以苏联所提出的建议作为讨论的基础"似乎是公证和合理的"，而数字只具有"名义上的意义"。④ 苏联政府则把100亿美元的赔偿数额视为盟国间已经达成的协议，并在以后历次国际会议上不断提出这一索赔要求。

在去莫斯科参加赔偿委员会召开的第一次会议的途中，美国代表先在德国做了短暂的停留。在这期间，德国工业的巨大损失、德国人民遭受的苦难、食品短缺、交通瘫痪、占领区急需美国的进口等都给代表们留下了深刻的印象。代表们由此得出一个结论：在这种情况下，当前产品赔偿是不现实的，德国商品急需为国内经济以及为支付英、美提供的

---

① 至于战后盟国从德国到底索取了多少战争赔偿，有关各方的统计数字相差很大。据西方统计，苏联通过在苏占区拆迁设备、获取占领费、提取当前产品及通过占有公司股份的收益等方式获取的赔偿价值，到1953年共计已达664亿马克，按1938年的价格计算约合171亿美元。民主德国成立后，苏联继续以易货贸易的方式，用大大低于国际市场的价格获取民主德国的化工、光学、机械等工业产品。英、美占区于1947年修改了赔偿拆迁的计划。联邦德国成立后，赔偿拆迁进一步减少，并于1951年4月完全停止。关于赔偿拆迁的价值估算，盟国和德国差距甚大，大约在15亿至50亿马克之间。如果加上没收德国在国外的财产以及没收的德国专利、商标、厂名等，估计西方获取的全部赔偿价值为200亿至250亿马克，按上述1938年的汇价换算，相当于51.5亿至64.4亿美元。以上数字参见杨德利：《德国的战争赔偿问题》，载《德国研究》1996年第1期。

② 英国代表团认为，在莫斯科赔偿委员会研究赔偿问题之前，不能提出任何赔偿数字。遗留问题留待莫斯科赔偿委员会进一步讨论。参见 FRUS, 1945, Conference at Malta and Yalta, p. 979. Protocol of the Proceedings of the Crimea Conference. 另参见，《德黑兰、雅尔塔、波茨坦会议记录摘编》，第227页。

③ FRUS, 1945, Conference at Malta and Yalta, p. 903. Seventh Plenary Meeting, February 10, 1945.

④ FRUS, 1945, Vol. 3, p. 453. Informal Record of a Meeting in the Office of the Secretary of State, March 15, 1945.

进口而服务。① 会议开始后，各盟国代表就"战利品"的定义、劳役赔偿的条件、西方在苏占区财产的处理等一系列问题进行了交锋。其中，争论最激烈的有两个问题。一是苏联代表坚持价值 100 亿美元赔偿的要求。美国赔偿代表包莱断然拒绝了苏联代表反复提出的这一要求，他坚持说美国政府不会讨论任何数字，直到对德国经济有了更多的了解之前。② 为了达成协议，国务院曾指示包莱可以做出一定的让步：国务院不反对讨论赔偿数字问题，只是认为 200 亿美元太高了，130 亿美元或者是 140 亿美元的数字应该是合适的，200 亿美元的数字可以作为讨价还价的起点。③ 然而，包莱收到电报后并没有接受国务院的指示，他却向苏联代表马伊斯基抱怨说，赔偿委员会已经工作三周了，还没有达成一个能够支持苏联建议的数字。④

从此，美国公开放弃了对苏联赔偿数额的支持，认为苏联的索赔数字不现实。100 亿美元的赔偿数字开始成为双方讨价还价的砝码，例如波茨坦会议上贝尔纳斯要求莫洛托夫对苏联政府已经进行的拆迁作出解释。莫洛托夫承认苏联已经进行了一些拆迁，他说可以从赔偿总额中扣除这部分价值，但 100 亿还是作为讨论的基础，因为苏联在战争中遭受的损失实在太大了。莫洛托夫又把赔偿数字降到 85 亿、80 亿美元。然后他提到了鲁尔，说苏联希望获得鲁尔的一些设备作为赔偿，苏联要求的赔偿数字已经降低了，但要以价值 20 亿美元的鲁尔设备作为补偿。⑤ 可见，苏联为了达到其他赔偿目的也会主动降低索赔数额，因为赔偿数额的确定并不只是一个单纯的数字问题，它的最终确定还要取决于双方在其他问题上的讨价还价。进而言之，东、西方对赔偿数额的争论并不完全是从德国的支付能力、受害国的损失来衡量、确定的，更多的是取决于东、西方外交博弈的胜负。

---

① Carolyn W. Eisenberg, *Drawing the Line*: *The American Decision to Divide Germany*, 1944—1949, p. 86.

② FRUS, 1945, The Potsdam Conference, Vol. 1, pp. 510 – 511. The Representative on the Allied Commission for Reparations (Panley) to the Sacretary of State.

③ FRUS, 1945, The Potsdam Conference, Vol. 1, p. 519. The Secretary of State ad interim to the Representative on the Allied Commission for Reparations (Panley).

④ Carolyn W. Eisenberg, *Drawing the Line*: *The American Decision to Divide Germany*, 1944—1949, p. 88.

⑤ FRUS, 1945, The Potsdam Conference, vol. 2, pp. 295 – 298. Informal Meeting of the Foreign Miniters, July 23, 1945.

美、苏争论的第二个焦点是关于赔偿来源、赔偿方式。苏联政府提出以当前工业品和拆迁作为两项主要的赔偿来源。美国吸取一战后德国因为每年都要支付一定赔偿而积怨很深的教训，主张将德国多余的资本设备进行拆迁来支付赔偿。这样，东、西方在赔偿拆迁方式上很快达成了一致意见。然而，当前产品赔偿却引起了双方激烈的争论，在二战末期国务院有关德国赔偿的各种计划中都包括了当前产品赔偿，雅尔塔会议确定当前产品赔偿是三个赔偿来源之一。雅尔塔会议之后，美、英开始极力反对当前产品赔偿。它们认为在美、英为德国提供援助的同时，苏联却源源不断地从德国提取当前产品赔偿，这实际上就等于它们在替德国向苏联支付赔偿。①因而，在波茨坦会议上，美、英代表给当前产品赔偿设定了一个前提条件："为实现德国的经济平衡，应规定必须的资财，以偿付经对德管制委员会批准的进口。现有的生产品及储存物品的出口所得首先应用以偿付此种进口。"② 即美、英所坚持的优先支付原则。但苏联与美、英之间对于进口和赔偿孰具有优先支付权一直争论不休。退一步来说，即便是进口具有优先支付权，它也没有完全排斥苏联获得当前产品赔偿的权利。

那么，美国为何极力反对苏联从当前产品中提取赔偿呢？用当前产品支付赔偿自然要相应地减少德国的出口，德国进出口不能保持平衡，美国纳税人的负担自然就要加重。当前产品赔偿问题还关系到美国对德国经济结构的总体设想。美国估计，如果实行当前产品赔偿，德国重工业的出口将减少到战前的1/3，这个数字的减少意味着重工业出口将损失8亿美元，重工业出口的损失将用轻工业出口来弥补。德国工业出口的重新分配预示着盟国将改变德国的经济结构，在世界市场上德国不再出口重工业产品，取而代之的是大量的轻工业产品。但美国对于世界市场能否吸纳大量的德国轻工业产品表示极大的怀疑，认为德国将很难找到购买他们轻工业产品的顾客，特别是当他们能以赔偿的方式获得德国产品的时候。当前产品赔偿抵销了国外购买德国产品的需要，德国将长

---

① Charles S. Maier, *The Marshall Plan and Germany: West German Development within the Framework of the European Recovery Program*, p. 105.

② 《德黑兰、雅尔塔、波茨坦会议记录摘编》，第428页。

期处于贸易逆差的状态。① 其实，美国反对苏联当前产品赔偿还有着更深远的考虑，主要是防止通过当前产品赔偿方式，强化苏、德双方经济联系，德国因此落入苏联的控制之下。另外，这些德国当前产品赔偿还有可能与美国的出口商品形成竞争。

　　双方关于当前产品赔偿的争论同时涉及了另一个问题——优先支付原则。它是东、西方围绕德国赔偿而争论最长久的问题，一直延续到战后初期。在莫斯科赔偿会议上，双方就该问题展开了激烈地争论，苏联提出优先支付赔偿的原则，即要求德国的出口应该首先用来支付赔偿。然后再用于平衡进口。马伊斯基说德国的首要义务是赔偿受害国家所遭受的损失，其结果如果是德国不能得到足够的进口，那么，这就是它发动侵略的代价。而且由于战前德国进口食物的比例仅为15%，因此完全可以通过降低德国人的生活水平来保证德国人基本的生活需要，而不必通过额外的进口，所以赔偿与进口之间并不存在不可调和的冲突。② 而美英代表则坚持优先支付进口的原则。包莱认为德国进口与支付赔偿难以协调甚至是对立的。他指出，德国出口首先用来支付进口是美国提倡的和平时期最低经济所必须的。在这之后，苏联可以将节余部分作为赔偿，③ 即只有德国能够出口足够的商品来支付必要的进口时才能从当前产品中提取赔偿。因为美英认为如果优先以当前工业品和原材料来支付赔偿，那么将会导致德国的财政赤字和贸易逆差。④

　　到了波茨坦会议，双方就优先支付问题仍然争论不休。马伊斯基认为，优先支付进口而不优先支付赔偿不符合政治原则。德国将利用优先支付进口的规定达到逃避支付赔偿的目的，正像德国在一战之后所做的那样。贝尔纳斯回答说，支付进口必须是第一位的，除非满足德国进口，否则德国不会为赔偿支付一分钱。贝尔纳斯坚决地说："这个问题不容讨论，我

---

　　① Kuklick Bruce, *American Policy and the Division of Germany: The Clash with Russia over Reparations*, pp. 221–222.

　　② FRUS, 1945, The Potsdam Conference, Vol. 1, p. 547. The Representative on the Allied Commission on Reparations (Panley) to the chairman of the Allied Commission for Reparations (Maisky).

　　③ FRUS, 1945, The Potsdam Conference, Vol. 1, p. 547. The Representative on the Allied Commission on Reparations (Panley) to the chairman of the Allied Commission for Reparations (Maisky).

　　④ Carolyn W. Eisenberg, *Drawing the Line: The American Decision to Divide Germany, 1944—1949*, p. 89.

们不能像上次战争之后那样为赔偿提供资助。"莫洛托夫说短期内德国的国内消耗、赔偿、出口很难同时协调好。如果德国生产增加,超过了赔偿所需的数字,这就意味着剩余部分或者由德国内部使用,或者由管制委员会决定出口。贝尔纳斯认为应该制定一个最低所需进口计划,这样就不会出现为了支付赔偿而减少德国国内消费的情况。莫洛托夫还是坚持除了管制委员会同意的出口可以有优先权之外,赔偿将拥有优先支付权。①

美、英之所以极力坚持优先支付原则,一是优先支付关系到美、英纳税人的负担问题;二是美、英认为保持德国贸易收支平衡是维持战后资本主义经济正常运转的重要因素之一,进而将德国最终纳入到战后多边主义国际体系之中;三是美国决策者认为如果德国生产是为了支付赔偿,而不是为了出口,德国与苏联之间将发展起双边经济关系:德国将成为苏联重工业的供应者,因此被纳入到苏联的经济体系之中。② 因苏联的经济体系是社会主义计划经济,相比之下,它对于国际贸易、国际市场的关注程度要小一些,所以它对于德国进出口平衡问题也不如西方国家考虑得那么长远。

最后,是双方关于分区索赔的讨论。在波茨坦会议上,美国为了避免日后苏联可能对鲁尔进行干涉,以及解决波兰西部边境等问题,在德国赔偿问题上作出了一项重大决定:分区索赔。为防止德国因此被划分成各自封闭的小领地,美国为其设置了一个前提:视德国为一个经济整体的原则。因而波茨坦协议第 14 条规定:"在占领期间,德国应被视为一个经济单位。为达到此目的,将确定共同政策。"7 条共同政策中就包括赔偿政策。该条款同时补充规定:"实行这些政策时,应考虑适合不同地区的情况。"③ 即索取赔偿可以根据不同占领区的情况进行。贝尔纳斯虽然为分区索赔设置了前提条件,但在分区占领的情况下,他设置的前提形同虚设,难以贯彻执行。可见,分区索赔是一个不得已而为之的权宜之计,是对盟国在赔偿问题上不能达成一致意见的承认。

分区索赔虽然使苏联失去了对鲁尔地区的干涉权,然而分区索赔原

---

① FRUS, 1945, The Potsdam Conference, Vol. 2, pp. 279 – 281. Sixth Meeting of the Foreign Ministers, July 23, 1945.

② Bruce Kuklick, *American Policy and the Division of Germany*: *The Clash with Russia over Reparations*, p. 139.

③ 《德黑兰、雅尔塔、波茨坦会议记录摘编》,第 426 页。另参见 FRUS, The Potsdam Conference, Vol. 2, pp. 1478 – 1498. Protocol of the Proceeding of the Berlin Conference. August 1, 1945.

则为苏联提供了在东占区自主索赔的权利和行动自由。因而苏联很快就接受了分区索赔原则，其赔偿政策也得以在东占区内顺利地贯彻、执行。从实践角度来说，分区索赔确实减少了东、西方因索取赔偿而产生摩擦的几率，保证了盟国在自己占领区内得到各自所需的赔偿。但也正是分区索赔原则为东、西方将自己的经济模式甚至是政治模式渗透、移植到各自占领区内提供了便利条件，并为日后德国的最终分裂奠定了基础。

通过对美、苏双方争论的焦点进行的分析显示，美国赔偿政策与苏联赔偿政策之间确实存在着巨大差异，难以协调。其原因除了双方的赔偿理念、赔偿目标不同之外，更主要的是搀杂了外交斗争的因素。美国决策者逐步认识到，苏联对于赔偿的迫切要求可以被美国用来换取苏联在外交上的妥协。正如哈里曼写给国务卿的信中所说："我认为我们不必急于在赔偿问题上作出决定，因为赔偿协议是苏联政府最迫切需要我们认可的目标之一。"① 围绕赔偿而进行的争论已经不再是纯粹的索赔权利问题，它更多地体现了盟国间的外交斗争，因而双方达成的协议大多是彼此妥协的结果，即便是那些已经取得文字上共识的赔偿协议本身也充满着矛盾。如《柏林会议议定书》有关德国赔偿问题的规定：德国境内的最高权力由美、苏、英、法四国占领军总司令遵照本国政府的指令，分别在其各自的占领区内实行。这就默许了各国可以在自己的占领区内实施自己的经济和政治模式，意味着各占领国有权根据自己的需要实施各自的赔偿政策。分区索赔政策与将德国"视为一个经济单位"的原则本身就彼此矛盾，拆迁赔偿的数量与战后德国不依靠外援而自己维持生活的原则很难协调，苏联要求的赔偿数额没有得到西方国家的承认，四大国分区占领使得德国原本经济资源分布就不均衡的特点更加突出，等等。②

东、西方在波茨坦会议上达成的另外一项协议对日后美国赔偿政策也产生了一定的影响，即苏联负责波兰的赔偿，西方盟国负责其他国家的赔偿。从此，美国赔偿政策分为两个层次：对外与苏联划分赔偿权益，

---

① FRUS, 1945, Vol. 3, p. 1186. The Ambassador in the Soviet Union (Harriman) to the Secretary of State.

② 其实，参加波茨坦会议的英国财政部官员会后就评价道："波茨坦协议是一个不完整、不现实、模糊的协议。特别是关于赔偿的条款自相矛盾、混乱。该条款暗示没有赔偿可以提取——至少在西占区——从当前产品中。它却为苏联从它的占领区得到它想要的提供了自由。参见 Charles S. Maier, *The Marshall Plan and Germany: West German Development within the Framework of the European Recovery Program*, NewYork: Berg Publishers limited, 1991, p. 21.

对内与盟国划分赔偿权益。为此，1945 年 11 月 9 日—12 月 21 日，美、英、法、丹麦、挪威、埃及、南非、捷克斯洛伐克、南斯拉夫等 18 个国家在巴黎召开了赔偿会议。这次会议决定成立盟国内部赔偿局（IARA），支部设在布鲁塞尔，由 18 个国家各派一名代表组成委员会，赔偿局设一名秘书长、两名副秘书长，其人选由美、英、法三国任命。IARA 的主要职责是处理成员国内部的赔偿事务，保证在成员国内部以及成员国与占领国之间交换信息，确认被隐藏的德国财产并尽可能防止这些财产再回到德国手中。IARA 的有效期为 5 年。这次会议虽然没有确定德国赔偿的方式、赔偿期限、赔偿总额，但确立了分配赔偿的原则，即根据成员国在战争中遭受的经济损失、人员损失的程度以及对战争做出的贡献大小进行赔偿。① IARA 关于赔偿物资在 18 个国家之间划分的比例如下表：②

国家	A 类	B 类
阿尔巴尼亚	.05	.35
美国	28.00	11.80
澳大利亚	.70	.95
比利时	2.70	4.50
加拿大	3.50	1.50
丹麦	.25	.35
埃及	.05	.20
法国	16.00	22.80
英国	28.00	27.80
希腊	2.70	4.35
印度	2.00	2.90
卢森堡	.15	.40
挪威	.15	.40

---

① Beate von Oppen, *Documents on Germany under Occupation 1945—1954*, pp. 565 – 566.
② B 类指德国工业及其他资本设备、商船、内陆水运。A 类指除 B 类外的赔偿物资（除了 A、B 两类外还有一部分物资不由 IARA 负责分配，因此这里所指是 A、B 两类赔偿物资总和实际上少于西占区总的赔偿物资。参见 James K. Pollck, *Germany under Occupation：Illustrative Materials and Documents*, Michigan, 1949, p. 49; 转引自田小惠：《简析战后德国分区赔偿政策的执行》，载《国际论坛》，2005 年第 1 期。

续表

国家	A 类	B 类
新西兰	.40	.60
荷兰	3.90	5.60
捷克斯洛伐克	3.00	4.30
南非	.70	.10
南斯拉夫	6.60	9.60
总计	100.00	100.00

美、英、法三国不仅在赔偿分配比例上占据了最大的比重，它们也几乎主导了 IARA 的决策。美国任命国务院官员詹姆斯·W. 安吉尔为美国驻 IARA 的赔偿代表。同时任命 D. M. 菲尔普斯作为安吉尔的代表常驻 ACR，菲尔普斯的职责是向安吉尔通告 ACR 的重要信息，为安吉尔提供决策建议等。① 美国通过 IARA 很快就理顺了西方盟国内部的赔偿关系。1946 年 1 月 24 日，IARA 正式启动。《马歇尔计划》实施后，美国与苏联在赔偿问题上基本不再合作，美国赔偿政策转移到处理盟国内部的赔偿事务上。

综上所述，二战末期，美国与盟国特别是与苏联进行的一系列争论，表面上是双方就德国赔偿的数额、来源、方式、途径等具体问题而进行的争论，其实是两种不同的经济制度、不同的战后战略之间的冲突与争论。他们之间的争论、妥协深刻地影响了国际社会对德国战争赔偿问题的处理，并最终影响了二战后德国甚至是欧洲的发展。

---

① FRUS, 1945, Vol. 3, pp. 1357 - 1360. The Secretary of State to the U. S. Representative on the Allied Commission on Reparations (Angell).

第五章 二战后美国对德索赔政策的修改与执行

本章希望解答的问题是：二战结束初期，在构建战后国际和平秩序过程中，美国索赔政策进行了哪些调整与修正，美国在与苏联围绕赔偿问题进行外交争斗的结果是什么。具体包括：占领德国初期，美国政府的索赔政策为何受到了占领军政府的抵制？赔偿政策的执行者与制定者之间的冲突是什么；为何说贝尔纳斯在斯图加特的讲话标志着美国赔偿政策的重大转折；美国在占领区实施了一项秘密的索赔计划——"智力赔偿"计划，为何说该计划探索出一个新的索赔方式，德国赔偿问题与《马歇尔计划》的出台，乃至与冷战爆发之间存在什么联系。

第一节 赔偿政策执行者与制定者的矛盾

二战结束后，美国参谋长联席会议下达了 JCS1067#指令，成为美国占领军政府在德国实行占领与管理的指导性原则，但该指令受到了占领军政府的抵制。占领军政府作为赔偿政策的执行者，在占领区面临着一系列难题，主要是难以协调赔偿与德国经济、德国恢复与欧洲复兴的相互关系。赔偿政策的制定者国务院则有着不同的赔偿理念和赔偿设想，双方就德国赔偿而产生的矛盾与冲突促进了美国赔偿政策的调整。

一、占领初期美国占领军政府面临的难题

1944 年 4 月，英美的联合参谋长会议（CCS）曾颁发编号为 CCS551#的指令，作为德国未投降前英、美占领军在所占领的德国领土上的行动指南。到了 8 月份，德国崩溃在即，美国政府急需制定出一个新的指令，以便艾森豪威尔将军和美国占领区军政府（OMGUS）开展工作。为此，

盟国远征军司令部（SHAEF）下属的德国处出台了《在德国军政府工作手册》，但该手册很快被罗斯福总统否决。1945 年 5 月，杜鲁门总统正式批准了上一年由 JCS 颁布的1067#指令。此后，占领军政府将按照该指令的要求与规定对美占区实行军事占领和军事管制。

JCS1067#指令开始时是高度保密的，只在美国驻德的高级军、政人员中传达。它是 JCS 发给美国驻德国占领军总司令的指示，全文使用第二人称。指令包括三大部分，共 44 条原则。前言阐明了指令的目的和应用范围。首先，明确了总司令"既是美国在管制委员会（ACC）的美方代表，又要承担美占区军政府的占领和管理的责任。指令中的基本政策将指导你（即总司令。——作者注）完成这两方面的任务"。其次，指令的应用范围。"该指令适用于战后最初时期的对德政策，我国政府不打算把该指令作为战后有关德国的最终政策，因此在该指令发挥作用的这一时期，你应该对占领区内的经济、工业、财政、社会、政治等各方面不断地进行调查研究。调查研究的结论要通过 JCS 上报政府，这些调查研究将作为政府修改政策的依据。应你的请求，参谋长联席会议日后可能向你传达补充的指令。"最后，前言说道："作为管制委员会的成员，你应该尽力使占领军接受该指令的原则和政策。在管制委员会同意该指令前，你在美占区要遵循该指令。预计英、苏、法三国很可能也要给它们的占领军总司令发出大致相同的指令。"① 从指令规定的总方针、政

---

① 指令的第一部分是基本原则和政治原则。首先，指令指出在德国占领军政府的权利、权力、地位是建立在德国"无条件投降"或者说完全失败的基础之上的。因此，"你在占领区内拥有最高的立法、行政、司法权威。该权威使你有广泛的解释权，你也可以采取你认为必需采取的措施，以适应军政府的要求"。"在占领区内你发布的公告、命令、指示如果与盟军司令部发布的公告有所不同，你有权决定是否修改。"其次，驻德国占领军政府的基本目标：1. 由于德国野蛮的战争和法西斯拼死的抵抗严重地破坏了德国经济，造成了不可避免的混乱和灾难。对此，德国不能逃脱它的责任。2. 德国不是被解放的国家而是战败的敌国，占领德国是为了实现盟国一些重要的目标。你的占领和管理行为应该是公正的、坚定的、超脱的。你应该禁止与占领区内的德国官员和百姓往来。3. 盟国的主要目的是防止德国再次成为世界和平的威胁。为达此目的，必需采取如下措施：消灭各种形式的纳粹主义和军国主义，立即拘捕战犯，工业实行非军备化以及德国的非军事化来控制德国发动战争的能力，为在民主基础之上重建德国的政治生活做准备。4. 盟国的其他目标是强化赔偿和偿还计划来为遭受纳粹侵略的国家提供救济。再次，经济控制。"作为管制委员会的代表、占领区司令，你控制德国经济的原则是：控制的程度达到完成上述基本目标所需的程度。确保德国的生产和商品、服务达到能够防止可能危及占领军的饥饿、大范围的疾病和动乱的发生。不采取执行赔偿计划的行动，否则这些行动将使德国或美占区的基本生活标准要高于其他邻国的现有生活标准。"最后，是非纳粹化、非军事化、审判战犯等方面的原则规定。第二部分是经济原则。首先规定了基本目标和经济控制的方法。

治、经济、财政等方面的原则来看,美国在二战后初期对德国的政策是比较严厉的,基本体现了《摩根索计划》的设想。同时也可以看出,指令赋予占领军总司令的权限很大。在占领区内他可以行使最高的立法、行政和司法权威。作为美方在管制委员会的代表,他可以按照美国政府的指示不执行委员会的命令。他可以要求政府修改有关德国的指令。他可以根据占领区的实际情况自行实施占领和管理的权力等。

按照国际法的有关规定,占领国对被占领区负有一定的责任与义务。[1]德国"无条件投降"后,盟国有义务按照国际法的有关规定为德国提供必要的食物、医疗、卫生等方面的供应。JCS1067#指令也指出占领军既要承担占领的职责,又要承担管理的职责,即要防止出现危及占领军的"饥饿、大范围疾病和国内动乱"。[2]然而,指令自颁布以来一直受到一些人特别是军方人士的指责。占领军政府第一任财政顾问路易斯·道格拉斯在仔细研究指令的条款后说:"我们被震惊了——不是因为它的惩罚性条款,而是指令太不了解我们所面临的实际的财政和经济状况。"

接上页注

"你确保德国经济的控制和管理要达到只能完成上述基本目标的程度,达到德国工业非军事化所必需的程度。除非是为达到目标所必须的,你不可采取如下措施:促使德国经济恢复;计划保持或加强德国经济。为把德国经济结构和管理的中央化尽可能减少到最低程度,你可以采取如下措施……"其次,规定了德国的生活标准。"你应该估算出能够防止可能危及占领军的饥饿、疾病或国内骚乱所必需的供应要求。德国有责任通过它们的劳动和资源来自我维持。你将采取可行的经济、政治措施确保德国资源能够得到充分利用。为了使进口德国严格限制,消费将保持最低水准。结余可以作为占领费用、转移人口以及支付赔偿之用。你不能采取可能促使德国基本生活标准高于其他邻国的现有生活标准。"最后,规定了德国农业、工业、内部贸易的原则。"你可以要求德国人使用各种方法扩大农业生产,尽可能快地建立起有效的收购、分配农业产品的机构。"由该指令或者管制委员会发布命令保持所有工厂、设备、专利和其他财产,防止德国人破坏。没收保护所有工厂用于以下之用:1. 拆迁用于赔偿;2. 破坏那些不能用于赔偿拆迁,而且是生产特定产品的工厂。"在美占区内你可以实行盟国共同赞同的赔偿和偿还计划。你应该寻求管制委员会同意能够确保德国执行该计划所必需的政策和措施。"第三部分是财政方面的规定。"为了实现指令的上述目的,你应该努力使管制委员会采取一致的财政政策。你不能采取措施去维持、加强德国的财政机构,除非是为完成该指令特殊目的所必需的。"参见 Beate Ruhm von Oppen, *Documents on Germany under Occupation 1945—1954*, pp. 13 - 27.

[1] 《日内瓦第四公约》第55、56条款规定,占领国对被占领地区负有一定的责任。主要包括:占领国有义务保证居民的食物与医疗供应品;占领国负有保证并维护占领地内的医疗和医院建设与服务,以及公共保健和卫生的义务。参见朱晓青:《国际法》,北京:社会科学文献出版社,2005年版,第510页。

[2] Beate Ruhm von Oppen, *Documents on Germany under Occupation 1945—1954*, p. 16.

占领军政府的政治顾问罗伯特·墨菲则经常引用道格拉斯的话：指令是经济学的白痴凑合起来的东西。它毫无意义地去禁止欧洲最熟练的工人生产欧洲最短缺的每一件东西。①

开始时，陆军部认为军队唯一的职责就是打仗，占领将是简单的而且不能被政治所玷污。在陆军部认可了它要对占领区承担一定的责任后，它又认为只有军队才能颁布在占领区的计划，军队能够解决所有政治问题。② 陆军部虽然很快就放弃了这个想法，但也表明陆军部最初并不希望国务院参与制定有关占领区的政策。JCS 颁布 1067#指令后，占领军虽然接受了该指令，但陆军部一直不赞成对德国采取严厉措施，对指令的执行采取了变通的态度。陆军部副部长麦克劳在 1945 年 4 月考察德国期间，曾明确鼓励克莱将军利用指令中的"防止疾病和动乱"条款作为主动采取自主行动的法律依据。③ 这样，德国广泛存在的苦难和饥饿使得占领军的自主行为合法化。陆军部长史汀生对占领军的职责考虑得更深远一些，他向艾森豪威尔将军和克莱将军表达了自己的想法：他不想把占领变成一项长期的、不受欢迎的而且是不可能完成的任务。陆军部赞成德国必须实现非武装化、非军事化、非纳粹化以及民主化，从而使德国不再有能力重新统治欧洲，但这些任务的完成不能以军事占领为代价。军方领导人担心，当美国民众失去了惩罚德国的兴趣时，军队就会成为"失败"的替罪羊。④ 为了尽可能减少它的责任，军方想方设法要把它在占领区的政治、财政、管理的责任转移给国务院。可占领区出现的各种意想不到的、迫在眉睫的难题，占领军政府不得不自己想办法解决。

盟军在战争后期对德国进行的大规模轰炸以及希特勒实行的"焦土

---

① Edward Peterson, *The American Occupation of Germany: Retreat to Victory*, Detroit: Wayne States University Press, 1977, p. 60.

② B. Kuklik, *American Policy and the Division of Germany: The Clash with Russia over Reparations*, Tthace: Cornell University Press, 1972, pp. 35 - 36.

③ 《克莱将军文件》的编撰者简·史密斯在日后拜访麦克劳时，麦克劳回忆说：我指出，一旦需要，可以利用这些例外条款。我很了解这些条款，因为我参与了文件的起草工作。参见 Carolyn W. Eisenberg, *Drawing the Line: The American Decision to Divide Germany, 1944—1949*, New-York: Cambridge University Press, 1996, p. 80。

④ John Gimbel, *The Origins of the Marshall Plan*, California: Stanford University Press, 1976, p. 25.

政策"使得战败后的德国到处都是残垣断壁，满目疮痍。① 战争还严重地破坏了德国的生产力，整个德国有 30%—40% 的工厂不能开工。在美占区的 12000 个工厂中，只有 10% 能从事有限的生产；英占区的钢铁产量只达到总生产能力的 5%。② 战后广大德国民众的生活极端困苦，要维持每天 1500 卡路里的定量配给食品都很困难。③

到 1945 年 6 月，德国的煤炭生产成为诸多德国问题中比较突出的问题。德国投降后，盟国发现鲁尔煤矿储存了大约 500—600 万吨的煤炭，当时管制委员会下属的燃料委员会决定这些煤炭将首先满足被解放国家的急迫需求。④ 占领德国后，德国煤炭的产量急剧下降，引起各盟国的高度关注。6 月 28 日，美国在德国的政治顾问罗伯特·墨菲向国务院发出了一份由美国经济官员泡特博士和英国的海德莱爵士共同完成的关于德国煤炭生产的研究报告。报告首先提出，英、美最高当局应该认识到除非立即采取有效措施，否则西北欧、地中海地区在 1946 年冬季将发生一场严重的煤炭短缺，煤炭短缺将破坏现有的法律和秩序，以至于推迟稳定局面的出现。报告指出解决办法在于采取非常措施来刺激德国煤炭的生产和运输。报告建议德国在 1945 年要增加 1000 万吨煤炭生产，到 1946 年 4 月前要增加 1500 万吨煤炭生产。⑤

占领军政府对增加德国煤炭生产，向欧洲提供煤炭赔偿可能产生的后果感到忧心忡忡，因为占领军对战败国的安全与社会秩序负有不可推卸的责任，在占领军政府看来泡特—海德莱报告是一份"太过严厉"的

---

① 如科隆有 66% 的住宅破坏殆尽；在杜塞尔多夫有 93% 的住宅不能居住；法兰克福的 18 万套住宅中有 8 万套被毁。轰炸也破坏了德国的交通运输，在英占区和美占区内，有 2341 座铁路桥梁被摧毁，其中包括横跨莱茵河、威悉河和美因河的所有桥梁。在战争结束时，50% 以上的机车和 30% 的货车在战争中损坏了。参见［英］迈克尔·鲍尔弗：《国际事务概览 1939—1946 年：四国对德国和奥地利的管制，1945—1946 年》，第 8 页；另参见［美］艾德温·哈特里奇：《第四帝国的崛起》，范益世译，北京：世界知识出版社，1982 年版，第 37 页。
② ［美］艾德温·哈特里奇：《第四帝国的崛起》，第 47 页。
③ 美占区从本地资源中只能提供每天 940 卡路里的定量，而英占区只能提供 400 卡路里。随着大量难民的涌入，以及 1945 年的收成又比预期产量降低百分之十到百分之十五，西占区食品短缺问题更加严重。［美］迈克尔·鲍尔弗：《国际事务概览，1939—1946 年：四国对德国和奥地利的管制，1945—1946 年》，第 211 页。
④ Nicholas Balabkins, *Germany under direct Controls*: *Economic Aspects of Industrial Disarmament 1945—1948*, New Jersey: Rutgers University Press, 1964, p. 122.
⑤ FRUS, 1945, The Potsdam Con. Vol. 1, pp. 619 – 621. The Coal Situation in North West Europe, Report by the Potter/ Hyndley Mission to North West Europe.

赔偿表。克莱将军认为泡特—海德莱报告所提出的煤炭出口计划必将增加德国的寒冷、饥饿以及人类痛苦，这些都明显地超出了必须让德国人认识到他们发动战争所承担代价的程度。① 另外，如果执行"泡特—海德莱报告"，德国需要进口生产设备、改善交通、提高工人食品供应，将需要很多财政支持，而这笔花费将不得不由占领军向国会申请。

占领军对该计划的反对引起了国务院的关注，副国务卿威廉·克莱顿在写给麦克劳的信中先是抱怨了陆军部代表在与国务院商谈德国煤炭生产问题时采取的狭隘观点。陆军部代表坚持西北欧煤炭的分配要由盟军最高司令部决定，占领军在德国的责任只是确保德国生产出能够防止疾病和动乱的最少煤炭。克莱顿则认为，陆军部的观点不符合杜鲁门总统发给占领军司令的指令，即 JCS1067#的精神。总统在指令中指示占领军司令负有双重责任：一是作为美国在管制委员会的代表；二是作为美占区的司令要执行和完成美国政策的一些基本目标。这些目标包括给受纳粹侵略的国家提供救济，同时指令也命令采取可行的措施方便煤炭的生产，反对特意限制生产。国务院的观点是在军事占领德国期间，占领军政府的财政责任不只是限于占领费用、防止德国疾病和动乱发生的最低费用，其财政责任还应该包括服务于美国政府在德国目标的所有出口。②

陆军部强烈反对国务院的上述观点，麦克劳在回复克莱顿的信中写道：由占领军决定和资助外国的重建计划、由占领军在德国占领区内来执行美国在欧洲的经济、外交政策是不符合常规的。军队可以监督德国的资源生产，但并不是要资助资源的生产。资助生产属于重建的费用，而不能算作占领的费用。③ 克莱顿没有放弃努力，他回复说国务院将寻求"最高级别"的决策使占领军承担所有服务于美国在德国目标的出口责任。德国的进口应该基于这样的原则：德国进口的数量必须优先用来支付德国当前产品或现有库存的出口。如果德国当前产品或库存不足，克莱顿认为盟国应该给德国提供暂时的财政贷款。④

---

① John Gimbel, *The Origins of the Marshall Plan*, p. 21.
② FRUS, 1945, The Potsdam Con. Vol. 1, pp. 468 – 470. The Assistant Secretary of State (Clayton) to the Assistant Secretary of War (Mccloy).
③ FRUS, 1945, The Potsdam Con. Vol. 1, pp. 470 – 471. The Assistant Secretary of War (Mccloy) to the Assistant Secretary of State (Clayton).
④ John Gimbel, *The Origins of the Marshall Plan*, p. 23.

克莱顿的回复引起了史汀生的关注,他向国务卿贝尔纳斯解释说,优先支付原则还没有得到盟国的普遍接受,即使盟国接受了该原则,德国出口要与最初的贷款达到平衡尚需一些时日。另外,德国的进口要用于维持美国占领军,完成美国的政治目标。如果为了达到这些目的需要陆军部去资助或者允许德国进口,"这样做只能是建立在政府政策的基础上,并得到总统的批准"①。贝尔纳斯向杜鲁门总统汇报说,陆军部只有在总统的特殊指示下才能采取行动。② 为了解决两个部门的争论,杜鲁门总统在参加波茨坦会议期间发出了指示:国务院是处置德国的主要政策制定者,而陆军部是政策的执行者和管理者。国务院随后提出了一项明确的有关占领军在德国财政、进口、最初费用等方面所负责任的指示,占领军将资助德国进口,这些进口是有助于达成特定目标并经波茨坦外长会议同意的。特别是:1. 德国工业非武装化、非军事化、赔偿、已经批准的出口和进口;2. 为占领军提供商品和服务而进行的生产,转移人口,德国经济能够维持不超过欧洲国家(苏联和英国除外)的平均生活水平;3. 发展占领区间的贸易,平衡经济,减少进口到管制委员会同意的程度;4. 控制德国工业和它所有的经济和财政的国际往来,包括进口和出口,目的是防止德国发展成战争的潜在发动者以及其他的目的。③

总统对两个行政部门争议的处置表明,总统作出了倾向于国务院的裁决。占领军要完成一项由国务院制定的注定是花费颇多、还不受欢迎的政策。而且作为政策执行者为了完成任务,军队将不得不向国会申请拨钱。其结果是它就要对国会和美国纳税人负责。国务院、陆军部、占领军政府自然都不愿意承担这种费力不讨好的责任,政策的执行者与决策者将不可避免地发生冲突与矛盾。

二、赔偿政策执行者与制定者的矛盾分析

卢修斯·克莱将军作为美国驻德国占领军政府最高军事和行政长官——艾森豪威尔将军的代表——在美占区内行使占领和管理的最高权

---

① FRUS, 1945, The Potsdam Con. Vol. 1, pp. 479-481. The Secretary of War (Stimson) to the Secretary of State.

② FRUS, 1945, The Potsdam Con. Vol. 1, pp. 491-493. The Secretary of State to the President.

③ FRUS, 1945, The Potsdam Con. Vol. 2, pp. 779-780. The Director of the Office of Financial and Development Police (Collado) to the Assistant Secretary of State (Clayton) and Secretary of State.

力,他的态度、主张自然要影响美国的对德政策。克莱将军的对德态度有一个变化的过程。① 其变化主要有两个原因,一是战后德国严峻的现状;二是克莱将军认识到德国问题的重要性,美国的对德政策需要进行调整。为此,克莱将军经常反对国务院和盟国赔偿委员会(ACR)的有关规定,他通常被认为是"代表了德国人的利益,重塑了美国的对德政策"。② 占领军政府的财政顾问路易斯·道格拉斯、政治顾问罗伯特·墨菲也都认为JCS颁布的指令中有关赔偿的规定太过严厉,会阻止占领军政府完成占领和管理的任务,他们多次要求国务院修改指令。国务院虽然没有立即正式修改指令,但发布了一些具体措施,以便利占领军政府的工作。其结果就是占领军政府获得了对德国的更大处置权,特别是在经济事务方面。③ 然而,占领军政府的管理者与赔偿政策执行者的双重使命还是难以同时完成,特别是在赔偿问题上。占领军政府与国务院围绕德国赔偿而产生的矛盾具体表现为以下两个方面。

一是维持德国和平时期最低经济水平与支付赔偿的矛盾。波茨坦会议上,美国的赔偿政策做了一些调整,开始加强对德国经济的管理,例如,规定要将德国作为一个统一的经济体看待。建立工业、交通、财经、外贸等中央行政管理部门,并责成占领军政府要平衡经济,德国实现自给自足等。这样,《波茨坦协议》事实上就否定了JCS1067#指令中的一些条款。但美国的赔偿政策还是难以执行,因为占领军一方面要完成赔偿委员会规定的赔偿任务,另一方面,还要维持德国和平时期的最低经济水平,而这两者在很多情况下相互矛盾,彼此冲突。早在4月26日,克莱将军在给麦克劳的报告中写道:华盛顿必须改变他们所坚持的破坏

---

① 初到德国时克莱将军的态度十分明确,他告诉工作人员说他们的工作就是与盟国保持一致,为了"惩罚德国,把德国降低到它应有的位置"。他对新闻界说:"我们的第一个目标就是毁灭一切使德国将来可能得到发展的力量。如果德国力量增长了,我们将开始为如何处置德国发愁了。"然而,不久克莱将军的观点就发生了变化,在他给麦克劳的信中写道:"德国人民是勤劳的人民,他们在几乎没有交通工具、城市里到处是瓦砾的情况下还从早到晚地工作。我这样说不是同情德国人,只是因为我们面临着十分困难的问题,即找到足够的食品,哪怕是远远低于那些被解放国家的标准。我感觉德国人将遭受饥饿和严寒就像我认为的那样,这样的苦难是使他们认识到他们发动战争的后果所必须的,但是这样的苦难不能超出导致大范围饥荒和疾病发生的程度。"参见 Edward Peterson, *The American Occupation of Germany: Retreat to Victory*, pp. 58 – 59。

② Edward Peterson, *The American Occupation of Germany: Retreat to Victory*, p. 54.

③ Jean Smith, *The Papers of General Lucius D. Clay: Germany 1945—1949*, p. 54.

德国战争潜力是迫不及待的问题的观点,因为战争的破坏已经做到了这一点。我个人认为(根据总的印象)留下的工业几乎不能满足德国最低生活标准的需要。为此,在这里我们必须拥有让德国工业家返回生产的自由。我们在拟订拆迁赔偿清单时不应该太过严厉了,赔偿不可能给德国带来秩序。① 克莱将军认为,国务院政策制定者的观念要根据占领区的实际情况而改变,德国拆迁赔偿不能太过严厉,否则规定的德国最低生活标准将难以达到。

占领军政府要完成管理的责任,首先需要界定"德国自我维持正常经济"即和平时期德国最低经济标准。总的来说,德国和平时期的最低经济是指德国的生活标准不能超过它的邻国(英国和苏联除外)的平均水平。德国现有的资源、主要的工厂、设备除了维持和平经济所必须以外都要作为赔偿进行拆迁。但德国以及它的邻国(英国和苏联除外)生活标准的界定都是一件很困难的事情。为此,8月10日,占领军政府成立了德国生活标准委员会,由杜克大学的经济学家凯尔文·胡佛博士任主席。克莱将军要求胡佛博士在一个月之内向赔偿委员会提交一份有关在波茨坦协议下德国和平经济的研究报告。

9月18日,胡佛博士向赔偿委员会提交了他的研究报告。② 报告得出的结论是:1. 进口、出口的最后平衡结果表明,要想执行严格的工业非武装化的同时还维持德国最低的生活水准,并供给占领军费用是极端困难的。2. 德国的生活水准降低到1930—1938年欧洲的平均水平,就是1932年德国经济危机最严重时的生活水准。3. 大量关键性工业实现彻底非武装化与维持德国最低生活水准以及为占领军提供费用的目标将

---

① Jean Smith, *The Papers of General Lucius D. Clay*: *Germany 1945—1949*, p. 8.
② 报告首先计算出德国在1930—1938年间平均的生活水准,它的水准比当时欧洲其他地区大约平均高出1/3。考虑到正常的人口增长以及东欧难民的流入,报告计算出德国战后的生活水准应该降低到1930—1938年平均水准的74%,这大致相当于德国在1932年的生活水准。其次,报告对德国经济状况做出了一些假设。假设德国重工业和一些特殊工业(武器、弹药、军舰、石油、航空、轻金属)如果完全被破坏掉;德国其他的工业(钢铁、电力、汽车、机床、化工)被控制和限制;突出农业与和平的国内工业。假设德国战后的人口大约是7000万,它的东部边境是沿奥德—尼斯河;不为了从当前产品中提取赔偿而保留生产能力,不为德国复兴而保留多余的生产能力。假设德国生活水准下降到1932年的水平,那么德国每年的国际收支赤字将是8180万美元(按10马克兑换1美元计算)。所以,如果没有外来援助德国是难以维继的。换句话说,如果当前产品和库存产品的出口首先用来支付进口——像美国所坚持的——德国的国际收支肯定是赤字。参见 FRUS, 1945, Vol. 3, pp. 1320 – 1321. The United States Political Adviser for Germany (Murphy) to the Secretary of State。

不可避免地产生矛盾。该报告表明，胡佛博士对德国的现状很是同情，认为德国难以同时完成工业的非武装化和自我维持最低生活水准的任务，所以他认为按照《雅尔塔协议》规定的德国生活水准是不可能实现的，应该进行政策调整。

克莱顿在 10 月 12 日发给墨菲的电报中表达了国务院对胡佛报告的态度，他说："从德国大量拆迁工厂是符合、并且也是美国在德国以及欧洲其他地区的目标所需要的。"他说胡佛报告没有弄清赔偿是来源于德国钢铁、机器工具、化学工厂的过剩生产能力。他还认为胡佛报告估计的德国进口太保守了，他们没有算出进口食品只起了很小的进出口平衡作用。克莱顿说国务院认为无论从短期还是从长期来看，拆迁赔偿对欧洲经济复兴都不会产生大的影响。短期来看，煤炭、原材料、食品对复兴经济都比资本设备更重要。盟国工业的重新启动必须优先于德国工业的重新启动；从长期来看，欧洲工业生产能力不能减少，即便是工业生产中心从德国转移到欧洲其他地区。因此，克莱顿说需要进一步研究减少德国进口，增加德国非军事工业出口的方法。①

二是德国恢复与欧洲复兴孰更具有优先权。从德国煤炭问题引发的冲突可以看出，国务院赔偿计划的一个基本原则是使德国成为欧洲被解放地区重建的基础，欧洲的复兴优先于德国的复兴。因为国务院担心整个欧洲经济的恶化将刺激左翼力量的崛起，尤其是在法国。② 为此，德国煤炭出口将优先于德国国内的工业生产用煤和民众使用煤炭的要求。国务院事先预计到这可能在德国人中导致失业、不满、骚动。可能需要采取必要的、坚决的、严厉的手段。对此贝尔纳斯预见道："占领的关键时期发生的煤炭短缺将延迟德国工业的恢复，短期内德国将遭受到一定的损失。"③

军方对于国务院的赔偿原则表示反对，麦克劳在与克莱将军商量后写给贝尔纳斯的信中说：赔偿只能来源于那些剩余的"德国自我维持正常经济所不需要的"④。军方之所以反对从德国大量运出煤炭充当赔偿，

---

① FRUS, 1945, Vol. 3, pp. 1341 – 1343. The Secretary of State to the United States Political Advisor for Germany (Murphy).

② Carolyn W. Eisenberg, *Drawing the Line: The American Decision to Divide Germany, 1944—1949*, p. 84.

③ John Gimbel, *The Origins of the Marshall Plan*, pp. 32 – 33.

④ Edward Peterson, *The American Occupation of Germany: Retreat to Victory*. p. 62.

是因为占领军政府为了完成增加煤炭生产的任务需要使用经济手段刺激煤矿工人返回上班;①进口必要的煤炭机械;恢复交通运输和其他与煤炭相关的企业生产等。另外,占领军政府担心即将到来的冬季,在占领区内可能由于缺乏煤炭出现饥寒交迫的困境,从而危及占领军政府的管理。

但从克莱顿对胡佛博士的报告做出的答复可以看出,国务院将欧洲复兴置于德国经济恢复之前。国务院的态度导致占领军政府要求进一步明确美国在德国的政策。11月份,克莱将军和墨菲返回了华盛顿与克莱顿、马修斯以及他们的助手、代表会谈。克莱将军请求国务院对法国合并萨尔、从德国分离鲁尔和莱茵地区的提议做出回应。他抱怨说正是法国的阻挠使得占领军政府和管制委员会的工作都受到了影响,因为萨尔、鲁尔、莱茵地区未来的地位不明,他们无法计算出德国和平时期工业水平,也无法计算出赔偿的数量是多少。克莱将军还要求一项关于"赔偿"或者"偿还"是否拥有优先权的政策。② 国务院官员瑞德莱伯格认为,克莱将军的主张具有倾向苏联的特点。③ 克莱将军的观点在国务院没有得到预想中的支持。但克莱将军的建议:赔偿应该为德国留下足够的资源,使其能够在没有外援的情况下也能自我维持;德国出口的收入应该首先支付必要的进口等观点基本得到了国务院的认同。在克莱将军离开华盛顿之前,国务院同意修改它发给美国在赔偿委员会代表的指示。12月10日国务院对JCS1067#指令也做出了一些修改。④ 克莱将军认为修改后的指令已经很好了,它为细节问题的解释留下了很大的空间,如果明确规定将反而破坏指令的灵活性。⑤

胡佛博士报告引发的讨论、克莱将军要求明确美国在德国政策以及国务院—陆军部—海军部协调委员会(SWNCC)正在进行的"德国赔偿拆迁的数量和种类与德国和平时期经济的关系"专项研究都促使国务卿

---

① 因为配给的食品定量太低,德国人不愿意从事煤矿之类的重体力劳动。占领军政府虽然给矿工的食品供给达到了标准,但矿工们经常与他们的妻子、儿女分享食品,所以平均下来矿工们每日的食品热量一般只达到1550卡路里,有时只能达到1000卡路里。参见 Nicholas Balabkins, *Germany under Direct Control*: *Economic Aspects of Industrial Disarmaent*, 1945—1948, p. 115.
② John Gimbel, *The Origins of the Marshall Plan*. pp. 72-73. Carolyn W. Eisenberg, *Drawing the Line*: *The American Decision to Divide Germany*, 1944—1949, p. 172.
③ Carolyn W. Eisenberg, *Drawing the Line*: *The American Decision to Divide Germany*, 1944—1949, p. 173.
④ Jean Smith, *The Papers of General Lucius D. Clay*: *Germany 1945—1949*, pp. 133-134.
⑤ Edward Peterson, *The American Occupation of Germany*: *Retreat to Victory*, p. 64.

贝尔纳斯决定发布一项美国关于德国赔偿和德国和平时期经济的政策声明。12月12日，国务院发表了《美国在德国的赔偿和经济政策的声明》。① 国务院的政策声明表明，国务院对德国的战争赔偿及和平时期经济的规定基本符合波茨坦协议的精神。美国把拆迁赔偿置于德国重建之前，即使这样做有可能像贝尔纳斯承认的将"毫无疑问地阻碍德国经济的恢复"②。但同时它也为德国经济恢复提供了一些条件。国务院声明成为美国占领军政府和美国在赔偿委员会的代表执行美国赔偿政策的指导性原则，直到1946年3月赔偿委员会出台《工业水平计划》为止。

占领军和国务院在占领初期围绕德国赔偿问题发生的冲突表明，占领军与国务院都赞成消除德国的战争潜力，实行赔偿拆迁的原则。但由于占领军和国务院的角色不同，承担的责任不同，他们各自主张的赔偿政策自然不同。维持德国和平时期的最低经济水平与支付赔偿之间的冲突，其实是占领军政府对占领区管理的权利与它要完成赔偿义务的矛盾，进一步说，是政策执行者要实现对占领区的有效管理与决策者试图履行盟国间达成的赔偿协议的冲突。国务院坚持完成拆迁赔偿任务之后再考虑维持德国最低的生活水准，占领军政府因为要承担管理的责任，认为维持德国最低生活水准是更紧迫的问题。至于欧洲经济复兴与德国经济恢复孰更具有优先权的争论，国务院认为德国应该为整个欧洲的复兴做出贡献，德国的复兴让位于欧洲经济复兴。占领军政府则坚持本位主义，认为不能

---

① 声明有12点，其主要内容：1. 美国和盟国的安全利益要求在德国破坏掉那些不能用于赔偿拆迁的，或者只能生产武器装备的、或者超出德国和平经济所需的冶金、机械、化工的资本设备工厂。……但美国的赔偿政策并不是为了惩罚性地破坏德国和平经济所需资本设备。2. 为了决定德国和平经济的工业能力，赔偿拆迁的数量和种类应该计算出来。3. 波茨坦协议既是拆迁工业设备作为赔偿的指导原则，它也可能够提供德国人民不超过欧洲（英国和苏联除外）平均生活水平的和平经济作出了规定。国务院认为波茨坦协议没有打算减少德国生活水准，除非这样的减少是为了提供赔偿。事实上，波茨坦协议规定的德国为遭受它侵略而造成战争损失的国家提供赔偿的义务，不能因为为了使德国保持欧洲的平均生活水准而减少。4. 规定了德国生活水准应该大致相当于1930—1938年的平均水平。为了保证德国在没有外援的情况下自我维持，应该给它留下足够的资源使它能够完成赔偿的任务以及重新启动保留的资源。5. 为了决定赔偿拆迁数量的目的，美国不赞成赔偿拆迁达到这样的程度：德国由于缺少资本设备不能出口足够数量的商品以支付必需的进口。6. 在接下来的两年内，美国和其他占领国应该资助德国实现最少的必需进口，程度是德国当前产品和库存产品的出口不能达到完全抵消这样的进口。因为波茨坦协议没有对占领时期的德国生活作出规定，所以占领区没有义务为了保持德国生活水准达到欧洲平均水平而提供足够的进口。7. 德国恢复期间占领当局的作用总的来说是，提供和创造德国经济能够履行它的义务的条件。这个任务完成后，占领当局应该主要关注德国行政机构的恢复和发展，不只是占领区内的生产和贸易，而是占领区之间的贸易，共同的交通、农业、银行、货币、税收等政策的制定。参见 Beate von Oppen, *Documents on Germany under Occupation 1945—1954*, pp. 93–97.

② John Gimbel, *The Origins of the Marshall Plan*, p. 75.

为了欧洲复兴而过分地牺牲德国的利益。当然这只是美国政府内部就德国赔偿问题产生的冲突，它对美国赔偿政策只起到了微调的作用，盟国之间有关德国战争赔偿的冲突则引起了美国赔偿政策根本性的转变。

第二节 美国对德索赔政策的转变

盟国间就德国赔偿达成《工业水平计划》后不久，克莱将军在国务院的支持下单方面宣布美占区停止赔偿拆迁。随后克莱将军又提出了美、英占领区合并的建议，很快被华盛顿采纳。盟国在巴黎外长会议上就德国问题没有取得任何实质性进展，苏、美却相继公开了各自新的对德政策。其中，国务卿贝尔纳斯在斯图加特的演讲标志着美国对德政策、赔偿政策都发生了重大转折。

一、美占区停止赔偿拆迁以及双占区合并

波茨坦会议期间美国为了避免确定德国赔偿总数，规定在会后6个月管制委员会（ACC）将出台一个《工业水平计划》，由该计划确定德国和平时期最低的生活水准以及用于赔偿拆迁的工厂和资本设备的数量。因此，波茨坦会议后 ACC 专门设立了工业水平委员会，其职能是除了维持德国战后和平经济所需之外，决定剩余的工业资本设备的数量和种类，将其用于支付赔偿。工业水平委员会包括美、英、苏、法四国代表。在各国递交的计划以及凯尔文·胡佛博士的报告基础上，1946 年 3 月，工业水平委员会颁布了《赔偿与战后德国经济水平计划》，简称为《工业水平计划》。①

---

① 该计划共有 15 点，其主要内容有：1. 按照波茨坦协议原则：消灭德国战争潜力和德国工业的武装化；给遭受德国入侵的国家支付赔偿；发展德国的农业及和平工业；维持德国的平均生活水准不超过欧洲其他国家（英国和苏联除外）的平均水平；德国在完成赔偿任务后，保留足够的资源使其在没有外援的情况下能够自我维持。根据这些原则，计划提出的假设是：战后德国的人口将是 6650 万；德国将作为统一的经济体；国际市场接纳德国的出口商品。2. 德国的工业划分成三类：解体和禁止发展的工业有 14 类；限制发展的工业有 12 类；需要鼓励发展的工业，如煤炭、玻璃、纸张等生产。该计划预计总的后果是工业水平大致能够达到战前 1938 年水平的 50%—55%（除了建筑和建筑材料工业）。3. 德国进出口的规定：1949 年德国出口额计划为 30 亿马克，进口额不超过 30 亿马克。出口收入不超过 15 亿马克，如果有需要这笔收入可用来支付进口食品和饲料，如果不需要支付进口食品和饲料则用于支付占领的费用、交通以及保险费等。根据该计划规定，德国现有的各个生产部门的生产能力要计算出来，需拆迁赔偿的工厂清单将制定出来。参见 Beate Ruhm von Oppen, *Documents on Germany under Occupation 1945—1954*, pp. 113 – 118.

盟国虽然制定出了统一的《工业水平计划》，但它基本上是美、英、法、苏四国相互妥协的产物。委员会在制定某一工业的许可水平时也经常是四大国反复磋商后取得的结果。① 在通常情况下，苏联代表提出的数字往往是最低的，西方国家需要多次与苏联进行协商、妥协才能达成一致的建议。②《工业水平计划》对于赔偿拆迁的工厂数量没有做出明确的规定，只给出了一个大概的范围：1500—2000 家左右；也没有规定拆迁的时间表；加上运输瘫痪等困难，实际的拆迁速度很缓慢。另外，各国代表都提出了各国政府接受该计划的保留条件。③ 总之，《工业水平计划》是战后盟国之间就德国战争赔偿问题达成的最后一次协议，但盟国之间的分歧使得该计划无法执行，因为四国在各自占领区内都执行着自己的赔偿政策。可见该计划"本身就暴露出盟国在建立和平问题上具有的本质性的矛盾"④，这种矛盾随着占领区形势的变化还将继续发展、激化。

盟国在达成《工业水平计划》之后，克莱将军开始寻求达成另一项计划——共同的进出口协议。从雅尔塔会议开始，英、美与苏联围绕优先支

---

① 例如德国每年钢的生产能力是 750 万吨，根据计划，盟国规定德国钢的生产将减少到 580 万吨。国务院认为 350 万吨就足够维持德国最低生活水准了，克莱将军没有接受国务院的建议，他认为比凯尔文·胡佛博士建议的 780 万吨稍微低一点，但他是大家可以接受的数字。英国担心过度削减德国生产能力将使德国成为英国的财政负担。英国开始提出的数字是 900 万吨，后坚持保留 750 万吨。法国代表在对德国钢生产能力进行了另一番研究后，认为德国钢的产量应该是 700 万吨，并要求法国在经济上合并萨尔。苏联代表提出的数字是 450 万吨，在重新确认德国人口数量后把数字修改为 490 万吨，并说："除非拆迁赔偿完成了，在四国的一致同意下才允许修改计划。"参见 Lucius D Clay, *Decision in Germany*, p. 108. 另参见 FRUS, 1946, Vol. 5, pp. 529 – 531. The United States Political Adviser for Germany (Murphy) to the Secretary of State.

② 除了钢产量之外，美国提出客车的产量从 10 万辆降低到 8 万辆；电力从 1100 万千瓦降低到 900 万千瓦；铜的产量从 1.6 亿吨降低到 1.4 亿吨等。参见 John H. Backer, *The Decision to Divide Germany: American Foreign Policy in Transition*, p. 97。

③ 英国的条件是该计划在不同时期可以进行修改；德国将视为一个统一体；德国的人口不能超过 6650 万；德国出口能够支付得起必要的进口等。美国的条件是德国将视为一个统一体；建立中央机构、未来的边界可能要求修改；该计划将作为拆迁赔偿的计划而不是永久限制德国工业的计划。苏联代表则说："在该计划的基本假设发生变化时，经管制委员会同意该计划可以进行修改。"参见 FRUS, 1946, Vol. 5, pp. 533 – 34. The United States Political Adviser for Germany (Murphy) to the Secretary of State.

④ [英] 迈克尔·鲍尔弗：《国际事务概览，1939—1946 年：四国对德国和奥地利的管制，1945—1946 年》，第 210 页。

付问题就进行了多次争论。其争论延续到了占领时期，并进一步发展。① 1946年4月2日，在协调委员会就《工业水平计划》达成一致意见后的第一次会议上，克莱将军再次提出了《进出口计划》建议。② 占领军政府为何如此关注德国的进出口问题呢？一个原因是它关系到美国在德国的基本经济原则。美国经常强调它有两个基本的对德经济原则：1. 视德国为一个经济整体；2. 保持德国的进出口平衡。但战后德国经济根本无力支付进口。③ 德国生产搞不上去自然就无法支付它所必须的进口。美国和英国为维持占领区最低的生产和生活水平，都为德国无偿地注入了大量资金。④ 这对于美国和英国来说都是一个沉重的经济负担，所以美、英占领军政府都一直强烈要求保持德国进出口平衡，从而减轻他们国内纳税人的负担。

另外，德国四个占领区的资源分布很不平衡：英占区拥有鲁尔重工业区；苏占区一直是德国的粮食产地；美占区和法占区的资源相对就很匮乏。在波茨坦会议上，杜鲁门和丘吉尔已经意识到，工业化的西部德国如果要振兴的话，必须从苏联占领的东部地区得到粮食和原料供应。

---

① 1945年9月20日，美国已经成功地使ACC通过了一项临时性的进出口计划。随后美国代表拟订好了一份长期的盟国进出口草案，并上交给ACC。参见FRUS, 1945, Vol. 3, pp. 1527–1528. The United States Political Adviser for Germany (Murphy) to the Secretary of State.

② 他建议盟国建立一个临时的占领区进出口合作机构"立即开始准备、组织一个德国中央行政部门去管理占领区的贸易，由德国州一级的领导人负责"。John Gimbel, The Origins of the Marshall Plan. p. 91.

③ 因为德国煤炭正在出口，以应付解放国家所需。但德国煤炭的产量只达到战前的25—30%，而且出口使得德国工业处于瘫痪状态：钢产量达不到《工业水平计划》所允许的580万吨，只生产200万吨。1946年，英占区和美占区全年的总出口超不过5亿马克，而《工业水平计划》预计1946年所有占领区的出口收入是36亿马克。如果再不进口原料，就连这种生产水平也不能长期维持下去。参见［英］迈克尔·鲍尔弗：《国际事务概览，1939—1946年：四国对德国和奥地利的管制，1945—1946年》，第213页。

④ 例如，为了维持美占区每人不少于1275卡路里的食品定量，美国承诺从4—6月份每个月无偿向美占区运送5万吨粮食。除了粮食，煤炭、建筑材料、医疗器械等都需要大量进出。克莱将军的助手、经济管理处主任德雷帕告诉克莱将军说："我们要取得成功，还必须有1亿美元来支付粮食以外的必须进口。"参见Lucius D Clay, Decision in Germany, p. 196. 1946年3月，克莱将军说，美国正打算为德国粮食进口支付2亿美元，而不给美国的盟国贷款，美国的粮食出口是无偿的。同一天，美国驻欧洲总司令约瑟夫·麦克纳尼将军在管制委员会说，美国煤炭出口是无偿的。英占区约有70%的进口是由英国的纳税人来偿付的。在美占区，情况也没有多大差别。参见FRUS, 1946, Vol. 5, pp. 768–769. The United States Political Adviser for Germany (Murphy) to the Secretary of State。另参见［英］迈克尔·鲍尔弗：《国际事务概览，1939—1946年：四国对德国和奥地利的管制，1945—1946年》，第213页。

而在西部德国的工业中心生产的当前产品是不足以支付东部农产品的,这就是为什么英、美代表在处置德国赔偿时,极力坚持把德国视为一个经济整体来看待的重要原因。而战后的分区占领实际上割裂了德国经济统一体,占领区界限人为地阻碍了各占领区之间的流动。如英占区曾要求苏占区提供粮食,苏占区表示同意,但条件是要用鲁尔的钢作为交换。英国说他们没有剩余的钢,苏联占领区长官就回答说:"在苏占区剩下的粮食也不多。"① 对此,克莱将军在回忆录中写道:"苏联将不会把东占区的资源拿出来一起共享,除非他们确保能够无偿地得到全德产品中的大部分。"②

这又关涉苏联政府在德国占领区所执行的索赔政策。苏联在东占区开始时主要通过大规模拆迁德国的工业资本设备运往国内的方式来获取赔偿。③ 后来发现这种赔偿拆迁造成很大浪费,从而改为从当前产品中提取赔偿。大量无偿地运走当前和库存产品,自然相应地减少了德国的出口数量;德国东部的原材料作为赔偿也源源不断地运往苏联。美国和英国都认为:"如果按照视德国为一个统一经济单位的政策来利用这些物资,就可以减少进口的需要或增加出口的收入。因此英国人和美国人开始认为把德国当作一个整体来对待,不仅是一个政治原则,而且成为一种迫切的经济需要了。"④

克莱将军有关实行共同的进出口计划的建议首先遭到了法国的反对。⑤ 克莱将军只好把建议书交给了 ACC 下设的经济理事会,在那里进一步讨论。4 月 5 日,苏联代表说只有到德国作为一个整体,它的贸易有了盈余、赔偿已经付清时,才能考虑要把进出口问题当成整个占领区

---

① Kuklick Bruce, *American Policy and the Division of Germany*: The Clash with Russia over Reparations, p. 212.

② Lucius D Clay, *Decision in Germany*, p. 123.

③ 西方观察家被苏联在东占区的拆迁行为震惊了,德国的铁路设施、工厂、车间等被迅速拆迁下来,有的用船运回苏联,有的就扔在路边生锈。据国务院官员金德博格估计,苏联在东占区拆迁的资本设备达 30%—35%。克莱将军估计的数字要少一些。他估计的数字是 25%。参见 Charles Maier, *The Marshall Plan and Germany*: West German Development within the Framework of the European Recovery Program, p. 18.

④ [英]迈克尔·鲍尔弗:《国际事务概览,1939—1946 年:四国对德国和奥地利的管制,1945—1946 年》,第 214 页。

⑤ 法国宣称他们不受"波茨坦协议"的约束。法国代表说,他们赞同建立进出口机构,但他的军政府不想立即创建一个德国机关,德国中央机关的问题要由政府间协商。

的问题来处理。作为对苏联态度的回应,克莱将军在管制委员会下属的协调委员会(CORC)说,苏联政府准备继续运走德国的现有产品,直到他们的 100 亿美元的赔偿要求得到满足为止。《工业水平计划》是以进出口平衡计划为基础的,如果没有这样一个计划,赔偿计划就无效了。克莱将军后来在其回忆录中说,当时我强烈感到我们被置于这样的处境:不仅为苏联的赔偿提供资助,而且任由苏联剥光我们的占领区,(它已经没有足够的生产能力来自我维持了)而我们却没有从其他占领区得到任何好处。① 同时克莱将军向陆军部汇报说,如果不能达成共同的进出口计划,在两三个月之后西占区的赔偿计划应该进行修改,"希望用这种方式能够使苏联的政策公诸于众"②。

到了 5 月 3 日,克莱将军为达成共同的进出口计划做了最后一次努力。苏联代表再次表明了苏联政府的态度:进出口必须以占领区为基础,只有当出口有了剩余后占领区之间才能实现资源共享。气氛随着苏联代表拒绝交出苏联已经从东占区拆迁的工厂以及从当前产品提取赔偿的明细表而进一步恶化。克莱将军说:"我只能宣布除了预定的赔偿工厂外,从美占区起运的一切赔偿物资将停止交付。我们很愿意继续进行赔偿拆迁,但在全部问题解决之前我们不打算执行赔偿拆迁。我们不想处于这样的境地:既失去了工厂,又没有达成一项协议。"③

在随后克莱将军向陆军部汇报情况时,他解释了停止美占区赔偿拆迁的理由:由于缺乏必须的经济一体化,我们无法继续进行拆迁,因为进一步的拆迁将引起灾难,我们将面临一个持续恶化的德国经济,这将造成有利于共产主义在德国发展的政治骚动、阻止德国民主化。即将到来的冬天将是个关键,如果没有一体化,德国的冬天将是不可忍受的。克莱将军建议美国应该与其他占领区,至少是与英国占领区合并。④ 接着在记者会上,克莱将军再次解释了他停止拆迁的理由。当有记者问:他停止拆迁是否针对苏联?克莱将军回答说,停止拆迁适用于任何人。

---

① Lucius D Clay, *Decision in Germany*, p. 121.
② John Gimbel, *The Origins of the Marshall Plan*, p. 93.
③ 在克莱将军宣布停止拆迁时,仅有 24 家民用工厂被确定为赔偿拆迁。到 8 月,在美占区又有 132 家工厂被划入拆迁名单。到了 9 月,美国仅拆迁了最初 24 家中的 7 家工厂。参见 FRUS, 1946, Vol. 5, pp. 547 – 548. The United States Political Adviser for Germany (Murphy) to the Secretary of State. Thomas Paterson, *Soviet—American Confrontation*, p. 242。
④ Edward Peterson, *The American Occupation of Germany: Retreat to Victory*, pp. 69 – 70.

我们在这里简单声明，美占区不打算继续进行赔偿拆迁，除了那些已经被指定为赔偿的工厂以外。由于没有实现经济一体化以及考虑到美国每年为德国提供 2 亿美元的资助，在这种情况下，军政府不能再进行赔偿拆迁了。以后的事情要由美国政府来决定。①

以前大多数学者认为，克莱将军宣布美占区停止赔偿拆迁是他自作主张的行为，是为了实现占领军政府曾向美国国会许下的诺言：保证美国纳税人不会长期承受占领区的经济负担。② 但现在有资料表明，其实在克莱将军行动之前，在为贝尔纳斯与贝文举行会谈的备忘录中，贝尔纳斯已经谈到了美占区停止赔偿拆迁将是他打算与苏联明确"摊牌"计划的一部分。后来，贝文的说法也证明了这一点，贝文说贝尔纳斯曾经告诉他，他已经指示克莱将军不再拆迁工厂，除非德国问题能够作为一个整体得到解决，或者能够达成优先支付德国进口的协议。③ 据此可以判断，国务院已经打算停止拆迁，它只是要通过占领军政府来造成既成事实，从而向苏联施加压力。

克莱将军宣布美占区停止赔偿拆迁后应邀到达巴黎，他们向正参加外长会议的贝尔纳斯汇报了停止赔偿拆迁的情况。国务卿说，鉴于与苏联打交道的困难，他认为停止赔偿拆迁是聪明之举。接着在外长会议上，贝尔纳斯宣布如果德国不能被视为一个经济整体，美国将不会再送工厂给东占区。④ 克莱将军宣布停止赔偿拆迁的单方面行为，将

---

① John Gimbel, *The American Occupation of Germany: Politics and the Military, 1945—1949*, p. 60.

② 有关学者分析克莱将军宣布停止赔偿拆迁的动机。John Gimbel, *The American Occupation of Germany: Politics and the Military, 1945—1949*, pp. 58 - 59. 另参见，爱德华·帕特森在书中说，1971 年 1 月，他曾经询问过克莱将军宣布停止赔偿拆迁的动机是什么？克莱将军说时间太久了，动机已经变得模糊。但法国使事情变得困难了，然而我们可以进入法占区，了解法国人在做什么。但我们不能自由进入苏占区，我们不知道他们拆迁的程度。因此，我们的直接动机是对苏联占领当局单边行动的反应。1950 年克莱将军曾经写道："也许没有法国的反对，我们在最初的 6 个月内就能建立中央机关把德国视为一个整体……波茨坦会议 6 个月后苏联扩张计划已经酝酿……在德国要达成一致已经不可能了。"参见 Edward N. Peterson, *The American Occupation of Germany: Retreat to victory*, pp. 103 - 104. 克莱将军在其回忆录《在德国的决定》中解释说，在多次警告无效后，除了停止赔偿拆迁以外，他别无选择。当然，他也预料到这注定要对美、苏关系产生持续的影响。参见 Lucius D. Clay, *Decision in Germany*, p. 121.

③ James McAllister, *No Exit: American and the German Problem, 1943—1954*, p. 114.

④ Kuklick Bruce, *American Policy and the Division of Germany: The Clash with Russia over Reparations*, pp. 215 - 216.

盟国在赔偿问题上的分歧公开化了。更严重的是，该行为加深了美、苏之间的矛盾。苏联占领军政府一直宣称，《雅尔塔协议》和《波茨坦协议》都没有禁止从当前产品中提取赔偿，其索赔行为完全符合两个协议的精神。而克莱将军单方面停止赔偿拆迁的行为不合法，并由此认为"克莱的行动证明美国政府已经决定对俄国和共产主义采取敌对态度"①。

克莱将军采取的另一个重要行动是建议美、英双占区合并，克莱将军此建议的初衷是解决占领区经济困境。② 5 月 26 日，克莱将军给陆军部发回了一份长电。③ 他抱怨说，占领区快变成封闭的小领地了，相互之间不能进行商品、人员和思想的自由流动。他强调各个占领区之间进行自由贸易的必要性；要求共同的财政、交通、通讯、农业和工业政策。此外，克莱将军还提出了建立德国临时政府的建议。④ 克莱将军坚持美占区必须与任何愿意与之合并的占领区合并，说如果法国继续抵制、如果苏联进一步制造麻烦，那么美占区必须与英占区合并。克莱将军预计到单边行动的后果将是严重的，但它"不会比目前继续封闭的小领地的情况更糟糕"。他希望双占区合并将迫使苏联采取行动，

---

① [英] 迈克尔·鲍尔弗：《国际事务概览，1939—1946 年：四国对德国和奥地利的管制，1945—1946 年》，第 217 页。

② 从 1946 年初，西占区的经济状况持续恶化。其中最严重的就是食品短缺，东占区没有运来粮食，军政府不得不将食品供应定量减到每天 1275 卡路里，面包的供应量也减少了 1/3。在这之前，"营养委员会"已经警告说，大城市的人口正面临"严重的营养危机"。煤炭供应情况也很严峻，到 5 月份，煤炭产量只达到战前产量的 1/3，煤炭的分配又引发了新的矛盾。法国和其他西欧国家都要求得到更多的煤炭；而英国则坚持除非德国能保留更多的煤炭，否则生产率不会提高。由于鲁尔位于英占区，英国对该问题拥有更大的发言权，但煤炭短缺的结果是阻碍了美占区工业的恢复、以及整个西欧经济作为一个整体的发展。参见 Jean Smith, *The Papers of General Lucius D. Clay: Germany, 1945—1949*. pp. 207 - 212. Carolyn W. Eisenberg, *Drawing the Line: The American Decision to Divide Germany, 1944—1949*, p. 234.

③ Jean Smith, *The Papers of General Lucius D. Clay: Germany 1945—1949*, pp. 212 - 217.

④ 从 1945 年秋，军政府已经逐步在占领区建立起了州一级的政治机构；创建了各州委员会，它是一个由各州派 2 名代表组成的协调委员会。克莱将军打算将它的职能扩大到经济领域。克莱将军进一步希望扩大委员会的范围，能够包括进所有四个占领区州一级的代表。参见 John Gimbel, *The American Occupation of Germany: Politics and the Military, 1945—1949*, pp. 39 - 51.

促使它加入其中。① 双占区合并对于美国的好处很明显，正像克莱将军所说，通过合并美国可以更有效地参与对鲁尔的控制，其结果使得我们对德国事务拥有了更大的发言权。② 因此，双占区合并不仅仅是经济驱动的结果，它更是一个重要的政治决定。然而，出乎克莱将军的意料，国务院官员虽然接受了他的建议，却在很大程度上改变了他的初衷和本意。在为即将召开的巴黎外长会议准备的文件中，国务院预测如果外长会议没有取得进展，除了放弃——至少是暂时放弃德国统一的强烈愿望之外——其他选择都是不现实的。因此，最可能的计划应该是将三个西占区组成一个"某种经济形式，而后是政治形式的统一体"③。可见，国务院已经排除了苏联，在东西方之间划定了一条分界线。

到巴黎外长会议时，贝尔纳斯询问莫洛托夫：苏联对德政策的目标到底是什么？莫洛托夫回答说，苏联想得到在雅尔塔会议时已经要求过的——100亿美元的赔偿、四国共同控制鲁尔地区的工业。贝尔纳斯在其回忆录中写道：以前对于苏联在德国的野心有许多推测，但从那一刻开始，我确认莫洛托夫的答复代表了苏联高层真正的意图。④ 苏联对鲁尔的企图坚定了美国实施占领区合并的决心。更令美国决策者感到别无选择的是，7月10日，莫洛托夫出人意料地发表了题为《关于德国命运与对德和约问题的声明》。在声明中他提出了苏联对德新主张：我们的任务并不是要消灭德国，而要把它改造成为一个民主与爱好和平的国家，这个国家除了农业之外，还应该拥有自己的工业和对外贸易，德国作为一个统一国家保持下去，将来的德国政府应该是一个民主性的政府，它应有能力铲除德国法西斯残余势力，同时又有能力执行德国对盟国所负

---

① Carolyn W. Eisenberg, *Drawing the Line：The American Decision to Divide Germany*, 1944—1949, p. 236. 在日后,《克莱将军文件》的编撰者简·史密斯拜访克莱将军时曾询问，将军关于双占区合并的动机是什么？据克莱将军回忆，他提出占领区合并的初衷是当时他感到，如果美、英占领区合并，将显著地加快经济复兴，这样可能有效地帮助达成一个四方政府的协议。参见 Carolyn W. Eisenberg, *Drawing the Line：The American Decision to Divide Germany*, 1944—1949, p. 236. Note1。

② Lucius D Clay, *Decision in German*, p. 336.

③ Carolyn W. Eisenberg, *Drawing the Line：The American Decision to Divide Germany*, 1944—1949, p. 236.

④ James F. Byrnes, *Speaking Frankly*, NewYork：Harper &Brothers Publishers, 1947, p. 194.

种种义务,其中包括并且首先是要保证执行德国对盟国所负赔款义务。①这是苏联政府第一次公开提出的复兴德国的主张:不再一味地主张削弱德国,而是要求政治上统一德国。

为了应对莫洛托夫的公开"挑战",第二天贝尔纳斯在外长会议上公开提出,目前没有一个占领区能够完全做到自我维持,美国与英国就双方占领区合并一事已经进行了商谈。将美英双占区视为一个经济体可以扩大双占区的机会。考虑到波茨坦协议将德国视为一个经济体的要求,美占区愿意在经济事务方面与任何一国的占领区实行合并,如果该占领国也愿意的话。②与此同时,他命令克莱将军着手进行双占区合并的准备工作。双占区合并的过程显示,军政府提出的占领区合并的初衷是通过经济上的合并,最终能够促进建立起一个四方合并的框架,而国务院从一开始基本上就排除了与苏占区合并的可能性。两者的初衷虽然有所差别,但最终的结果是一样的:美、英双占区合并是日后德国最终走向分裂的一个关键性步骤。这一点毋庸置疑。

二、美国对德索赔政策的转变

从1946年5月开始,盟国在巴黎召开了外长会议继续讨论德国问题。外长会议就德国问题没有达成任何协议,四国外长决定休会一个月。复会后,会议依然没有取得任何实质性进展。7月10日,莫洛托夫公开提出了复兴德国的声明。这表明美国的赔偿政策已经跟不上形势发展的要求,它必须做出重大调整以应对"挑战"。但国务院在上一年的12月12日发表了政策声明后,没有再对其对德政策进行过明确的阐释。5月26日,克莱将军曾向国务院发出了一份很长的题为"全面评价德国问题"的电报。③贝尔纳斯对电报的评价是:克莱将军不理解复兴德国、复兴欧洲、对苏政策三者之间的关系,他认为美国首先要做的是探明苏联的真实意图。克莱将军没有得到预期的回应,在参加了巴黎外长会后,他更强烈地感到美国的对德政策必须明确化。

---

① [苏]莫洛托夫:《对外政策问题:1945年4月—1948年11月时期中的演说和声明》,外国文书籍出版局印行,1950年版,第55页。

② FRUS, 1946, Vol. 2, United States Delegation Record, Council of Foreign Ministers, Second Session. Fortieth Meeting, Paris, July, 11 1946.

③ Jean Smith, *The Papers of General Lucius D. Clay*: *Germany 1945—1949*, pp. 212 - 217.

7月19日，克莱将军给陆军部民事局局长爱彻勒斯写了一封长信，并附上了一份题为《美国在德政策和目标总结》的备忘录。在备忘录中他列出了10个主要问题，每个问题都给出相应的政策建议。① 克莱将军的"政策总结"在华盛顿再次引起了行政部门之间的意见分歧。新上任的陆军部长帕特森告知克莱将军：陆军部认为他的文件很精彩，赞同发布一项政策声明是必须的，但建议克莱将军延缓公开发布。国务院认为克莱将军的"政策总结"已经超出了军政府的职责范畴，它告知陆军部，如果要公布一项意义重大的政策声明，由国务院来做更恰当。然而国务院为贝尔纳斯出席外长会议正在研究对德政策，克莱将军的文件被认为是个有用的资料。② 克莱将军同时得到了贝尔纳斯的私下承诺：大概在9月中旬，他将在巴黎或者柏林发布一项有关对德政策的声明。③ 与此同时，贝尔纳斯指示助理国务卿本杰明·寇因起草一份对德政策演说，并建议寇因：克莱将军的"7月19日文件"与JCS1067#指令和《波茨坦协议》相比更清晰、更易懂。总的来说它基本符合美国政策。④ 克莱将军所做的努力终于取得了成效。

1946年9月6日，贝尔纳斯在斯图加特发表了题为《对德政策的再次声明》的演讲。贝尔纳斯在给杜鲁门总统的电报中解释了他发表演讲的目的：我们在德国的官员和其他一些人建议他发表一项政策声明，以抵消7月10日莫洛托夫在巴黎的声明而产生的影响。另外也使驻德官员、新闻界、行政人员们明确地知道我们的政策是什么。苏联在莫洛托

---

① 备忘录的前五点分别是：1. 总的声明。美国在德国政策的目标是破坏德国战争潜力，对德国人民再教育，按民主程序重建责任制政府，联合最终平等地接受德国。2. 波茨坦协议。美国遵守与英、苏在波茨坦共同达成的协议。然而美国认为波茨坦协议必须被视为一个整体来执行，而不是部分地执行。美国坚持视德国为一个经济体，它的本土资源首要满足德国自身的需要，其次用于出口以资助必要的进口。3. 赔偿。美国建议全面地执行波茨坦协议中有关赔偿的规定。然而美国认为《工业水平计划》是保持德国一个合理的最低生活水平的标准。美国不支持可能给德国经济带来进一步负担的其他形式的赔偿。反对当前产品赔偿，除非当前产品已经超出了德国最低经济标准，以及当前产品不需要出口以支付必要的进口。4. 视德国为一个经济体。目前德国现状阻止了《工业水平计划》的实现，只有消除目前的占领区界限，在全德范围内允许商品、人员、思想自由地流动，才能实现最低德国经济的重建。5. 财政政策。美国相信一个共同的财政政策对于成功地重建德国经济是必须的，美国支持进行减少货币量、修正债务结构、尽早地使德国处于健康的财政状况等一系列激烈的改革，等等。其他几点还包括：视德国为一个经济体所需的其他行政机构、德国的政治结构、德国的边境、德国的未来、占领的期限。参见 Jean Smith, *The Papers of General Lucius D. Clay: Germany 1945—1949*, pp. 236-243.
② John Gimbel, *The Origins of the Marshall Plan*, p. 120.
③ John Gimbel, *The Origins of the Marshall Plan*, p. 121.
④ John Gimbel, *The Origins of the Marshall Plan*, p. 121.

夫发表声明后已经在德国人中获得了政治影响，因为该声明反对鲁尔和莱茵地区从德国分离。美国通过发表自己的声明也将能保持它在德国的影响，而且也能结束各种对美国的猜疑：美国如此厌恶欧洲事务，以至于它不想留在德国。①

贝尔纳斯的长篇演讲②的主要精神是：美国允许德国在经济、政治、文化等各方面复兴；允许德国恢复正常生活；允许德国加入美国设想的战后国际体系之中。可见，德国经济复兴成为美国此时对德政策的首要目的。而防止德国法西斯的复活、德国非工业化已不再是美国对德政策的核心。在赔偿问题上，演讲深受克莱将军"7月19日文件"的影响，贝尔纳斯基本认同了占领军政府的做法：反对苏联当前产品赔偿；把赔偿问题与视德国为一个经济体、建立德国中央机构相联系。除此之外，贝尔纳斯的讲话还表达了一个更重要的观点，那就是他着重指出的："我不希望引起误解。我们决不逃避责任。我们不准备撤走。我们要待在这

---

① John Gimbel, *The Origins of the Marshall Plan*, pp. 122–123.
② 贝尔纳斯在演讲中说："我们已经花费了相当多的时间和精力关注德国问题，因为它的正确解决不仅关系到德国，还事关整个欧洲的未来。在1917年美国被迫卷入了战争，战后它拒绝参加国联，对欧洲事务不感兴趣，但这并没有使我们免于卷入二战。我们不能再次犯错误，我们主张关注欧洲、全世界的事务。德国在我们这代人的时间内已经发动了两次大战，德国为它所造成的破坏进行部分地赔偿是公正、合法的。因此，美国准备全面执行波茨坦协议中有关非军事化和赔偿的规定。然而正如波茨坦协议预计和要求的那样，赔偿委员会同意如果德国不能被视为一个经济体，它的工业水平要进行一些改动。在确定的工业水平之下，不允许从当前产品中提取赔偿，当前产品赔偿根本不符合现在已经确立的《工业水平计划》的规定。如果从当前产品中提取赔偿，工业水平就要提高，而规定的工业水平仅够使德国人能自我维持接近于欧洲平均的生活水平。这是杜鲁门总统在波茨坦同意的基本赔偿原则，美国将不会同意从德国拿走比波茨坦协议规定的更多的赔偿。然而由于管制委员会没有采取必要的措施使德国成为一个经济体，波茨坦协议的执行受到了挫折。"因此，他主要要完全消除德国各占领区之间的经济壁垒与差别。他说现在是提出下列论点的时候了："应该把各占领区之间的界线看作仅仅是表明各占领国的武装部队为了安全目的而占领的地区的界线，而不是什么独立的经济单位或政治单位的界线。"关于经济的远景，他声称："必须让德国有机会输出商品，以便它能输入足够的商品，在经济上自给自足。德国是欧洲的一部分，如果这样一个富有铁和煤的资源的国家变成济贫所的话，那么欧洲的复兴，特别是同德国毗邻的那些国家的复兴，必定是缓慢的。"至于政治方面，贝尔纳斯宣称："管制委员会既没有管理好德国，也不允许德国自己管理。美国政府认为德国人在适当的保证之下，应该担负起管理自己事务的主要责任。盟国占领军的数量应有限度，即足以使德国人服从这些规则为度。美国赞成早日成立一个德国临时政府。我们不希望德国变成任何一个或几个大国的卫星国，也不希望它受到国内或国外的独裁政权的统治。美国人民打算帮助德国人民赢回他们在自由的、热爱和平的世界中的荣誉地位。"参见 Beate von Oppen, *Documents on Germany under Occupation 1945—1954*, pp. 152–160.

里。只要有占领军驻在德国，美国武装部队就将是占领军的一部分。"①克莱将军认为这是国务卿演讲内容中最受欢迎的部分，它向德国和法国保证了美国不会将德国放弃给苏联。② 这样，贝尔纳斯的演讲一方面消除了美国打算脱身德国的谣言，同时它也标志着包括赔偿政策在内的美国对德政策的重大转变。

美国历史学家威廉·麦克尼尔如此评价贝尔纳斯在斯图加特讲话的意义：就美国官方的思想来说，这篇讲话把《摩根索计划》彻底埋葬了，于是一个对德关系的新阶段开始了。在谋求德国的支持方面，贝尔纳斯已成为莫洛托夫的对手。经济复兴、政治统一、自治以及缩减占领军的人数，所有这些目标几乎都会受到全体德国人的欢迎。③ 克莱将军在回忆录中对该演讲评价道：惩罚性的基调被建设性的目的所取代。德国人民被允许有机会以及能够得到帮助重新融入国际大家庭。④ 阿登纳在其回忆录中对贝尔纳斯讲话的评价是"明朗"两个字，认为美国对德政策从此明朗化，德国出现了复兴的一线生机。⑤

几乎是在贝尔纳斯发表斯图加特演讲的同时，苏联关于德国赔偿的政策也发生了显著变化。它首先停止了在东占区大规模拆迁行动。接着，它将占领区内200家最大的德国工厂合并，其理由是这些都是垄断资本家或者纳粹的财产。它们将转为苏联公司，苏联政府拥有公司51%以上的股份，这些公司主要为苏联而生产或者产品将出口到苏联。1946年10月，苏联部长会议决定，将30家对东占区经济至关重要的公司归还给德国人，其余的170家公司以及400家小公司则继续为支付赔偿而生产。苏联新政策的成效很快显示出来：当前产品支付赔偿更加有效，这些工厂留在原地比运到苏联能更快、更便宜地生产。⑥

东、西方在德国赔偿问题上各自为政、双占区合并在即，都使得原来的《工业水平计划》失去了继续执行的可能性与必要性。美国与英国

---

① Beate Ruhm von Oppen, *Documents on Germany under Occupation 1945—1954*, p. 158.
② Lucius D Clay, *Decision in Germany*, p. 79.
③ [美] 威廉·麦克尼尔：《国际事务概览，1939—1946年：美国、英国和俄国：它们的合作和冲突，1941—1946年》，第1121—1122页。
④ Lucius D Clay, *Decision in Germany*, p. 81.
⑤ [德] 康拉德·阿登纳：《阿登纳回忆录 1945—1953》，上海外国语学院德法语系德语组译，上海：上海人民出版社，1976年版，第100页。
⑥ John H. Backer, *The Decision to Divide Germany*, p. 100.

开始为双占区合并做准备工作，主要是制定新的工业水平计划。英国反对再限制德国工业，要求大幅度提高德国工业水平。只是迫于美国的压力，英国才勉强同意了美国的观点，但它提出德国工业水平和赔偿政策每年都可以修改，从1947年1月就开始进行。① 从此，"东、西方都将修改各自占领区内德国工业水平视作对抗对方的有效手段"②。东、西方在赔偿问题上不仅开始分道扬镳，不再寻求盟国间的妥协与合作，而且赔偿问题被分别纳入到各自的整体战略规划之中。伴随着《马歇尔计划》的酝酿、出台，双占区的工业水平计划被融入该计划的整体规划之中，这就是后来出台的《修正的英—美占领区工业水平计划》。

第三节 美国特殊的战争索赔——"智力赔偿"计划

美国在其德国占领区秘密实施了一项特殊的战争索赔政策——"智力赔偿"（Intellectual Reparations）计划，即通过掠夺德国的科学、技术、情报、专利、科技人员等无形资产获得了大量隐性的战争赔偿。这项计划由美国占领军、多个政府行政部门以及与其利益相关的工业、商业、大学、研究机构、协会等多种行业和多个社会团体共同完成，显示了美国政策决策的过程、与赔偿政策有关的诸种因素之间的相互作用，展现了美国索赔政策官商结合，自上而下、自下而上，互相促进、互相配合的特点。此外，该计划还探索出一条独特的并行之有效的新式索赔方式。

一、"智力赔偿"计划的起源

一战期间，陆军部曾有过向海外派遣技术使团的经历，但1920年之后这项工作就停止了，结果在二战爆发之初，美国军事技术情报十分匮乏。珍珠港被袭之后，军事技术情报的重要性受到重视。盟军在诺曼底登陆后，德军第一次使用了杀伤力极大的V-1型、V-2型飞弹。艾森豪威尔将军决定立即筹建一个技术部队（T-Forces），它由情报专家、战犯审讯员、语言专家、炸弹爆破小组、特种作战人员等组成，用来甄别、保护、利用对盟军有用的"有价值的和特殊的情报，包括文件"、设备

---

① FRUS, 1946, vol. 5, pp. 529-530. The United States Political Adviser for Germany (Murphy) to the Secretary of State.

② Thomas Paterson, *Soviet—American Confrontation*, p. 248.

和人员。1944年8月21日，在英、美联合参谋长会议上（CCS），技术部队正式成立。英国有7名成员参加。美国从国务院、陆军部的情报局、海军情报处、对外经济委员会、战略策划处、科学研究和发展处等部门分别抽调了一些人员参加。技术部队虽然能够做到寻找目标，并进行保护工作，但它缺乏高超的专业技术水平对目标进行分析、利用。为此，盟军司令部向华盛顿要求给予技术支持，立即派出合格的专家。随后，JCS成立了联合情报目标分委会（CIOS），作为收集所有信息的控制中心，它有权拟定具有军事价值目标的"黑名单"，推荐进行调查的技术人员，撰写最终的研究报告等。

1944年8月28日，美国科学研究和发展处处长、总统科学顾问范奈瓦·布什给陆军部长和海军部长写信，布什建议美国应该从被占领国家和德国获得"德国工业方面的技术信息"。他说这些信息将不仅有利于我们的对日作战，而且能够帮助美国工业保持在世界贸易中的地位，同时也为即将退伍的军人提供就业机会。他还建议目前寻找武器和军事设施的工作应该加上更长期的、工业技术方面的目的和目标。① 布什的建议得到了积极地回应，海军部长福莱斯特和陆军生产局局长克鲁格都很赞同布什的建议，因为陆军部正急需获得"敌人最先进的技术情报"。② 随着盟军不断向前推进，CIOS的规模和功能也不断扩大。另外，分委会还拟定出另外一些目标名单，以备各种要求所需，如在军事上没有直接价值的工业和科技目标。

为了与联合情报分委会更好地沟通、获得更多的德国科技情报，JCS创建了工业技术情报委员会（TIIC），豪兰德·萨根特担任主席。它最初的功能集中于军事目标。③ 随后，TIIC得到了更多的工商业集团的赞助。一些与工商业联系密切的政府官员要求该委员会提供有关德国工业、商

---

① John Gimbel, *Science Technology and Reparations: Exploitation and Plunder in Postwar Germany*, Calif: Standford Univerity Press, 1990, p. 5.

② John Gimbel, *Science Technology and Reparations: Exploitation and Plunder in Postwar Germany*, p. 5.

③ 军事目标包括：1. 通过寻找德国人对武器、雷达、合成燃料、合成橡胶、喷气式发动机、红外线、通信诸如此类技术的掌握的情报，准备将这些情报用于对日作战；2. 通过寻找德国把多少数量、何种类型的科技信息传给了日本，以及德国人对日本情况的了解，从而缩短德国战败后盟国对日作战的时间；3. 通过拘禁、扣押德国科学家、技术人员，从他们口里得到科技信息；防止这些德国科学家逃到其他国家继续进行他们的战时研究和发展计划。参见John Gimbel, *Science Technology and Reparations: Exploitation and Plunder in Postwar Germany*, p. 6。

业方面的情报。① 最后 TIIC 在很大程度上被民用所控制，尽管最终的决定权由 JCS 掌握。为了更好地实现它的民用职能，TIIC 组建了 17 个分委会，涵盖了各个工业领域。② 同时 TIIC 还要求更广泛的、"适当"的政府机构和官员参加。这样，TIIC 的成员中就有来自军队的、政府机关的以及来自于数以百计大小公司的代表。这些代表受各自背景的影响，分别为了不同的目的提出了各种要求获得德国政治、经济、军事、工业、商业、科研等方面的情报。TIIC 把这些要求汇总，报告给 CIOS，由它拟定应该调查目标的名单，目标包括德国的工业公司、工厂、实验室、军事基地、仓库补给站、实验场、实验基地、研究机构、大学、技术学院以及从属于上述单位的人员，然后选派相应的技术专家，这些技术专家被雇为政府临时技术顾问，穿军装同样拥有军衔。

至此"智力赔偿"计划已初现端倪，但这一时期美国对德国科学、技术、信息等无形资产的认识还没有提高到战略层次。它主要在英、美联合情报分委会的框架下，通过与英国合作获得被认为可能有价值的信息、情报。开始时主要集中于军事目标，其目的是为了对日作战所需。具体主持和完成这项工作的主要是比较低级的政府官员、派往德国的政府临时顾问以及各公司、协会、研究机构等社会团体派出的代表。这些人员虽然地位比较低，但他们大多是年轻人，对科技知识很感兴趣。而且他们亲临一线，掌握了大量第一手资料。同时正因为他们不十分了解决策层的有关政策，反而不受约束，能够放开手脚、因地制宜地采取对策，实事求是地汇报真实情况，为日后决策打下了良好的基础。

到 1945 年春，随着纳粹德国的崩溃，纳粹政府开始破坏、疏散它的工厂、生产设备、研究机构以及一些相关人员。与此相对应，联合情报

---

① 例如，美国战时石油管理局局长哈罗德·伊克斯给参谋长联席会议主席威廉·李将军交了一份详细的"从被缴获的石油工厂获得技术信息的计划"。与此同时，美国 18 家石油工业公司都指定了将参加获取石油技术信息的代表，伊克斯建议将这些代表尽可能快地派往欧洲。参见 John Gimbel, Science Technology and Reparations：Exploitation and Plunder in Postwar Germany, p. 6。

② 后来增加到 19 个分委会，分别代表橡胶、化学、冶金、矿产、森工、机械、纺织、燃油、通讯、造船等工业行业。参见 John Gimbel, Science Technology and Reparations：Exploitation and Plunder in Postwar Germany. p. 7。

分委会也调整了它的政策。① 同时，在寻找德国科学家和技术人员的过程中，美国工作人员发现了新情况。分委会曾动用了150名专家，列出了大约15000名德国科学家、高级技术人员的名单。情报人员找到名单上的德国人之后经常是当场进行讯问，如果发现有进一步利用价值的情报，他们就把这些人带回拘禁所或者讯问中心继续讯问。在这个过程中，美国人开始在内部讨论将一些德国专家送到美国可能带来的价值问题，因为他们发现讯问科学家有关他们的科学成果和他们以前的情况是"获得信息最好的方式"。

艾森豪威尔将军在阅读了JCS1067#指令中限制、控制德国科研机构、人员的有关规定后，他在给陆军部的报告中指出："指令就如何限制和控制未来德国科学和技术的研究已经给出了明确指示，但司令部还没有得到有关长期政策的指导。"陆军部副部长罗伯特·帕特森做出指示：获取德国的每一个可能用于对日作战的信息。② 驻德国的休·克奈尔少将向他的上司汇报：通过占有德国的科学和工业设施发现，我们在许多研究领域已经大大落后了。如果我们不利用这个可以获取设备和人员的机会，迅速采取行动，我们在这些领域的落后还要持续几年。他还建议说，为了保证德国科学家的合作意愿和最大的贡献，应该将他们的妻子同时转移到美国。③ 受来自欧洲建议的影响，陆军部副部长帕特森在给JCS的信中说道："我强烈地赞同尽可能充分地利用从德国或者从其他渠道获取的所有情报，用于对日作战。"④

6月5日，盟国在柏林签署的《四国政府关于击败德国并在德国承担最高权力的宣言》中明确规定：德国武装部队所占有的或受德国控制或管理的下列各项物资，将不加损毁并受到妥善保管，按照盟国代表规

---

① 不再是等待技术部队寻找到目标之后向它汇报，再派技术专家进行调查。分委会组建了更先进的、行动迅速的战场小分队（Field Team）；它重点寻找军事目标，列出的黑名单主要是具有军事重要性的目标；列出的灰名单主要是具有科学、工业价值或者可能具有军事价值的目标。到1945年7月，联合情报分委会已经对德国3000个目标进行了评估、对2000个目标进行了利用；彻底检查了德国隐藏的秘密武器、石油生产、原材料、合成技术、新发动机技术、化学工艺、发明、专利、财政、经济以及德国在政治领域的组织机构。参见John Gimbel, *Science Technology and Reparations*: *Exploitation and Plunder in Postwar Germany*, p. 7。

② John Gimbel, *Science Technology and Reparations*: *Exploitation and Plunder in Postwar Germany*, p. 18.

③ Clarrence G. Lasby, *Project Paperclip*: *German Scientist and the Cold War*, p. 70.

④ Clarrence G. Lasby, *Project Paperclip*: *German Scientist and the Cold War*, p. 71.

定的目的、时间和地点，由他们加以处理。① 这个规定说明，盟国在占领德国后马上对其军事目标进行了控制，因为各盟国都意识到了德国军事目标的重要性。尤其是美国因为还要对日作战，必然要求获取和利用所有可能在未来具有军事价值的物资和人员。因此，尽管国务院内部对此还存在着一些疑虑，同一天马歇尔将军通告他的英国同事：JCS 非正式同意"美国十分希望带德国科学家和技术人员到美国，为了利用他们军事上的知识研制出对日作战的武器"②。

总之，由于现代总体战争的特点，战时科技的影响必然延续到战后时期，战时的科技情报计划也自然转化为战后的商业开发计划。特别是战后，数以百计的由政府机关、私人企业、大学、工业和贸易协会等派出的服务于 CIOS 的专家们返回华盛顿之后，他们不断地强调他们发现的情报的重要性，极力拥护战后继续进行科学和工业开发计划。他们虽然结束了在欧洲的工作，但专家们不断地给原来雇佣他们的机构写报告，要求再制定额外的调查项目以及将战时的科学情报价值延续到战后。③

要求战后继续进行对德国科学、技术的调查以及利用同样获得了美国政府更高层的支持。美国在赔偿委员会的代表包莱很早就说过，美国不需要德国的工厂、机器、劳役作为赔偿，但美国要"德国的黄金、海外资产、专利、工艺以及每种类型的技术知识"④。副国务卿克莱顿对参议院军事委员会宣称：美国与它的盟国拥有同等的获取德国战时发明的权利。贝尔纳斯也持同样的观点：美国有权利获得德国近年来所有重要的科学和技术进步的成果。商务部长华莱士则认为战后美国如果能够利用敌人的情报，就可以创造出"新方法、新产品、新的工作机会"，进

---

① 各项物资包括一切武器、军火、炸药、军事设备、储存和给养，以及其他各种战争用具和一切战争物资；海军的各级舰艇、辅助军舰和一切商船；各种飞机、航空用和防空用的设备和器材；一切陆地、水路和空中的交通运输工具和设备；一切军事设施和建筑，连同建筑的设计和画样；为生产以上物资的工厂、车间、研究所、实验室、实验站、技术资料、专利、计划、画样和创造发明；盟国代表为这些事项而需要的情报或记录。参见《德黑兰、雅尔塔、波茨坦会议文件集》，第29—30页。

② John Gimbel, *Science Technology and Reparations*: *Exploitation and Plunder in Postwar Germany*, p. 19.

③ John Gimbel, *Science Technology and Reparations*: *Exploitation and Plunder in Postwar Germany*, pp. 24 – 25.

④ FRUS, 1945, The Potsdam Con. vol. 1, pp. 510 – 511. The Representative on the Allied Commission for Reparations (Pauley) to the Secretary of State.

而刺激美国由战时经济转化为和平经济。他还要求各种机构公开发布他们已经完成的科学和技术情报成果、那些尚未完成因此需要进行新的调查的信息以及其他应该优先考虑的问题。华莱士说所有这些都需要杜鲁门总统做出指示：如何公布和分散从被解放国家和敌国获得的科学和技术信息。①

早在日本投降之前，杜鲁门总统就已经考虑美国从战争到和平的转型问题，他指示战争动员和复员局局长弗莱德·文森去重新审查可能公布的所有那些"已经由或者以后将由任何政府部门或机构资助的"科学和技术信息。为了协调各方面的关系，总统随后任命了一个负责发布科学信息的委员会。该委员会的职责是筛选可以公布的材料，更重要的工作是获取那些由英美联合情报分委会公布的有关美国商业和工业的报告。1945年8月25日，杜鲁门总统发布第9604号政府行政命令：公布和分发以前和以后的从敌国获得的某些科学和工业信息，范围包括所有有关科学、工业、技术程序、发明、工艺、设备以及在这之前和之后由本政府任何部门和机构获得的信息，而不管这些信息是在被解放国家还是在敌国发现的。②

从此，9604号命令成为在美国、欧洲与此相关的美国各种利益机构实施"智力赔偿"计划的指导性原则。为了确定执行总统指令的主要责任者，各种利益机构协调了彼此关系，按照军事目的和民用两个目的，分别由JCS和商务部以"国家安全"和"国家利益"的名义开展工作。按照地区划分则由这两个部门的下属机构负责：一个是在华盛顿的商业部的技术服务处（OTS）负责，处长是约翰·格林。另一个是在欧洲的对德军政府办公室，由其下属的战场情报技术机关（FIAT）负责，拉尔夫·奥斯本任主席。在华盛顿的技术服务处，通过它的各个分支机构和咨询团征召各种类型的合格技术人员，然后把他们送往欧洲"对有科学和工业价值的文件进行筛选、甄别、做检索目录、微缩成胶卷"，汇总交上来的报告，把对公众有价值的发现公之于众。而在欧洲的FIAT则负责为OTS派来的专家提供工作所需的住宿、设备、交通等服务。这表明从

---

① John Gimbel, *Science Technology and Reparations: Exploitation and Plunder in Postwar Germany*, p. 25.

② John Gimbel, *Science Technology and Reparations: Exploitation and Plunder in Postwar Germany*, p. 27.

此美国的"智力赔偿"计划已经有了指导性原则、组织机构和物质保障。

那些很了解德国科技人员情况的美国专家,急于将挑选出来的德国人送往美国,以利于技术的转移。格林应美国化学协会要求起草了一份建议书,他强调德国科学家对美国工业、商业利益的重要性。他举例说,法本公司在乙炔化学方面著名的化学家将促进美国化学工业的发展。① 12月4日,商务部长华莱士把格林的建议书送交总统,同时他也给总统写了一份备忘录。华莱士说为了提高我国的科学和工业水平,将杰出的德国科学家转移到我国是明智、符合逻辑的。苏联和英国已经转移了一些德国科学家,在最近几周从美占区转到其他占领区的迹象越来越明显。我们将不再能得到杰出的德国科学家,除非允许他们转移到美国。他们将愿意来美国,他们的知识和研究成果将被全面、自由地利用。最后,华莱士总结道:制定一项积极的计划,对智力赔偿是必不可少的。另外我们也能够从战后德国获得最实用、最持久的资产。②

与此同时,参议员肯尼斯·麦可拉向杜鲁门总统抱怨说,尽管在欧洲的科学和技术调查还在进行,尽管有一些科技人员为了军事目的已经来到了美国,但在工业方面他们还没有发挥作用。工业界是对德国科技人员最感兴趣并确保实现他们价值的领域。杜鲁门总统对参议员的回答也代表了他对华莱士备忘录的态度,他说把德国科学家和工业家转移到美国的工作正在努力进行,但我目前还不知道它能走多远,因为它还没有引起我的高度关注。③ 正如杜鲁门总统所承认的那样,"智力赔偿"计划还没有得到美国最高决策者的特别关注,该计划还需根据形势发展而进一步调整完善。

二、"智力赔偿"计划的内容与实施

"智力赔偿"计划是一项内容广泛、庞杂,由多个部门共同完成的综合计划。具体来说它包括了几项相互关联但又有着独立目标和内容的计

---

① John Gimbel, *Science Technology and Reparations*: *Exploitation and Plunder in Postwar Germany*, pp. 30 – 31.

② Truman Library, Momorandum, Secretary of Commerce (Henry Wallace) to Truman Dec. 4, 1945.

③ John Gimbel, *Science Technology and Reparations*: *Exploitation and Plunder in Postwar Germany*, p. 33.

划和项目。而且，这些计划和项目的内容和目标随着形势的发展而不断调整、完善。

(一)"曲别针"计划

"曲别针"计划起源于 JCS 批准的名为"覆盖计划"的高级秘密军事行动，最初的"覆盖计划"打算将德国 350 名火箭科学家和工程人员转移到美国来"加强我们对日作战的生产能力，另外帮助我们战后军事研究"①。因为它是一项高度机密的纯军事计划，所以没有受到民事方面的干扰，但该计划进行得并不顺利。

1945 年 5 月 15 日，盟军司令部在给陆军部的报告中要求陆军部明确指示：如何利用和安置那些作为纯军事情报不再有价值的德国科技人员，如何限制和控制未来德国科学和技术的研究，司令部要求给出必需的长期政策。②陆军部对此十分重视，专门成立了一个研究委员会。但由于国务院和财政部反对输入德国科学家和技术人员，这项工作拖延到 8 月份。9 月 13 日，JCS 根据基层的情报机关提供的研究报告打算采取临时措施：迅速获取和利用德国科学家，并要求 SWNCC 同意作为"暂时的权宜之计"，然后再发展成为"长期的"政府政策。尽管 JCS 强调德国科学家和技术人员拥有的知识对于美国军事和民用的巨大价值，一些政府机构也"极其希望"利用他们，并警告如不采取行动，最被美国看好的德国人将消失，美国将失去他们的专业知识。但是协调委员会并没有被打动，它不同意 JCS 的临时措施，认为它缺乏细节考虑。③

陆军部和海军部也都抱怨说，因为国务院还是不赞成将德国人转移到美国，使得"覆盖计划"难以实施。帕特森、福莱斯特、格林都给贝尔纳斯写信呼吁国务院转变态度。格林在信中主张，收集和发布德国科技知识只是一项更大"智力赔偿"计划的一个方面，这个计划必须包括输入德国科学家，其中一些人被讯问、一些人被利用、一些人被送回，

---

① John Gimbel, *Science Technology and Reparations: Exploitation and Plunder in Postwar Germany*, p. 37.

② John Gimbel, *Science Technology and Reparations: Exploitation and Plunder in Postwar Germany*, p. 18.

③ John Gimbel, *Science Technology and Reparations: Exploitation and Plunder in Postwar Germany*, p. 39.

一些人将"永久的获得"。① 从欧洲陆续发回的一些报告说,那些阻止输入德国科学家和高级技术人员的人们出于明显的担心:怕他们的专业地位受到威胁。一些报告警告说美国为了在德国达到非军事化目的,对德国研究和生产的限制将迫使德国专业人员到别的地方寻找工作机会。另一些报告则详细描述苏联运走了一船船的科学家、设备以及作为永久移民的家属。②国务院在多方压力下,态度开始发生转变。

在接下来的国务卿、陆军部长、海军部长的协调委员会上讨论 TIIC 提交的相关文件时,三位部长都同意"阻止"某些杰出的德国专业人员到其他国家。正如贝尔纳斯所说,带回大量的德国科学家将对我们有利,否则他们将被其他国家利用。一周之后,JCS 指示驻德国的占领军:阻止德国科学家和重要的技术人员离开美占区,允许不再讯问由苏联和法国拟订的要求立即进行讯问的名单上的人员,这些人员是 1,000 名左右的德国科学家和技术人员,名单还注明了每个人的技术专长、科技成果、家庭状况等。③ 协调委员会达成的协议和 JCS 的指示后来被称为"阻止计划",该计划主要内容是为了达到军事和民用的利用和开发目的,以有利于"国家利益"或"国家安全"的名义,将德国和奥地利杰出的科学家和技术人员转移到美国。④

到了 1946 年 3 月 4 日,SWNCC 发布的文件表明,"曲别针"计划开始成型,它首先吸收了"阻止计划"。另外规定由军方和政府双方共同负责该计划,分别是 JCS 和商业部。3 月 11 日,公布的一份由 JCS 起草、经商业部同意的报道表明,"曲别针"计划已经发展成一项更大的战后利用德国科学和技术的政策。该报道说我们应该"像吸尘器一样获取所有德国科学、技术的信息"。数百高级美国科技人员紧跟军队征服的脚步来到欧洲,在德国他们讯问了德国人,检查了各种记录、文件、设备、制造工厂。现在应该采取两项措施:1. 在德国继续检查工业机械、工

---

① John Gimbel, *Science Technology and Reparations: Exploitation and Plunder in Postwar Germany*, p. 40.

② John Gimbel, *Science Technology and Reparations: Exploitation and Plunder in Postwar Germany*, p. 40.

③ John Gimbel, *Science Technology and Reparations: Exploitation and Plunder in Postwar Germany*, p. 42.

④ John Gimbel, *Science Technology and Reparations: Exploitation and Plunder in Postwar Germany*, p. 42.

具、设备、物资等；2. 带最优秀的德国科学家和技术人员到美国，从而帮助发展新型武器以及为了民用目的，主要是为了美国工业而利用他们。①

"曲别针"计划虽然初步制定出来了，但开始时它实施得并不顺利，主要是占领军政府反对该计划。6月23日，约瑟夫·麦克纳尼将军向华盛顿汇报说，他刚刚同意德国人可以不受限制地在英占区和美占区之间走动，并说这项措施可能扩大到法占区和苏占区——克莱将军和占领军政府之所以这样做，是为了促进德国经济一体化——然而，这可能抵消了"阻止计划"所做出的努力。②7月15日，克莱将军发给麦克纳尼将军的电报更明确地表明占领军政府对"曲别针"计划的态度。克莱将军说转移行动引起了美占区德国官员的极大不安，它强化了广泛流行的说法：美国在德国不会带来工作机会，这使得我们打算确保具有民主思想的德国人去管理德国政府的努力成为不可能。德国官员一致地、强烈地反对转移行动。因此，转移行动对美国在德国声誉的影响怎么说也不算夸大。③负责占领区事务的助理国务卿约翰·海德瑞与贝尔纳斯商量后，在SWNCC会议上的讲话表明了国务院对军政府建议的态度。海德瑞说，目前行政程序已经严重阻碍了SWNCC所出台政策的完成，国务院赞同陆军部提出的建议：将1000名德国科学家和他们的家属置于军事保护之下，以后可能给予那些我们希望得到的人签证，允许他们入境。④

8月21日，JCS对原有的"曲别针"计划进行了更详细地修改。它规定将转移1000名经过挑选的德国和奥地利专业人员以及他们的家属到美国，这些人将被置于暂时的、有限的军事保护之下，直到被批准给予签证，或者被遣返回国完成之时为止。那些被允许进入美国的人将遵守特别的"工资和工作条件"合同。同时规定遣返那些"发现没有进一步利用价值的人，或者不能作为永久移民而被美国接受的人"。任何被发现"曾经是纳粹党成员或者积极支持纳粹主义或军国主义的人"将视为不

---

① John Gimbel, *Science Technology and Reparations: Exploitation and Plunder in Postwar Germany*, p. 43.

② John Gimbel, *Science Technology and Reparations: Exploitation and Plunder in Postwar Germany*, p. 47.

③ Jean Smith, *The Papers of General Lucius D. Clay: Germany 1945—1949*, pp. 233 - 235.

④ John Gimbel, *Science Technology and Reparations: Exploitation and Plunder in Postwar Germany*, p. 48.

合格。除了那些"在纳粹政权下，既没有地位也没有获得荣誉的，仅具有科学或者技术特长的专业人员之外，为了防止条文规定可能存在的漏洞，计划又补充规定：那些转移到美国的人员在到达之后还将"进一步被讯问和筛选"。① 9月3日，杜鲁门总统批准了该计划。据统计，从1945年5月到1952年12月，美国政府以"曲别针"计划的名义一共输入了642名外国专业人员，其中大部分是德国科技人员。②

（二）文件项目计划

1945年3月31日，盟军司令部创建了战场技术情报处（FIAT），属英、美联合情报目标分委会（CIOS）下设机构。7月14日，克莱将军发布了强化美国在FIAT中功能的指令。③ 该指令坚持美国在FIAT中的功能要置于美国直接控制之下，去"协调、综合、指导各种为检查、评估、开发德国科技而工作的美国使团和机构"④。1945年8月，杜鲁门总统发布的9604号行政命令规定，FIAT是负责完成该命令的欧洲地区的代理机构。为完成职责，FIAT集中于两项相互关联的项目：一个是记录和文件微缩项目；另一个是顾问和使团项目。

文件项目计划起源于战时的科学和工业情报工作，CIOS派出的各种调查小组对他们完成的报告经常采取微缩技术进行增补，微缩复制了各种公式、图表、蓝图、实验报告、研究报告以及其他能够提供诸如生产工序和生产技术细节的文件。到1946年1月，文件项目的工作程序制定出来了：FIAT派出特别侦察小组先对要调查的目标进行实地考察，然后再派出文件筛选和微缩小组，进行实地挑选、拍摄、制成胶片文件。负责文件筛选的工作人员通常要经过德语、科学和技术方面的训练，他们寻找那些高度机密等级的军事或者工业安全的文件、秘密的专利申请、文件的最初手写稿、美国所不知道的工艺、程序、技术等方面的文件。文件筛选和微缩小组有时对一个目标进行文件提取就要花费几周时间。

---

① John Gimbel, *Science Technology and Reparations: Exploitation and Plunder in Postwar Germany*, p. 49.

② Clarrence G. Lasby, *Project Paperclip: German Scientist and the Cold War*, p. 5.

③ John Gimbel, *Science Technology and Reparations: Exploitation and Plunder in Postwar Germany*, p. 60.

④ FIAT具体负责制定和完成的职责有：1. 收集技术信息；2. 指导所有与收集信息相关的使团和机构的工作；3. 控制和安置有利于FIAT主要目标的人员、文件、设备、设施。

两个月后，这项野心勃勃的工作难以按照原来的程序进行下去。① FIAT 最后总结道：要更现实地去限制文件项目，做法是选择大约 400 家公司和研究中心，由来自华盛顿的专家证明具有"进一步调查价值"的文件才能进入中心。②

尽管减少了文件数量，数量被限制在更实际的范围之内，文件项目还保留着进行第一道"科学清除"的功能，文件筛选和微缩小组分散在 400 家公司和研究中心工作。另外，为了完成这项浩大的工程，急需具有语言和技术才能的专业人员。格林发表公开声明：在德国"复杂和困难的"微缩文件项目已经开始了，他呼吁媒体帮助征召技术人员，他们将到德国筛选文件，监督、领导从事这项工作的德国工作人员。③ 同时，在欧洲的 FIAT 也进行征召工作。为了能够确保得到"足够的、合格的本地人员"，FIAT 甚至不惜违反非纳粹化的相关政策，挑选那些具有语言和技术才能的德国人。④

在文件项目计划已经进行了一年之后，OTS 发现收集来的信息数量已经达到这么多的程度，以至于难以及时地将可能有利于公众的信息公布出来。OTS 估计大约有 7000 份文件、数以百万页计的文件还没有被涉及。⑤ 从 1947 年 7 月，OTS 开始向那些有兴趣想查阅、评估文件的志愿者公开了它的微缩胶片记录和文件，向 625 个技术团体和贸易协会、大约 3000 家工业研究实验室、几百家大学提供了微缩胶卷记录和文件。⑥ 在一般情况下，当有机构或者个人表示他们想查阅文件时，OTS 先送给

---

① 先是在现场复制选择出来的文件记录，返回后制成胶片，然后编制出内容摘要和检索，完成后交给商务部的技术服务处准备予以公布。例如，对要调查的 67 家工厂，FIAT 预计有多于 30 亿页的文件需要筛选，需要 7 年的工作时间。其中大约 3300 万页的文件需要制成胶片，需要 4 年的时间。参见 John Gimbel, *Science Technology and Reparations*: *Exploitation and Plunder in Postwar Germany*, p. 63.

② John Gimbel, *Science Technology and Reparations*: *Exploitation and Plunder in Postwar Germany*, p. 63.

③ John Gimbel, *Science Technology and Reparations*: *Exploitation and Plunder in Postwar Germany*, p. 68.

④ John Gimbel, *Science Technology and Reparations*: *Exploitation and Plunder in Postwar Germany*, p. 69.

⑤ John Gimbel, *Science Technology and Reparations*: *Exploitation and Plunder in Postwar Germany*, p. 70.

⑥ John Gimbel, *Science Technology and Reparations*: *Exploitation and Plunder in Postwar Germany*, p. 70.

他们摘要卡片,通过摘要卡片来确定与他们想查阅的问题最符合的文件之后,OTS 将胶片送给他们。截止 1948 年 6 月 30 日,商务部结束了文件项目计划。但微缩胶片记录和文件还继续对所有那些能够确认他们所需或者是能够支付得起重新制作费用的人们开放。

(三)"科学顾问和技术使团"计划

"科学顾问和技术使团"计划主要是为实现"像吸尘器一样获得所有德国的技术和科学信息"的目的,而征召美国个人作为政府临时顾问、或者是特殊使团成员参加"智力赔偿"计划,从而为"智力赔偿"计划提供组织和人员保障。格林为了能够征召到大量、合格的技术人员呼吁所有重要报纸的编辑向 OTS 推荐技术人员和志愿者。另外,他还邀请私人公司提供他们打算从德国获取什么的信息。推荐谁能够作为个人科学顾问或者特殊使团的成员去德国;特殊使团是由商务部建议组建的,它代表了工业或者科学团体的利益与要求。格林给 FIAT 写信说,我们打算让顾问和使团计划在工业界被广泛了解。美国公司可以派它们的技术人员到德国做调查,费用由公司承担,调查结果要报告给商务部予以公开。①

格林的呼吁得到了新闻界的积极响应,如一个杂志附和道:"只要任何工业或者科学团体希望去调查德国工业的方法,山姆大叔都必须安排一个使团去德国。"② 到 1946 年 10 月,商务部报告说它派出了 200 多名民事人员在海外工作,有 600 多名技术调查人员已经完成了任务返回了美国,还有 190 多人按照商务部的要求在欧洲继续进行文件的筛选、微缩等工作,100 多人根据各种合同的规定还在进行调查工作。③ 据统计,从 1946 年到 1947 年中,商务部一共派出了数百个使团。它经常代表一个或者几个工业团体或者贸易协会。④ 据 1947 年 5 月《纽约时报》报道:在由经济问题主导的第 80 届国会即将闭幕之际,OTS 实施的开发德国计划,即"掠夺德国知识分子"的计划已经发展成了商业与政府的联

---

① John Gimbel, *Science Technology and Reparations: Exploitation and Plunder in Postwar German*, pp. 75–76.

② John Gimbel, *Science Technology and Reparations: Exploitation and Plunder in Postwar Germany*, p. 76.

③ John Gimbel, *The Origins of the Marshall Plan*, p. 147.

④ 例如,动画工业派出了一个使团去调查德国彩色胶卷的生产工序;纺织工业相继派出了两个使团去继续扩大战时纺织工业的调查成果。

合事业,"去帮助商务部挖掘文件;为了寻找法本公司的文件、专利和工厂,美国工业界已经派出了 600 名专家去德国"。①

"科学顾问和技术使团计划"按照它们与 OTS 签署的合同规定,在它们离开欧洲、返回美国之前要上交给 FIAT 一份研究报告。报告首先送到 JCS 下属的联合情报目标处和科学信息发布委员会进行安全鉴别,然后再送到商务部通过发行局将其公之于众。除了免费公开的信息外,商务部也出售很多科技信息。1947 年 3 月 26 日,《纽约时报》报道:商务部正以每份平均 3—4 美元的价格出售研究报告——再制作的实际费用——每周平均卖出 6000 美元,它已经出售了超过 40 万份的报告,总价值达 150 万美元。② 一年后,一篇发表在《美国科学》的文章说,许多描述生产程序、设备、公式、工厂布局以及其他技术数据的研究报告以不到 1 美元的价格出售了,美国公司和个人正以平均每天 1000 美元总额的速率购买它们。③ 美国各界对德国的科技信息很感兴趣,获得了大量廉价的科技信息、情报由此可见一斑。

三、"智力赔偿"计划探索的索赔新方式

战争赔偿是一个十分复杂的问题,它包括赔偿的范围、赔偿数额、支付方式、赔偿期限、分配赔偿的原则、比例等一系列问题。其中战争赔偿的支付方式和索赔方式是一个决定战败国能否顺利履行其赔偿义务、战胜国能否顺利得到其赔偿的关键性环节。从一战、二战后德国赔偿的支付、索赔方式来看,现金赔偿和实物赔偿的方式都存在着一些弊端。二战后,美国实施的"智力赔偿"计划则有效地突破了传统的支付与索赔方式的困境,探索出一条全新的支付、索赔途径。下面,先着重分析实物赔偿和现金支付方式带来的困境,以及它们产生的负面影响。

一是实物赔偿的困境。一战后,德国主要以实物赔偿和现金赔偿两种方式来支付其赔偿。从赔偿实践来看,这两种支付方式都存在很大的弊端。实物赔偿看起来应该是一种最简单、最有效的将德国产品直接转移到战胜国的支付方式。然而,在实际操作过程中,实物赔偿出现了意

---

① *The New York Times*, 26 May 1947.
② *The New York Times*, 26 May 1947.
③ John Gimbel, *Science Technology and Reparations: Exploitation and Plunder in Postwar Germany*, p. 96.

想不到的困境：首先，战胜国不愿意接受德国的实物赔偿。因为协约国与德国的工业发展水平大致相同，各国商品的结构、质量、价格相差不大，大量无偿涌入的德国赔偿产品冲击了战胜国的市场，以致英、法的工业家和工人都反对实物赔偿，他们认为实物赔偿就是一种换了名称的变相出口。① 因而，除了德国的煤炭、木材等几种实物赔偿外，在制定《杨格计划》时，英、法等国明确表示拒绝继续接受其他实物赔偿。

其次，实物赔偿的估价问题。由于德国与索赔国家的价格不同，同时也和世界市场的价格不同，使得德国与战胜国对于实物赔偿的估价相差很大。因此在双方的记账单上，已支付赔偿的数额出入很大。鲁尔危机发生前一周时，德国政府坚持说它已经支付了 420 亿马克的赔偿，而赔偿委员会的账目上记载的数字只有 100 亿马克，不受影响的非官方估计的赔偿数字是 260 亿马克。②

最后，赔偿拆迁带来巨大浪费。二战后，美国吸取一战后主要以现金赔偿为主，其结果是美国纳税人为德国支付了大部分赔偿的教训，极力主张二战后的赔偿将以实物赔偿为主。经过盟国间的多次协商，《雅尔塔协议》和《波茨坦协议》规定，德国赔偿主要有三种支付方式：拆迁赔偿、当前产品赔偿、劳役赔偿，其中拆迁赔偿成为二战后德国赔偿的主要支付方式。然而，拆迁赔偿造成了出人意料的巨大浪费，特别是在东占区。苏联曾经在其占区内进行了六次大规模拆迁行动，拆迁过程中出现了大量重要机器零件丢失、设备被损坏、包装不到位等情况。更困难的是，这些拆迁下来的机器、设备需要运回千里之外的苏联，再重新安装，才能进行生产。然而，苏联的交通系统在战争中已遭到严重破坏，运力不足。其结果就是大量拆迁下来的机器、设备被丢弃在铁路边，任其生锈变成一堆废铁。据盟国情报人士分析，苏联仅仅得到了从德国运出的赔偿物资的 1/3。正如哈特里奇评价的那样：这些损坏的物资对苏联来说是废物，但对德国经济来说则是永远失去的固定资产。③

二是现金赔偿的困境。现金赔偿带来的相关问题更加难以解决。一战后德国政府不愿意履行其赔偿义务，它没有通过提高税收，发行真正

---

① William C. Mcneil, *American Money and the Weimar Republic*, p. 102.
② ［德］卡尔·哈达赫：《二十世纪德国经济史》，杨绪译，北京：商务印书馆，1984 年版，第 27 页。
③ ［美］埃德温·哈特里奇：《第四帝国的崛起》，第 91 页。

的、非通货膨胀性的公债来减少居民收入在国民生产总值中所占的份额，而是采取了向私人银行大举借债的方式来支付赔偿。货币量增加导致价格上涨和实际收入相应降低，而一些有产者为了使自己的财产免于抽税或免于可能被没收以做赔款之用，大多将资本汇往国外，更加剧了马克的贬值。到1921年底，马克的价值只相当于战前价值的2%。① 1922年12月，德国政府在马克急剧贬值时，用18亿马克的外汇交付赔款。这引起法国政府的极大不满，法国认为德国政府通过人为的通货膨胀方式来逃避其赔偿义务，最终导致法、比出兵占领鲁尔。协约国出于本国急需建设资金的需要，大多愿意从德国直接获取现金赔偿。然而，德国为了积累赔偿资金就必须向其他国家出口工业品，以换取外汇和黄金，特别是利用马克价格低的优势，德国商品应该很容易打进外国市场。但协约国出于保护国内市场的需要，不愿意大量进口德国商品。德国赚取外汇、黄金来支付赔偿的最有效途径被堵住了。哈佛经济学家哈伯勒对此尖锐地指出："如果同一个国家既坚持要赔款，同时又以种种可能的方式限制进口，'为了改善贸易往来账'，'保护自己不受外国竞争的影响'，那么这种政策可以称之为虐待的政策。"② 协约国这种既要赔款又不愿意承担因赔偿而带来的贸易逆差的矛盾，直到《道威斯计划》实施之后才稍微得以缓解。

三是战争赔偿对战败国的影响。战争赔偿对于战败国来说，不仅是一项沉重的经济负担，而且阻碍其战后经济的正常发展。一战期间，德国经济遭到严重破坏，以致战争结束时，德国工农业生产只达到其战前的一半水平，德国从战前的债权国变为战后的债务国。《凡尔赛和约》又使德国失去了13%的领土、10%的人口、15%的耕地、75%的矿藏。此外，战后德国的大量资产或者贬值、或者被转让、或者被没收，估计资产损失至少有5000万马克，这些都极大地打击了德国经济。在这种情况下，根据伦敦协议，德国每年必须支付20亿马克的赔款。而战后德国进出口一直处于逆差，无法通过外贸盈余来积累支付赔偿所需的资金。德国政府采取大量借贷筹款的对策使得马克大幅贬值，德国中产阶级和上层工人大量破产，国家作为一个整体也陷入了穷困；有钱的德国人也不敢冒险进行长期投资，大量德国资金流向国外。

---

① 吴友法、黄正柏：《德国资本主义发展史》，第274页。
② ［德］卡尔·哈达赫：《二十世纪德国经济史》，第27页注释。

《道威斯计划》实施后，德国外贸逆差依然很大（1926年除外）。为了筹集支付赔偿的资金，德国政府不得不借贷了大量长期贷款和短期贷款。长期贷款大部分用于国内投资，如建筑业、购买原材料、机器设备等。德国的债务因此急剧增长，结果德国面临双重压力：还贷和支付赔偿。下列表格是1924—1928年，德国得到的外部贷款数额与同期所支付的战争赔偿数额。（单位：亿马克）①

年份	贷款的数额	支付赔偿的数额
1924年	10.02	2.81
1925年	13.00	10.57
1926年	16.93	11.91
1927年	15.09	15.84
1928年	3.38	4.13

从表格中列出的数字可以看出，《道威斯计划》实施期间，德国每年得到的贷款大部分用来支付赔偿。特别是从1927年开始，贷款与支付的赔偿相比在逐渐减少，积累资本的机会被极大地限制。德国政府筹集的税收、得到的贷款本应该用来增加至少是支撑国内生产，然而连年不断的赔偿义务向海浪一样冲击侵蚀着德国的经济基础，掏空了德国的财富，阻碍了资金的持续积累。德国生产制造工厂虽然得到了一些贷款，但大多是短期贷款。1929年之后，对德国的长期贷款实际上已经停止，1929—1932年平均每年仅为2.9亿马克，只相当于1924—1928年水平的20％。为了克服贷款减少带来的困难，德国不得不想方设法增加出口，通过赚取外汇来支付每年20亿马克的赔偿以及10亿马克的贷款利息。然而，德国为了支付赔款而增加出口却进一步加重了世界经济过剩危机，加剧了世界经济萧条。

战争赔偿在给战败国带来沉重经济压力的同时，战胜国对于自己索取到手的战争赔偿也不满意。一战后，协约国曾经想方设法尽可能多地索取战争赔偿。然而，协约国对于索取到的赔偿并不满意。例如，法国认为自己只得到了不多的实物和金钱，它对于英国没收德国商船很是嫉妒。而英国则认为它所没收的德国商船与德国新造的商船相比速度既慢，

---

① 本表格由笔者绘制，数据来源：Max Sering, *Germany Under the Dawes Plan*, p.159.

还要花费很多钱来维护；它认为法国得到了大量德国煤炭，占了大便宜。① 可见，协约国不仅对到手的赔偿不满意，还加剧了协约国内部的赔偿纷争。

二战后美国应该采取什么索赔方式，才能既避免传统的支付与索赔方式带来的困境，同时又能够满足美国的索赔要求，是很多对索取德国战争赔偿感兴趣的美国人应该思考的一个问题。《雅尔塔协议》和《波茨坦协议》规定，德国赔偿主要有三种形式：拆迁赔偿、当前产品赔偿、劳役赔偿。而美国对于上述三种赔偿方式都不太感兴趣。美国科技水平、工业生产水平整体上高于德国的水平，除了一些军工和尖端技术设备外，普通拆迁下来的德国生产设备对于美国来说没有多少吸引力。当前产品赔偿和劳役赔偿是苏联主张的两种赔偿形式，美国对此一直持反对意见。最终，通过"智力赔偿"计划，美国获取了自己最想得到的战争赔偿。不仅如此，令美国决策者没有想到的是，"智力赔偿"计划还探索出一条支付和索赔的新途径，突破了传统的支付与索赔方式带来的困境。

那么，"智力赔偿"支付和索赔的新途径是什么？或者换句话说，与传统的赔偿支付、索赔方式相比，"智力赔偿"方式有哪些优点？笔者认为，它至少有以下几个好处。首先，"智力赔偿"对于德国经济造成的损失不明显。"智力赔偿"计划索赔的对象是科学、技术、信息、专利、技术人员等无形资产。这些资产的损失对于德国经济来说，长期的负面影响可能大一些，但短期内的负面影响并不突出。普通的德国民众在日常生产、生活中对"智力赔偿"的后果感受不会很明显，不会发生一战后战争赔偿严重影响德国民众日常生产和生活的情况。② 因为"智力赔偿"不会直接导致他们生活水平急剧下降、货币贬值、税收负担加重等情况的出现。同时，因为"智力赔偿"计划索赔的对象是无形资产，不存在实物赔偿和现金赔偿经常出现的赔偿转移、价值评估、冲击索赔国市场、导致战败国通货膨胀、影响战胜国贸易平

---

① Henry Morgenthau, *Germany is our Problem*, p. 77.
② 《巴黎和约》规定，在德国赔偿总额确定之前，德国先以黄金、有价证券及实物偿付200亿马克。在和约规定的德国必须交出的实物清单中，包括许多与德国普通民众密切相关的生产、生活物资。例如，在交付法国的实物清单中，有500匹种马、3万匹小雌马和母马、5000头公牛、9万头奶牛、1000只公羊、10万只绵羊和1万只山羊。参见［美］C.E. 布莱克、E.C. 赫尔姆赖克：《二十世纪欧洲史》（上），第134页。

衡等一系列问题，从而基本避免了实物赔偿、现金赔偿而导致的后续矛盾。

其次，"智力赔偿"不仅满足了美国的索赔要求，而且也有利于美国战后科技水平的提高，促进其经济发展。二战期间，美国政府没有像一战那样宣布放弃索取德国战争赔偿的权利。那么，美国通过什么方式获取它最感兴趣、最希望得到的战争赔偿就成为很多美国人关注的问题。在多方参与下，美国实施了"智力赔偿"计划。该计划不仅使美国得到了大量无偿但价值连城的科技情报、信息、专利等无形资产，美国通过该计划还网罗了大批优秀的德国科技人员，这些科技精英的价值更是无法用数字来估算，他们与二战期间到美国避难的各国科学家一起，奠定了战后美国科学、技术的霸主地位。[①]"智力赔偿"计划对美国战后经济发展所起的促进作用的事例更是不胜枚举。这里只举一个简单的例子来说明，1973年发生石油危机之后，得克萨斯的A&M大学所属的能源和矿产资源中心，立刻找到了战后制作的有关德国合成燃料的微缩胶片文件，寻找到了有价值的技术信息。"智力赔偿"计划产生的深远影响力由此可以略见一斑。

总之，"智力赔偿"计划为战胜国处理战争赔偿问题探索出一条全新的、可资借鉴的、同时也是比较成功的支付与索赔方式。这种支付和索赔方式达到了既惩罚侵略者，但不破坏其国民经济健康发展，同时又满足了战胜国索赔要求的多重目的。使得"智力赔偿"计划掩人耳目、悄无声息地得以顺利完成。与苏联在东占区大张旗鼓进行的大规模赔偿拆迁政策相比，"智力赔偿"计划无疑更加有效率与高明。最后笔者认为，"智力赔偿"对世界经济也不会产生什么负面影响，而且可能更有利于打破科技垄断，推动科技的扩散、传播，从而促进全世界科技、经济的整体均衡发展。因而可以说，"智力赔偿"计划探索出了一条全新的支付与索赔途径，尽管当时的美国决策者很可能并没有意识到它的积极意义。

---

① 李工真教授在《文化的流亡——纳粹时代欧洲知识难民研究》一书中，曾对20世纪30—40年代逃离纳粹统治的原德国、奥地利以及捷克斯洛伐克等中欧地区的科学家、律师、医生、记者、工程师、音乐家、作家、艺术家等欧洲"知识难民"流亡到世界各个国家的情况进行过专门研究。其中，对包括逃亡到美国的德国科学家在内的"知识难民"对美国科学技术的贡献进行了比较详细的论述与分析。参见李工真：《文化的流亡——纳粹时代欧洲知识难民研究》，北京：人民出版社，2010年版，第285—335页。

1955 年 5 月，联邦德国政府宣布放弃它对于"智力赔偿"损失以及其他资产损失可能进行的索赔要求。① 其实，德国在"智力赔偿"计划中并不是一无所获，在很大程度上，西占区德国正是因为该计划而十分顺利地被美国允许参加《马歇尔计划》，这也算是美国对西占区德国的一种补偿与奖励吧。

第四节　美国索赔政策与冷战的爆发

莫斯科外长会议期间，德国赔偿问题再度成为美、苏双方争论的焦点。会议的失败宣告东、西方最后一次可能合作的希望破灭了。会议的失败早在美国决策层的意料之中，因为此时他们正在酝酿历史上最大的对外援助计划——《欧洲复兴计划》，即《马歇尔计划》。德国战争赔偿问题是计划出台的主要原因之一，该计划既成功地解决了德国赔偿问题，又将西占区德国纳入了美国主导的西方阵营。但该计划的实施进一步加剧了美苏之间的对抗，为冷战的爆发奠定了经济基础。

一、莫斯科外长会议期间的德国赔偿问题

自从美、英双占区合并以来，德国各个占领区都笼罩在一种不确定的气氛之中。德国已经明显地被分裂了，而占领各国对此又都没有明确的政策来说明这种状况是令人满意的。因此，1947 年 3 月 10 日—4 月 24 日的莫斯科外长会议就成为东西方相互试探政策的风向标。国务院为参加莫斯科外长会议做了许多准备工作，其政策意图主要体现在《国务院

---

① 二战后，德国人评估他们"智力赔偿"损失的主要依据是《哈姆森报告》。该报告由不莱梅州的经济部长古斯塔·哈姆森撰写，专门评估盟国占领军从德国获取的"智力赔偿"价值。据哈姆森估算，占领军从德国获取的专利、工业情报以及类似资产价值大约有 50 亿美元。美国至少获取了其中的一半。美国一些与"智力赔偿"计划有关的人员对其价值进行了大致的评估。一位杂志社的作者将"智力赔偿"称之为"有史以来世界上最大规模的财富搜寻"，他估计美国已经从德国获得了不少于 20 亿美元的隐性的、无法估算的科学发明。另一位不知名的作者则宣称，"智力赔偿"计划为美国政府和工业界至少节省了 50 亿美元的费用。约翰·金贝尔对此分析道：如果这位作者的估计可以接受，如果将英国获得的与美国大致相等的"智力赔偿"价值加在一起，那么莫洛托夫在莫斯科外长会议期间宣称，西方从德国获得了不少于 100 亿美元的专利赔偿竟然是比较接近的数字。参见 John Gimbel, *Science Technology and Reparations: Exploitation and Plunder in Postwar Germany*, p. IX. p. 152。

关于莫斯科会议的概要——1947年》（以下简称《概要》）①之中。与此同时，国务院还要求占领军政府提出它的观点，征求军政府对《概要》的意见。巴克尔在其著作《分裂德国的决定》一书中详细分析了国务院的《概要》以及占领军政府针对《概要》提出的建议，他认为有关德国一系列问题的处理最终都取决于两个主要问题的解决：一是德国的统一；二是赔偿问题的解决。②正如巴克尔所料，这两个问题是外长会议上美国与苏联争论最激烈的问题，也正是就这两个问题产生的分歧与矛盾最终导致了莫斯科会议的失败。

3月22日，会议开始讨论最难解决的德国统一问题以及赔偿问题。关于德国统一问题，西方代表提出在德国实行联邦制的建议。而莫洛托夫却主张实行中央集权制。至于赔偿问题，正如国务院事先所预料的那样：为了解决当前产品赔偿问题，苏联将要求提高《工业水平计划》的标准，以此作为苏联政府承认德国经济统一的交换条件。③莫洛托夫在会议上公开阐述了苏联的赔偿政策。他坚持说波茨坦协议并没有排除当前产品赔偿，德国工业必须达到这样一个水平：能确保它的内部所需、支付得起进口以及赔偿。"如果我们大家一致认为实现德国经济统一不仅不与缴付赔偿相抵触，而且一定要把解决赔偿问题包括在内，那么关于其他问题就不难达成协定了。主要点是在于我们解决德国经济统一问题时应该同时解决赔偿问题。"④

很显然，苏联把当前产品赔偿的要求与它接受德国经济统一、提高《工业水平计划》都联系起来了。关于是否满足苏联对于当前产品赔偿的要求就成为美国代表团内部争论最激烈的问题，许多代表认为苏联的

---

① 该文件提出了有关建立临时的德国政府以及在德国建立州政府的计划、波兰与德国边界的建议、德国边界问题的建议、美国起草的有关德国非军事化非武装化的条约、视德国为一个经济整体、赔偿问题、煤炭生产等一系列问题的计划、主张；并对英、法、苏三国可能采取的政策进行了预测。参见 FRUS, 1947, Vol. 2, pp. 201 – 223. Policy Papers Prepared by the Department of State.

② John H. Backer, *The Decision to Divide Germany*: *American Foreign Policy in Transition*, p. 158.

③ FRUS, 1947, Vol. 2, p. 218. Policy Papers Prepared by the Department of State.

④ FRUS, 1947, Vol. 2, pp. 263 – 265. The Secretary of State to the President and Acting Secretary of State. 另参见［美］莫洛托夫：《对外政策问题：1945年4月—1948年11月时期中的演说和声明》，第335页。

这一要求可以被当作双方讨价还价的基础。① 然而，新近担任国务卿一职的马歇尔将军并不打算轻易地在当前产品赔偿问题上妥协。他说苏联的当前产品赔偿要求是"一匹马出售了两次"，② 即用当前产品赔偿这匹马来做两次交易：一次是德国经济统一；一次是提高《工业水平计划》。莫洛托夫对于马歇尔的这个说法很是恼火，他说："我们苏联代表并不是用商人资格，不是用商人态度看待赔偿问题。但我们不愿有某些商人把我们的马拿去贱价买给某某人，并且是不经我们同意拿去买给某某人。"③

针对苏联的上述观点，马歇尔在由他主持的3月31日的会议上提出了四点建议：1. 视德国为一个经济整体；2. 维持基本生活水准之上的共同的进口、出口平衡计划；3. 提高《工业水平计划》的相关标准，以使德国生产工厂更能满足欧洲的需求；4. 为了达到上一点需求，尽快解决赔偿问题。最后，马歇尔总结道：美国意识到它在欧洲的责任将持续下去，我们更关注切实的建设，而不是匆忙的建设。④ 关于当前产品赔偿问题，在同一天马歇尔发给总统的电报中，专门阐述了代表团的观点。马歇尔向总统解释说，他提出只有在满足下述条件时，美国才可能考虑当前产品赔偿问题：一是当前产品赔偿不能靠着增加各占领国的资助来实现，而应该来源于德国出口盈余；二是只有当德国确实建立起了经济、政治统一体时才可能考虑；三是美国不同意现在就制定明确的当前产品赔偿计划，只同意研究相关问题。⑤

第二天，杜鲁门给马歇尔发来电报，总统对当前产品问题给出了几点指示：1. 当前产品赔偿不能影响出口，出口所得外汇应用于进口德国复兴所需物资的支出；2. 当前产品赔偿不能影响其他国家所必需的煤炭或者原材料的需求，以及德国基本经济所需；3. 苏联已经从它的占领区和西占区获得了大量赔偿，而其他盟国只得到了很少的赔偿。因此，苏

---

① 例如，美国代表乔治·雅各布在致华盛顿的电报中写道：很明显，苏联对于赔偿的要求如果得到满足，那么他们将准备像我国代表团一样同意德国经济统一。参见 Carolyn W. Eisenberg, *Drawing the Line: The American Decision to Divide Germany, 1944—1949*. p. 300。

② [苏] 莫洛托夫：《对外政策问题：1945年4月—1948年11月时期中的演说和声明》，第351页。

③ [苏] 莫洛托夫：《对外政策问题：1945年4月—1948年11月时期中的演说和声明》，第351页。

④ FRUS, 1947, Vol. 2, pp. 299 – 301. The Secretary of State to the Acting Secretary of State.

⑤ FRUS, 1947, Vol. 2, pp. 298 – 299. The Secretary of State to the Acting Secretary of State.

联再要求从当前产品中获得赔偿是不合适的。杜鲁门总统强调说他认为这几点原则是公正、合理的。最后,他要求马歇尔将军随时汇报会议有关当前产品赔偿的各种值得美国政府考虑的观点。① 杜鲁门总统的电报表明,他的态度比马歇尔将军还要强硬,因为前两点建议主要是针对IARA 的当前产品赔偿问题,苏联的当前产品赔偿要求已经被他否定了。

当天晚上,马歇尔与莫洛托夫进行了会谈,马歇尔明确指出,《波茨坦协议》与《工业水平计划》都没有规定实行当前产品赔偿。如果苏联坚持用这种方式要求得到超出《波茨坦协议》所规定的赔偿数量,美国不会同意。大幅度提高德国工业水平不可避免地将减少用于赔偿拆迁的工厂数量,如果苏联代表满脑子在想为减少的赔偿而获得补偿的话,美国代表团不能承诺让专家去研究该问题。莫洛托夫则坚持认为当前产品赔偿并没有违反波茨坦协议;也不认为提高德国的生产水平就意味着减少赔偿拆迁的数量。② 美、苏的态度表明,双方就当前产品赔偿问题陷入了僵局。"一旦美国决定在当前赔偿问题上不做出任何妥协,那么达成四方协议的前景也就不存在了。"卡洛琳·爱森伯格如此评价美、苏因当前产品赔偿问题的矛盾而产生的严重后果。③ 因此,这也就很容易解释在接下来的几次会议上,四国外长为何几乎就任何问题都难以取得一致的意见。为了打破僵局,马歇尔抱着最后一线希望拜会了斯大林。

4月15日,马歇尔在克里姆林宫会见了斯大林。马歇尔首先向斯大林解释了美国反对成立德国中央集权政府的原因,然后解释了美英占领区合并的问题。马歇尔又提到了当天下午会议出现的僵局,他说他与美国政府都真诚希望达成经济统一和四国和约。马歇尔总结道:美、苏之间应该重建战时合作的基础。斯大林说他像美、英一样赞同经济统一,但如果没有政治统一,要建立德国政府是不现实的。至于赔偿问题,苏联获取赔偿的权利被拒绝了,苏联其实只得到了区区20亿美元的赔偿。斯大林最后说,他认为外长会议不那么可悲,他比马歇尔先生乐观多了。当人们争吵得精疲力竭时,就会认识到妥协是必要的。会议可能没有取

---

① FRUS, 1947, Vol. 2, pp. 301 – 303. The President Truman tio the Secretary of State at Moscow, April 1, 1947.

② FRUS, 1947, Vol. 2, pp. 303 – 304. The Secretary of State to the Acting Secretary of State. April 1, 1947.

③ Carolyn W. Eisenberg, *Drawing the Line*: *The American Decision to Divide Germany*, *1944—1949*, p. 301.

得巨大成功，但人们不应为此而沮丧。对所有问题做出妥协都是可能的，包括非军事化、德国政治结构、经济统一、赔偿问题。因此，保持耐心是必要的。①

然而，斯大林的乐观态度非但没有感染马歇尔将军，而且还令后者感到十分失望。因为马歇尔据此判断斯大林欢迎欧洲的经济混乱，从而可以在那里推进共产主义。② 与斯大林的会谈进一步坚定了马歇尔将军另做打算的决心。莫斯科外长会议的失败标志着东西方之间最后一次可能进行合作的希望彻底地破灭了。当马歇尔离开莫斯科时确信，"美、苏即将在欧洲展开激烈较量。很明显，苏联人希望在政治上从对德政策僵局和欧洲日益恶化的经济、政治形势中得到好处。这种看法点燃了马歇尔制定一个长远计划的想法，他决定找到一个解决德国问题和欧洲复兴的新途径"。③ 马歇尔将军一行返美途中在柏林做了短暂停留，马歇尔、波伦、克莱将军、墨菲在机场进行了一个小时的会谈。马歇尔指示克莱将军努力加强与罗伯特森将军的合作，继续强化双占区的组织机构；为了实现双占区的自我维持，适当提高双占区的工业水平的标准。马歇尔还预计，德国几年之内不可能出现更广泛的经济统一。④

随后，艾奇逊、克莱顿、SWNNC、国务院新成立的政策规划研究室（PPS）等机构和个人相继提出了各自的备忘录、报告。约翰·金贝尔在其著作《马歇尔计划的起源》一书中，逐一地、详细地分析了这些备忘录和报告。最终，他得出了一个结论：这些备忘录和报告提出的观点、主张虽然各不相同，但它们都赞同两点：1. 美国应该援助欧洲复兴；2. 德国复兴是欧洲复兴的前提条件之一。⑤ 美国决策层已经就援助欧洲、复兴德国达成了共识，下一步就是寻找实现政策目标的有效途径了。

二、《马歇尔计划》的出台与冷战的爆发

关于冷战的起源问题一直是国内外史学界研究的热点，围绕它的争论至今没有停止，是一个历久弥新的课题。西方学术界、苏联学术界、

---

① FRUS, 1947, Vol. 2, pp. 337 – 344. Memorandum of Conversation, Moscow.
② Charles Maier, *The Marshall Plan and Germany: West German Development within the Framework of the European Recovery Program*, p. 49.
③ Stanley Hoffmann & Charles Maier, *The Marshall Plan: A Retrospective*, p. 3.
④ Lucius D Clay, *Decision in Germany*, p. 174.
⑤ John Gimbel, *The Origins of the Marshall Plan*, pp. 8 – 15.

中国学术界对此都分别提出了各自的观点，彼此分歧却很大，对若干问题也没有达成共识。

西方学术界从上个世纪50年代起就开始研究冷战了。以美国学术界为代表，其观点随着时代的发展而呈现出阶段性特点，形成了几种各执一词的学派。50—60年代初被称为传统学派；60—70年代被称为修正主义学派；80年代则被称为后修正学派；90年代冷战结束后，又兴起了国际派。传统学派将挑起冷战的责任基本归咎于苏联，认为苏联在东欧的行为，如波兰问题、匈牙利问题、苏联以拆迁赔偿的方式野蛮地掠夺德国东占区等使得冷战不可避免。60—70年代出现的修正主义学派受美国越战失败的影响，大多认为是美国最先挑起了冷战，苏联是被迫应战，因而主要责任在于美国。后修正主义学派则试图跳出上述两种非此即彼的观点束缚，重视国际关系、国际政治理论，着重讨论政策的互动性。冷战结束后出现的国际派也被称为冷战史新研究学派，其出现的主要原因是原共产主义阵营学者的加盟和来自"对方"的档案文献开始开放，使得对冷战研究日趋多元化和国际化。

苏联学术界对冷战起源研究的观点长期始终如一，即美国是挑起冷战的罪魁祸首，而苏联是冷战的受害者。苏联解体后，俄罗斯史学界普遍认为，美、苏两国对冷战的爆发都负有一定的责任。中国史学界从90年代开始重视冷战起源研究，其观点可划分为三种：一是从美、苏两大国身上寻找原因；二是多种因素论，即冷战是多种因素相互作用的产物；三是他国论，认为英国在冷战起源中起了重要的引导作用。

综上所述，美、苏、中各国学者对冷战起源都进行了比较详细的研究，提出了各自的观点。因为各国学者的立场不同、视角差异、档案解密程度不一等原因，有关冷战起源的争论持续至今，但各国学者都认识到德国特别是德国战争赔偿问题在冷战起源过程中曾发挥了重要作用，加速了冷战的爆发。下面，将着重分析德国赔偿问题与《马歇尔计划》出台的关系，进而分析与冷战爆发的关系。

如上文所示，美国决策者对莫斯科会议期间美、苏因德国战争赔偿问题而陷入僵局并没有感到太多的沮丧。因为此时一个拥有更广泛战略目标、试图一劳永逸地解决包括战争赔偿在内的德国问题乃至整个欧洲问题的计划已经酝酿成熟。1947年3月12日，杜鲁门总统在国会发表了后来被称为冷战宣言书的国情咨文，标志着杜鲁门主义的出笼。

随后，艾奇逊等政府官员、一些国会议员、政论家李普曼等人都要求"立刻看到完整的计划全景"。① 他们要求的是一项能够满足世界重建需要的全面援助计划，特别是援助法国、意大利这样共产党势力强大的国家，从而来稳定其经济混乱和政治动荡的局面，挽救处于风雨飘摇之中的欧洲资本主义制度。其实，从战争结束到1947年初，美国以紧急贷款、补助、剩余商品出售等形式已经为欧洲提供了90多亿美元的援助。② 然而，这种零打碎敲式的援助并没有达到预期目的，欧洲国家很快就花光了贷款，又陷入黄金和美元储备枯竭。美国意识到他们低估了战争对西欧国家的破坏程度，过高估计了西欧经济自我恢复的能力，决策者开始酝酿一项重大战略决策。

艾奇逊在国务院机构中设立了一个特殊的对外援助委员会，其任务是确定其他需要美国援助的国家名单，美国援助这些国家应该达到的目的，可行的财政、技术、军事援助计划，美国的国家安全，美国国内资源，以及援助可能失败带来的后果等。③ 4月21日，该委员会提交了一份"匆忙的"报告。报告建议美国应该提出一项"考虑周全、全面的世界性计划"，从而使美国能够在促进国家利益的情况下，采取主动的、具有预见性和预防性的行动。④ 该报告成为日后美国对外援助的原则性文件。马歇尔回国后做了电台广播报告，他向美国人民声称，一次意欲达成国际谅解的特别尝试已告失败，病人已经奄奄一息，医生们还在犹豫不决。所以他认为不能拖到最后关头达成谅解时才采取行动。⑤ 第二天，马歇尔在给乔治·凯南的口头指示时说，他打算采取主动，不想等着国会来敲他的头。马歇尔说我们身边的世界即将崩溃，国会将很快要求采取行动，那时它会弄出很多不现实的想法来束缚国务院的手脚，政府将

---

① FRUS, 1947, Vol. 3, pp. 199-200. Memorandum by Mr. Sherman S. Sheppard of the Bureau of the Budget to the Director of the Bureau (Webb).

② 其中给英国贷款37.5亿美元，给法国6亿美元贷款，通过陆军部的"占领区政府援助与救济"向德国提供8.4亿美元援助。此外，还向意大利、奥地利、东欧等国提供了大量贷款。参见Charles S. Maier, *The Marshall Plan and Germany: West German Development within the Framework of the European Recovery Program*, New York, 1991, p. 9.

③ FRUS, 1947, Vol. 3, pp. 197-198. The Acting Secretary of State to the Secretary of War (Patterson).

④ FRUS, 1947, Vol. 3, pp. 199-200. Memorandum by Mr. Sherman S. Sheppard of the Bureau of the Budget to the Director of the Bureau (Webb).

⑤ FRUS, 1947, Vol. 3, p. 219. Editorial Note.

很被动。他要求凯南提交一份分析欧洲重建问题以及应该采取的相应措施的文件。凯南询问马歇尔是否还有其他指示，国务卿回答说，避免琐事。①

5月15日，PPS举行会议，专家一致同意必须用美国的资源去支援欧洲支离破碎的经济。他们认为：问题最大最严重的是西欧，最紧急的地区是法国、意大利、德国和奥地利的各占领区以及英国，必须暂时从经济问题着手解决政治问题。由于煤在西欧非常重要，我们应该研究这一问题，看看美国是否能立即在欧洲扩大煤的生产。专家们还提出了"尽快恢复莱茵盆地煤的生产，让德国加入欧洲复兴计划"的建议。② 5月23日，凯南汇报了这些结论。他强调"在设计外交政策时，最重要也是最迫切的问题是西欧恢复希望和信心，在那个地区及早复兴经济"。报告建议欧洲复兴分两个阶段：短期计划，即尽快稳定民心的解决办法；长期计划，即欧洲经济总体复兴问题。另外，报告还暂时拟定了美国援助的两个原则：1. 西欧应有一个内部经济合作计划；2. 援助的进度表应是一项总计划的一部分，该总计划要考虑到四或五年之后欧洲就无需再依赖外部的援助。备忘录还提出，为避免共产党的干扰，凡申请援助的欧洲国家应保证美援不被滥用或被共产党破坏。研究人员鼓励德国和奥地利的西方国家占领区应该制定各项政策使这些占领区能对西欧经济建设做出贡献。③ 从几天后马歇尔的演讲可以看出，PPS的报告，特别是它提出的援助原则，构成了马歇尔演讲内容的基本框架。

5月27日，刚从日内瓦经济会议回国的副国务卿克莱顿，④ 交给艾奇逊一份题为《欧洲经济危机》的备忘录。⑤ 在备忘录中，克莱顿把欧

---

① John Gimbel, *The Origins of the Marshall Plan*, p. 186.

② FRUS, 1947, Vol. 3, pp. 220 – 223. Memorandum by the Director of the Policy Planning Staff (Kennan).

③ FRUS, 1947, Vol. 3, pp. 223 – 226. The Director of the Policy Planning Staff (Kennan) to the under Secretary of State (Acheson).

④ 克莱顿作为驻日内瓦国际贸易组织的美国代表正参加关税同盟的谈判，同时他也是美国对欧洲经济委员会的代表。因工作所需，克莱顿在1947年初收集了大量有关欧洲经济和财政状况的第一手资料。3月5日，克莱顿曾经向国务院提出了一份备忘录。Clayton, Memorandum, March 5, 1947, Truman Library. 5月27日，他又提出了一份报告。《纽约时报》甚至称"克莱顿就是马歇尔计划"。*The New York Times*, October 24, 1947. 因此，克莱顿有时被称为《马歇尔计划》之父。参见 John Gimbel, *The Origins of the Marshall Plan*, p. 9.

⑤ FRUS, 1947, Vol. 3, pp. 230 – 232. Memorandum by the under Secretary of State for Economic Affairs (Clayton).

洲经济的混乱描绘得很严重。他预言"假如再降低生活水准,就会发生革命。……假如没有援助,经济的、社会的和政治的瓦解就会随之发生"。在第二天的会议上,克莱顿着重讲述了令人震惊的欧洲加速瓦解的情况及其对美国经济的实际影响。克莱顿备忘录的另一个亮点在于:它强调《西欧复兴计划》可以不需要东欧的参与。凯南当即表示他支持该观点,凯南说我们的计划可以采用这种方式假装不排除东欧,但让它们自己排除自己。因为加入的条件将是他们难以接受的:放弃东欧国家间的贸易以及苏联对它们经济的影响。后来凯南回忆道:我们自己不能划一条分裂欧洲的线,但预计苏联势力范围之内的国家几乎都不能加入其中。① 可见,美国并不真心希望苏、东参加,已经打算将其排斥在计划之外,只是它不想承担分裂欧洲的责任而已。

　　在这之后,马歇尔又与杜鲁门总统、政府官员以及国会议员们进行了充分的讨论,然后马歇尔指示他的特别助理查尔斯·寇因起草演讲稿。因而,正如历史学教授查尔斯·梅尔所说:"大规模不间断援助西欧的念头并不是一下子从某一位决策者的脑子里蹦出来的,它是集体智慧的结晶。"②

　　6月4日演说文本通过国务院发给了新闻界。③ 6月5日,马歇尔将军在哈佛大学的毕业典礼上发表了题为《援助欧洲复兴方案》的演讲。从马歇尔将军演讲的内容来看,他并没有提出什么新的见解,而是由凯南备忘录、克莱顿备忘录以及艾奇逊5月8日演讲拼凑而成。马歇尔将军的演讲不到15分钟,美国的各大报纸对演讲也没表现出多大的兴趣。马歇尔将军这样做是想避免美国公众的批评:美国将欧洲任何可能失败的重担都揽到美国人身上了。④

　　在马歇尔演讲前一天,艾奇逊约见了三名英国记者,事先告知马歇尔的演讲很重要,他们应该将演讲文本尽快送到外交大臣贝文那里。⑤

---

① Thomas G. Paterson, *Soviet—American Confrontation: Postwar Reconstruction and the Origins of the Cold War*, p. 212.

② Stanley Hoffmann & Charles Maier, *The Marshall Plan: A Retrospective*, p. xi.

③ FRUS, 1947, Vol. 3, pp. 237 – 239. Press Release Issued by the Department of State, June 4, 1947.

④ Thomas G. Paterson, *Soviet—American Confrontation: Postwar Reconstruction and the Origins of the Cold War*, p. 213.

⑤ Thomas G. Paterson, *Soviet—American Confrontation: Postwar Reconstruction and the Origins of the Cold War*, p. 213.

与此同时，国务院深感及早了解英国对于该计划有关各项问题的重要性，派克莱顿到伦敦与英国内阁成员会谈。贝文强调英国的特殊性，又提到苏联是否参加的问题。克莱顿说苏联不参加也没关系，美国还将继续支持英国与其他国家提出计划。① 随后，英、法在美国的授意下，在巴黎召开的有关欧洲国家商讨接受美国援助的会议上排斥了苏联和东欧集团。因为它们邀请苏联参加会议主要有两个目的：1. 将苏东退出《欧洲复兴计划》的责任推到苏联身上。当获悉巴黎外长会议失败的消息后，马歇尔立即给美国驻法国大使卡弗里发电，让大使转达他个人对英、法两国外长的问候，他说："我完全理解你们在与苏联政府谈判时付出的耐心和努力，至少我们清楚地知道了苏联对这些问题的态度，在为其他国家制定复兴计划时，就可以排除苏联继续作为一个不确定因素的干扰。"② 2. 分化苏东集团。法国外长乔吉斯·皮杜尔在与美国驻法大使卡弗里谈话时说道：莫洛托夫明显地不希望这件事成功。但与此同时，它饥饿的卫星国正伸长脖子渴望得到美国的贷款，莫洛托夫明显处于两难的困境之中。③

《马歇尔计划》出台后，美国开始着手制定新的对德政策、新的赔偿政策。美国主要采取了两个步骤：一是向驻德国军政府发布了JCS1779#指令。7月17日，JCS向美国占领军政府发布编号为1779#的新指令，替代了原来的JCS1067#指令。新指令强调要有利于德国的利益，美国不打算永久地限制德国经济能力。指令宣称，一个公正持久的和平符合美国的根本利益，这要求德国保持稳定高效的生产，从而做出经济上的贡献。美国建议确保德国"在牢固的经济基础之上，实现一个政治形式以及政治生活的方式。这将促进德国内部和谐，也促进德国内部和

---

① 在6月24日开始的会谈中，克莱顿说美国在采取措施之前必须得到下列情报：1. 为什么欧洲恢复得那么慢；2. 欧洲能做些什么来解决自己的问题；3. 如美国给予最低限度的援助，欧洲要多久才能自己站起来。他解释了要说服美国人民接受欧洲复兴计划的困难之处：国会要知道欧洲国家多久可以自己站起来，国会还希望看到更加紧密地联合在一起的欧洲经济。参见 FRUS, 1947, Vol. 3, pp. 268 – 273. Memorandum of Conversation, by the First Secretary of Embassy in the United Kingdom (Peterson). London, June 24, 1947.

② FRUS, 1947, Vol. 3, p. 308. The Secretary of State to the Embassy in France. July 3.

③ FRUS, 1947, Vol. 3, p. 301. The Ambassador in France (Caffery) to the Secretary of State. June 29.

平精神的生成"①。总之,新指令与原来的指令相比,基调完全不同。它彻底清除了 JCS1067#指令中惩罚、改造的要求,主张的是扶植、复兴德国的原则。

二是提出了美英双占区《新工业水平计划》。莫斯科会议期间,为解决双占区出现的问题,马歇尔曾与贝文达成协议。② 英、美达成协议一方面顺利地解决了英、美之间有关双占区的一系列主要问题。另一方面,为日后的《马歇尔计划》提供了一定的基础。8 月 29 日,《修正的英—美占领区工业水平计划》正式出台。在序言中首先解释说,实践证明有必要对 1946 年 3 月发布的《工业水平计划》进行修正,因为该计划中一些特定的假设无法完成。考虑到要出台一项将德国视为一个整体而把双占区融合起来的计划,该计划是以假设其他占领区日后可能加入为基础,计划分四部分内容。③ 另外,计划还规定:不受修正计划影响的工厂将按原来的赔偿拆迁计划继续进行拆迁。这个修正的计划一方面大幅度提高双占区以及日后德国的工业发展水平,从而维持其不高于但要等同于邻国的生活水平。另一方面照顾到西方盟国内部对德国赔偿的要求,为它们提供复兴经济所急需的煤炭及资本设备。通过以上两个措施,西占区德国的经济政策、赔偿政策都被纳入到《马歇尔计划》的整体构想之中,西占区德国因此具备了执行计划的条件。

《马歇尔计划》虽然是作为一项经济援助计划提出的,但它本身具有多重战略目标。正如修正派学者指出的那样:"它将上百亿美元用于稳

---

① Roger Morgan, *The United States and West Germany 1945—1973: A Study in Alliance Politics*, London: Oxford Uni. Press, 1974, p. 21.

② 1. 由克莱将军和英国占领军最高军事、行政长官罗伯特森在两到三周之内研究修改《工业水平计划》,确定一个新的钢产量;2. 按照修改后的《工业水平计划》规定的用于赔偿拆迁的工厂和设备将由管制委员会进行统一分配;3. 双占区经济机构将重组,会变得更有效率,但不能成为临时政府;4. 双占区的机构在地理上将实现集中化,只要设施能够被分配、协调好。参见 FRUS, 1947, vol. 2, pp. 357 – 358. The Secretary of State to the Acting Secretary of State。

③ 1. 总体计划。原工业水平计划规定德国工业水平可以达到 1938 年的 55%,即 1936 年的 70%—75%。新的计划将提高双占区的工业水平,可以达到相当于 1936 年的水平,那一年德国既没有出现繁荣,也没有出现萧条。2. 平衡经济的要求。除了战前的对外贸易,为了实现贸易赢余,双占区必须生产超出它内部所需的多余产品。3. 增加受限制发展工业的计划水平。原来计划水平规定的受限制发展的钢铁、冶金机械、精密仪器、光学仪器、电子机械、电力、交通设施工业、化工、陶瓷等都分别做出了新的提高。4. 禁止发展的工业。新的工业水平计划规定:铝、铍、钒、镁等禁止生产。参见 Beate Ruhm von Oppen, *Documents on Germany under Occupation 1945—1954*, pp. 239 – 245。

定西方的市场经济、推进非共产主义政权，是一笔精明的投资。"① 这笔投资对二战后的国际社会，特别是欧洲的政治、经济、外交、社会发展等都产生了广泛而深远的影响。本文将主要讨论《马歇尔计划》与德国赔偿以及与西占区德国的关系问题。可以说，该计划既成功地避免了一战后出现的赔偿困境，从而比较顺利地解决了德国赔偿问题，同时西占区德国也由此被纳入到美国全球战略体系之中。

如前文所述，一战之后围绕德国战争赔偿问题而产生的诸多矛盾是困扰整个20年代的国际性难题。有鉴于此，二战爆发后，美国首先通过《租借法案》避免了一战期间出现的战债困境。参战前，罗斯福总统宣称美国要成为民主国家的兵工厂。1941年3月11日，国会通过的《租借法案》正式生效。法案授权总统可以以出售、交换、转让和租借的形式向被认为其防御对美国安全具有重大意义的国家提供武器、军用物资、粮食等任何军需品。租借法案一方面为反法西斯国家提供了大量物资。另一方面，避免战后出现反法西斯同盟国欠下美国大量战债的困境。

然而二战结束后，美国的赔偿政策再次面临两难的境地：一方面，美国要通过赔偿政策来惩罚德国、消除德国的战争潜力，同时满足欧洲盟国对于德国战争赔偿的要求。另一方面，美国要完成重建欧洲的任务又不得不利用甚至依赖于德国的经济资源、经济潜力，其赔偿政策必须从属于《欧洲复兴计划》。经过战后近两年的赔偿实践，美国认识到德国在欧洲传统的经济地位、其经济潜力都决定了美国如果打算在欧洲实现其政治、经济目标，必须首先解决德国战争赔偿问题。正如1947年7月10日，陆军部发给克莱将军的电报所说：如果欧洲复兴危及德国实现自我维持的目标，那么美国就要替德国支付赔偿。因而，美国现在面临两种选择：或者加大它在德国的花费，或者补偿那些应该从德国获取赔偿的国家。因为在一定程度上，欧洲复兴依赖于从德国以资本设备拆迁的方式获得的赔偿。然而，美国并不打算"以资助德国赔偿的方式去资助欧洲其他国家"②。

陆军部这份电报表明，美国认识到为了实现欧洲复兴的目的必须首

---

① Charles Maier, *The Marshall Plan and Germany: West German Development within the Framework of the European Recovery Program*, p. 2.

② John Gimbel, *The American Occupation of Germany: Politics and the Military, 1945—1949*, p. 167.

先解决德国赔偿问题，但美国并不准备像一战后那样通过资助德国，间接地资助盟国了，而是打算向那些希望获得德国赔偿的国家直接提供贷款。通过向欧洲提供贷款，一方面可以为德国战后实现自我维持，使其有能力支付战争赔偿提供了可能性；另一方面解决了战后同盟国急需的资金问题，使其不再急迫地索取德国战争赔偿。这既缓解了盟国与德国以及盟国内部就德国战争赔偿可能产生的矛盾，同时使得欧洲更加依赖于美国的资本输出，美国由此实现了其战后政治上控制欧洲、对外经济扩张的双重目标。

另外，通过《马歇尔计划》，美国顺利地将西占区德国纳入西方阵营。"国务院制定《马歇尔计划》时的一个策略就是，将德国的经济恢复与《欧洲复兴计划》相吻合。这样，只要向国会提交一份对外援助计划就可以了。"① 将西占区德国纳入以美国为首的西方阵营当然还有着更深远的战略考虑。正如国务院官员波伦所说："从全球视野来看，自然会产生两个世界的设想，就会强调对抗苏联集团的必要性。那么，就会将铁幕之外的西欧视为一个区域。"② 海军部长福莱斯特的观点更明确地表达了美国决策者的想法：我们是继续让德国成为一个流脓的、并扩散到欧洲其他地区的发烧的伤口，还是尽量将它融入到我们内部体系之中？③

在《马歇尔计划》的酝酿阶段，东、西方冷战的大背景决定了德国赔偿问题的最终走向。此时，苏联再次成为决策者考虑的一个主要因素。"如果我们不能帮助西占区德国迅速实现复兴，西占区德国有可能走向共产主义，并被苏联接管。如果苏联利用它巨大的资源潜力，再加上德国人的创造力、生产能力以及组织性，苏联将在短期内一跃成为世界上最强大的国家。"④ 这表明在美国决策者眼中，德国已经不足为虑，苏联开始成为美国最大的潜在敌人。

对于德国、苏联的认识，美国决策者倒是一脉相承。当年在巴黎和会上，威尔逊总统也曾表示："如果我们使德国人民受屈辱，逼之太甚，我们将会破坏一切政体，布尔什维主义将取而代之。"⑤ 正是从这种战略

---

① John Gimbel, *The Origins of the Marshall Plan*, p. 258.
② John Gimbel, *The Origins of the Marshall Plan*, p. 259.
③ Thomas G. Paterson, *Soviet—American Confrontation: Postwar Reconstruction and the Origins of the Cold War*, p. 235.
④ Owen D. Young to Harriman, Sept. 12, 1947, Truman Library.
⑤ ［美］托马斯·帕特森：《美国外交政策》，第 405 页。

考虑出发，美国极力将西占区德国纳入到西方阵营之中，由此既彻底解除了美国对德国的后顾之忧，同时又加强了对抗苏联的整体实力。正如帕特森所说：在《马歇尔计划》的执行过程中，美国始终把争取欧洲统一作为其对外政策的核心，以使美国有一个"更具内聚力的势力范围"①。发表演讲前一天，马歇尔在给范登堡的信中写道：他赞同那种建立一个包括德国的全面的、超国家体系的观点。② 在演讲时马歇尔虽然没有公开提到德国，但他强调欧洲将作为一个整体来复兴，其实就暗示该计划不排除德国。

苏联与英、法在讨论参加《马歇尔计划》时主要有两点分歧。1. 苏联反对对欧洲国家的资源进行调查，认为它将侵犯了独立国家的主权。2. 苏联反对德国参加《马歇尔计划》。③ 然而，英、法在美国的授意下对苏联的反对意见寸步不让。④ 苏联被排斥出《马歇尔计划》后，很快就认识到该计划的"结果将不是欧洲的统一和重建，而是把欧洲分裂成两个集团"⑤。有鉴于此，苏联放弃了它一贯坚持的政治上统一德国的主张。针对《马歇尔计划》，苏联政府宣布实行一项组建东欧集团的《莫洛托夫计划》与美国相抗衡，它先后与保、捷、匈、波、罗五国签订双边贸易协定，该举动标志着苏联战后对外政策的根本转变。《马歇尔计划》和《莫洛托夫计划》使得德国与欧洲在经济上开始分裂成了彼此对抗、互不相容的两个平行部分，冷战以两极对抗的形式初现端倪，德国和欧洲都无可挽回地分裂了。9月25日，日丹诺夫在欧洲共产党与工人情报局会议上，第一次提出了以苏联为首的"社会主义阵营"和以美国为首的"帝国主义阵营"的概念。1948年3月20日，苏联政府宣布退出盟国管制委员会。这标志着战后盟国共同管制德国的最高权力机关从此寿终正寝，东、西方在德国赔偿问题上也因而失去了继续合作的基

---

① Thomas G. Paterson, *Soviet—American Confrontation: Postwar Reconstruction and the Origins of the Cold War*, p. 231.

② Charles Maier, *The Marshall Plan and Germany: West German Development within the Framework of the European Recovery Program*, pp. 123 – 124.

③ FRUS, 1947, Vol. 3, pp. 299 – 300. The Ambassador in France (Caffery) to the Secretary of State. Paris, June 29.

④ FRUS, 1947, Vol. 3, pp. 343 – 344. The Ambassador in France (Caffery) to the Secretary of State. August, 6 1947.

⑤ FRUS, 1947, Vol. 3, p. 306. The Ambassador in the United Kingdom (Douglas) to the Secretary of State.

础与可能性。

  倡导"冷战史新研究"的代表人物之一文安立在其著作中把美苏冷战的发生概括为"一系列历史事件的组合"。① 文安立的概括虽然有些简单化的倾向，但我认为他想强调的是，在美、苏从合作走向对抗的过程中起作用并不一定是美、苏两者之间的直接利益冲突，往往是一些地区性的事件发挥了重要的推动作用。德国赔偿问题就扮演了这一角色。从此，美国和苏联双方开始承认西占区德国和东占区德国彻底分道扬镳了，德国、欧洲都无可挽回地分裂了。

---

  ① ［挪威］文安立：《冷战与革命——美苏冲突与中国内战的起源》，陈之宏、陈兼译，南宁：广西师范大学出版社，2002年版，第1页。

第六章 "战争与和平"视阈下的反思

本书最后试图在"战争与和平"视阈下进一步反思,反思的问题包括:分析美国决策者通过纵向反思、横向对比,其赔偿理念不断深化与丰富的演变过程,从而总结美国赔偿理念的变化规律以及索赔机制的变迁。分析影响战胜国处理德国战争赔偿问题成败的因素,包括战胜国对索赔程度的把握、德国对赔偿义务的态度、盟国内部的合作与纷争等,从而对比分析一战后、二战后这些因素对战胜国处理德国赔偿问题的影响,以及对战后世界和平与发展产生的影响;最后,将研究的视角转向两次世界大战的主要发动者、战争赔偿的支付者——德国,在"战争与和平"视阈下思考"德国问题",试图从中得出些许教益与启示。

第一节 美国索赔理念及索赔机制的演变

一、在反思与对比中深化:美国索赔理念的演变

赔偿理念应该属于外交思想范畴,美国赔偿理念大致表现为美国决策者对于赔偿问题的认知、态度,其赔偿政策的主观动机、欲达到的目标以及因赔偿实践而得出的赔偿经验和教训,等等。美国决策者赔偿理念发展、演变表现出在纵向反思与横向对比中其赔偿理念不断深化与丰富的趋势。

美国决策者赔偿理念主要是在两个认识基础之上形成的。首先是对德国在战争中行为的认识,这主要是从道义角度来认知。20世纪前,美国人对于德国普遍抱有好感。美国人念念不忘在独立战争中,普鲁士王国对于新生共和国的外交支持。普法战争中,德意志民族的统一诉求也得到了美国人民的广泛同情。然而进入20世纪,美国人对德国的好感逐

渐消失，美国领导人越来越感到德国不是一个容易相处的国家，想成为合作伙伴更是不可能。一战爆发后，协约国、中欧同盟国都在美国展开了舆论宣传战。协约国的宣传效果显然更胜一筹，协约国把德国描绘成一个没有原则的、残忍的、野心勃勃的国家。德国对中立国比利时的入侵，更加深了美国民众对德国的妖魔化认识。德国实施的潜艇战使得美国民众切身感受到生命、财产受到的严重威胁。因此在参战前后，伴随着狂热爱国主义而同时出现的是美国大多数民众对德国的强烈仇视。这股强烈的仇德情绪必然要对和会上美国决策者的赔偿理念产生影响，正如威尔逊在写给史末资将军的信中所说，和约是苛刻的，但不是不公正的，德国是罪有应得。

二战爆发后，纳粹德国对于犹太人的迫害、屠杀以及在占领区内实施的一系列暴行，都使得美国人对纳粹德国的愤怒达到了顶点。财政部长小亨利·摩根索是当时美国著名的犹太人领袖，其犹太背景不可避免地影响到他对纳粹德国的态度以及他的赔偿理念。摩根索把纳粹德国视为十恶不赦的恶魔，主张必须对其严惩不贷。据此，《摩根索计划》的反对者认为，摩根索的犹太背景决定了他极端憎恨纳粹德国，以至于提出复仇主义的赔偿政策。其实，摩根索的犹太背景并不能全面地解释二战末期美国决策层中出现的这种严厉、极端的赔偿理念，该理念的出现还与二战的性质有很大关系。纳粹德国不仅发动了第二次世界大战，在战争中纳粹德国所犯下的罪行也令人发指，特别是对犹太人的大屠杀，完全违背了人类的道义与尊严。纳粹的暴行引起了全世界反法西斯国家人民的愤怒，严惩纳粹德国、防止其再次发动战争成为所有反法西斯国家人民的强烈愿望。今天看来，《摩根索计划》比较极端、冲动，但在当时它确实代表了美国国内普遍存在的赔偿理念与赔偿主张。总之，美国决策者的赔偿理念所包含的道义原则使得他们不能容忍德国在战争中所犯下的反人类、反文明的一系列罪行，道义原则也使得美国赔偿政策更具有说服力，更符合战胜国强烈的索赔愿望与要求。

美国赔偿理念形成的另一个认识基础，即决策者对赔偿问题的认知、他们试图达到的赔偿目标以及他们通过反思而取得的赔偿经验、教训等对赔偿理念的形成更具有决定性意义，这主要是从外交政策角度来认识赔偿问题。一战前后，美国决策者的赔偿理念经历了一个形成、发展的过程。参战之初，美国政府公开宣布，放弃其战后索取战争赔偿的权利。随后威尔逊总统发表的多个演讲中也公开呼吁战后缔结"无兼并、无赔偿"的和约，反对缔结带有惩罚性赔偿的和约。和会前，美国确立了自己的赔偿原则，提出了具体的赔偿政策。此时美国的赔偿理念是既主张给予德国一定程度的惩罚，同时又反对过度索赔，其目的是将德国重新融入战后国际新体系。这种温和、理性的赔偿理念体现了美国理想主义外交思想。然而和会上，面对协约国强烈的索赔要求，美国决策者的赔偿理念发生了变化，他们认识到"重新融入"是一个长期目标，眼下更需要对德国进行比较严厉的惩罚，以满足盟国的索赔要求与愿望。其结果是美国这种既惩罚又要"重新融入"的赔偿理念在英、法的压力下，最终只剩下了惩罚。"重新融入"的目标没有实现，德国作为战败国被排斥在凡尔赛体系之外。

  然而，"重新融入"的思想并没有完全消失，20年代共和党政府通过两个赔偿计划将德国融入了由美国主导的国际金融体系之中。总的说来，20年代美国大多数决策者的赔偿理念是，将德国赔偿视为影响整个国际政治健康发展的毒素，为此，他们处置德国赔偿的一个基本原则就是试图通过经济手段将其毒素从国际政治领域中清除出去。可是决策者不仅没有达到上述目标，而且随着大危机的爆发，赔偿问题的毒素进一步扩散，为二战埋下了祸根。

  二战末期，美国赔偿理念与一战时相比要深刻得多、复杂得多。其深刻性来自于决策者对于一战后美国赔偿政策失误而进行的纵向反思，即将一战后的美国赔偿政策作为一个参照物，再次制定赔偿政策时避免重蹈覆辙。其复杂性则主要是决策层中关注德国赔偿问题、提出赔偿计划的机构和个人更多了。严厉派、温和派根据各自的历史记忆、历史反思，提出两种截然相反的赔偿政策，体现出不同的赔偿理念，美国决策层的赔偿理念更加复杂了。严厉派摩根索认为，一战后赔偿政策的失误并不是太过苛刻，而是措施不得当，并为德国挑起二战提供了条件。有鉴于此，摩根索极力主张将索取战争赔偿、通过大规模拆迁实现德国的"非工业化"作为严惩德国、防止其再次走上战争之路的最有效、最便捷的手段。严厉派代表了美国决策层中比较极端、冲动的赔偿理念。相比之下，以国务院、陆军部为代表的温和派所坚持的赔偿理念则要平和得多、理性得多。下面具体分析温和派的赔偿理念所体现出来的美国决策者赔偿理念的深化与进步，该赔偿理念以一战后美国赔偿政策的失误作为前车之鉴，通过反思加深了对德国赔偿问题的认识，其理念的深化主要表现为以下几个方面。

首先，该赔偿理念不仅包括"重新融入"德国的目的，而且也包括改造德国、消除其战争根源的理念。一战后美国决策者虽然也提出将德国重新融入战后国际体系的主张，却没有明确提出改造德国的理念。特别是20年代美国决策者，他们的赔偿理念主要是试图通过经济手段解决德国赔偿问题，很少认识到对德国社会进行改造、从根本上消除其战争根源的必要性。正如赫伯特·菲什所指出的，一战后美国对德政策的重大失误是，美国没有在战争结束后教育和改造德国国民，也没有鼓励和支持共和政体。① 二战末期，美国决策者吸取了一战后没有改造德国，从而消除其战争根源的教训。国务院倡导的赔偿理念认为，如果想消除德国的战争根源，应该首先打破纳粹德国的经济封闭，使其依赖于海外市场与资源，将其重新融入战后国际经济体系之中。国务院官员依据的理由是，如果所有国家，尤其是那些陷入麻烦的欧洲国家，能减少针对外国货币和产品而设置的人为障碍，允许自由市场指导经济活动，那么每个国家都将更加繁荣、更不好战。② 可见，通过经济上的重新融入，最终消除德国社会的好战根源是国务院所倡导的赔偿理念力图改造德国的主要手段。

其次，该赔偿理念不但要实现其经济扩张的目的，而且也要实现政治上和平与民主。20年代美国通过两个赔偿计划虽然初步达到了对外经济输出与扩张的目的，但影响整个国际社会健康发展的赔偿毒素依然存在，魏玛共和国在内外双重打击下摇摇欲坠。二战的爆发更加说明，美国赔偿政策远没有实现和平与民主。二战末期，国务院官员认为，一个国家的经济结构几乎就决定了它的政治结构和其国民的心理素质。如果一项政策能够改变一个国家的经济结构，那么，它的政治也将按照预定的方向改变。据此，国务院官员认为，德国将被允许保留生产赔偿的工业基础，直至最后允许德国经济繁荣，经济上的繁荣将最终带来其政治上的和平与民主。正如库克里克所分析的那样，"美国寻求不断扩大的对

---

① Herbert Feis, *The Diplomacy of the Dollar: First Ere 1919—1932*, Hamden, Conn: Archon Books, 1965, p. 46.
② Carolyn Eisenberg, *Drawing the Line*, pp. 17–18.

外贸易就是为了满足其政治'民主'的要求"①。因而可以说，允许德国经济繁荣只是国务院赔偿理念的手段，实现德国政治上的和平与民主才是其赔偿理念的主要目的。

最后，该赔偿理念反对过分削弱德国。温和派认为正是一战后协约国对于德国赔偿的过分要求，不仅严重损害了德国经济，而且伤害了德国民族感情，导致德国复仇主义情绪泛滥，最终为二战埋下了祸根。有鉴于此，二战末期美国一些决策者已经开始反对过分削弱德国。如前文所述，史汀生极力反对试图通过索取战争赔偿来削弱德国的《摩根索计划》。史汀生警告道："我的主要反对意见是：除了预防性和教育性的惩罚之外，他们（以摩根索为代表的严厉派。——笔者注）又增加了危险的经济压迫手段。我认为这种手段不能防止战争，它将孕育战争。"② 国务院在它提出的几份赔偿计划中也表达了反对过分削弱德国的赔偿主张。温和派的赔偿理念除了吸取一战后协约国严厉的索赔政策带来负面影响的经验教训之外，还有着更深远的战略考虑：防止德国因过度削弱而失去防御苏联的能力。温和派认为，从美国长远的安全利益出发，不能过度削弱德国，否则美国将失去它唯一的防卫苏联的力量。当苏联强大到统一了中欧时，美国将跪下来请求德国帮助。

温和派所倡导的赔偿理念表明，它深受国务院坚持的多边主义外交思想的影响。国务院官员确信：他们倡导的多边主义外交思想将创造一个能够反映美国道义理念的政治、经济体系。他们相信英国、苏联将支持或者被劝说支持该体系。库克里克对此评价道："正是这种思想使得国务院官员不现实地要求苏联接受美国的赔偿政策，并降低苏联在东占区的赔偿要求。他们认为苏联如果接受了多边主义外交思想，它将逐步放弃集权主义理念，它将与世界其他国家发展自由商业贸易关系。从而阻止苏联建立自己势力范围的打算，东欧国家就可以参与到战后多边主义体系之中。"③ 因而也可以说，国务院所倡导的赔偿理念的视野更宽广、政策目标更远大。简而言之，正如库克里克评价的那样："今天看来国务

---

① Bruce Kuklick, *American Policy and the Division of Germany: The Clash with Russia over Reparations*, pp. 3 – 4.

② Henry L. Stimson, *On Active Service in Peace and War*, pp. 571 – 573.

③ Bruce Kuklick, *American Policy and the Division of Germany: The Clash with Russia over Reparations*, p. 6.

院官员的想法很是天真，但在二战末期，许多美国决策者确实将多边主义视为解决难题的灵丹妙药。"① 多边主义当然不是解决一切难题的灵丹妙药，但多边主义指导下的赔偿理念与一战后美国决策者比较零散、不成思想体系的赔偿理念相比还是向前发展了。它不仅更全面、政策目标更远大、赔偿主张更具有操作性，而且还认识到战争赔偿问题与消除战争隐患、稳定国际秩序、利于战后和平与发展的内在关系，并且付诸实践，在构建战后国际新秩序时发挥了比较大的作用。

二战末期美国决策者通过纵向反思一战后赔偿政策的失误，使得他们对德国赔偿的认识更深一步，同时使得决策层的赔偿理念更加复杂。其中既有严厉、极端的摩根索赔偿理念，也有温和派主张的平和、理性的赔偿理念。不同的理念在美国多元化的决策机制中都获得了表达其主张并发挥其政策影响力的机会，美国赔偿决策因而也变得复杂多变。如果说美国赔偿理念的纵向深化主要表现为对赔偿问题的认识更加深入一步，那么，美国赔偿理念广度上的丰富则主要是通过横向对比而实现的。

因为德国赔偿还是一个与各战胜国利益都密切相关的现实问题。一战、二战后盟国都提出过各自的赔偿要求与赔偿政策。美国决策者对其赔偿政策进行的横向对比主要是通过盟国之间的外交博弈，即将美国索赔政策与盟国的索赔政策进行横向对比，分析美国索赔政策与其他盟国的索赔政策在赔偿理念、政策目标、赔偿要求等各个方面的异同，并根据国际形势的变化而不断调整、修改其赔偿理念与赔偿政策。

巴黎和会上，美国决策者发现自己的赔偿原则、赔偿政策与英、法的强烈索赔要求之间存在着巨大差异。美国决策者权衡利弊，认为宽大处置德国是一个远景目标，和会上更需要的是对德国进行惩罚。这样，一方面可以满足盟国强烈的索赔要求，另一方面有利于实现美国更主要的战略目标。为此，决策者逐一放弃了自己的赔偿原则，用赔偿问题做了外交上的交易。其结果是原本温和、理性的美国赔偿理念屈从于协约国严厉、苛刻的赔偿要求。这表明美国赔偿理念在复杂的外交博弈中，不得不从理想主义向现实主义靠拢。

二战末期，社会主义苏联的加入使得盟国之间的关系更加复杂。由于在社会制度、经济体制、意识形态等各方面存在着巨大差异，美、苏

---

① Bruce Kuklick, *American Policy and the Division of Germany*: *The Clash with Russia over Reparations*, p. 15.

的赔偿理念、赔偿政策也表现出相当大的区别。如前文所述,在历次国际会议上,美国决策者与苏联领导人围绕德国赔偿问题进行了一系列交锋。从这些争论中可以看出,美国决策者在与盟国特别是与苏联商讨德国赔偿时,考虑的并不完全是赔偿问题本身,思考更多的是外交战略上的需要。据此,美国决策者不断调整其赔偿政策:放弃了对苏联要求索赔100亿美元的支持,开始极力反对当前产品赔偿,坚持视德国为一个经济整体,主张德国赔偿与德国战后经济相统一、直至最后停止赔偿拆迁。美国的赔偿理念随着赔偿政策的调整而不断扩展、丰富。与此同时,美国决策者认识到苏联对于德国赔偿的迫切要求,决策者抓住了苏联的这一软肋,利用德国赔偿来换取苏联在外交斗争中的其他方面的妥协、让步。至此,德国赔偿问题已不再是战胜国向德国索取战争赔偿的问题,它已经成为盟国之间,特别是美、苏之间外交斗争的一个重要砝码。决策者的赔偿理念也脱离了赔偿问题本身,开始服从于美国的外交战略要求,赔偿理念中现实主义因素越来越突出。

另外,美国决策者通过占领德国后进行的赔偿实践也逐步加深其赔偿理念、调整其赔偿政策。在近两年的赔偿实践中,美国决策者逐渐认识到,极端的、惩罚性的赔偿政策难以贯彻实施;大规模的赔偿拆迁行动虽然满足了盟国的索赔要求、摧毁了德国可能再次发动战争的物质基础,但赔偿拆迁也严重地削弱了德国生产力,恶化了德国人原本就困苦不堪的生活,占领区内的经济困境反过来加重了美国纳税人的负担。更主要的是,随着欧洲局势的变化,美国人开始怀疑他们最初的对德政策、包括赔偿政策是否正确。"这种政策如果继续执行下去,其结果可能迫使西方三个盟国占领区的德国人相信以共产主义代替西方国家的民主制度的优越性。克莱将军强烈地感到,制止共产主义蔓延的唯一办法是改变美国政策,对战败的和遭到破产的德国实行以前所禁止的恢复经济的政策"①。欲实行"恢复经济的政策"首先就要停止大规模拆迁,因而美国决策者首先对自己制定的赔偿政策产生了疑问,他们对赔偿政策可能导致的后果开始担忧,意识到美国的赔偿政策需要进行调整、修改,以适应形势的发展、变化。

总而言之,美国决策者通过纵向反思与横向对比以及在占领区的赔

---

① [美]埃德温·哈特里奇:《第四帝国的崛起》,第22页。

偿实践，其赔偿理念的深度与广度都在不断深化与丰富。其间既有取得进步的表现，如温和派所倡导的赔偿理念；也有退步的现象，如巴黎和会上放弃了原有的赔偿原则。总的来说，随着决策者对赔偿认知的深入以及实践的检验，美国赔偿理念变得越来越务实、越来越理性。理想主义的或者极端冲动的赔偿理念都逐一被放弃、被修正。究其主要原因，一是美国决策者对赔偿问题的认知需要一个从认知到实践，从实践再到认知的过程，其赔偿理念随着认知水平的发展、提高而不断深化与丰富；二是盟国共同处置德国赔偿问题时掺杂了过多的外交争斗因素，其结果就是美国赔偿理念中理想主义成分被务实的实用主义理念所取代。

二、从国会到国务院的转移：美国索赔政策运行机制的演变

两次大战后美国索赔政策的制定、实施经历了一个复杂、曲折的过程。在这期间，充满着各个行政机构、利益集团的纷争，决策者的疑虑、反思、教训，以及政策本身的多变甚至是自相矛盾，从而使得出台的每一项赔偿政策都是决策者反复争论、相互妥协的结果。然而透过纷繁复杂的表面，我们发现美国赔偿政策在制定、实施的过程中还是遵循着一定的运行机制，该运行机制保证了美国赔偿政策能够比较顺利地制定、实施。总的来说，美国赔偿政策的运行机制主要包括决策机制、执行机制、反馈机制、评价机制以及修改政策产生新的政策机制等。在这里，笔者将主要分析赔偿决策机制和赔偿反馈机制以及这两个机制对美国赔偿政策产生的影响。

（一）决策机制的演变

欲研究美国赔偿政策的决策机制应该首先从研究参与美国外交决策的各个机构入手，美国三权分立的政治结构使得国会与以总统为代表的行政部门对外交决策权力的争夺几乎贯穿了美国二战以前的历史。巴黎和会期间，国会虽然没有直接参与制定和约，但美国代表团的代表们，包括威尔逊总统在进行外交谈判、签署和约时都不得不顾忌国会可能做出的各种反应。和会后，国会拒绝批准和约则表明国会对外交决策拥有着巨大的影响力。

20年代，国会在外交决策方面还保有相当大的权力，国会以立法者、参与者、评判者的身份参与、监督政府的外交决策，并为政府的外交决策规定了三条限制性原则。受其影响，美国政府决策者只能在国会

划定的范围内制定、实施赔偿政策，或者想方设法绕开国会。国会对政府赔偿决策的掣肘一方面使得政府决策者只好另辟蹊径，实行官商结合、政府不承担政治责任、由私人资本出面对外经济输出与扩张的"经济外交"，试图通过经济手段解决赔偿问题；另一方面，国会对赔偿决策的约束与限制也反映了 20 年代大多数美国民众对战争赔偿的态度与要求，基本符合当时美国孤立主义情绪和势力都比较强大的国情，同时也保护了美国大多数民众的切身利益。因而，国会对政府赔偿决策的约束与监督既是合法的，也是符合国情、符合民意的。直到德国赔偿问题已经不了了之了，最终还是由国会通过了《约翰逊法》，从而为一战后美国赔偿政策画上了一个句号，表明了此时立法机关对美国外交决策的余威尚存。但国会是一个立法机构，其特点是"多中心的权力结构，是各种地方势力和经济利益集团的政治混合体，也是两党党魁争权夺利的场所，必然造成国会内部的意见分歧和无休止的争论，以及对一些重大问题的久拖不决或无限期的延宕"①，自然难以适应瞬息万变的国际形势。

二战后，美国外交决策的中心转移到以总统为代表的行政机关。由总统任命的各个行政部门的主要官员、总统的高级顾问、幕僚等都成为决策层中的重要人物。然而，即便是在总统领导下的政府内部，各个行政部门之间也相互争夺外交决策的主导权。按照美国宪法规定，国务院是美国联邦政府最高的外交决策机构，负责参与外交政策的制定、修改和执行国务院管辖的大批驻外使领馆收集和翻译的外国情报，协助总统制定和修改外交政策等。国务卿为国务院之首，是总统首席外交顾问和总统外交政策的代理人和主要负责人。当然，国务卿的地位也因其与总统的关系亲疏而有所变化。20 年代的总统几乎将所有外交决策权都委以国务卿担当，而威尔逊、罗斯福总统则更愿意自己承担外交决策的责任。

从行政部门的权限来说，外交决策在财政部和商务部的权限之外。"但现代外交的发展出现了一个新的趋势，即其他行政部门也愿意参与外交决策，或者是被咨询有关建议。特别是一些行政部门在战后也极力保留下一些战争时期的特殊职能。财政部对于有关金钱、贷款等方面的国际事务非常感兴趣。商务部则对国际贸易很关心。"② 由于 20 年代共和

---

① 余志森：《崛起和扩张的年代，1898—1929》，第 544 页。
② Harold Zink, *The United States in Germany, 1944—1955*, New Jersey, Princeton, 1957, p. 90.

党政府奉行"经济外交",把德国赔偿转化为经济问题来处理。因此,以梅隆为代表的财政部门和以胡佛为代表的商务部曾经对一战后美国赔偿政策发挥了一定作用。二战期间,由于《租赁法案》的实施以及财政部长摩根索与罗斯福总统亲密的私人关系,财政部在赔偿决策方面曾经一度影响颇大。

除此之外,各个行政部门还拥有大量的专家、相关的团体、机构,他们从不同角度为美国外交政策提出各种备忘录、计划、建议等,这就需要协调各部门的不同建议,各种跨部门的委员会纷纷建立起来。它们负责汇总、讨论、协调、综合各种不同的建议,然后将达成妥协的最终建议交给总统裁决。二战末期,在制定赔偿政策时许多跨部门的委员会曾发挥了较大作用。①所以说美国的赔偿政策不是单独一个部门制定的,它是各种观点相互妥协的结果。

二战后美国赔偿决策的中心从国会转移到以国务院为核心的行政部门,是外交决策机制上的进步,有利于制定、实施赔偿决策,其表现为几个方面。1. 行政部门与国会相比,更加了解、熟悉德国赔偿问题,制定、实施的赔偿政策比较符合德国的实际情况。2. 各行政部门虽然有着各自的赔偿主张,它们为争夺赔偿决策的主导权争论不休,但各行政部门内部都组织专家研究德国赔偿问题,因而提出的赔偿计划具有很强的科学性。同时各部门内部的赔偿观点基本统一,制定政策的效率比较高。如前文所述,二战末期,国务院曾经组织、资助了多个专家委员会、机构去研究、制定赔偿政策。《摩根索计划》也是财政部的专家们研究后共同提出的赔偿方案。3. 二战末期,政府建立的各种跨部门委员会既协调了各行政部门的赔偿纷争,同时也代表、表达了多种不同的赔偿主张、赔偿政策。如二战末期成立的内阁委员会在协调、折中财政部、国务院、陆军部各种不同的赔偿主张、赔偿计划时发挥了比较大的作用。各部门相互妥协、彼此让步最终达成了 JCS1067#指令,该指令既体现了财政部的基本赔偿主张,同时也照顾到了国务院、陆军部的赔偿建议。4. 行政部门能够迅速地将赔偿政策传达到执行部门,政策能够比较顺利地付诸实践,避免了国会决策与行政部门执行之间的脱节。因而,二战后美国

---

① 例如,国务院—陆军部—海军部协调委员会(SWNCC)、对外经济执行委员会(FEA)、参谋长联席会议(JCS)、安全工作委员会(WSC)、内阁委员会等都发挥了很大的协调、讨论、综合的作用。

赔偿决策机制既消除了国会决策过程中经常出现的地方主义狭隘、意见分散、组织涣散、效率低下的弊端，同时又表达、综合了各种不同的赔偿主张、赔偿计划，从而使得二战后美国赔偿决策比较科学、全面、高效、可操作性强。

利益集团在美国赔偿决策、执行过程中也发挥了一定的作用。二战结束后，美国工业界、商业界、大学、研究机构、协会等多种行业和多个社会团体都属于对德国"智力赔偿"感兴趣、打算获取德国"智力赔偿"、或有着相关要求的利益集团。他们为了达到共同的利益，纷纷向国会、国务院、陆军部、美国驻德国的相关机构游说、发函、呼吁要求将战时的情报调查工作继续进行下去，并发展成战后的商业、技术开发计划。可见，利益集团对"智力赔偿"决策施加了一定的压力。不仅如此，他们在"智力赔偿"计划的制定与实施过程中都积极参与其中，并为该计划的顺利执行做出了重要贡献。可以说，"智力赔偿"计划一方面充分体现了美国外交决策官商结合、自上而下、自下而上、相互促进、相互配合的特点；另一方面，利益集团对赔偿决策的积极参与代表了美国社会广泛的索赔要求，使得赔偿决策更加全面、更具有代表性，并最终保证了尽可能多的美国民众从中获益。

总之，每一个国家的外交都是其国内政治的延续和发展，是国家利益在国际层面的集中反映和体现。国家利益涵盖、包容着国内全体人民的多元利益追求，代表着不同利益追求的阶级、阶层、政党、集团，各种社会运动、新闻媒介等都企图通过合法渠道影响外交政策的制定以实现他们的利益追求。通过赔偿实践，二战后美国逐步形成了以总统、国务院为决策中心，其他行政部门、国会、利益集团等多方参与的多元化赔偿决策机制。该决策机制代表了美国多元的赔偿要求、赔偿主张，保证了美国多元的赔偿利益。当然，它也使得美国赔偿政策看起来变动不居，有时甚至是自相矛盾。然而，这种民主政治中的"有序混乱"不仅是合法的，而且也是必要的。正是这种"有序混乱"保证了美国赔偿政策尽可能多地反映了拥有不同价值观念的美国人的多种赔偿理念，并使他们利益的代表者有机会参与其中，进而从中获利。

当然，任何一种机制都不可能完美无缺，多元化既是美国赔偿决策机制的最大优点，同时也是它的缺陷之一。如二战末期美国各个行政部门，如国务院、财政部、陆军部都参与到赔偿决策之中，其结果一方面使得美国决策者顾虑重重、犹豫不决；另一方面，也使得美国赔偿决策更加复杂化，温和理性的或者严厉极端的赔偿政策、赔偿理念都有机会对赔偿决策发挥作用、产生影响，使得美国赔偿政策、赔偿理念左右摇摆，甚至出现反复、后退，进而在一定程度上影响了美国赔偿政策制定与实施的最终成效。

（二）反馈机制的演变

一项外交政策出台后，其效果如何需要经过外交实践的检验，因而政策的执行者提出的反馈建议对于决策者进一步调整、完善外交政策是至关重要的一个环节。反馈机制原本是一个科技领域的术语，后被引入多个学科领域。笔者认为，外交领域的反馈机制应该主要是指外交决策者通过外交政策的执行、实践的检验，得出了一些有关政策效果的反馈信息，然后将这些反馈信息作为进一步修改、完善政策的依据。美国赔偿政策的反馈机制主要表现为：通过反馈机制的中心环节，赔偿政策的制定者与政策执行者围绕赔偿政策而进行的协商、讨论，政策制定者针对执行者提出的反馈建议而进行的政策调整与修改等。

一战后，美国赔偿政策的反馈机制主要是以国会作为中间环节，它一方面以美国民众利益代言人的身份，将与赔偿政策有关的建议和要求传达给行政部门，并为赔偿政策规定了几点限制性原则；另一方面，因为它拥有立法权，将行政部门执行的赔偿政策法制化。"在我国历史发展中已经出现如下状况，行政部门从海外获得的信息越来越多，当民众尚未了解之时，行政部门已经认识到，并预见了外交关系的发展趋势。在这种情况下，总统和国务卿努力向民众解释哪种外交政策最符合美国的利益；而行政部门则要求国会进行立法，使得他们提出的政策成为可能性。"① 一战后国会通过的《战债法》和《约翰逊法》，就是将经过赔偿实践检验过的赔偿政策法制化，从而保证赔偿政策有法可依，更加顺利地贯彻、实施。然而，以国会作为反馈机制的中心环节在赔偿实践过程中表现出一些弊端：国会议员大多从本地区、本团体利益出发，他们的赔偿理念比较狭隘、短视，坚持的赔偿原则缺乏灵活性。同时国会议员们对于欧洲、德国以及德国赔偿了解得都不算多，掌握的赔偿信息不直

---

① Charles A Beard, *American Foreign Policy in the Making, 1932—1940*, New Haven: Yale University Press, 1946, p. 30.

接、不充分，对赔偿政策反馈回来的信息处理也不够及时。20年代美国赔偿政策既显得软弱无力，又很偏执、呆板，可以说这与当时政策的运行机制之间不无关系。

二战末期，国务院成为美国赔偿政策反馈机制的中心机构。在政府内、政府外讨论赔偿政策的决策阶段，国务院没有独揽决策大权，而是通过国内外多种渠道、驻外机构、情报系统收集了大量来自国内、国外有关赔偿政策的各种信息、建议、主张、计划。国务院充当了收集、汇总、协调的核心角色，成为美国赔偿政策运行机制的神经中枢。战后初期，占领军与国务院就德国赔偿问题产生了难以协调的矛盾。其主要原因是国务院对于德国赔偿问题的复杂性估计不足，出台的赔偿政策有些不切实际。而占领军政府作为政策的执行者面临着占领区出现的一系列难题，特别是大规模赔偿拆迁行动严重破坏、影响了占领区的正常管理。为此，克莱将军、墨菲等人不断向国务院、陆军部反映情况，提出一系列赔偿政策的修改建议。为了增强其说服力，克莱将军邀请了许多国会议员、新闻媒体的记者、各种研究机构的人员等各界人士到占领区参观、访问，其主要目的是通过他们向国务院反映占领区的真实情况，进而推动国务院修改赔偿政策。陆军部作为占领军政府在华盛顿的代言人，对于占领军政府的反馈意见大多采取全力支持的态度，陆军部副部长麦克劳多次向国务院转达占领军政府的赔偿反馈信息，并指导占领军政府采取相应的对策。

二战后，赔偿政策的反馈中心从国会转移到国务院的优点比较突出：一是国务院对反馈信息很重视，处理也比较及时。国务院制定的赔偿政策主要是为更高层次的外交目标服务，所以对于赔偿政策出现的一些负面后果有着与执行者不一样的认识，但国务院对赔偿实践过程中反馈回来的信息很重视，给予政策执行者的权限也比较大。[①] 可以说，贝尔纳斯发表的斯图加特讲话一定程度上是在克莱将军大力推动下进行的，其演讲内容也深受克莱将军7月19日备忘录的影响。可见，克莱将军对于美国赔偿政策产生了比较大的影响，以致有的学者甚至认为，克莱将军

[①] 克莱将军与两任国务卿贝尔纳斯、马歇尔将军都有着十分亲密的私人关系。贝尔纳斯与克莱将军同为南方老乡，两人的私人关系十分亲密；马歇尔将军对克莱将军的个人品质、能力很欣赏，因而他向罗斯福总统推荐克莱将军担任美占区司令。因此，克莱将军的建议大多能够得到两任国务卿的关注与重视。

"几乎独自扭转了美国对战败国德国的不现实的惩罚政策"①。克莱将军作为政策的执行者对于赔偿政策的作用虽然不能过分夸大,但相比之下,克莱将军无疑是四个占领区长官中权限最大的一个,他可以根据占领区的实际情况变通地执行美国的赔偿政策。国务院针对克莱将军提出的反馈意见采取了一些调整、修改措施,使得美国赔偿政策能够适应形势的不断发展变化。到了1946年底,美国决策者收到了来自欧洲更广泛、更大量的反馈信息,美国政治气氛出现了一些微妙的变化。国务院的决策者敏锐地意识到这一变化,美国外交政策的重大转折即将酝酿出台。

二是反馈渠道多元化。美国占领德国期间,国务院、陆军部、占领军政府三方机构在占领区内的职能相互交叉、彼此重叠。同时,美占区司令克莱将军、占领军政府的政治顾问墨菲、美国驻赔偿委员会代表包莱的权限各有所属,又互相牵制。按照职能划分,克莱将军作为美占区的最高军事长官只对陆军部负责,他不必向国务院汇报、请示。政治顾问是国务院派遣的为占领军政府提供决策建议的官员,但政治顾问墨菲与克莱将军的观点基本一致,代表了占领军政府的利益。美国驻赔偿委员会代表包莱既接受国务院领导,同时他也要与盟国管制委员会的美国代表克莱将军协商。这样,陆军部、占领军政府、占领军政府的政治顾问、美国驻赔偿委员会代表都可以通过自己的渠道向国务院反馈占领区的各种信息。国务院因此直接、迅速地掌握了赔偿实践中出现的一系列问题,进而为调整、完善其赔偿政策提供了便捷、高效的机制上的保障。

综上所述,在赔偿实践过程中,美国赔偿政策运行机制变得越来越科学、合理、高效,从而为政策的顺利制定与实施提供了组织上、制度上的保证。同时,赔偿政策的运行机制与美国特殊的国情、政情一样都为赔偿政策打上了鲜明的美国特色,给美国赔偿政策的制定与实施增添了既纷争多变,同时又多元高效的因素,并进而在一定程度上影响了赔偿政策的成效。

第二节 影响处理德国赔偿问题成败的诸种因素

一战、二战后,美国处理德国赔偿问题的实践表明,影响赔偿政策

---

① [美]埃德温·哈特里奇:《第四帝国的崛起》,第113页。

的成败、得失有很多因素,最终产生的政策成效是多种因素综合作用的结果。下面着重分析影响国际社会处理德国赔偿问题成败的诸种因素:战胜国索赔的程度的把握、德国对赔偿义务的态度、盟国内部的合作与纷争等。

一、战胜国索赔的程度

一战、二战后,美国赔偿政策的实践表明,战胜国处理德国赔偿问题时一直面临着如何把握索赔程度的困境。因为德国战争赔偿问题一方面与战争相联,另一方面它又与战后重建相关。与战争相联是指德国因其战争行为而将受到惩罚、支付受害者战争赔偿;与战后重建相关则要求战胜国索取赔偿不能影响战后德国经济恢复与重建。这两方面最终都表现为同一个问题:惩罚德国的程度应该是多大?即德国赔偿数额的确定。如何把握好惩罚德国的程度,确定一个既满足战胜国索赔要求,又不严重阻碍战后德国、欧洲经济恢复、重建,而且战胜国、德国都能够接受的赔偿数字,确实很不容易。一战、二战后美国决策者在把握索赔程度上的左右为难就充分说明了这一点,同时它也直接影响了处理德国赔偿问题的成效。

第一次世界大战造成的损失与伤害远远超出了此前历次战争,协约国虽然最终赢得了胜利,其实是虽胜犹败,损失惨重。因此战后不仅是各协约国政府,饱受战争之苦的各协约国民众都强烈要求严厉惩罚德国,赔偿他们所遭受的财产损失与人身伤害。如前文所述,正是在这种道义的要求下,巴黎和会上美国决策者被迫放弃了自己的赔偿原则,不得不在一定程度上满足协约国政府和民众惩罚德国、抚平受害者战争创伤的强烈要求。美国温和、理性的赔偿政策因此没有得到贯彻执行的机会,取而代之的是协约国严厉、苛刻的索赔政策。二战爆发后,纳粹德国对于犹太人的迫害、屠杀以及在占领区内实施的一系列暴行,激起了全世界反法西斯国家人民的愤怒,他们强烈要求战后严厉惩处德国、赔偿受害者的财产损失与人身伤害。受其影响以及美国赔偿政策本身包含的道义主义原则,都使得美国赔偿政策不可避免地带有一定程度的惩罚性。美国决策层中严厉派的赔偿理念、赔偿政策就充分体现了这种普遍存在的情绪与赔偿要求。因此,在决策初期,《摩根索计划》曾经一度发挥了较大作用,给JCS1067#指令打上了深刻的烙印。

然而，惩罚德国的程度、赔偿数额的确定并不能完全取决于道义原则以及战胜国的愿望与要求；它还取决于德国的支付能力，还要考虑战争赔偿对战后德国以及整个欧洲可能产生的负面影响；更重要的是，美国为了实现其战后对外经济输出与扩张的目的，需要构建一个政治稳定、经济繁荣、持久和平的国际新秩序。为此，美国必须进行战后重建，美国决策者也认识到了德国的经济潜力对于战后重建的重要性。但一战后协约国基本都将索取德国战争赔偿作为其国内战后重建的主要资金和物资来源，因而提出了高额的索赔要求。它们或者是没有意识到这种杀鸡取卵的方式将严重打击德国经济，使其失去恢复经济、支付赔偿的能力；或者是即使认识到了但国内对于战后重建资金的急切需求迫使它们无法放弃高额索赔要求。一战后，协约国与德国围绕赔偿问题进行了一系列交涉，其矛盾与冲突严重地影响了战后欧洲的经济恢复与政治稳定。法国为保护其索赔权利，不惜铤而走险采取极端手段，试图强行索取战争赔偿。鲁尔危机的爆发说明，战争索赔已经成为影响战后欧洲重建的最大障碍。

危机期间，鲁尔地区煤炭产量从1922年的1.3亿吨下降到6000万吨；钢和铁的产量只达到1922年的半数；铁路运输货物量、进出口产品的价值都大幅下降；鲁尔危机期间德国失业人数达330万人，鲁尔和萨尔地区的失业人数则达250万人。① 法国出兵占领鲁尔也得不偿失，在1923年的前4个月，法国得到的赔偿，除去占领费用只剩下12.8万英镑，而1922年同期，法国得到的德国赔偿有1050万英镑。② 欧洲局势的动荡也影响了美国对欧洲的出口贸易，正如1923年10月《哈佛商业评论》指出："自从鲁尔占领以及引起的欧洲商业危机以来，美国出口商受到了极大冲击。从1923年1月到7月铜的出口下降到1922年同期出口量的1/3，铅的出口降到了1/4。德国是美国最大的棉花买主，但因鲁尔危机，美国棉花出口很少。小麦、面粉以及其他种类物品的出口都减少了。"③ 美国为保护它在欧洲的经济利益，以及欧洲国家的请求，介入

---

① Bruce Kent, *The Spoils of War: The Politics, Economics, and Diplomacy of Reparations 1918—1932*, p. 220.
② ［美］查尔斯·金德尔伯格：《1929—1939年世界经济萧条》，宋承先等译，上海：上海译文出版社，1986年版，第23页。
③ Klaus F. Schoenthal, *American Attitudes Toward Germany, 1919—1932*, p. 115.

了德国赔偿问题，并主持制定、实施了两个赔偿计划，试图达到重建欧洲政治、经济秩序的目的。可是突如其来的经济大危机，使得美国赔偿政策在20年代中后期所取得的一些成效几乎在一夜之间化为乌有。

二战末期，美国决策者已经开始讨论德国赔偿与战后欧洲重建的关系问题，大多数决策者主张利用德国经济潜力为战后重建做贡献。① 据国务院文件记录，1944年4月，麦克劳表达了陆军部以及他个人对于该问题的观点：德国战争赔偿将与战后欧洲重建密切相关。我国政府视德国赔偿问题不应只是一个惩罚的方式，或者只是确保德国和平的手段；而是应该利用德国帮助曾遭受过它入侵的国家重建一个稳定、繁荣的经济生活……为了改善整个欧洲经济状况，实现经济领域的全面国际化发展，我国政府关于德国的总的经济政策应该是为实现上述目标提供可能性。② 此时国务院倡导的多边主义赔偿政策也积极主张利用德国经济潜力为构建战后多边主义国际体系做贡献。德国投降后，美国一些人又提出了德国赔偿与战后重建的问题。如1945年5月27日，参议员伯顿·惠勒等人考察德国后向美国在赔偿委员会的代表阐述了他们的观点："除非我们马上重建德国，否则在德国将发生革命、战争以及共产主义扩散。……除非我们重建德国，否则美国不得不在那里驻军几十年，或者德国被苏联接管。"关于赔偿问题，惠勒认为战争的巨大破坏已使得德国不可能支付赔偿，"如果我们试图从德国得到什么东西，德国将需要粮食、供给以防止饥饿和骚乱，而这些都将由我们承担"③。这表明美国一些决策者认为，德国重建比德国履行赔偿义务更重要、更紧迫，并由此反对过分惩罚、削弱德国。

到占领初期，如前文所述，美国赔偿政策的制定者与政策的执行者之间出现了德国经济恢复与欧洲经济复兴两者孰先孰后，哪个更具有优先权的矛盾。国务院主张将欧洲经济复兴置于德国经济恢复之前，将德国的生产能力转移到欧洲其他国家，以帮助这些国家战后重建，促进欧

---

① 摩根索属于反对利用德国为战后欧洲重建做贡献的少数派，他在《德国是我们的问题》一书中专门有一章论证了战后欧洲重建可以不包括德国，因而不必因为战后重建而放弃惩罚德国的主张。参见 Henry Morgenthau, *Germany is our Problem*, pp. 30–47。

② Jeffry M. Diefendorf, *American Policy and the Reconstruction of West Germany, 1945—1955*, NewYork: Cambridge University Press, 1993, p. 87.

③ James McAllister, *No Exit: American and the German Problem, 1943—1954*, Ithaca: Cornell University Press, 2002, p. 79.

洲整体复兴；其后再扶植德国经济恢复。占领军政府则坚持维持德国和平时期最低生活水平的原则，反对以牺牲德国经济恢复为代价为欧洲重建做贡献。双方的争论一直持续到贝尔纳斯发表斯图加特讲话为止。

  1946年3月，盟国管制委员会颁布的《工业水平计划》是力图在实现德国经济自我维持、盟国控制德国经济以及进行欧洲重建三者之间达成的一项折中计划。然而，由于战胜国内部就德国赔偿、各自国内重建以及欧洲重建之间的关系问题难以取得一致的观点。两个月后，因为克莱将军宣布美占区停止赔偿拆迁，《工业水平计划》无法贯彻执行，战胜国共同进行战后欧洲重建的可能性也随之消失。斯图加特讲话后，美国开始公开采取复兴德国经济的政策，并着手谋划重建计划。1946年冬欧洲遭遇了百年不遇的奇寒，无论是战胜国还是战败国都陷入了几近破产的境地。与此同时，西欧几个国家的共产党势力在不断壮大。美国的国会议员、新闻媒体对此纷纷发表各种耸人听闻的言论。这些都促使决策者加快出台重建欧洲的计划。最后通过《马歇尔计划》，美国将德国赔偿问题纳入了《欧洲复兴计划》之中，成功地化解了索取赔偿与战后重建之间的冲突，从而消除了确定索赔程度的两难困境。正如阿兰·克莱马所说："在《马歇尔计划》的框架下，赔偿政策已经失去了它经济上的意义。"①

  总之，确定索赔程度的左右为难在很大程度上影响了处理德国赔偿问题的成效。一方面战胜国政府和民众都强烈要求严厉惩处德国，相应地赔偿政策需要带有一定的惩罚性。但惩罚德国并不是最终目的，战后重建、维护和平才是美国战后更迫切需要解决的问题。因为德国赔偿毕竟是一个战争遗留问题，德国在欧洲的传统经济地位、经济潜力都决定了战后重建很难将其排斥在外，德国终究要重返欧洲。由此，美国赔偿政策逐步放弃了严厉的惩罚性措施，转而主张扶植德国、复兴德国，德国赔偿问题因而被纳入到战后重建与欧洲经济复兴的战略构想之中，从而一并解决了德国赔偿与欧洲复兴两个问题。赔偿政策在德国所产生的或好、或不好的成效最终也都被《马歇尔计划》取得的巨大成绩所覆盖。

---

① Alan Kramer, *British Dismantling Politics, 1945—1949：A Reassessment*, Eds. Ian D. Turner, *Reconstruction in Post—war Germany：British Occupation Policy and the West Zones*, Oxford, UK；New York：Berg；Distributed Exclusively in the US and Canada by St. Martin's Press, 1989, p. 129.

二、德国对赔偿义务的态度

战争结束后,战胜国是否应该索取战争赔偿是一个比较复杂的问题,很难一言以蔽之。一战以前,国际法没有明确规定禁止主权国家发动战争的权利。因此战胜国索取战争赔偿的理由也与战争罪责无关,其理由大多是战败国在战争中实施了战争法所禁止的违法行为,其索赔目的主要是补偿战胜国战争费用、掠夺战败国。一战后,《凡尔赛和约》的第231条款使得战争赔偿与战争罪责首次联系起来。众所周知,第一次世界大战是一场帝国主义列强之间争权夺利的战争,和会单方面判定德国及其各同盟国负有全部战争责任自然令战败一方难以信服;更严重的是,和约将战争赔偿与战争罪责联系起来,其结果是以战争罪责作为唯一赔偿理由的索赔合法性受到了广泛质疑。它不仅激起了德国民众的强烈不满,与战争责任相联系的战争赔偿在德国人看来也失去了它的合法性。想方设法抵制、拖延履行赔偿义务就成为战后德国政府普遍采取的对策。

关于一战后处理德国赔偿问题的政策失败的原因,传统观点认为,协约国要求的赔偿数额远远超出了德国的支付能力,最终造成了赔偿政策失败。如凯恩斯一直坚持认为,德国的支付能力不超过400亿马克。50年代,学者们也大多认为德国没有能力支付英、法所要求的那么高额的赔偿数字。然而,到了70年代,研究20年代经济问题的历史学家和经济学家则修正了上述的传统观点。他们认为,"德国有能力支付所要求的赔偿,如果它打算支付的话"。① 战后,联邦德国学者卡尔·哈达赫在其著作《二十世纪德国经济史》中,通过分析德国20年代的经济状况后也认为:"赔款对德国人来说经济上是完全可以负担的,而感情上是难以承受的。"② 上述观点是否正确还有待商榷,但它却表明处理战争赔偿问题的成败,确实与战败国对其赔偿义务的态度密切相关。

一战后,魏玛共和国在约瑟夫·维尔特任总理、瓦尔特·拉特瑙任外长期间曾主张解决赔偿问题,认为赔偿问题应摆脱政治激情和争吵,把它从政治领域引入经济领域;德国在道义上应该补偿法国北部和比利时工业区的经济损失。他们的主张遭到国内民族主义分子的强烈攻击,

---

① William C. McNeil, *American Money and the Weimar Republic*, pp. 98 – 99.
② [德] 卡尔·哈达赫:《二十世纪德国经济史》,第50页。

全国到处响起了"把可恶的犹太猪猡拉特瑙杀死"的呼声。① 拉特瑙在国会中受到民族主义者恶毒攻击后的第二天被谋杀。国会为平息世界舆论,通过了一项保障公民安全的法律,但参与谋杀的凶手们却都被从轻发落。直至《道威斯计划》、《杨格计划》执行期间,力主解决赔偿问题,并给德国带来巨大利益的外交部长斯特莱斯曼也受到国内民族主义分子、政敌的多方责难,身心俱疲而早逝。国际上,美国与协约国为了得到德国政府在赔偿问题上的合作,其实做出了很多让步,如为德国提供贷款、取消对德国经济的监督、提前 5 年从莱茵地区撤军等。然而,这些都没有彻底消除德国国内的民族主义情绪。德国政府和民众对于履行其赔偿义务不真心诚意。诚然,失去了战败国的合作,无论战胜国做出多少让步,制定了多么完善的索赔计划都将难以贯彻执行,毕竟赔偿最终要由战败国来支付才能完成。

二战结束后,盟国对法西斯国家进行战争索赔不仅符合国际法的道义原则,更重要的是,通过索赔能够起到惩戒和教育前法西斯国家的作用。首先,世界舆论要求德国人认真对待罪责问题。占领期间,德国人只要一出门,就会在各处看到盟国军政府贴的标语:"Das ist eure Schuld!"(你们有罪!)② 其次,大多数德国民众认识到他们应该承担战争罪责。二战后,著名哲学家卡尔·雅斯贝尔斯发表了一系列关于德国罪责的演说,1946 年以《罪责问题》集结出版。雅斯贝尔斯认为,罪责问题是"德国人灵魂存亡的问题",只有解决这一问题,德国人的灵魂才能彻底的新生。雅斯贝尔斯还把战争罪责区分为刑事罪行、政治罪行、道德罪行和抽象罪行。③ 结论是"所有德国人必须承担责任,用工作和成绩来为这些行为所造成的大破坏进行补偿"④。最后,最关键的是德国

---

① [美]科佩尔·S.平森:《德国近现代史——它的历史和文化》,第 570 页。
② [美]科佩尔·S.平森:《德国近现代史——它的历史和文化》,第 730 页。
③ 1. 刑事罪行,这要由法庭进行惩罚;2. 政治罪行,对这种罪行要负责任,要承担由征服者的武力或权力强加的赔偿义务,这种罪行会导致政治权力和政治权利的丧失或缩小;3. 道德罪行,这种罪行只是个人及其良心之间的问题,能引起忏悔,带来新生;4. 抽象罪行,这种罪行所以成立,是由于人类本是一个休戚相关的整体,每个人对世界上的一切不公正特别是在他面前或在他了解的情况下所犯下的罪行,都应分担责任。对这种罪行唯有上帝具有审理权力。法律职能应用于刑事罪行和政治责任,而不能应用于道德罪行和抽象罪行。参见 [美] 科佩尔·S.平森:《德国近现代史——它的历史和文化》,第 731 页。
④ [美]科佩尔·S.平森:《德国近现代史——它的历史和文化》,第 732 页。

政府官方的态度。① 从法律上讲，战后由三个西方占领区组成的联邦德国政府并不是纳粹德国的当然继承者。然而，历届联邦德国政府对纳粹德国对其他国家、其他民族所造成的伤害都真诚地表示忏悔。1951年9月29日，阿登纳在政策声明中表示："新的德意志国家及其公民只有感到对犹太民族犯下了罪行，并且有义务做出物质赔偿时，我们才算令人信服地与纳粹的罪恶一刀两断。"② 可见，洗刷纳粹罪行是战后联邦德国构建新的国家意识的出发点之一。

为表明洗刷纳粹罪行、改善形象重返国际社会，联邦德国为曾经遭受纳粹暴行的国家和民众支付了大量赔偿。据1986年10月31日联邦政府发布的《赔偿报告》统计，德国当时支付的各类赔款已逾770亿马克，尚不包括财产退赔。据有关资料统计，从50年代初至1986年1月1日，德国共处理各类财产退赔申请1283018项，相关金额近40亿马克，加上未在官方统计范围内的、对已移居世界各地的以色列受害人及其遗属的赔偿，截止到1986年，德国的赔款金额已达900亿马克；有些非官方的统计则认为高达1000亿马克。两德统一后，德国还在继续向一些尚未签约的东欧国家进行赔款。据有关材料称，截止1993年11月，德国的战争赔偿已达1222.6亿马克。按有关专家的保守估计，到20世纪末，加上已赔付的部分，德国的赔偿总额将超过1400亿马克。如再考虑到德国支付的、与赔偿法相关的社会保险金，那么赔款的数额就会更大。③

二战后，联邦德国已经支付的赔偿数字远远超出一战后德国所支付的赔偿数额的事实，证明了战败国对其赔偿义务是否采取真诚的合作态度最终将影响战胜国赔偿政策的成效。二战后，各占领国在占领区内实施赔偿政策的实践也表明，赔偿政策在执行过程中基本没有受到来自德国方面的抵制与干扰。赔偿拆迁行动虽然加剧了德国民众生活的困苦、增加了德国失业率，但大多数德国民众对此采取了默认的态度，因为他

---

① 二战结束后，德国，包括联邦德国、民主德国的政治家对希特勒和纳粹给德国和其他受害国人民带来的"灾难"都进行过多种多样的反思和探讨。虽然也有一些不同的论调、争论，但总的来说，他们的认罪、道歉和赔偿的态度还是比较真诚。孙立新、黄怡容：《德国政界对第二次世界大战的历史反思》，载《史学史研究》，2010年第2期。

② 金铎：《二战后德国的战争赔偿与反省》，载《团结》，2005年第5期。

③ 杨德利：《德国的战争赔偿问题》，载《德国研究》，1996年第1期。

们大多已经承认了纳粹政权所犯下的罪行。① 盟国在德国进行的赔偿拆迁、提取当前产品赔偿、"智力赔偿"计划等一系列索赔行为在德国人眼中也就都成为合理合法的了。因此，从德国支付赔偿、履行义务的角度讲，二战后盟国处理德国赔偿问题时比一战后顺利得多，基本没有出现一战后协约国与德国因索赔而产生的纷争与困境，进而为战胜国解决该问题提供了一个比较好的前提条件。

三、盟国内部的合作与纷争

前文多次提到，德国战争赔偿不仅与道义问题、与各国的政治派别、政党纷争纠缠在一起，而且更关乎战胜国之间的争权夺利。一战、二战后各战胜国都提出了自己的赔偿要求与赔偿计划。一战后是美国与英、法等资本主义国家内部对战后世界政治、经济主导权的争夺。二战后，社会主义苏联的加入，使得盟国处理德国战争赔偿问题变得更加复杂化。盟国对处理德国战争赔偿问题主导权的争夺使得赔偿问题不仅是一个法律问题、经济技术问题，更成为了一个事关国家利益的外交问题。因此，它成为影响赔偿政策成效的最主要外在因素。

如前文所述，巴黎和会上，在英、法的极力要求下，威尔逊在赔偿问题上被迫做出了妥协与让步，美国赔偿政策主要因满足盟国的索赔要求而失败。20年代，美国虽然在德国以及各协约国一致"请求"下，主持制定、实施了两个以解决德国赔偿困境为目的的赔偿计划。但英、法等盟国在这两个赔偿计划的制定、实施过程中都提出了各自的主张与要求，美国为了得到英、法对其赔偿计划的支持与合作，不得不满足他们的一些索赔要求。

鲁尔危机期间，法郎开始大幅贬值。在《道威斯计划》出台前，普恩加莱多次声称，法国财政赤字的唯一原因是德国没有如期支付赔偿，目前法郎的快速贬值是因为德国的蓄意破坏。普恩加莱再次重申了法国一贯的赔偿要求：除去法国欠下的战债，法国要求不少于260亿马克的赔偿。而且，还要求保持法国在鲁尔的军事存在，保证占领期间法国得到的财政、经济抵押品。他甚至提出将莱茵河左岸的德国铁路和焦炭转

---

① 据1946年美国新闻机构发表的调查表明，约80%的德国人认为纽伦堡的审判是公正的，被告的罪行无可辩驳。

让给法国的要求。①在计划出台的过程中,为了让法国同意取消原来的对德国实行经济制裁的权力,道威斯在专家委员会上同意:以德国铁路证券、工业证券和税收为担保确保德国支付赔偿;以不干涉德国经济生活为条件,允许法国继续在鲁尔驻军,换取了法国接受德国经济统一的观点。②

到制定《杨格计划》时,专家委员会并没有完全从德国的支付能力出发制定计划。他们没有对德国的经济进行准确的评估,依然是以协约国在战争遭受的损失为根据,甚至以它们之间的债务为依据来确定德国赔偿的总额。专家们还受到协约国内部分配赔偿比例的影响,法国因为占有52%的赔偿分配比例,因而它比较容易接受德国每年支付的年金数额;英国因为只占有22%的赔偿比例,它对于每年支付的年金数额则要求更高。此外,法国要求将德国支付赔偿的期限确定为59年。③美国虽然抵制了英、法的一些过分要求,但为了得到他们的支持与合作,一定程度上满足了他们的索赔要求。

其实,美国在制定、实施这两个计划时,都力图遵循一个基本原则,即试图将德国赔偿毒素从国际政治领域中清除出去,也就是"使赔偿问题摆脱政治上暴力措施的范畴,回到经济上可能的境地"。④ 然而,英、法等协约国,直到20年代末期依然将索取德国赔偿视为解决其财政困难、控制、掠夺德国经济的有效手段。德国赔偿的毒素仍然影响着国际政治事务的健康发展,并为二战埋下了祸根,进而最终影响了处理德国赔偿事务的成效。

二战中美国与社会主义苏联结成反法西斯同盟,虽然极大地增强了反法西斯阵线的力量,但也给同盟国关系带来许多复杂因素。特别是随着战争的胜利,维系战时合作基础的消失,美、苏之间的矛盾、冲突日益突出。二战后战胜国处理德国战争赔偿问题而产生的矛盾不仅有像一

---

① Bruce Kent, *The Spoils of War: The Politics, Economics, and Diplomacy of Reparations, 1918—1932*, pp. 247 – 248.

② Melvyn Leffler, *The Elusive Quest: American's Pursuit of European Stability and French Security, 1919—1933*, pp. 96 – 99.

③ Bruce Kent, *The Spoils of War: The Politics, Economics, and Diplomacy of Reparations, 1918—1932*, p. 2289.

④ [德]卡尔·艾利希·埃尔德曼:《德意志史,第四卷:世界大战时期(1914—1950)》,第281页。

战后盟国间因不同的赔偿要求、赔偿政策而产生的纷争，同时又新出现了两种经济制度，甚至是意识形态对抗的因素。总的说来，苏联因素的加入使得美国赔偿政策在不同阶段都变得复杂化。其复杂化的表现一是使得美国赔偿政策增添了意识形态色彩。美国大多数决策者在制定赔偿政策时一直有着意识形态方面的考虑，早在二战末期国务院官员就认为，如果无法保证德国处于一种"可以忍受的生活标准"，那么德国将可能不遵守盟国所提出的和平条款，德国将可能通过在战胜国之间周旋而从中获利。更严重的是，苏联就可以利用德国共产主义的力量来为它自己的利益要求服务。同样，苏联因素的影响也在二战末期的决策阶段表现出来，决策者对苏联的不同态度反映在他们各自的赔偿政策之中。摩根索主张继续与苏联合作，由苏联代替美、英长期担负占领德国的任务，为补偿苏联得不到当前产品赔偿的损失，主张对苏联提供贷款。而温和派则攻击《摩根索计划》具有明显的亲苏倾向，他们以防范苏联为借口，主张战后德国将重新融入美国主导的战后多边主义国际体系，反对过分削弱德国，更反对实现德国"非工业化"。两派大不相同的赔偿主张曾经影响了二战末期美国政府的赔偿决策。

复杂化的第二个表现是，苏联因素的加入促使美国赔偿政策不断调整。双方因德国赔偿而产生的矛盾，加剧了美、苏对抗；反过来，美国赔偿政策的演变也受制于美国对德政策、对欧政策的调整。最后美国赔偿政策完全服从于东、西方冷战的大格局，进而决定了赔偿政策的最终走向。雅尔塔会议后，美国赔偿政策的改变已经引起了苏联的不安。分区占领德国后，双方在赔偿问题上的分歧越来越突出，但双方尽量协调各自的赔偿政策，试图取得赔偿共识，波茨坦会议达成的一系列赔偿协议就是双方相互妥协、彼此让步的成果。然而，随着赔偿实践的展开，美、苏在赔偿问题上的分歧越来越突出，主要集中在几个与德国赔偿密切相关的问题上。首先，美国坚持视德国为一个经济整体，即索取战争赔偿不能阻碍德国"经济统一"原则；而苏联在索赔问题上以及与赔偿密切相关的经济问题上坚持"分区索赔"原则，拒绝其他占领国对其占领区内的索赔事务以及经济事务进行干涉。其次，美国主张实行共同的进出口政策，即优先支付德国进口的原则。该原则实际上限制了苏联在其占领区内实施索赔行动的自由，所以苏联坚持只有德国贸易出现了盈余，已经履行完赔偿义务时，才能考虑共同的进出口政策，即优先支付赔偿。再次，美国坚决反对当前产品赔偿的支付方式；而苏联则坚持它从当前产品中提取赔偿的权利，特别是在认识到大规模拆迁造成巨大浪费之后，更是将当前产品视为主要的赔偿来源。美国为协调与苏联的上述赔偿分歧、解决赔偿矛盾曾经作过一定的努力。

然而，苏联却难以接受美国的赔偿政策，放弃自己的索赔要求。一方面是来自于国内的巨大经济压力。正如莫洛托夫在巴黎外长会议上所说：德方赔款问题是与那些受过德军侵犯和遭过德寇占领奇灾大祸的国家利益关系重大。很明显的，苏联决不能如这里所提出的草案所主张的那样忘记赔款问题。① 苏联的确无法忘记赔偿，它虽然赢得了战争，可其国民经济在战火中遭受极大破坏，战后急需恢复国民经济、重建家园的资金。美国在战后基本停止实施《租借法案》，对苏贷款也遥遥无期。这样，德国赔偿就成为苏联能够从西方获得的唯一的资金和物资来源。有些观察家断言，苏联要求德国赔偿变得更为强硬，是因为没有得到贷款。哈里曼也认为美国拒绝为苏联贷款的政策"可能更促使他们在东欧实行贪婪的政策"②。另一方面，苏联坚持认为德国赔偿问题的解决是处理其他德国问题的前提条件，正如莫斯科会议上莫洛托夫向马歇尔指出的那样：如果美国接受苏联当前产品赔偿，那么苏联在关于未来德国政体形式、德国恢复出口、与德国签署40年非武装条约问题都可以商量。总之，"接受苏联当前产品赔偿的权利是苏联接受德国经济统一的一个绝对前提条件"③。这表明苏联也在利用德国赔偿问题与美国进行外交争斗。

其实，苏联在索取德国战争赔偿问题上一直比较受压制。雅尔塔会议后，先是100亿美元的赔偿要求被西方盟国所否定；在东占区进行的大规模赔偿拆迁不仅受到了广泛批评，而且也造成巨大浪费；当前产品赔偿方式又受到西方盟国的极力反对，以至于斯大林在与马歇尔将军会谈时说道：苏联其实只得到了区区20亿美元的赔偿，数额太少了，不值得一提。但美国对此不以为然。因为苏联在东占区的索赔行动违反了美国在德国的经济原则（视德国为一个经济体，保持德国进出口平衡）；

---

① ［苏］莫洛托夫：《对外政策问题：1945年4月—1948年11月时期中的演说和声明》，第55页。

② ［美］托马斯·帕特森：《美国外交政策》，第614页。

③ FRUS, 1947, Vol. 2, pp. 259-263. United States Delegation Minutes, March 18, 1947.

阻碍了美国在德国经济目标（德国自我维持和平时期最低生活水平，德国为欧洲复兴做贡献）的实现。

双方难以协调的赔偿矛盾导致了美、苏之间无论是在盟国管制委员会、赔偿委员会中，还是在一系列外长会议上都很难达成一致的赔偿意见。双方在赔偿问题上的分歧不仅加剧了彼此之间的猜忌，而且它阻碍了盟国对赔偿问题以及德国问题的最终处理。正如梅尔所说："德国赔偿问题变成了一个持续流脓的伤疤，它感染了整个盟国关系，并阻止盟国达成处置德国的一致意见。"① 二战后盟国与德国没有签署最终的对德和约有很多原因，其中一个障碍可以说就是因为盟国内部就德国赔偿问题一直无法达成统一的观点。

与此同时，美国的对德政策、对欧政策开始变化，赔偿政策的转变因之亦步亦趋，有时还成为美国外交政策转变的急先锋。2月9日，斯大林在莫斯科选区选民大会上发表演说，斯大林运用资本主义总危机理论分析了二战的起源，阐述了二战的反法西斯性质，赞扬苏联社会主义制度经受住战争的考验，并取得最后胜利。这只是苏联领导人的一次例行讲话。然而，美国决策者认为，该讲话暴露了斯大林对美、英等资本主义国家根深蒂固的敌意和仇视。② 此时，美国驻苏联临时代办凯南敏锐地意识到，斯大林讲话为美国出台新的对苏政策提供了时机。2月22日，他给国务院发回了著名的"8000字电文"，凯南除了对苏联外交的理论、意图、政策、做法以及美国应该采取的对策进行了全面的分析外，他首次提出了"遏制"的思想。3月5日，在杜鲁门总统陪同下，来访的英国前首相丘吉尔在富尔顿发表了题为《和平的砥柱》的演讲。杜鲁门此举是想试探舆论的反应如何，虽然"铁幕演说"遭到美国民众的普遍反对，但美国决策者借丘吉尔之口推出了自己的新战略。

正当双方就赔偿问题争论不休之际，克莱将军在国务院的支持下突然单方面宣布美占区停止赔偿拆迁。停止赔偿拆迁既保护了美占区经济，又向苏联施加了压力。美国已经不再顾忌该行为对美、苏关系可能产生

---

① Charles S. Maier, *The Marshall Plan and Germany: West German Development within the Framework of the European Recovery Program*, p. 21.

② 艾奇逊指责斯大林否定了和平共处的可能性，最高法官道格拉斯说这是"第三次世界大战的宣言"，甚至原来主张与苏联继续合作的李普曼也认为斯大林的讲话是危险的。参见 James L. Gormly, *From Potsdam th the Cold War: Big Three Diplomacy 1945—1947*, Wimington Delaware, 1990, p. 113。

的影响，不惜将双方矛盾公开化。因为此时"各大国都不再想为了同对方达成协议而危害自己的目标了"①。罗斯托对于该行动则评价道：这是"冷战中的一大转折点"，此后美国的立场便是"稳步转向于统一西方各占领区，承认德国的分裂"②。其实，对德国分裂起推动作用的是克莱将军提出的双占区合并的建议。克莱将军的初衷虽然是通过经济上合并，最终促成建立起一个四方合并的框架，但华盛顿在接受该建议时已经基本上排除了与苏占区合并的可能性。

因为在1945年底的莫斯科外长会议上向苏联做出了"让步"，贝尔纳斯受到了国内各方的严厉批评。随后，贝尔纳斯发表了反苏言论，以及"伊朗危机"时表现出的强硬立场，国务卿的声誉又有所回升。贝尔纳斯由此得出一条经验：如果与苏联达成妥协，在华盛顿他就会受到责备；然而与苏联争斗下去，他就会得到尊重。③ 在与法国外长皮杜尔的谈话中更清楚地表达了国务卿的真实想法，他说几个月之前，美国非常渴望与苏联进行合作，然而现在由于苏联的政策，与其合作的愿望在美国已经消失了。他个人被批评为"安抚苏联人，让步太多"，美国现在已经不打算"在重要问题上做出妥协了"。④ 贝尔纳斯的这种态度决定了他在1946年5—10月的巴黎外长会议上很难做出什么让步。这次巴黎外长会议是美、苏关系发生转折的一次重要会议。会上美、苏双方就德国问题不仅没有达成任何实质性协议，而且双方都不惜将矛盾公开化，并相继发表了各自新的对德政策。

7月10日，莫洛托夫在会上公开提出复兴德国、政治上统一德国的主张加深了美国决策者对苏联的疑虑。有鉴于此，第二天贝尔纳斯在会议上发表了美、英双占区即将合并的声明。双占区合并的理由表面上是打破占领区之间的封闭、改善占领区经济状况，其实，它隐藏着美国决策者更深层次的战略考虑：美国可以从双占区合并入手，加强西占区德

---

① ［美］威廉·麦克尼尔：《国际事务概览，1939—1946年：美国、英国和俄国：它们的合作和冲突，1941—1946年》，第1123页。

② ［美］华·罗斯托：《美国在世界舞台上——近期历史试论》，北京编译社，北京：世界知识出版社，1964年，第250页。

③ Carolyn W. Eisenberg, *Drawing the Line: The American Decision to Divide Germany, 1944—1949*, p. 228.

④ Carolyn W. Eisenberg, *Drawing the Line: The American Decision to Divide Germany, 1944—1949*, p. 228.

国与美国、与西欧的战略关系；同时在西占区建立统一的经济体系，有利于阻止苏联的经济体制通过索取战争赔偿的途径向德国西部渗透。

美国决策者感到只宣布双占区合并还不足以表明美国的态度，它应该更加明确地阐述美国的对德政策。贝尔纳斯在斯图加特发表的演说宣告了美国赔偿政策、对德政策的重大转变，成为美国外交政策转变的急先锋。9月12日，商务部长亨利·华莱士在纽约麦迪逊广场发表演讲，呼吁美国理解苏联在东欧的优势地位，赞成具有不同的经济、政治模式的两个大国之间进行正常的竞争。① 贝尔纳斯认为该讲话是对国务院外交政策的批评，他向杜鲁门总统提出辞职以示抗议，杜鲁门总统没有接受国务卿的辞职要求。9月20日，总统要求商务部长辞职。华莱士是杜鲁门政府中唯一主张继续与苏联保持战时同盟关系的阁员，他的离职清除了美国决策层中自由主义新政派最后的一点残余影响。两个月后，共和党在国会选举中大获全胜也说明了这一点，国会两院开始被保守的共和党人所把持。

9月24日，杜鲁门总统年轻的特别顾问克拉克·克利福德撰写了题为《美国与苏联关系》的长篇报告，该报告认为苏联具有向全世界扩张的强烈野心，它的每一项外交政策都是精心策划好的。为了世界的稳定，美国应该采取以火攻火的政策。美国对其他地区的政策都应该服从于它的对苏政策。② 杜鲁门总统认为该报告应该被锁起来，因为它太过火了，如果现在公开出来将对美、苏关系产生不幸的影响。报告虽然被锁起来了，但正如威廉·陶巴曼所分析的那样，其实杜鲁门像其他决策者一样基本已经接受了克利福德的观点。③

苏联对于贝尔纳斯的公开演讲非但没有发表对抗性的声明，9月17日，斯大林在接受英国记者采访时尽力否认存在新的战争的危险，否认苏联的政策是利用德国问题反对西欧和美国，斯大林说这不符合苏联国

---

① Jeffry M. Diefendorf, *American Policy and the Reconstruction of West Germany*, 1945—1955, p. 117.

② Arthur M. Schlesinger, *The Dynamics of World Power*, *A Ducumentary History of United States Foreign Policy*, 1945—1973, Vol. 1, NewYork: Chelsea House Publish, 1973, p. 300.

③ William Taubman, *Stalin's American Policy*: *From Entente to Détente to Cold War*, NewYork: W. W. Norton & Company, 1982, p. 130.

家的根本利益。① 然而，美国驻苏联外交官员在给国务院的报告中对此评价道：斯大林的表态有两个策略性的目的。一是加强美国政府内部赞同安抚苏联的力量；二是引诱英国政府中希望与苏联合作的力量。苏联力图扩大美国与英国的矛盾，根据斯大林的理论，矛盾的结果将引发资本主义内部最强烈的冲突。② 这里，暂且不谈斯大林的表态是否是其真实的想法，但此时美国决策者的想法已经比较明确了。

早在莫斯科会议之前，美国决策层就已经对这次会议不抱什么幻想了。在国务院为会议准备的相关备忘录中，国务院官员已经事先预料到会议很可能将以失败而告终。③ 约翰·杜勒斯在参加莫斯科会议之前就已经希望会议最好能够无果而终。④ 莫斯科会议期间，马歇尔指示凯南开始准备工作，因为他已对外长会议不抱什么希望了，转而打算在国务院成立一个政策计划办公室，希望找到一个解决德国难题的一劳永逸的办法。⑤ 其实，美国决策层试图一劳永逸解决德国难题的想法从1946年底就开始酝酿了。因为"德国问题"已经被"俄国问题"所代替，冷战思维初现端倪。德国赔偿原本是一个法律问题、经济技术问题，但美苏在共同处理该问题的过程中搀杂了过多的外交斗争因素，双方因赔偿分歧而产生的矛盾使得德国赔偿成为美苏共同关注的地区性问题。德国在欧洲的传统地位、其潜在能力又都决定了美、苏双方都无法放弃德国，德国因此成为美苏对抗的前沿阵地。美苏在德国赔偿问题上也就失去了合作的意愿，美国决策者下决心撇开苏联，单独解决德国赔偿问题。美国赔偿政策从一项独立的外交政策演变成为美国战后战略目标服务的附属政策。

总之，二战后苏联因素的出现，一方面使得美国决策者不是主要从德国赔偿问题本身出发来制定赔偿政策，而是从两种经济制度对抗的角度来处理赔偿问题，从而给美国赔偿政策打上了意识形态色彩，使其变

---

① FRUS, 1946, Vol. 6, pp. 784-786. The Charge in the Soviet Union (Durbrow) to the Secretary f State. September 24, 1946.

② FRUS, 1946, Vol. 6, pp. 786-787. The Charge in the Soviet Union (Durbrow) to the Secretary of State. September 25, 1946.

③ Carolyn W. Eisenberg, *Drawing the Line: The American Decision to Divide Germany, 1944—1949*, p. 280.

④ James McAllister, *No Exit: American and the German Problem, 1943—1954*, p. 126.

⑤ Charles E. Bohlen, *The Transformation of American Foreign Policy*, NewYork: Norton, 1969, p. 88.

得更加复杂化；另一方面苏联因素是促使美国赔偿政策不断调整以适应战后国际形势的发展、变化的主要外在因素。美、苏因德国赔偿而产生的矛盾促进了双方对抗，加剧了冷战态势。最后受东、西方冷战大格局的制约，德国赔偿问题像德国、欧洲一样也被割裂成两部分，并最终按照两种方案分别得以解决。

第三节 "战争与和平"视阈下的"德国问题"

众所周知，"德国问题"曾是困扰欧洲国际关系几个世纪的一个难题。在不同的历史时期，其内涵也不尽相同。"德国问题"一旦出现，几乎都要引发欧洲局势的紧张、调整，甚至是战争。战争结束后，妥善处理"德国问题"则成为确保欧洲和平的必要条件。可以说，"德国问题"的起伏几乎就伴随着"战争"与"和平"的兴替。"德国问题"的出现虽有一定的特殊性，但其具有的普遍意义则更应该总结，即作为崛起的新兴大国，德国应该如何融入国际秩序之中？反过来，国际秩序应该如何调适从而包容、接纳德国？或许都是研究"战争与和平"理论时应该思考的问题。

一、"德国问题"的缘起

何为"德国问题"？亨利·基辛格曾说过："至少已有三个世纪，德国的安排一直是欧洲稳定的关键"，"德国似乎不是引起它的邻国对它抱有野心，就是威胁到它的邻国的安全"。《大国的兴衰》的作者则这样总结德国问题："确定德意志民族在欧洲国家体系中的适当位置在过去一个世纪中一直是令人头痛的问题。如果说把德国的人放在一起组成一个民族国家，就会提出很多敏感的问题（如战争等）。"戴维·卡莱欧从国际和国内两方面界定德国问题："国际上，一个统一的德国对任何稳定的欧洲秩序来说，总是太大、太有活力了。不可避免地，这样的德国威胁到他的邻国的政治独立和经济福利。反过来，德国有活力的扩张经常被认为来自于德国的内部特征——政治结构、经济、文化和社会体系在19世纪和20世纪的发展。"[①] 上述这些评论都表明，"德国问题"的产生既有

---

① 张晓峰：《论德国问题的欧洲解答》，载《重庆科技学院学报》，2013年第10期。

其特殊的国情、政情，又有外部环境的因素。下面择其要点简述一二。

首先，特殊的地理位置。德国人称自己的国家是"天生被包围的国家"，德国地处欧洲腹地，环绕着9个邻国。东西两翼分别有军事强国俄罗斯和法国，隔海与英国相望，历来是东欧与西欧、北欧与东南欧、近东之间的交通中枢。历史上德意志是由众多邦国组成的松散联盟，邦国林立，彼此之间战乱不已。因此，德意志长期只是一个地理概念，没有发展成独立的民族国家，历来是欧洲大国争霸的战场。德国人在饱受战争之苦，渴望早日实现民族统一的同时，也发展出比较发达的战争理论及地缘政治学说。① 德国统一之后，极大地改变了欧洲的权力结构和地缘政治。对其他国家来说，中欧传统的缓冲地带不仅不复存在，而且出现了一个任何国家都没有力量能够单独对抗的潜在威胁；而统一后的德国则感觉自己像是手脚被捆绑住的巨人，向外发展，向外求得"生存空间"自然很容易成为整个国家的意识形态。

其次，深厚的军国主义传统。在世人眼中，德国的军国主义几乎与普鲁士精神等同。从18—19世纪，崛起于德意志北部的普鲁士王国几乎参加了欧洲所有的战争。普鲁士军队纪律严明，战斗力超强，并有先进的战争理论作指导，战略上富有智慧，战术上机动灵活。到了克劳塞维茨时期，正是拿破仑横扫欧洲、德国统一运动开始勃发的时代。作为战略家，克劳塞维茨清楚地认识到在统一过程中普鲁士及军队必将发挥决定性作用。他曾说道："德意志实现政治统一的道路只有一条，这就是通过剑，由一个邦支配其余所有各邦。"其预言由后来的俾斯麦实现，历经三次王朝战争，普鲁士统一了德国，完成了几代人的梦想。但它也给第二帝国留下了一份政治遗产，德国人包括政治家大多迷恋真刀真枪的武力，习惯使用战争的方式解决所面对的危险，甚至不惜挑战国际秩序。同时，多年来一直是欧洲主战场的惨痛记忆，给德国人心中种下了难以

---

① 地缘政治学在德意志形成为一门科学，成为哲学和科学思潮的一个组成部分，可上溯到康德时代。其后的拉采尔、豪斯霍弗等人提出的国家有机体、生存空间、大区说等理论进一步丰富发展了地缘政治学说。国内外学界普遍认为，德国地缘政治学说与其军国主义密切相关，并最终成为为战争服务的工具。国内研究德国地缘政治学说的专著尚未出现。有一些可资借鉴的论文：李旭旦的《论K.李特尔、F.拉采尔和H.J.麦金德》、冀伯祥的《简析德国地缘政治学的发展与军国主义》、葛汉文的《"退向未来"：冷战后德国地缘政治思想刍议》、蒋涛的《近代德国地理学家及影响》、刘新华的《地缘政治、国际体系变迁与德国外交战略的选择》、王恩涌的《德国的地缘政治学》、李家成的《西方地缘政治研究中的德国系决定论传统》等。

摆脱的不安全感。两者相叠加，使得德国人更加崇尚武力。军队是第二帝国的立国支柱，军官集团被尊为社会权贵，军国主义渗入到社会各个层面，发展出一种被称之为"普鲁士主义"（Borussimus）的自我陶醉的性格，并"随之出现了一种精神视野和政治视野的急遽狭隘化"。①

最后，具有挑战国际秩序的实力。19世纪下半叶，拥有鲁尔重工业区的德国在工业革命期间异军突起，经济得到跨越式发展。国家统一则进一步刺激和推动了德国经济。德国很快赶上并超过其他资本主义国家，仅工业生产，1874年就超过了法国，1895年超过了英国，一跃成为欧洲头号工业强国。进入20世纪，德国在人力资源、军事能力、工业发展潜力等方面在欧洲都占有优势地位。波澜壮阔的统一运动、令人炫目的经济成就、无往不胜的传奇军功都刺激了德国人的民族自豪感。1900年，吉尔伯特·默里宣称："我们是所有民族中的精华，最有资格统治其他民族。"② 30年后，当曾经战败的德国再次挑战欧洲秩序时，被希特勒讥笑为"一群可怜虫"的英法领导人面对咄咄逼人的德国除了绥靖政策之外好像别无良策。可以说，整个20世纪上半期，德国是左右甚至是改变欧洲秩序的决定性因素。它活跃的本能、重新崛起的潜力、发起挑战的决心令邻国人民胆战心惊，让欧洲乃至全世界政治家们头痛不已。

二、"德国问题"的症结

"德国问题"产生于特殊的国情、政情，具有一定的特殊性。我们探究该问题的目的是分析"德国问题"症结之所在，试图从中总结出具有普遍意义的经验和教训。前文在分析"战争与和平"理论时认为，在很多情况下，一个民族国家在进行是要战争还是要和平的战略抉择时有着比较大的选择机遇和决策空间。德国在两次大战爆发前进行战略抉择时，都选择了战争，虽然主动成分有所差异。关于纳粹德国是第二次世界大战发动者的结论很少存在异议；③ 但一战结束后不少人认为，《凡尔

---

① [德]弗里德里希·迈内克：《德国的浩劫》，何兆武译，北京：商务印书馆，2013年版，第17页。

② [美]保罗·肯尼迪：《大国的兴衰》，第205页。

③ 在西方学术界，关于二战起源的研究，战后10年间正统派的观点占据主导地位。1961年，被称为修正学派代表者的英国历史学家泰勒发表了《第二次世界大战的起源》。泰勒在书中认为，第二次世界大战不是像有些人认为的那样是希特勒预谋的，它是一个错误，是交战双方外交上失策的结果。

赛条约》把发动战争的罪责单方面推给德国并不公平。这里暂且不计较公平与否,而是通过分析一次大战前德国领导人进行的一系列战略抉择,试图说明德国作为处于崛起阶段的新兴力量,在处理自身与外部环境,特别是与霸权国家之间关系方面出现了哪些战略性失误及其原因。

首先,德国崛起面临着战略抉择的困境。德国统一后,俾斯麦运用高超的外交手段纵横捭阖,在欧洲大陆建立起以德国为中心的联盟体系。该体系被称为"大陆政策",属于收敛的内向型发展,目的是为德国巩固统一的成果构造一个稳定的外部环境。但其后继者们难以把握俾斯麦政策的复杂性,不知如何从根本上解决德国崛起与欧洲大国安全困境之间的矛盾。威廉二世执掌政权后,力主实施外向型的"世界政策",不可避免地加剧了与欧洲其他霸权国家的矛盾。一战前,德国决策者面临的主要困境,第一个就是与陆上强国俄罗斯的关系。在"大陆政策"中,俄罗斯帝国被俾斯麦视为最关键的具有决定意义的一环,通过《三皇同盟》和《再保险条约》,极力保持与它的友好关系。但俾斯麦去职后,新上任的宰相卡普里维和外交部国务秘书马沙尔都欠缺外交经验,受国内反俄情绪影响,没有与俄国续签《再保险条约》。理由是要简化"大陆政策",鉴于俄国与奥匈乃至与英国的深刻矛盾,鱼和熊掌难以兼顾,因此主张抛弃俄国,转而与奥匈和英国结盟。后来的一系列事实证明,贸然舍弃与俄罗斯的传统友谊使得德国从此时刻可能面对东西两线夹击的风险,欧洲国际关系则从"变动的传统五头统治的平衡"向一种"僵硬和不易改变的两级平衡"的过渡;更糟糕的是,它不仅没有改善与英国的关系,反而加速了法俄、英法、英俄之间的接近与和解,德国外交的回旋余地日趋减少。

舍弃俄国的目的主要是为了与英国结盟,而此时德国也只有协调与英国的关系才有可能摆脱所面临的困境。俾斯麦离职后,威廉二世着手实施其外交"新路线",利用与英国王室的姻亲关系,积极主动改善与英国的关系。可事与愿违,两国没有达成任何实质性协议,双方关系忽冷忽热,若即若离。究其原因,一方面是德国为德英结盟预设了僵硬的前提条件,即只有英国加入三国同盟,德国才能与之正式结盟。这必然为习惯于"光辉孤立"的大英帝国难以接受;更主要的是德国崛起的势头,特别是德国高调宣称要从大陆强国转变为海上强国的决心触动了英国的根本利益。在列强争霸时代,德国的"世界政策"也算合理的诉求,代表了新兴国家的自然发展趋势,赢得了当时大多数德国人的欢呼。从 1898—1908 年间,国会通过的一系列扩建海军法案几乎都得到了多数票的支持。但海上霸权一直被英国视为禁脔,不容许任何国家挑战。德国大张旗鼓地发展海上力量,扩展海外殖民事业,自然很难实现与英国结盟的战略构想。而德国决策者对英国却一直心存幻想,以至于萨拉热窝事件发生后,还误以为英国将一直保持中立。

即便与英国结盟的愿望没有顺利达成,德国依然拥有一些可供选择的外交战略,问题在于德国战略决策为何失误连连?或许通过分析德国的外交决策机制,可以寻找到一些原因。从权力结构来看,皇帝、首相、军队、政党、民众等都曾影响过德国的外交决策,发挥了各自的作用。威廉二世作为第二帝国的末代君主,其评价历来不高①。被认为是一个具有"转型一代"的双重人格,是处于威廉一世和俾斯麦时期的旧普鲁士世界与大工业社会的"现代"世界之间的过渡的一代人。② 马克斯·韦伯的评价则更直接:"毛病是出在政治结构上……政策是掌握在一个干着玩玩的外行人手里。"③ 并不熟悉外交事务的威廉二世登基后不久即改

---

① 由于受所学外语所限,笔者对于国外学术界研究威廉二世的状况不是很了解。下面引用的是刘鑫的硕士论文《威廉二世研究》中关于国内外学术界研究状况的概述:威廉在身为王子,以及在位期间,就已经受到国内外报刊和书籍的关注,但这更多是时政研究,与真正的历史研究还有一定距离。一战结束后,学术研究还有很大局限性,因为大多数德国历史学家面对《凡尔赛条约》及"战争罪责"指控时,选择了忠诚的传统,努力维护德国思想与政治传统的正当性。因此对威廉二世的研究往往从分析其生理、心理缺陷和独行事方法入手,经常将其斥为缺乏承担统治责任能力的"精神癔症"患者。准学术性传记成为研究威廉二世的主要形式。第二次世界大战结束后研究状况有所改变,保守民族主义者和"忏悔学派"在对集权主义、军国主义和种族主义进行批判的同时认为,希特勒与纳粹主义完全偏离德意志历史主流,因此与 1914 年前的德国没有实质联系。至于威廉二世,他们采取了比魏玛时期更加回避的办法,这使得对威廉二世的研究只能逐渐与对当时德国政治、经济和文化结构的研究结合起来。60 年代以后,德国史学界兴起了"新正统学派",偏重于结构分析的方法,出版了一些代表性著作。90 年代苏东剧变后,纯粹结构分析方法风光不再,而强调能动性和个性特征的学术传记再次成为"历史分析的一项主要工具"。传记研究从微观分析入手,收集和整理了大量档案材料,梳理和辨析了许多关键史实,对于威廉二世研究触及了威廉德国社会的所有重要领域。我国学术界对于威廉二世的研究从一战结束后开始,从英文版转译出版了两部威廉二世自传。除此以外,直到目前国内学术界的研究尚未取得实质性进展,只散见于一些简略的专题性论文中,并在一些通史性著作,外交、国际关系及军事性著作中略有涉及。参见刘鑫:《威廉二世研究》,华东师范大学硕士论文,2008 年 5 月,第 2—7 页。

② [英]约翰·洛尔:《皇帝和他的宫廷》,杨杰译,北京:北京大学出版社,2004 年版,导言第 1—3 页。

③ [美]科佩尔·S. 平森:《德国近现代史——它的历史和文化》,第 391 页。

弦更张实施外交"新路线",在一定程度上,其双重性格因素会有一些影响。① 皇帝之外,最接近决策权力的自然是非宰相莫属。俾斯麦离职后,德国政治家们突然意识到,德国始终没有形成清晰的国家利益、国际利益的概念以及它们的边界。其原因被认为是"俾斯麦时代压抑协作精神的后果"。这是否正确暂且不谈,几位继任宰相的战略思想、外交手段都无法与俾斯麦相比肩,行政风格大多缺乏原则性,机会主义行事倒是显而易见。于是,"政治人格化"的悲剧上演了,第二帝国君臣的短视、犹疑不决、自相矛盾使得德国在战前错过了几次重要的战略机遇,做出了一系列错误决策,乃至萨拉热窝的枪声响起之后,德国政府除了宣战之外,几乎已经别无选择。

德国战略决策失误除了决策机制存在缺陷外,是否还有其他原因? 德国社会心理因素对外交决策的影响可能是更深层次的原因。这就关涉到德国与外部世界的关系,即在民族主义与世界主义之间如何定位的问题。笔者认为,这或许是"德国问题"的症结之一。第二帝国的建立激发起德国人心中传统的世界主义情怀,神圣罗马帝国的迷梦不仅不再久远,开始复苏,而且带有浪漫的中世纪大一统色彩的世界主义还为新兴的民族主义披上了往日的光辉。一战前德国的政治精英坚信:"(大家期望)德国继续被紧锁在传统欧洲力量均势的狭小框架内……而当欧洲以外的巨人在到处形成的时候,维持欧洲均势,就意味着宣判了德国的平庸,并且宣判了欧洲沦为异族统治的命运。"② 德国社会出现了泛德意志民族主义、殖民主义性质的压力团体,它们"总是逼促政府采取更强硬的立场……他们视外交上正常的交换条件或德国外交出现丝毫的让步迹象为奇耻大辱"③。对此,宰相霍尔维格抱怨道:"帝国主义、民族主义

---

① 刘鑫在论文中分析认为,身有先天残疾的威廉二世在青年时代曾寻求以反抗方式赢得母亲尊重,现在,类似方法被运用在了德英关系上。他认为鉴于母亲和母亲祖国都只钦佩强者,只有德国能够施加足够影响力和压力,英国才会真正将德国视为有价值的盟友。这样扩张政策就应当是实现德英同盟的必要途径。因此他认为,德国崛起与德英同盟非但没有冲突,而且相互需要。威廉二世的扩张政策主要是设法迫使英国加入到相对有利于德国的同盟中来;至于扩建海军,威廉认为海军将促使英国尊重德国,甚至是德英结盟的工具。参见刘鑫:《威廉二世研究》,华东师范大学硕士论文,2008 年 5 月,第 64 页。

② David Calleo, *The German Problem Reconsidered*, *Germany and the World Order*, 1870 *to the Present* Cambridge University Press, 1978, p. 5. 转引自胡杰:《威廉二世时代德国的战略困境及其成因分析》,载《信阳师范学院学报》,2002 年第 3 期。

③ [美] 亨利·基辛格:《大外交》,第 162 页。

和经济实用主义在过去的年代里在各国的国家政策中都普遍地占据着统治地位,这使得它们不惜冒全面冲突的危险,而执意追求它们认为可以达到的目标。"①

战争爆发后,德国各政党、普通民众对于战争的态度也表明德国民族主义高涨的状况。德国宣战后,各政党在国会中达成了名为"国会内党派斗争暂时中止"的政治休战。战争时期,国会在批准政府所要求的军事拨款之后就休会了,把它的权力让给了军方。原来一贯反对军事预算的社会民主党人被爱国浪潮所淹没,也一致投票赞成军事拨款。工会方面则停止一切罢工。像在所有其他交战国那样,鼓动民族仇恨的宣传运动在德国也很快展开。93名德国最杰出的知识分子、科学家和艺术家发表宣言,答复关于德国破坏比利时中立和挑动战争的指责时宣称:"如果我们没有在比利时先下手,那就等于自杀。"② 失败后,不承认战败事实则是德国民族主义的另一种表现形式。一战结束后,德国政府为归国的将士举行了盛大的阅兵式,随后社会中诸如"匕首刺背"、"十一月背叛"、"凡尔赛压迫"等说辞到处流传。其来源虽然无从考证,但它们却成为战后德国强烈的民族复仇主义情绪的社会心理基础。战前争夺霸权,战败后抵制、摆脱凡尔赛体系,直至再次挑起战争构建第三帝国的一系列行为在心理层面上前后相继,一脉相承,而其主线就是民族主义。③可以说,直至第二次世界大战彻底失败之前,德国始终没有处理好自身与外部、民族主义与世界主义的关系。缺乏一个全面的、清晰的战略构想,不知道尚处于崛起阶段的自己怎样与霸权国家相处,以及如何更好地融入国际秩序之中。

"德国问题"不仅困扰着德国,也困扰着整个欧洲国际关系。国际秩序如何调整将德国这个巨人融入其中,从而包容、接纳德国的发展在当时不仅是相当艰巨的任务,而且直接影响到战后的和平与发展。或许

---

① H. W. Koch, *The Origins of the First World War*: *Great Power Rivalry and German War Aims*. London: MacPublisher, 1984, p.286. 转引自胡杰:《威廉二世时代德国的战略困境及其成因分析》,载《信阳师范学院学报》,2002年第3期。

② [美]科佩尔·S.平森:《德国近代现代史——它的历史和文化》,第425页。

③ "第三帝国"的传说可以上溯至12世纪。1189年,"巴巴罗萨"腓特烈发动第三次十字军东征,1190年在小亚细亚的格克苏河沐浴时不小心溺亡。到了16世纪,出现了传说,说他在图林根州的基弗霍伊泽山沉睡,终于有一天他会醒来,并带领着日耳曼民族走向统一与荣耀。这个传说将统一的国家称为"第三帝国"。

可以说，这是"德国问题"的症结之二。一战、二战结束后，国际社会对德国的不同处理可以证明上述观点。一战后战胜国处置德国的失败之处不再赘述。下面，着重分析二战结束后，国际社会处理"德国问题"的经验和教训。

首先，无条件投降原则为战后同盟国处置德国提供了便利条件。无条件投降思想源自于罗斯福总统对和平的认识，他一直是不妥协和平的提倡者。罗斯福认为，二战的爆发不是因为不明智的条约而是因为1918年有条件投降，威尔逊错误地允许德国人参与停战谈判。"正因为这些原则（'十四点'计划）被践踏，所以一战后的世界到处灾祸频仍，从而导致了希特勒的兴起和第二次世界大战的发生。"① 他不想再犯这样的错误。欧洲战争爆发后，罗斯福反复强调贯彻不妥协和平的决心。1941年6月，罗斯福和丘吉尔商定不会与希特勒谈判，不给德国战后说盟国违反战时承诺的机会，这次没有承诺。② 在随后反法西斯国家代表签署的《联合国家宣言》中规定，为了"完全战胜它们的敌国"，"保证与本宣言签字国合作，并不与敌人缔结单独停战协定或和约"的义务。③《联合国家宣言》奠定了同盟国制定无条件投降政策的共同政治基础。从战后的国际关系实践来看，无条件投降确实为盟国处置"德国问题"提供了很多便利条件。

其次，二战后对德国采取了占领加改造的政策。战后为消除和平的威胁，需要进行战败国家的重建，包含对建立持续和平国家的政治体制、国家结构、法制、经济以及社会中某些领域的改革或重建。一战结束后，

---

① ［美］罗伯特·舍伍德：《罗斯福与霍普金斯》，福建师范大学外语系编译室译，北京：商务印书馆，1980年版，第314页。

② 罗斯福之所以坚持无条件投降原则正如一些学者所分析的那样，主要有三个原因：一是，罗斯福坚持认为一个绝对的、明确的、完全的胜利对教育轴心国人民是必不可少的，要让他们记取这个残酷的教训：他们彻底地被打败了。正如罗斯福所说："实际上，所有的德国人都否认他们在上次世界大战中投降的事实"，"但是，这一次他们必须承认，日本人也一样。"二是，无条件投降向世人表明：当战争结束时，盟国完全有充分的自由采取他们认为适当的措施。罗斯福担心如果盟国在轴心国家投降时，对他们做出许诺，答应他们的条件，那么在战后对轴心国实行清算时，盟国将要受到限制和约束。因此，轴心国家的无条件投降以及战后对轴心国行使不受约束的支配权是罗斯福坚持的无条件投降政策的最终目的所在。三是，用"无条件投降"替代开辟第二战场的承诺来安抚苏联。参见 John L. Snell，*Wartime Origins of the East and West: Dilemma over German*，p. 16。另参见 Willard Rauge，*Franklin D. Roosevelt's World Order*，University of Georgia Press. 1959. p. 85。

③ 《国际条约集，1934—1944》北京：世界知识出版社，1959年版，第342—343页。

战败的德国既没有得到彻底改造，又被排斥在欧洲大家庭之外，成为既没有认罪服刑又被抛弃的政治孤儿。二战结束后，德国被四国分区占领。各占领国对德国统一进行了"四D"改造（非军事化、非纳粹化、非工业化和民主化在英文中均以D开头）。其中，非纳粹化（苏联称为"根除法西斯残余"）是最关键、同时也是极难完成的改造任务。战后盟国即组织了以纽伦堡审判为代表的多次审判，战争罪犯受到审判，纳粹组织被解散。但纳粹运动已经深入到德国社会各个角落，很多德国人曾狂热信仰、追随过纳粹。纳粹党员达800万，与纳粹党有联系的组织成员有400万人，两者相加占德国总人口的1/5，实现对普通大众非纳粹化的任务更加艰巨。为此，盟国管制委员会发布了38号法令，要求每个18岁以上德国人必须登记，由当地德国法庭审查，判定结果分为主犯、罪犯、从犯、追随者和无罪者，并对每一类别给予不同的处罚。①

美占区被认为是非纳粹化贯彻得最彻底、执行最坚决的地区。克莱将军曾严厉批评德国法庭包庇纳粹罪行的倾向，声称："如果德国人逃避或规避他们第一个所从事的使命，虽然是不愉快和困难的，那么，他们如何能表现出自治的能力和民主的意愿呢？"② 其他占领国的非纳粹化运动虽不如美国严格，运动中难免存在一些缺陷和负作用，但它对二战后的德国发展还是产生了一系列积极影响：彻底扫清了德国社会的纳粹毒素、军国主义及封建势力的残余；为战后德国建立现代民主社会奠定了政治基础；促使德国民众反思，构建起新的国家和历史观。总之，在一定程度上是"德国从未发生过的革命的替代品"③。因此，以非纳粹化运动为代表的"四D"改造既是国际社会对德国进行的一次全面的成功的社会改革，同时也是德国现代社会的开端。从此，德国以崭新的面貌出现在世人面前，为战后欧洲秩序的重建创造了条件。

最后，将德国纳入到新建立的欧洲秩序之中。二战结束后，以美国

---

① Beate von Oppen, *Documents on Germany under Occupation 1945—1954*. pp. 168 – 179.

② John Gimbel, *The American Occupation of Germany: Politics and the Military, 1945—1949*, pp. 106 – 110.

③ A. J. Ryder, *Twentieth-Century Germany: From Bismarck to Brandt*, New York, 1973, p. 473. 转引自胡笑冰：《德国西占区"非纳粹化"初探》，载《北京科技大学学报》，2001年第12期。

为代表的西方阵营与苏联为首的东方阵营几经争斗,最终以德国分裂和实现西欧一体化为基础构建了欧洲新秩序。德国在 25 年的时间里挑起和发动了两次世界大战,每次战后战胜国都提出过要求肢解和分裂德国的问题。① 德国战败后,被分区占领的德国成为美、苏对抗的前沿阵地。在冷战逐步形成过程中,德国因素让位于俄国因素。最终以德国分裂为代价,东西方实现了两大阵营在德国、在欧洲的均势。虽然分裂的德国极大地消除了战争潜力,"德国的邻国欢迎它的分裂",同时也符合美、苏的战略利益,但德国的发展还是成为影响欧洲未来发展趋势的重要因素。对此,在西方阵营内部几经讨论与探索,最终通过西欧联合,即一体化的途径暂时解决了"德国问题"。

欧洲联合的思想可以上溯至 18 世纪。② 19 世纪末,欧洲人不仅是理论上讨论联合问题,而且开始付诸行动,比、法、德等国都曾举行过和平大会,要求欧洲国家为和平而联合起来。一战后,饱受战火蹂躏的欧洲进一步认识到通过联合从而消除战争的必要性。思想界、政界的一些开明之士纷纷发表法德合作、欧洲联合的观点。法国总理白里安、德国总理斯特莱斯曼、时任科隆市长的阿登纳等人都曾接受并采取了一些推进措施。但受各国国内民族主义驱动,欧洲没有走上联合之路,战争还是不期而至。二战结束后,欧洲联合的思想再度萌发,特别是在德国已经分裂、德国统一问题被暂时搁置之后,实现西欧一体化被提上日程。

美国制定、出台《马歇尔计划》的目标是要复兴欧洲,但具体的复兴方式要由欧洲国家自己提出。阿登纳把化解与法国的冤仇视为头等大

---

① 一战后法国曾要求在莱茵河左岸地区建立一个法国保护下的莱茵共和国,并在南部建立一个独立的巴伐利亚共和国。威尔逊总统当时以退出巴黎和会相威胁,并与英国一起承诺保障法国的战后安全,法国才最终放弃了它的肢解方案。二战期间,在德黑兰会议、雅尔塔会议上,三大国领导人都曾讨论过肢解、分裂德国的问题。

② 欧洲联合的想法可以追溯到 18 世纪被称为欧洲联合的精神"鼻祖"、法国的圣·皮埃尔,他在《永恒和平方案》中首次提出了建立欧洲邦联政府的思想,即通过建立欧洲各国参加的欧洲"邦联政府"来实现欧洲各民族间的"永恒和普遍的和平"。19 世纪,欧洲联合的理想进一步发展成为"欧洲统一"的思想。在 19 世纪 40 年代,法国涌现出了一批欧洲联邦主义者,如空想社会主义者蒲鲁东,提出了欧洲应由大小不一的"联邦"组成,然后联邦与联邦之间再结成更大的"欧洲联邦"的构想。此外,在法国还出现有"欧洲合众国"、"欧洲联盟"等主张和思想。参见吴友法:《"德国问题"与早期欧洲一体化——第二次世界大战后欧洲为什么走上联合道路》,载《武汉大学学报》,2009 年 7 月。

事，多次发表寻求谅解的讲话。在美国的劝说下，1949年11月，法国国民议会通过了关于在西欧一体化过程中解决法德关系的决议。1950年5月，法国外长舒曼发表了被后人称为《舒曼计划》的声明："欧洲各民族的联合要求消除法德之间几百年的对立。已经开始的事业首先应包括法国和德国。""把法德的全部煤钢生产置于一个其他欧洲国家都可参加的共同的最高联营机构管理之下。"① 美国对此表示支持，在此前国务院起草的题为《欧洲环境中的德国》的备忘录中曾写道：要使德国结合到西欧统一体中，使之既受到"抑制"，又可发挥"和平的、建设性的、非独裁的作用"，"即使没有其他理由单是为了解决德国问题，也有必要促使欧洲统一"。② 阿登纳对于《舒曼计划》也大加称赞："为今后消除法德之间的一切争端创造了一个真正的前提。"③

通过煤钢共同体，德国军事工业基地鲁尔地区由共同体监管，西德经济被纳入以法国为主导的一体化经济圈。这既消除了法国人心中的恐惧，有效地化解了法德之间的百年恩怨；同时也为西德重返欧洲大家庭提供了条件，"一体化和相互协调的特点给德国人提供了一个极好的机会来使政治要求（这种要求由于德国过去的历史可能仍然受到怀疑）变为值得尊敬的经济要求。……西德非常成功地利用国际合作为国家利益服务"④。这其间，西德经济恢复并飞速发展，主权得以恢复，并通过加入了北约实现了重新武装。总之，以美国为首的西方阵营通过把"德国问题"纳入欧洲一体化的途径，基本解决了二战后再次出现的"德国问题"。

关于西德为何能够比较好的融入西方阵营，美国学者约翰·伊肯伯里认为，是美国战后趋于制度化方向，带有宪政特征的秩序构建，有利于保护西方共同民主价值观念的措施，增强了西方阵营的凝聚力。⑤ 除了外部因素，战后德国人对欧洲的认同意识也发挥了很大作用。从政治

---

① 丁建弘、陆世澄、刘祺宝：《战后德国的分裂与统一，1945—1990》，北京：人民出版社，1996年版，第119页。
② 刘同舜、高文凡：《战后世界历史长编》（第6册），上海：上海人民出版社，1985年版，第198—199页。
③ ［德］康德拉·阿登纳：《阿登纳回忆录》，第378页。
④ ［美］W. F. 汉里德、G. P. 奥顿：《西德、法国和英国的外交政策》，徐宗士等译，北京：商务印书馆，1989年版，第65页。
⑤ ［美］约翰·伊肯伯里：《大战胜利之后——制度、战略约束与战后秩序重建》，第149—150页。

精英到普通民众，大多认为德国的国家利益将在欧洲一体化中得以实现。可见，"一体化"是德国人化被动为主动的一种选择，世界主义的传统似乎又依稀重现。

三、"新德国问题"的出现及其发展

德国的历史用一句耳熟能详的中国古语"天下大势，合久必分，分久必合"来形容却也贴切。很大程度上，一部德国史就是一部民族分裂、统一、再分裂、再统一的历史，在这期间，往往会伴随着战争的硝烟。当二战的尘埃落定之后，美、英、苏等战胜国不顾德国人民的意愿，人为分裂了德国。多年来，德国人虽然从未真正放弃过国家统一的梦想，并为此做出过很多努力，可是在冷战的国际形势下，实现再次统一似乎已经遥不可及。但历史发展的结果往往会出乎人们的预料。1990 年 10 月 3 日，分裂了近半个世纪之后，德国居然以"不流一滴血和泪"的和平方式再次实现了统一。象征着日耳曼民族争取统一、独立、主权雄心的黑、红、金三色旗重新飘扬在勃兰登堡门前，一个全新的德意志联邦共和国出现在欧洲。

统一日当天，科尔总理致函各国首脑，表述了德国统一后的外交政策。① 科尔总理讲话的意图很明确，但还是没有完全消除欧洲国家的忧虑，因为统一后的德国显得有些"超标"。它雄踞欧洲心脏地区，面积达 35.7 万平方公里，人口 8200 万（除俄罗斯外欧洲人口最多的国家）；经济实力遥遥领先，1990 年，德国统一后的国民生产总值达 1.7 万亿美元，是英法两国的总和，德国再一次打破了欧洲均势，法德之间不再平衡，欧洲政治的重心不可避免地向东迁移。受历史记忆影响，英、法领导人都曾公开反对统一，试图阻止。但德国统一已是大势所趋，非人力所能掌控。在全世界都为之惊讶不已的同时，依稀感到"新德国问题"已经出现，它将如何发展？

"新德国问题"的第一个表现就是德国与欧洲的关系问题，即是

---

① 今后从德国土地上只会产生和平；欧洲边界的不可侵犯性，尊重各国的领土完整和主权，不会对任何人提出领土要求；德国将在国际上承担更大的责任，愿意参加为维护和恢复和平采取的行动；德国将继续坚持不懈致力于欧洲的统一。参见丁建弘、陆世澄、刘祺宝：《战后德国的分裂与统一，1945—1990》，第 422 页。

"德国的欧洲"还是"欧洲的德国"的问题。① 德国统一已经 20 多年了，从其对外政策和实践来看，德国基本遵守了科尔总理当初的承诺，致力于立足欧洲和积极服务于欧洲的一体化。在欧洲从欧共体向欧盟进一步深化发展过程中，德国从追随者转变为一体化的主导者，并在处理北约东扩、欧盟东进、欧洲安全、欧债危机等问题中发挥了不可替代的独特作用。当然，德国外交也受到一些质疑和攻击，认为德国运用自己的长期贸易盈余和对欧元区其他国家的财政控制将成为地缘经济强国，将经济增长置于其他非经济的外交政策利益之上，导致同西方伙伴国家发生冲突。曾几何时的"文明国家"演变成地缘经济强国，是为"德国问题的新变种"。②

"新德国问题"的第二个表现是，德国如何整合原东德地区以实现真正的统一。两德以"平等"的名义实现了和平统一，但其实是西德"兼并"了东德。统一后的东德如何转轨，从而融入新的联邦德国，其难度超出了很多人的预计。两个德国虽然是一个民族，有共同的语言、共同的文化传统、共同的民族心理，但两地人民在不同的社会制度和意识形态下生活了几十年，各自发展出不同的社会心理和民族情感。东德领导人曾提出过"两个德意志民族"理论，该提法在统一之前就已经消退。1989 年，正是东德人喊出的"我们是一个民族"的口号加速了统一的进程。但是在 20 多年之后，东德地区居民的国家认同意识却变得很低。《柏林日报》的民调显示，只有 22% 的东德地区居民觉得自己是"真正的联邦德国公民"，62% 的东部人认为自己处于"悬浮状态"——既失去了同民主德国的联系，又没有在联邦德国找到自己的位置；还有

---

① 这是 1953 年德国著名作家托马斯·曼（Thomas Mann）在向德国汉堡大学生所作的一次演讲中提出的概念。托马斯·曼认为，欧洲深厚的历史和文化底蕴、它的尊贵和骄傲，一定会帮助它重新恢复自信，克服沉沦，再现统一与繁荣；一个重新统一的德国将重新屹立在统一欧洲的中心。对于统一的德国在欧洲的地位和作用问题，他说："一个统一的德国不应是欧洲的主宰者和教师爷，而应成为自觉服务于在自信中实现统一的欧洲的一分子。应该清醒意识到，欧洲统一的障碍来自欧洲其他民族对德国纯正目的的怀疑和对德国霸权企图的恐惧。在他们看来，德国的生机与活力将会重现霸权企图，是无法掩饰的。我们必须承认，这些担忧不是无本之木和杞人忧天。一个德国称霸欧洲的梦魇作祟至今，尽管它已随着希特勒的灭亡而被彻底粉碎。因此，德国新一代年轻人的使命是要打破这些怀疑与恐惧，抵制邪恶的历史，明确一致地宣示自己的愿望：不要一个德国的欧洲，而要一个欧洲的德国。参见连玉如：《21 世纪新时期"德国问题"发展新考》，载《德国研究》，2012 年第 4 期。

② 连玉如：《21 世纪新时期"德国问题"发展新考》，载《德国研究》，2012 年第 4 期。

11%的东部人想要回到民主德国。同时，东部和西部都有超过50%的人认为统一带来了许多坏处。①

统一后，德国政府通过了《德国统一基金》、《振兴东部计划》，每年为东部地区"输血"约1000—1500亿马克，这使得原西德时期就已出现的"德国病"雪上加霜。政府财政赤字剧增，国家债务翻倍，出现了失业率居高不下、社会负担加重、经济增长乏力等一系列社会经济问题。对此，原西德人抱怨不已，例如，他们每年要缴纳5.5%的个人所得税，即征收时间长达30年的"团结税"，被认为是受东部拖累所致。德国统一初期，西德领导人曾宣称，用5至10年完成转轨过程，树立一个"社会主义复辟为资本主义的样板"，创造近代德国历史上"第二个经济奇迹"。② 但德国统一已20多个年头了，默克尔总理公开承认"统一仍未完成"。可见，德国内部整合的工作任重道远。

德国的历史不会终结，"德国问题"能否终结，如何解决"德国问题"是近现代以来德国及欧洲国际关系面临的主要问题之一。从"德国的欧洲"到"欧洲的德国"所走过的历程不仅给德国带来了命运的沉浮，而且对欧洲乃至世界的和平与发展都产生了巨大影响。今天，浴火重生的德国人对战争、对和平的认知与实践更加理智与深刻。他们既为身为德国人而自豪，同时也愿意做一个"好的欧洲人"。最终实现"超前的民族国家"不仅是德国现实的选择，更符合历史发展的逻辑，世界正拭目以待！

---

① 翰秋：《回看德国统一的三个"意外"》，载《南风窗》，2010年第21期。
② 梅兆荣：《德国统一后东部地区的转轨情况》，载《德国研究》，2003年第3期。

附录：论文中使用的缩写

一战
ASC Allied Supreme Council 协约国最高会议
BIS Bank of International Settlement 国际清算银行

二战
ACC Allied Control Commission 盟国管制委员会
ACR Allied Commission on Reparations 盟国赔偿委员会
CCS Combined Chief of Staff （英—美）联合参谋长会议
CIOS Combined Intelligence Objectives Subcommittee 联合情报目标分委会
CORC Coordinating Committee, Ailled Control Council 盟国管制委员会的协调委员会
EAC European Advisory Commission 欧洲咨询委员会
FIAT Field Information Agency, Technical 战场情报技术局
IARA Inter-Allied Rrparation Agency 盟国内部赔偿局
JCS Joint Chiefs of Staff 参谋长联席会议
JIOA Joint Intelligence Objectives Agency 联合情报目标处
OTS Office of Technical Services 技术服务处
OMGUS Office of Military Government forGermany（U.S.） 美国驻德国占领军政府
PPS Policy Plan Staff 政策规划研究室
SWNNC State-War-Navy Coordinating Committee 国务院—陆军部—海军部协调委员会
SHAEF Supreme Headquarters, Allied Expeditionary Forces 盟国远征军最高司令部
TIIC Technical Industrial Intelligence Committee 工业技术情报委员会

参考文献

档案文件

Arthur M. Schlesinger, *The Dynamics of World Power*, *A Ducumentary History of United States Foreign Policy*, *1945—1973*, Vol. 1, New York: Chelsea House Publish, 1973.

Beate von Oppen, *Documents on Germany under Occupation 1945—1954*, London: Oxford University Press, 1955.

FRUS (Foreign Relations of U. S.), 1917—1950.

JamesScott, *President Wilson's Foreign Policy: Messages, Addresses, Papers*, NewYork: Oxford University Press, 1918.

Jean Smith, *The papers of General Lucius D. Clay: Germany 1945—1949*, Bloomington: Indiana University Press, 1974.

The New York Times, 1922, 1947.

United States Congress, Senate, *American Foreign Policy Basic Documents 1941—1949*, Washington: U. S. Govt. Print Off, 1950.

回忆录、传记

Charles G. Dawes, *A Journal of Reparations*, London: Macmillan, 1939.

Edward. House, *What really Happened at Paris, the Story of the Peace Conference, 1918—1919*, NewYork: Charles Scribners's Sons, 1921.

HenryMorgenthau, *Germany is our Problem*, London: Harper, 1945.

Henry L. Stimson, *On Active Service in Peace and War*, NewYork: Harper。Brothers, 1947.

James F. Byrnes, *Speaking Frankly*, NewYork: Harper Brothers Publishers, 1947.

Lucius D. Clay, *Decision in Germany*, New York: Doubleday Company

Inc, 1950.

专著

Alec Cairncross, *The Price of War, British Policy on Germany Reparations 1941—1949*, Oxford: BasilBlackwell, 1986.

Andrew M. Scott, *The Functioning of the International Political System*, NewYork: Macmillia, 1967.

Arnold A. Offner, *The Origins of the Second World War: American Foreign Policy and World Politics, 1917—1941*, New York: Praeger Publishers, 1975.

Arthur Walworth, *Wilson and his Peacemakers: American Diplomacy at the Paris Peace Conference*, 1919, NewYork; London: W. W. Norton & Company, 1986.

Arthur Walworth, *America's Moment, 1918: American Diplomacy at the end of World War I*, New York: Norton, 1977.

Bruce Kent, *The Spoils of War; The politics, economics and diplomacy of reparations 1918—1932*, Oxford: Clarendon Press, 1989.

Cairncross Ale, *The Price of War: British Policy on German reparations, 1941—1949*, New York: Blackwell, 1986.

Carolyn Eisenbery, *Drawing the line: The American Decision to Divide Germany 1944—1949*, NewYork: Cambridge University Press, 1996.

Charles A. Beard, *American Foreign Policy in the Making, 1932—1940*, New Haven: Yale University Press, 1946.

Charles E. Bohlen, *The Transformation of American Foreign Policy*, NewYork: Norton, 1969.

Charles L. Mee, *The Marshall Plan: The Launching of Pax American*, NewYork: 1984.

Charles S. Maier, *The Marshall Plan and Germany: West German Development within the Framework of the European Recovery Program*, New York: Berg Publishers limited, 1991.

Clarence G. Lasby, *Project Paperclip: German Scientists and the Cold War*, NewYork: Atheneum, 1971.

Conan Fischer, *The Ruhr Crisis, 1923—1924*, New York: Oxford University Press, 2003.

Daniels Josephus, *The Wilson era: Years of War and after 1917—1923*,

Chapel Hill: North Carolina University Press, 1946.

Edward Peterson, *The American Occupation of Germany: Retreat to Victory*, Detroit: Wayne States University Press, 1977.

Ferrell Robert, *Woodrow Wilson and World War I, 1917—1921*, New York: Harper&Row, 1985.

Fischer Conan, *The Ruhr Crisis 1923—1924*, New York: Oxford University Press, 2003.

Frank Costigliola, *Awkward Dominion: American Political Economic, and Cultural Relation with Europe, 1919—1933*, Ithaca: Cornell University Press, 1984.

Han W. Gatzke, *Germany and the United States A "Special relationship?"* Massachusetts: Harvard University Press, 1980.

Hadley Arkes, *Bureaucracy, the Marshall Plan, and the National Interest*, New Jersey: Princeton University Press, 1972.

Han W. Gatzke, *Germany and the United States A "Special relationship?"* Massachusetts: Harvard University Press, 1980.

Harold Zink, *The United States in Germany, 1944—1945*, New Jersey: Princeton, 1957.

Herber C. Mayer, *Germany Recovery and the Marshall Plan, 1948—1952*, NewYork: Edition Atlantic Forum, 1969.

Herbert Fei, *The Diplomacy of the Dollar, First Era 1919—1932*, Hamden, Conn: Archon Book, 1965.

Hodg Cal, *Shepherd of Democracy? American and Germany in the Twentienth Century*, London: Green Wood Press, 1992.

Ian D. Turner, *Reconstruction in Post-war Germany: British Occupation Policy and the West Zones*, Oxford, UK; New York: Berg; Distributed exclusively in the US and Canada by St. Martin's Press, 1989.

James L. Gormly, *From Potsdam to the Cold War: Big Three Diplomacy*, Wilmington Delaware: SR Book, 1984.

James P. Warburg, *Germany: Key to Peace*, London: Andre Deutsch limited, 1954.

Jean—Baptiste Duroselle, *From Wilson to Roosevelt Foreign Policy of the united States, 1913—1945*, London: Chatto Windus, 1964.

Jeffry M. Diefendorf, *American Policy and the Reconstruction of West Germany, *1945—1955*, NewYork: Cambridge University Press, 1993.

John Gimbel, *Science, Technology, and Reparations: Exploitation and Plunder in Postwar Germany*, Calif: Stanford University Press, 1980.

John Gimbel, *The American Occupation of Germany: Politics and the Military, 1945—1949*, California: Stanford University Press, 1968.

John Gimbel, *The Origins of the Marshall Plan*, California. California: Stanford University Press, 1976.

John H. Backer, *The Decision to Divide Germany American Foreign Policy in Transition*, Durham: Duke University Press, 1978.

John Lewis Gaddis, *The United States and the Origins of the Cold War, 1941—1947*, NewYork: Colub Uni. Press, 1972.

John L. Snell, *Wartime Origins of the East West: Dilemma over Germany*, New Orleans: Phauser Press, 1959.

John M. Keynes, *The Economic Consequences of the Peace*, London: Macmlllan, 1919.

Joseph Brandes, *Herbert Hoover and Economic Diplomacy: Department of Commerce Policy, 1921—1928*, Pittsburgh: University of Pittsburgh Press, 1962.

Joseph M. Siracusa, *The American Diplomatic Revolution: A Documentary History of the Cold War, 1941—1947*, New York: National Uni. Publications, 1977.

Joyce G. Williams, *Colonel House and Sir Edward Grey: AStudy in Anglo-American Diplomacy*, New York: Lanham, 1984.

J. P. Nettl, *The East Zone and Soviet Policy in Germany, 1945—50*, London: Oxford University press, 1951.

Kuklick Bruce, *American Policy and the Division of Germany: The Clash with Russia over Reparations*, Tthace: Cornell University Press, 1972.

Levin Gordon, *Woodrow Wilson and World Politics: America's Response to War and Revolution*, London; Oxford; NewYork: Oxford University Press, 1968.

Lloyd G. David, *The Truth about Reparations and War-debts*, London: W. Heinemann, 1932.

ManfredJonas, *The United States and Germany: A Diplomatic History*, Tthace: Cornell University Press, 1984.

Marc Trachtenberg, *Reparations in World Politics*, New York: Columbia University Press, 1980.

Marks Sall, *The Illusion of peace International Relations in Europe, 1918—1933*, London: Macmillan Press, 1976.

Max Sering, *Germany under the Dwaes Plan: Origin, Legal Foundations, and Economic Effects of the Reparation Payments*, London: Richard Clay&Sons, Limited, 1929.

Margot Louria, *Trumph and downfall: American Pursuit of the peace and prosperity, 1921—1933*, London: Greenwood Press, 2001.

Melvyn P. Leffler, *The Elusive Quest: America's Pursuit of European Stability and French Security, 1919—1933*, Chapel Hill: North Carolina University Press, 1979.

Mural Saifulin, *A Dictionary of International Law*, Moscow: Progress Publishers, 1982.

Nicholas Balabkin, *Germany under direct Controls: Economic Aspects of Industrial Disarmament, 1945—1948*, New Jersey: Rutgers University Press, 1964.

Ofner Arnold, *The Origins of The Second World War Amercian Foreign Policy and World Politics, 1917—1941*, New York: Praeger, 1975.

Patricia Clavin, *The Failure of Economic Diplomacy*, London: Maclillan, 1996.

Philip M. Burnentt, *Reparations at the Paris Peace Conference: From the Standpoint of the American Delegation*, New York: Columbia University Press, 1940.

Robert Forrell, *American Diplomacy in the Great Depression: Hoover—Stimson Foreign Policy, 1929—1933*, New Haven: Yale University Press, 1957.

Roger Morgan, *The United States and Weat Germany, 1945—1973: A Study in Alliance Politics*, London: Oxford University Press, 1974.

Richard D. Challener, *From isolantion to containment, 1921—1952: Three Decades of American Foreign Policy from Harding to Truman*, London, Edward Arnold, 1970.

Samuuel F. Bemis, *A Diplomatic History of the United State*, New York: Holt, Rinehart and Winston, Inc, 1965.

Schwabe Klau, *Woodrow Wilson, Revolutionary Germany, and Peacemaking, 1918—1919: MissionaryDiplomacy and the Realities of Power*, Chapel Hill: North Carolina University Press, 1985.

Schuker Stephen, *American "Reparations" to Germany, 1919—33: Implications for the Third—World Debt Crisis*, New Jersey: Princeton University, 1988.

Thomas A. Bailey, *A Diplomatic History of the American People*, Calif: Stanford University, 1958.

Thomas. G. Paterson, *Soviet—American Confrontation: Postwar Recountruction and the Origins of the Cold War*, Baltimore; London: The John Hapkins University Press, 1973.

WilliamC. Mcneil, *American Money and the Weimar Republic: Economics and Polities on the eve of the Great Depression*, NewYork: Columbia University Press, 1986.

Jörg Fisch, *Reparation nach dem Zweiten Weltkrieg?* München: Beck, 1992.

中文档案

［美］艾捷尔：《美国赖以立国的文本》［Z］海口：海南出版社，2000年版。

《德黑兰、雅尔塔、波茨坦会议记录摘编》编译组：《德黑兰、雅尔塔、波茨坦会议记录摘编》［Z］上海：上海人民出版社，1974年版。

方连庆、杨淮生、王玖芳：《现代国际关系史资料选集》（上）［Z］北京：北京大学出版社，1987年版。

国际关系学院编：《现代国际关系史资料选辑（1917—1945）》（上册）［Z］北京：高等教育出版社，1958年版。

刘同舜编：《"冷战"、"遏制"和大西洋联盟——1945—1950年美国战略决策资料选编》［Z］上海：复旦大学出版社，1993年版。

［英］迈克尔·鲍尔弗：《国际事务概览1939—1946年：四国对德国和奥地利的管制，1945—1946年》，安徽大学外语系译，［Z］上海：上海译文出版社，1980年版。

［苏］莫洛托夫：《对外政策问题：1945年4月—1948年11月时期中的演说和声明》［Z］，外国文书籍出版局印行，1950年版。

齐世荣主编：《世界通史资料选辑：现代部分》（第一分册）［Z］北京：商务印书馆，1980年版。

［苏］萨纳柯耶夫、崔布列夫斯基编：《德黑兰、雅尔塔、波茨坦会议文件集》，北京外国语学院俄语系译，［Z］北京：三联书店，1978年版。

世界知识出版社编辑：《国际条约集，1917—1923年》、《国际条约集,1945—1947 年》、《国际条约集,1948—1949 年》、《国际条约集,1950—1952 年》、世界知识出版社编辑:《欧洲安全和德国问题文件汇编》[Z]北京:世界知识出版社,1956 年版。

[美]威廉·哈代·麦克尼尔:《国际事务概览,1939—1946 年:美国、英国和俄国:它们的合作和冲突 1941—1946 年》,复旦大学外语系英语教研组译,[Z]上海:上海译文出版社,1978 年版。

王铁崖选译:《一九一四——一九一八年第一次世界大战》[Z]北京:商务印书馆,1982 年版。

王绳祖等编选:《国际关系史资料选编(17 世纪中叶—1945)》,北京:法律出版社,1988 年版。

杨生茂:《美西战争资料选辑》[Z]上海:上海人民出版社,1981 年版。

《主要资本主义国家经济统计集 1848-1960》[Z]北京:世界知识出版社,1962 年版。

《战后世界历史长编》编委会:《战后世界历史长编 1947 年》(第一编,第三分册),[Z]上海:上海人民出版社,1977 年版。

回忆录、传记

[美]波格·F.C.:《马歇尔传:1945—1959》,施旅译,北京:世界知识出版社,1991 年版。

[美]弗兰克·弗雷德尔:《美国历届总统传》,刘庆云、高学余译,北京:新华出版社,1982 年版。

[美]哈里·杜鲁门:《杜鲁门回忆录:决定性的一年,1945》(第一卷),李石译,北京:三联书店,1974 年版。

[美]罗纳德·斯蒂尔:《李普曼传》,于滨等译,北京:新华出版社,1982 年版。

[德]康拉德·阿登纳:《阿登纳回忆录》,上海外国语学院德法语系德语组等译,上海:上海人民出版社,1976 年版。

[英]约翰·洛尔:《皇帝和他的宫廷》,杨杰译,[M]北京:北京大学出版社,2004 年版。

中文著作(包括译著)

[美]阿诺德·A.奥夫纳:《美国的绥靖政策,1933—1938 年美国的外交政策与德国》,陈思民、王昌楷译,[M]北京:商务印书馆,1987

年版。

［美］阿瑟·S.林克：《一九〇〇年以来的美国史》，刘绪贻等译，［M］北京：中国社会科学出版社，1983年版。

［美］埃德温·哈特里奇：《第四帝国的崛起》，范益世译，［M］北京：世界知识出版社，1982年版。

［瑞士］埃里希·艾克：《魏玛共和国史（上、下册）》，高年生、高荣生译，［M］北京：商务印书馆，1994年版。

［美］埃里克·方纳：《美国自由的故事》，王希译，［M］北京：商务出版社，2003年版。

［英］艾伦·约翰·珀西瓦尔·泰勒：《第二次世界大战的起源》，潘人杰等译，［M］上海：华东师范大学出版社，1991年版。

［美］保罗·肯尼迪：《大国的兴衰》，蒋葆英等译，［M］北京：中国经济出版社，1989版。

北京大学历史系主编：《简明世界史》，北京：人民出版社，1974年版。

［美］彼得·博斯科：《美国人眼中的第一次世界大战》，孙宝寅译，［M］北京：当代中国出版社，2006年版。

［美］布鲁斯特·丹尼：《从整体考察美国对外政策》，范守义、秦亚青译，［M］北京：世界知识出版社，1988年版。

［美］查尔斯·金德尔伯格：《1929—1939年世界经济萧条》，宋承先等译，［M］上海：上海译文出版社，1986年版。

陈兼：《走向全球战争之路——二次大战起源研究》，［M］上海：学林出版社，1989年版。

崔丕：《美国的冷战战略与巴黎统筹委员会、中国委员会（1945—1994）》，［M］北京：中华书局，2005年版

［美］C.E.布莱克、E.C.赫尔姆赖克：《二十世纪欧洲史》，黄嘉德译，［M］北京：人民出版社，1984年版。

［苏］С.Ю.维戈兹基：《外交史》，大连外语学院俄语系翻译组译，［M］北京：三联书店，1982版。

丁建弘、陆世澄、刘祺宝：《战后德国的分裂与统一，1945—1990》，［M］北京：人民出版社，1996年版。

［德］弗里德里希·迈内克：《德国的浩劫》，何兆武译，［M］北京：商务印书馆，2013年版。

［德］卡尔·哈达赫：《20世纪德国经济史》，杨绪译，［M］北京：

商务印书馆，1984 年版。

［德］卡尔·迪特利希·埃尔德曼：《德意志史，第四卷：世界大战时期》，高年生等译，［M］北京：商务印书馆，1986 年版。

［德］卡尔·冯·克劳塞维茨：《战争论》，中国人民解放军军事科学院译，［M］北京：商务印书馆，2003 年版。

［德］卡尔·冯·克劳塞维茨：《战争论》，钮先钟译，［M］南宁：广西师范大学出版社，2003 年版。

佟连发：《国际法学》，［M］北京：北京大学出版社，2003 年版。

［美］德怀特·L. 杜蒙德：《现代美国》，宋岳亭译，［M］北京：商务印书馆，1984 年版。

樊亢、宋则行：《外国经济史：近代、现代》，［M］北京：人民出版社，1990 年版。

［美］哈罗德·福克纳：《美国经济史》，王锟译，［M］北京：商务印书馆，1964 年版。

韩莉：《新外交、旧世界：伍德罗·威尔逊与国际联盟》，［M］北京：同心出版社，2002 年版。

［美］亨利·基辛格：《大外交》，顾淑馨等译，［M］海南出版社，1998 年版。

［美］H. N. 沙伊贝、H. G. 瓦特、H. U. 福克纳：《近百年美国经济史》，彭松建译，［M］北京：中国社会科学出版社，1983 年版。

［美］华·罗斯托：《美国在世界舞台上——近期历史试论》，北京编译社译，［M］北京：世界知识出版社，1964 年版。

［美］加里·纳什：《美国人民：创建一个国家和一种社会，下卷 1865—2002 年》，刘德斌主译，［M］北京：北京大学出版社，2008 年版。

［美］加里·沃塞曼：《美国政治基础》，陆震纶等译，［M］北京：中国社会科学出版社，1994 年版。

［美］杰里尔·罗赛蒂：《美国对外政策的政治学》，周启朋、付耀祖等译，［M］北京：世界知识出版社，1997 年版。

［加拿大］卡列维·霍尔斯蒂：《和平与战争——1648—1989 年的武装冲突与国际秩序》，王浦劬等译，［M］北京：北京大学出版社，2005 年 8 月版。

［美］科佩尔·S. 平森：《德国近现代史——它的历史和文化》，范德一译，［M］北京：商务印书馆，1987 年版。

[美]肯尼思·华尔兹:《人、国家与战争:一种理论分析》,信强译,[M]上海:上海世纪出版集团,2012年版。

[美]孔华润:《剑桥美国对外关系史》,王琛等译,[M]北京:新华出版社,2004年版。

李工真:《文化的流亡——纳粹时代欧洲知识难民研究》,[M]北京:人民出版社,2010年版。

李巨廉:《战争与和平——时代主旋律的变动》,[M]上海:学林出版社,1999年版。

李巨廉、潘人杰著:《第二次世界大战》,[M]上海:华东师范大学出版社,1990年版。

李胜凯:《白宫200年内幕》,[M]济南:山东人民出版社,2006年版。

[法]里昂耐尔·理查尔:《魏玛共和国时期的德国,1919—1933》,李末译,[M]济南:山东画报出版社,2000年版。

刘成:《和平学》,[M]南京:南京出版社,2006年1月版。

刘绪贻:《战后美国史,1945—2000》,[M]北京:人民出版社,2002年版。

[美]罗伯特·达莱克:《罗斯福与美国对外政策,1932—1945》,伊伟等译,[M]北京:商务印书馆,1984年版。

[美]罗伯特·舍伍德:《罗斯福与霍普金斯》,福建师范大学外语系编译室译,[M]北京:商务印书馆,1980年版。

[苏]梅尔尼珂夫:《为统一和平民主的德国而斗争》,陈用仪译,[M]北京:人民出版社,1953年版。

[美]纳尔逊·曼弗雷德·布莱克:《美国社会生活与思想史(下册)》,许季鸿、宋蜀碧、陈凤鸣译,[M]北京:商务印书馆,1997年版。

[民主德国]P. A.施泰尼格尔:《纽伦堡审判》,石奇康等译,[M]北京:商务印书馆,1985年版。

[美]乔治·凯南:《美国外交(增订本)》,葵阳等译,[M]北京:世界知识出版社,1989年版。

邱震海:《德国:一个冬天之后的神话》,[M]上海:复旦大学出版社,1997年版。

[美]入江昭:《20世纪的战争与和平》,李静阁等译,[M]北京:世界知识出版社,2005年版。

《斯大林全集》（中译本），[M]北京：人民出版社，1954年版。

[美]塞缪尔·埃利奥特·莫里森等著：《美利坚共和国的成长》，南开大学历史系美国史研究室译，[M]天津：天津人民出版社，1980年版。

石斌：《杜勒斯与美国对苏战略》，[M]北京：中国社会科学出版社，2004年版。

[日]寺泽一、山本草二：《国际法基础》，朱奇武等译，北京：中国人民大学出版社，1983年版。

[美]塞缪尔·弗兰·比米斯：《美国外交史（第三分册）》，叶笃义译，[M]北京：商务印书馆，1997年版。

汤季芳：《冷战的起源与战后欧洲》，[M]兰州：兰州大学出版社，1987年版。

[美]托马斯·戴伊：《民主的嘲讽》，孙占平等译，[M]北京：世界知识出版社，1991年版。

[美]托马斯·帕特森：《美国外交政策》，李庆余等译，[M]北京：中国社会科学出版社，1989年版。

王绳祖主编：《国际关系史》（第四卷）、（第五卷）、（第七卷），北京：世界知识出版社，1995年版。

王绳祖主编：《国际关系史》，武汉：武汉大学出版社，1983年版。

[挪威]文安立：《冷战与革命——美苏冲突与中国内战的起源》，陈之宏、陈兼译，南宁：广西师范大学出版社，2002年版。

吴友法、黄正柏：《德国资本主义发展史》，[M]武汉：武汉大学出版社，2000年版。

王晓德：《梦想与现实——威尔逊"理想主义"外交研究》，[M]北京：中国社会科学出版社，1995年版。

王晓德：《美国文化与外交》，[M]北京：世界知识出版社，2000年版。

[美]W.F.汉里德、G.P.奥顿：《西德、法国和英国的外交政策》，徐宗士等译，北京：商务印书馆，1989年版。

[法]夏尔·卢梭：《武装冲突法》，张凝等译，[M]北京：中国对外翻译出版公司，1987年版。

[挪威]约翰·加尔通：《和平论》，陈祖洲等译，[M]南京：南京出版社，2006年版。

[美]约翰·伊肯伯里：《大战胜利之后：制度、战略约束与战后秩

序重建》，门洪华译，[M] 北京：北京大学出版社，2008 年版。

余志森：《崛起和扩张的年代，1898—1929》，[M] 北京：人民出版社，2001 年版。

杨生茂：《美国外交政策史，1775—1989》，[M] 北京：人民出版社，1991 年版。

赵志辉：《罗斯福外交思想研究》，[M] 合肥：安徽大学出版社，2009 年版。

张历历：《外交决策》，[M] 北京：世界知识出版社，2007 年版。

朱晓青：《国际法》，北京：社会科学文献出版社，2005 年版。

论文

翰秋：《回看德国统一的三个"意外"》，《南风窗》，2010 年第 21 期。

胡杰：《威廉二世时代德国的战略困境及其成因分析》，《信阳师范学院学报》，2002 年第 3 期。

胡笑冰：《德国西占区"非纳粹化"初探》，《北京科技大学学报》，2001 年第 12 期。

胡晓雪：《国际关系学中的正义战争论》，《福建论坛》，2011 年第 2 期。

金铎：《二战后德国的战争赔偿与反省》，《团结》，2005 年第 5 期。

李若瀚：《武装冲突法的新发展："战后法"法律问题研究》，《时代法学》，2012 年第 5 期。

刘炳香：《历史的另一面：欧洲和平主义思想（1889—1914 年）》，《历史教学》，2011 年第 6 期。

刘贺青：《论罗尔斯的正义战争观》，《伦理学研究》，2009 年第 1 期。

刘鑫：《威廉二世研究》，华东师范大学硕士论文，2008 年 5 月。

连玉如：《21 世纪新时期"德国问题"发展新考》，《德国研究》，2012 年第 4 期。

梅兆荣：《德国统一后东部地区的转轨情况》，《德国研究》，2003 年第 3 期。

门洪华：《大国崛起于国际秩序》，《国际政治研究》，2004 年第 2 期。

欧阳惠：《试论布赖恩和平主义外交的思想根源》，《南华大学学报》，2010 年第 8 期。

彭少昌、朱鸣、夏少权：《多维视野中的国际战争观》，《欧洲》，1998 年第 6 期。

孙立新、黄怡容：《德国政界对第二次世界大战的历史反思》，《史学史研究》，2010 年第 2 期。

田小惠：《试析战后德国战败赔偿政策》，《世界历史》，2005 年第 4 期。

田小惠：《简析战后德国分区赔偿政策的执行》，《国际论坛》，2005 年第 1 期。

王睿恒：《从积极和平到消极和平——满洲危机与美国和平运动的转折（1931—1933）》，《史学集刊》，2011 年第 9 期。

王立新、王睿恒：《"积极和平"：美国的和平运动与一战后国际秩序的构建》，《社会科学战线》，2013 年第 8 期。

王卫星：《20 世纪：人类在战争中企盼和平》，《国防》，2001 年第 2 期。

吴友法：《"德国问题"与早期欧洲一体化——第二次世界大战后欧洲为什么走上联合道路》，《武汉大学学报》，2009 年 7 月。

熊伟民：《战争之后的正义与和平——对于〈凡尔赛条约〉相关的几个问题的思考》，《北大史学》，第 16 期。

熊伟民：《20 世纪 30 年代美国和平主义运动》，《史学月刊》，2003 年第 12 期。

杨德利：《德国的战争赔偿问题》，《德国研究》，1996 年第 1 期。

张淑华：《美国社会改革家简·亚当斯的和平主义思想探析》，《泰山学院学报》，2011 年第 7 期。

张晓峰：《论德国问题的欧洲解答》，《重庆科技学院学报》，2013 年第 10 期。

左希迎：《国家、体系与地区秩序——评〈国家、民族与大国：地区战争与和平的来源〉》，《国际政治科学》，2008 年第 4 期。

图书在版编目(CIP)数据

"战争与和平"视阈下的美国对德战争索赔政策/苑爽著.
—北京:中央编译出版社,2015.2
ISBN 978-7-5117-2485-4

Ⅰ.①战…
Ⅱ.①苑…
Ⅲ.①美国对外政策-战争-索赔-研究
Ⅳ.①D871.29

中国版本图书馆 CIP 数据核字(2015)第 006046 号

"战争与和平"视阈下的美国对德战争索赔政策

出 版 人:刘明清
出版统筹:董　巍
责任编辑:曲建文
责任印制:尹　珺
出版发行:中央编译出版社
地　　址:北京西城区车公庄大街乙 5 号鸿儒大厦 B 座(100044)
电　　话:(010)52612345(总编室)　　(010)52612370(编辑室)
　　　　　(010)52612316(发行部)　　(010)52612317(网络销售)
　　　　　(010)52612346(馆配部)　　(010)55626985(读者服务部)
传　　真:(010)66515838
经　　销:全国新华书店
印　　刷:北京金瀑印刷有限责任公司
开　　本:787 毫米×1092 毫米　1/16
字　　数:309 千字
印　　张:19.75
版　　次:2015 年 2 月第 1 版第 1 次印刷
定　　价:59.00 元

网　　址:www.cctphome.com　　邮　　箱:cctp@cctphome.com
新浪微博:@中央编译出版社　　微　　信:中央编译出版社(ID: cctphome)
淘宝店铺:中央编译出版社直销店(http://shop108367160.taobao.com)
　　　　　(010)52612349

本社常年法律顾问:北京市吴栾赵阎律师事务所律师　闫军　梁勤
凡有印装质量问题,本社负责调换,电话:(010)55626985